气候变化影响人类社会

周 兵 张颖娴 邵鹏程 尹 红 史学丽 编著

气象出版社
China Meteorological Press

内 容 简 介

本书结合大气科学、地理学、历史学、科技史等多学科知识和研究成果，通过梳理气候变迁的历史，揭示气候变化与人类社会的相互作用，探讨气候变化对人类生活和整个社会的影响，从而思考人类应该如何应对气候变化。全书共6章：第1章气候变化概述，讲述地球气候系统气候变化相关概念与进展；第2章气候变化观测事实，讲述全球和中国气候变化、极端天气气候事件与气候风险管理相关事实和成果；第3章气候变化检测与归因，讲述温室气体排放、人类活动影响、气候变化检测技术与归因分析方法；第4章气候变化模拟预估，讲述地球气候系统气候耦合模式发展进程及参与国际模式比较计划，给出未来气候变化预估结果；第5章气候变化影响与适应，从气候变化适应新认识角度，给出不同行业和公众参与应对气候变化的方式和方法；第6章减缓气候变化举措，总结人类社会可持续发展进程与国际社会减缓气候变化一系列行动和成果。此外，IPCC第六次评估报告及气候变化领域的诸多成果，为丰富此书的编写提供了丰富的内容与基础。

图书在版编目（CIP）数据

气候变化影响人类社会 / 周兵等编著. -- 北京 : 气象出版社, 2024. 8. -- ISBN 978-7-5029-8261-4

Ⅰ. K02

中国国家版本馆 CIP 数据核字第 2024BD4608 号

气候变化影响人类社会

QIHOU BIANHUA YINGXIANG RENLEI SHEHUI

出版发行：气象出版社

地　　址：北京市海淀区中关村南大街46号　　**邮政编码**：100081

电　　话：010-68407112（总编室）　010-68408042（发行部）

网　　址：http：//www.qxcbs.com　　**E-mail**：qxcbs@cma.gov.cn

责任编辑：陈　红　黄海燕　　**终　　审**：张　斌

责任校对：张硕杰　　**责任技编**：赵相宁

封面设计：艺点设计

印　　刷：北京地大彩印有限公司

开　　本：710㎜×1000㎜　1/16　　**印　　张**：18.5

字　　数：353千字

版　　次：2024年8月第1版　　**印　　次**：2024年8月第1次印刷

定　　价：150.00元

前　言

气候作为人类赖以生存的自然环境的一个重要组成部分，它的任何变化都会对自然生态系统以及社会经济系统产生影响，气候变化更是驱动人类社会和人类文明发展演变的重要因素。气候变化不仅是人类可持续发展面临的严峻挑战，也是当前国际政治、经济、外交博弈中的重大全球性问题和聚焦热点。当前大气圈、水圈、岩石圈、冰冻圈和生物圈发生了广泛而迅速的变化，气候系统各圈层的当前状态是过去几个世纪甚至几千年来前所未有的。2020 年 9 月 22 日，国家主席习近平指出，中国将采取更加有力的政策和措施，二氧化碳排放力争于2030 年前达到峰值，努力争取 2060 年前实现碳中和。为实现“双碳”目标，世界大学生需要充分认识人与自然生命共同体关系，气候变化是全人类面临的共同挑战，人类要进一步加强合作与科学应对。中小学生同样需要从点滴小事做起，养成节能环保的良好习惯，学习绿色低碳生活方式，成长为气候变化全球治理的主力军。

相当长一段时间内，人们一直以为能认识自然，并可以改造自然。随着全球变暖的持续与极端事件的频繁发生，地球大气变得越加不稳定，气候变化的影响无处不在。人类活动导致气候变化，并且呈现加剧全球变暖趋势，导致极端天气频发强发。2021 年联合国秘书长感慨，联合国政府间气候变化专门委员会（IPCC）第六次评估报告向人类发出“红色警报”；2022 年联合国环境规划署发出呐喊，全社会需要紧急转型以避免加速的气候灾难。警钟震耳欲聋，证据无可辩驳，化石燃料燃烧和森林砍伐等造成的温室气体排放正在扼杀人类生存的星球，数十亿人将面临直接危机，更多的人面临潜在风险。中国政府高度重视气候变化问题，将应对气候变化摆在国家治理突出的位置，用行动扭转了二氧化碳排放快速增长的局面，并在为实现“双碳”目标积极行动。减缓和适应是应对气候变化的两大策略，二者相辅相成，缺一不可。减缓是指通过能源、工业等经济系统和自然生态系统较长时间的调整，减少温室气体排放，增加碳汇，以稳定和降低大气温室气体浓度，减缓气候变化速率。适应是指通过加强自然生态系统和经济社会系统的风险识别与管理，采取调整措施，充分利用有利因素、防范不利因素，以减轻气候变化产生的不利影响和潜在风险。

为加强气候变化与人类社会相关知识的科学传播，提高人们气象防灾减灾的意识和能力，使得气候变化与人类社会内容走进学校，成为高中部的选修课程，中国气象学会联合国家气候中心从2020年开始有计划、有系统地推进，并在实践中萌生编写教材的想法。本教材结合大气科学、地理学、历史学、科技史等多学科知识和研究成果，通过梳理气候变迁的历史，揭示气候变化与人类社会的相互作用，探讨气候变化对人类生活和整个社会的影响，从而思考人类应该如何应对气候变化。全书分6章：第1章气候变化概述，讲述地球气候系统气候变化相关概念与进展；第2章气候变化观测事实，讲述全球和中国气候变化、极端天气气候事件与气候风险管理相关事实和成果；第3章气候变化检测与归因，讲述温室气体排放、人类活动影响、气候变化检测技术与归因分析方法；第4章气候变化模拟预估，讲述地球气候系统气候耦合模式发展进步及参与国际模式比较计划，给出未来气候变化预估结果；第5章气候变化影响与适应，从气候变化适应新认识角度，给出不同行业和公众参与应对气候变化的方式和方法；第6章减缓气候变化举措，总结人类社会可持续发展进程与国际社会减缓气候变化一系列行动和成果。IPCC第六次评估报告及气候变化领域的诸多成果，为丰富本书的编写提供了充足的内容与基础。

第1章由邵鹏程博士撰稿，第2章由张颖娴博士撰稿，第3章由尹红研究员撰稿，第4章由史学丽研究员撰稿，第5章和第6章由周兵研究员撰稿，尹红研究员参与了第6章初稿的撰写工作。全书由周兵和张颖娴统稿，张颖娴博士多次对各章节的修改意见进行落实、处理与核对。本书是在北京交通大学附属第二中学高一和高二年级特色选修课程讲义的基础上完成的，也成为中国科学技术协会“大手拉小手”活动的气候变化巡讲内容之一，部分章节在北京、南京多所中学和中国气象学会全国性科普活动中分享。本书在编写过程中，得到了中国气象学会、中国气象局气候变化中心和国家气候中心的大力支持，还得到了中国科学技术协会鄱风气候变化科学传播工作室的经费支持，在此一并表示诚挚的感谢！

考虑气候变化科学传播的特点，本书主要对普适性的观点及IPCC的成果进行科学传播，对学科前沿性和争议性的学术论述涉及较少。书中难免有遗漏和不准确之处，敬请专家与读者指正。

作者

2023年6月30日

目　录

第1章

气候变化概述

1966 年，时年 76 岁的竺可桢在罗马尼亚发表了《中国近五千年来气候变迁的初步研究》，那么竺可桢发现的历史气候变化规律究竟是什么呢？简单来说，在我国近 5000 年中的最初 2000 年也就是从原始氏族时代的仰韶文化到奴隶社会的安阳殷墟时期，大部分时间的年平均气温比现在高 2 ℃左右。在那以后，我国年平均气温有一系列的上下摆动，范围为 1 ～ 2 ℃，并在一定周期内呈现出循环往复的特征。表面看，竺可桢的这些发现似乎并没有什么惊人之处，1 ～ 2 ℃的温度波动幅度放在短期天气变化中实在是微乎其微。然而，作为百年来最重要的大发现之一，只有把它置于人类历史长河与若干影响历史进程的重大事件叠加对照时，才能体会到气候如同一把锋利的刻刀，缓慢但从不停息地刻画着大自然的面貌，同时深刻影响着人类的生活。在思考怎样给中国近 5000 年气候变迁规律作一个简洁、明确的表达时，竺可桢想到了数学坐标，利用数学曲线对中国历史气候变化规律加以表述，他用纵坐标代表气候变化，以 0 ℃线作为当年冬季全国平均温度水平，用横坐标表示年代，它所体现出的创新和想象力几乎无人能及，这条曲线也被后人称为竺可桢曲线。此后几十年，中国科学家在竺可桢成果的基础上，利用多种科学手段对中国历史时期气候变化做进一步的研究，可谓是百花齐放、争奇斗艳。社会公众对气候变化的认知越来越高，兴趣也越来越浓厚。

1.1 天气、气候与气候变化

1.1.1 天气

天气（weather）是指某一个地区距离地表较近的大气层在短时间内的具体状态。而天气现象则是指发生在大气中的各种自然现象，即某瞬时内大气中各种气象要素，如温度、气压、湿度、风、云、雾、雨、霰、雪、霜、雷、雹、霾等的空间分布的综合表现。

天气过程就是一定地区的天气现象随时间的变化过程。各种天气系统都具有一定的空间尺度和时间尺度，而且各种尺度系统间相互交织、相互作用。

天气系统是指具有一定的温度、气压或风等气象要素空间结构特征的大气运动系统。有的以空间气压分布为特征，组成高压、低压、高压脊、低压槽等。有的则以风的分布特征来分，如气旋、反气旋、切变线等。有的又以温度分布特征来确定，如锋。还有的则以某些天气特征来分，如雷暴、热带云团等。通常构成天气系统的气压、风、温度等气象要素之间都有一定的配置关系。大气中各种天气系统的空间范围是不同的，水平尺度可从几千米到 2000 km。其生命史也不同，从几小时到几天都有。

许多天气系统的组合，构成大范围的天气形势，构成半球甚至全球的大气环流。天气系统总是处在不断新生、发展和消亡的过程中，在不同发展阶段有着其相对应的天气现象分布。各种天气系统发展的不同阶段有其相应的天气现象出现。在不同的位置，天气系统移动的方向不同，天气系统不会随着地球自西向东转动而移动。位于西风带的天气系统由于受到西风带的控制，移动方向基本就是自西向东。但在低纬度地区的天气系统，如热带气旋在形成的初期往往受到东南信风带的影响，会自东向西移动。

1.1.2　气候

（1）气候的定义

气候是地球上某一地区一定时段大气的一般状态，是该时段各种天气过程的综合表现。气象要素（气温、降水、光照、风力等）的各种统计量（均值、极值、概率等）是表述气候的基本依据。根据世界气象组织（WMO）的规定，一般气候的计算时间为 30 年。气候与人类社会有密切关系，许多国家很早就有关于气候现象的记载。气候一词源自古希腊文，意为倾斜，指各地气候的冷暖与太阳光线的倾斜程度有关，指的是在太阳辐射和气候系统各子系统的相互作用下，地球上某一区域在某一特定时段内天气（气象要素）的多年平均状况及其极端情形。时间尺度为月、季、年、数年到数百年以上。

太阳辐射在地球表面分布的差异，以及海洋、陆地、山脉、森林等不同性质下垫面在到达地表的太阳辐射的作用下所产生的物理过程不同，使气候除具有温度大致按纬度分布的特征外，还具有明显的地域性特征。

按水平尺度大小，气候可分为大气候、中气候与小气候。大气候是指全球性和大区域的气候，如热带雨林气候、地中海气候、寒带气候（苔原气候和冰原气候）、高山高原气候等；中气候是指较小自然区域的气候，如森林气候、城市气候、山地气候以及湖泊气候等；小气候是指更小范围的气候，如贴地气层和小范围特殊地形下的气候（如一个山头或一个谷地）。

（2）影响气候的因子

影响气候的主要因子包括太阳辐射因子、下垫面因子、大气环流因子和人类活动因子。太阳辐射因子是气候的根本动力来源，这类因子有纬度因素等。下垫面因子对气候的形成有着相当重要的作用，这类因子有洋流、地面植被、地形地质等。大气环流因子本身是气候的组成部分，对某地气候的形成起着直接性的影响，这类因子有气团的平均状况、气流的平均状况等。

地理因素对气候形成的影响表现在地球形状、地球运动、海陆分布、地形地势和气流、洋流等上。

① 纬度因素：地球形状和运动

地理纬度不同，所接收到的热量不同，引起不同的气候。通常情况下，纬度越高，温度越低；赤道地区降水最多，两极附近降水最少；南北回归线附近，大陆东岸降水较多，西岸及内陆降水较少。

太阳辐射是地面和大气的热能源泉，地面热量收支差额是影响气候形成的重要原因。太阳辐射主要受纬度和地球自转、公转以及海陆分布、地形地势影响。对于整个地球而言，地面热量的收支差额几乎为零，但对于不同地区，地面所接收的热量存在差异，因而会对气候的形成产生影响。同时，地面接收热量后，与大气不断进行热量交换，热量平衡过程中的各分量对于气候形成也有重要影响。

② 大气环流

包括天气系统，影响气候的因子包含气温、降水、气压和风。

③ 洋流

洋流对气候的影响主要为湿度和热量。暖流对沿岸地区气候起到增温、增湿的作用。如西欧海洋性气候的形成，就直接得益于暖湿的北大西洋暖流。寒流对沿岸地区的气候起到降温、减湿的作用。如大陆西岸的寒流（南半球）对澳大利亚西海岸、秘鲁太平洋沿岸荒漠环境的形成起到了一定的作用。

④ 海陆分布

海洋和大陆具有不同的热力学特性，如容积热容量、导热率等海洋与陆地显著不同，因而海洋和大陆在气候上差异很大。比较而言，大陆上的日较差和年较差比海洋大。温度的年较差是区分大陆性气候和海洋性气候的重要指标，并且夏季大陆是热源，冬季海洋是热源，热源有利于低压系统的形成和加强，而冷源有利于高压系统的形成和加强，海陆的分布使行星风带分为若干个高低压活动中心，这些高低压活动中心对于形成世界季风气候有着直接的重要影响，亚洲东部和南部有世界上最典型的季风气候就是很好的例子，此外，海陆分布的不同也影响降水，温带地区、沿海地区降水较多，内陆地区降水较少。

⑤ 地形地势

地形地势对局部气候的形成有重要作用。例如，山地气候中的阳坡效应和阴坡效应、迎风坡和背风坡效应。大致而言，地形主要对气流产生阻挡和抬升作用。山地迎风坡降水较多，背风坡降水较少。地势对气候形成的影响在于，海拔高，云层少，太阳直接辐射增强，散射辐射降低，温度降低，湿度减小。而不同的地形也对气候影响不同，高原对气候的影响十分明显。

⑥ 人类活动

通过改变地面状况，影响局部地区气候。如人工造林可使局部地区气候有所改善，任意砍伐森林可使当地气候恶化。此外，人类活动还可形成热岛效应等。全球变暖就是由人类活动造成的。

（3）世界主要气候类型

① 热带雨林气候

热带雨林气候，也称赤道雨林气候，其特点是全年高温多雨。

位于赤道附近，向南、北延伸5°～10°（纬度），主要分布在南美洲的亚马孙平原、非洲的刚果盆地、马来半岛和马来群岛。

这些地区位于赤道低压带，气流以上升运动为主，水汽凝结致雨的机会多，全年多雨，无干季，年降水量一般在2000 mm以上，月降水量最少也超过60 mm，且多雷阵雨；各月平均气温为25～28 ℃，全年长夏，无季节变化，年较差一般小于3 ℃，而平均日较差可达6～12 ℃。

几处特殊分布：马达加斯加岛东部、澳大利亚东北部、巴西东南部、加勒比海沿岸岛国东北部。

在这种终年高温多雨的气候条件下，植物可以常年生长，树种繁多，植被茂密成层，动植物种类繁多。

② 热带草原气候

热带草原气候，也称热带干湿季气候，其特点是全年高温，降水分干、湿两季。

主要分布在热带雨林气候区的南、北两侧，即南、北纬5°～15°（有的伸达25°）的中美、南美和非洲。由于赤道低压带和信风带的南北移动、交替影响，其主要特点表现为一年之中干、湿季分明。

当受赤道低压带控制时，盛行赤道海洋气团，且有辐合上升气流，形成湿季，潮湿多雨，遍地生长着稠密的蒿草和灌木，并杂有稀疏的乔木，即稀树草原景观。当受信风影响时，盛行热带大陆气团，干燥少雨，形成干季，土壤干裂，草丛枯黄，树木落叶。

与赤道雨林气候相比，热带草原气候一年至少有 1 ～ 2 个月的干季。全年气温都较高，具有低纬度高温的特色，最冷月平均气温在 16 ℃以上。最热月出现在干季之后、雨季之前，因此，本区气候一般年分干、热、雨 3 个季节。气温年较差稍大于赤道雨林气候区。

③ 热带沙漠气候

热带沙漠气候，也称热带干旱与半干旱气候、热带荒漠气候，其特点是全年高温少雨。

大致分布于南北回归线穿过的大陆西岸及内陆，以非洲北部的撒哈拉沙漠、西亚（阿拉伯半岛）和澳大利亚中西部分布最广。热带沙漠气候区常年处在副热带高压和信风的控制下，盛行热带大陆气团，气流下沉，所以炎热、干燥成了这种气候的主要特征；气温高，有世界“热极”之称。降水极少，年降雨量不足 200 mm，且变率很大，甚至多年无雨，加上日照强烈，蒸发旺盛，更加剧了气候的干燥性。

④ 热带季风气候

热带季风气候的特点是全年高温，降水分旱、雨两季。

主要分布在中南半岛、印度半岛大部分地区、菲律宾群岛，以及中国云南西双版纳地区、台湾省南部、雷州半岛、海南岛。此外，澳大利亚大陆北部沿海地带也略有类似分布。

这里全年高温，年平均气温在 20 ℃以上，最冷月一般在 18 ℃以上。年降水量大，集中在夏季，这是由于夏季在赤道海洋气团的控制下，多对流雨，再加上热带气旋过境带来大量降水，因此造成比热带草原气候更多的夏雨；在一些迎风海岸，因地形作用，夏季降水甚至超过赤道多雨气候区。年降水量一般在 1500 ～ 2000 mm。本区热带季风发达，有明显的旱、雨两季，即在北半球冬季吹东北风，形成旱季；夏季吹来自印度洋的西南风（南半球为西北风），富含水汽，降水集中，形成雨季。

⑤ 亚热带季风气候

亚热带季风气候的特点是夏季高温多雨，冬季温和少雨。

出现在北纬 25° ～ 35°亚热带的大陆东岸，它是热带海洋气团和极地大陆气团交替控制和互相角逐交绥的地带。主要分布在中国东部秦岭淮河以南、热带季风气候类型以北的地带，以及日本南部和朝鲜半岛南部等地。这里冬季温暖，最冷月平均气温在 0 ℃以上；夏季炎热，最热月平均气温大于 22 ℃，气温的季节变化显著，四季气温变化分明，年降水量一般在 1000 ～ 1500 mm，但无明显干季。同温带季风气候相比，季节变化基本相似，只是冬季气温较高，年降水量较多。

另外，还有亚热带湿润气候，也称季风性湿润气候，该气候与亚热带季风气候相似，但季风特征没有亚热带季风气候明显。

⑥ 地中海气候

地中海气候，也称亚热带夏干气候、冬雨型气候，其特点是夏季炎热干燥，冬季温和多雨，雨热不同期。

位于副热带的大陆西岸（南北纬 30°～ 40°的大陆西岸），以地中海地区最为典型，包括美国加利福尼亚州沿海、智利中部沿海、南非的西南端（好望角地区）以及澳大利亚的西南端。它是处在热带半干旱气候与温带海洋性气候之间的过渡地带。

这些地区受气压带季节位移影响显著，夏季受副热带高气压控制，气流下沉，因而除大陆西部沿海受寒流影响外，夏季十分炎热，下沉气流不利成云致雨，所以气候干燥；冬季受西风影响，温和多雨。全年雨量适中，年降水量在 300 ～ 1000 mm。

⑦ 亚热带沙漠气候

亚热带沙漠气候，又称亚热带大陆性干旱与半干旱气候。主要分布在亚热带大陆的内部，包括西亚的伊朗高原和安纳托利高原、美国西部的内陆高原以及南美的格兰查科等地。干旱气候的形成是由于深居内陆距海远或因有山地阻挡，湿润的海洋气流难以到达，又因这里地处亚热带，故夏季高温、冬季温和。半干旱气候属于由干旱气候向其他气候的过渡类型。这里的植被类型属于荒漠草原，通常生长有旱生灌木及禾本科植物，土壤属于半荒漠的淡棕色土。

⑧ 亚热带草原气候

亚热带草原气候的特点基本与热带草原气候相同，但分布在亚热带。

⑨ 温带海洋性气候

温带海洋性气候的特点是冬无严寒，夏无酷暑，全年降水均匀，温和湿润。

位于南北纬 40°～ 60°（温带地区）的大陆西岸。终年处在西风带，深受海洋气团影响，沿岸又有暖流经过，冬无严寒，夏无酷暑，最冷月平均气温在 0 ℃以上，最热月在 22 ℃以下，气温年、日较差都小。全年降水春、夏较少，秋、冬较多，年降水量一般超过 1000 mm，在山地迎风坡可超过 2000 mm。这种气候在欧洲西部最为典型、分布面积最广，南、北美大陆西岸相应的纬度地带以及大洋洲的塔斯马尼亚岛和新西兰等地也有分布。

⑩ 温带季风气候

温带季风气候的特点是夏季炎热多雨，冬季寒冷干燥。

分布在亚欧大陆温带地区的东部，包括中国东北地区和华北地区、朝鲜半岛北部、日本北部以及鄂霍次克海沿岸（包括堪察加半岛）。冬季这里受来自高纬内陆偏北风的影响，盛行极地大陆气团，寒冷干燥；夏季受极地海洋气团或变性热带海洋气团影响，盛行东和东南风，暖热多雨，雨热同季。年降水量为1000 mm左右，约有三分之二集中于夏季（6—8月）。全年四季气温变化分明，天气多变，随着纬度的增高，冬、夏气温变幅相应增大，而降水逐渐减少。

⑪ 温带大陆性气候

温带大陆性气候的特点是冬冷夏热，全年少雨。

该气候是世界上分布最广泛的气候类型。主要分布于亚欧大陆和北美洲。这种气候在气温、降水的变化上同温带季风气候有些类似，但风向和风力的季节变化不像温带季风气候那样明显。冬季由于气旋活动影响，降水稍多；夏季有对流雨，但夏雨集中程度不像温带季风气候那样显著。天气的非周期性变化也很大。

⑫ 温带草原气候

温带大陆性干旱与半干旱气候，也称温带荒漠和温带草原气候，主要分布于亚洲和北美大陆的腹地以及南美巴塔哥尼亚高原和潘帕斯等地。亚洲和北美的此类气候区距海遥远，深入内陆，四周又有山地、高原阻挡，湿润的海洋气流难以到达，终年盛行温带大陆气团，于是形成了冬冷夏热、干燥少雨的温带大陆性干旱与半干旱气候。一般而言，干旱气候的年平均降水量为250 mm以下，半干旱气候则为250～500 mm。

⑬ 温带沙漠气候

温带沙漠气候是位于温带大陆腹地沙漠地区的一种气候，极端干旱，降雨稀少，年平均降水量200～300 mm，有的地方甚至多年无雨。夏季炎热，白昼最高气温可达50 ℃或以上；冬季寒冷，最冷月平均气温在0 ℃以下，气温年较差较大，日较差也较大。云量少，相对日照长，太阳辐射强。自然景观多为荒漠，自然植物只有少量的沙生植物。中亚和中国塔里木盆地属沙漠气候。

温带半干旱气候在干旱气候的外围，夏季气温比温带干旱气候低，降水量比温带干旱气候大。

⑭ 亚寒带针叶林气候

亚寒带针叶林气候，也称亚寒带大陆性气候。这种气候出现在北纬50°～65°，呈带状分布，横贯北美和亚欧大陆。具体来说，在北美从阿拉斯加经加拿大到拉布拉多和纽芬兰的大部分；在亚欧大陆西起斯堪的纳维亚半岛（南部除外），经芬兰和俄罗斯西部（南界在圣彼得堡—下诺夫哥罗德—斯维尔德洛夫斯克一线）至俄罗斯东部（除南部以外）。北部以最热月 10 ℃等温线为界。这一带的气候主要受极地海洋气团和极地大陆气团的影响，并为极地大陆气团的源地。

在冬季，北极气团侵入机会很多；在暖季，热带大陆气团有时也能伸入。该类气候的主要特征是：冬季漫长而严寒，每年有 5 ～ 7 个月平均气温在 0 ℃以下，并经常出现 −50 ℃的严寒天气；夏季短暂而温暖，月平均气温在 10 ℃以上，高者可达 18 ～ 20 ℃，气温年较差特别大；年降水量一般为 300 ～ 600 mm，以夏雨为主。因蒸发微弱，相对湿度很大。

⑮ 苔原气候

苔原气候分布在亚欧大陆和北美洲的北冰洋沿岸、格陵兰岛沿海的一部分及北冰洋中的若干岛屿；在南半球则分布在南设得兰群岛、南奥克尼群岛和南极半岛等地。其特征是：长冬无夏，暖季短暂，降水稀少。年降水量 200 ～ 300 mm，以雪为主；地面有永冻层，只有地衣、苔藓等低等植物。

⑯ 冰原气候

冰原气候终年严寒，降水稀少。该气候主要分布在格陵兰岛和南极洲，包括格陵兰内陆和南极大陆的冰原高原。这里是冰洋气团和南极气团的发源地，整个冬季处于永夜状态，下半年虽是永昼，但由于阳光斜射，所得热量微弱，因而气候全年酷寒，各月气温都在 0 ℃以下；南极大陆的年平均气温为 −25 ℃，是世界上最寒冷的大陆，1967 年挪威人曾测得 −94.5 ℃的绝对最低气温，堪称世界“寒极”。地面多被巨厚冰雪覆盖，又多凛冽风暴，几乎没有什么植物生长。

⑰ 高原山地气候

高原山地气候主要分布于中低纬度的山地高原。亚洲的喜马拉雅山脉、帕米尔高原和青藏高原，南、北美洲的科迪勒拉山系，欧洲的阿尔卑斯山脉以及非洲的乞力马扎罗山等地都有分布。由于气温、降水等气候要素随地势增高而呈垂直变化，从而形成了垂直气候带结构。不同的山地或高原具有不同的垂直气候带结构，即或是同一个山地或高原，由于其内部坡向、高度与位置等的差异，也往往具有不同的垂直气候带结构。

（4）中国气候概况

中国气候的主要特征可以概括为两个主要方面，一是气候类型复杂多变，二是大陆性季风气候显著。

气候本是自然环境中最活跃的因素之一，气候类型的形成受地理纬度、地形、海陆分布等因素的强烈影响和制约，同时还与水文特征、生物群落、土壤类型等环境因子有着千丝万缕的联系。

中国地域辽阔，南北跨度大，具有热带、亚热带和温带等多种热量带（图1.1）。这是致使我国气候类型复杂多样的主要基础原因。

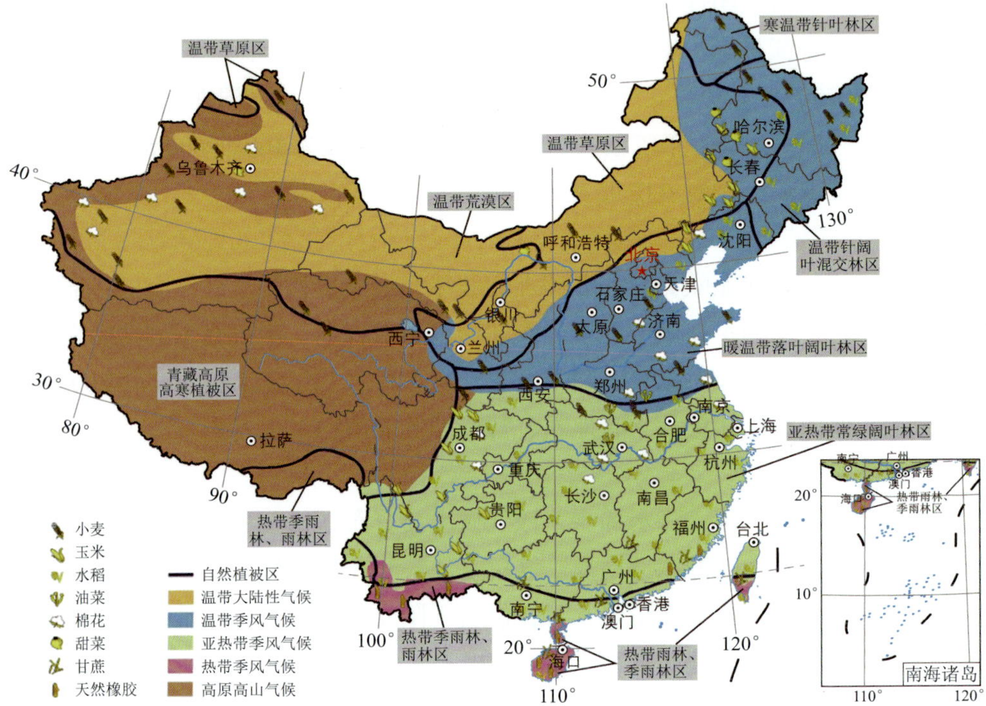

图1.1　中国气候类型

中国位于世界最大的大陆——亚欧大陆的东部，同时又濒临世界最大的大洋——太平洋，海陆热力差异突出，对我国气候产生了深刻的影响。从东南沿海往西北内陆，气候的大陆性特征逐渐增加，依次出现湿润、半湿润、半干旱、干旱的气候区，这是我国西北地区特别干旱、植被稀疏的根本原因之一。

同时，我国是世界上季风气候最发达的区域之一。冬季受亚洲高压的控制，盛行寒冷、干燥的偏北风，夏季则受西北太平洋副热带高压的控制，盛行由海上来的潮湿、温暖的偏南气流，温湿多雨。

以上因素构成了我国气候总的分布趋势，而复杂的地形作用则使各地的局地气候都有各自的特征。一方面，地形对低层气流有屏障作用，阻滞水分和热量的重新分配，改变了水热的分布；另一方面，水热状况随地形海拔的变化，形成气候的垂直变化，使山顶和山麓的气候有显著的不同。我国一系列东西走向的山脉，成为气候的水平分界线。例如，秦岭山脉是我国气候上的重要分界线，冬季，它削弱了北方冷空气的南下，使秦岭北侧和南侧气候有显著差异。又如，南岭也是我国气候的一条重要界线，冬季南下的冷空气受阻于北坡。

特别要提到青藏高原对我国气候有着极其深刻的影响，它对大气环流的阻挡作用对我国气候影响很大。青藏高原平均海拔 4000 m，已处在高空西风带上，在冬季，由于它的存在，西风气流分为南、北两支，北支形成高压脊，南支形成低压槽。两支西风气流绕过高原后在东侧汇合，从而影响我国东部的天气气候。另外，青藏高原还通过冷、热源作用影响东亚大气环流形势，增加了季风的强度，从而对我国东部的气候状况产生影响。

1.1.3　气候变化

（1）气候变化的定义

气候变化（climate change）是指气候平均状态统计学意义上的巨大改变或者持续较长一段时间（典型的为 30 年或更长）的气候变动。通常用不同时期的温度和降水等气候要素的统计量的差异来反映。气候变化不但包括平均值的变化，也包括变率的变化（图 1.2）。变化的时间长度从最长的几十亿年至最短的年际变化。气候变化一词在政府间气候变化专门委员会（IPCC）的使用中，是指气候随时间的任何变化，无论其原因是自然变率，还是人类活动。

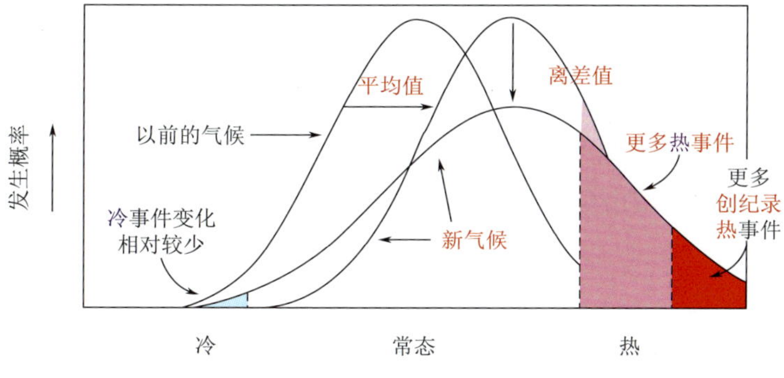

图1.2　气候变化示意图

（2）气候变化的特征

① 气候变化的多时间尺度性

短期气候变化，其时间尺度为月、季、年；中期气候变化，其时间尺度为几年（年际变化）；长期气候变化，其时间尺度为几十年（年代际变化）；超长期气候变化，其时间尺度为几百年（世纪际变化）；历史时期气候变化，其时间尺度为千年；地质期气候变化，其时间尺度为万年或更长。

由于有气候资料记载的时间不过几百年，对于气候变化研究也就主要集中在前四个时间尺度，尤其是前三个时间尺度的变化。但是，为了深入认识气候演变规律、探索气候变化的原因，历史时期和地质时期的气候变化问题也是很值得研究的。

② 气候变化的阶段性

气候变化的阶段性同气候变化的时间尺度是紧密联系的，不同时间尺度的变化也就有不同的阶段性。近千年来的气候变化也有其阶段性，1300—1800 年的小冰期平均气温偏低，而在小冰期前后平均气温却相当高。在过去 50 万年的时间里，冰期和间冰期有交替出现的现象。

③ 气候变化的突变性

均值突变：从一个气候基本状态（以某一平均值表示）向另一个气候基本状态的急剧变化。

趋势突变：两个气候阶段有完全不同的变化趋势，例如，某个气候阶段温度一致持续下降，其后一个气候阶段的温度一致持续上升。

变率突变：包括两种情况，其一是振幅有明显差异的突变；其二是频率有明显差异的突变。

（3）气候变化的原因

引起气候变化的原因可分为自然因子和人为因子两大类。前者包括太阳活动的变化、地球轨道的变化、火山活动，以及气候系统内部变率等；而人类活动，特别是工业革命以来人类活动是造成目前以全球变暖为主要特征的气候变化的主要原因，其中包括人类生产、生活所造成的二氧化碳（CO_2）等温室气体的排放以及对土地的利用和城市化等。

1.2 地球气候编年表

平时，我们都会用到世纪、年代、年、月、天、小时等单位来表示时间，但地球已经有 46 亿年的历史，那么在谈论过去的时间时，我们如何表达不同的时间跨度呢？地质学家划分出宙、代、纪、世等单位以表达地质年代的时间。地质纪年一般以百万年为单位。

按照地球岩层的年龄，将地球 46 亿年划分成两个大单元，其中看不到或者难以见到生物的时代称为隐生宙，而可以看到一定量生命以后的时代称为显生宙。隐生宙大概可以推至5.42亿年前，而5.42亿年以后到现在的时间则被称为显生宙。

隐生宙划分现在主流的观点是：1977 年，国际地层委员会前寒武纪地层分会在开普敦第四次会议上，将前寒武纪分为太古宙和元古宙，其界线放在 25 亿年前。因此，隐生宙及隐生宇这两个地质年代单位和地层年代单位，已逐渐弃而不用。冥古宙也被称为前太古代，因为其时间在太古代之前。另一种观点就是隐生宙包括冥古宙、太古宙、元古宙 3 个部分。

冥古宙开始于地球形成之初，冥古宙、太古宙界线不是很明确，依据不同的文献可能有不同的定义。太古宙以最古老的岩石为定义，大约距今 40 亿年。更早的时期则定义为冥古宙。太古宙后面就是元古宙。地质学家将宙划分为太古代、元古代、古生代、中生代、新生代 5 个代。太古代一般指地球形成时期，为 46 亿年前到 38 亿年前左右，其时间有数以亿计的年数之差，因为目前所能掌握的最古老的生命还有许多不确定因素。太古代之后是元古代，其结束的时间一般在前寒武纪生命大爆发之前，该时期大概在 5.7 亿年左右。地质学家将前寒武纪以后到现在的时间划分为古生代、中生代、新生代 3 个单元。

古生代是显生宙的第一个代。古生代意为远古的生物时代，持续约 3 亿年。古生代后期，爬行动物和类似哺乳动物的动物出现，古生代以迄今所知最大的一次生物绝灭宣告完结。中生代的优势动物是爬行类动物，尤其是恐龙，因此又称为爬行动物时代。新生代是地球历史上目前最新的一个地质时代，它从 6600 万年前开始一直持续到今天。哺乳动物已经是占据各个生态圈的优势动物群。鸟类、被子植物以及鱼类也有很大的发展，被子植物迅速成为优势物种，使得裸子植物等植物逐渐衰退。

每个代又被划分为几个纪，例如三叠纪、侏罗纪、白垩纪，这些名字大多为地质学家第一次发现其地质年代的岩石和化石的地名。

如果把地球诞生到现在的大约45亿年缩小到1年，则人类存在的时间只有极短的半个小时。不得不赞叹地球的漫长与人类的渺小。

1.3 地球气候系统

气候系统（climate system）由大气圈、水圈、岩石圈、冰冻圈和生物圈 5 个部分组成。太阳辐射是这个系统的主要能源。在太阳辐射的作用下，气候系统内部会产生一系列的复杂过程，各个组成部分之间通过物质交换和能量交换，紧密地联结成一个开放系统。

1.3.1 系统构成

（1）大气圈

大气圈是气候系统中最活跃、变化最大的组成部分。

① 大气圈的组成

大气是由多种气体混合组成的，此外，还悬浮着一些固体杂质和液体微粒。

大气的气体组成成分：主要成分——氮、氧、氩，99.96%；微量气体成分——CO_2、臭氧（O_3）、甲烷（CH_4）等。

干洁空气：90 km 以下可以看成是分子量为 28.97 的“单一成分”气体。

② 大气的结构

大气的上界：物理上界——1200 km。

观测证明，大气在垂直方向上的物理性质是有显著差异的。根据温度、成分等物理性质，同时考虑到大气的垂直运动等情况，可将大气分为 5 层。

a. 对流层

范围：0 至对流层顶（对流层顶的高度因纬度而不同，在低纬度地区平均高度为 17 ～ 18 km，在中纬度地区平均为 10 ～ 12 km，在极地平均为 8 ～ 9 km）。

主要特征：气温随高度增加而降低；垂直对流运动显著；气象要素水平分布不均匀。

对流层的分层：行星边界层（或摩擦层）、自由大气、对流层顶。

b. 平流层

范围：对流层顶至 55 km 左右。

主要特征：随高度的增高，气温最初保持不变或微有上升，30 km 以上，气温随高度增加而显著升高；气流比较平稳，垂直混合运动显著减弱；水汽含量极少。

c. 中间层

范围：平流层顶至 85 km 左右。

主要特征：气温随高度增加迅速下降；垂直运动强烈；水汽含量更少；电离层 D 层。

d. 暖层

此层没有明显的顶部。有人观测认为顶部在 250 ～ 500 km；有人认为可达

800 km。

主要特征：气温随高度增加迅速升高；空气处于高度电离状态；在高纬度晴夜，可出现极光。

e. 散逸层

散逸层是大气的最高层，又称外层。

主要特征：大气粒子经常散逸至星际空间，是大气圈与星际空间的过渡地带。

（2）水圈

水圈包括海洋、湖泊、江河、地下水和地表上的一切液态水，其中海洋在气候形成和变化中最重要。

海温的垂直变化：表层暖层、斜温层、冷水层。

海洋占地球表面面积的 71% 左右，它能吸收到达地表的大部分太阳辐射能，海水又具有很大的热容量，所以它是气候系统中一个巨大的能量贮存库。洋流在热量输送和全球热量平衡中起着巨大的作用，海洋表层在数月到数年内与大气或海冰相互发生作用，调节其温度。海洋的深层热量调节时间则需要几百年。

（3）岩石圈（陆地表面）

陆地表面具有不同的海拔高度、地形、岩石、沉积物和土壤，以及河、湖、地下水等。河、湖、地下水是水循环的重要组成部分，也是气候系统中容易变化的部分。陆块位置、高度和地形发生变化的时间尺度，在气候系统的所有组成部分中是最长的。

（4）冰冻圈

冰冻圈包括大陆冰原、高山冰川、海冰和地面雪盖等。

冰冻圈的变化尺度：陆地雪盖——季节变化；海冰——季节到几十年；大陆冰原和冰川——几百年甚至到几百万年。

冰冻圈对地表热量平衡的影响：很大的反射率；阻止地表和大气间的热量交换。

（5）生物圈

生物圈指的是陆地上和海洋中的植物以及生存在大气、海洋和陆地的动物。生物对于大气和海洋的 CO_2 平衡、气溶胶的产生，以及其他气体成分与盐类有关的化学平衡都有很重要的作用。植物可以随着温度、辐射和降水的变化而发生自然变化，其变化的时间尺度为一个季节到数千年不等；而且植物反过来又会改变地面反射率和粗糙度，影响水分的蒸发、蒸腾，以及地下水循环。由于动物需要得到适当的食物和栖息地，所以动物群体的变化也反映了气候的改变。

1.3.2 基本性质

（1）开放、复杂、高度非线性的系统

气候系统是一个开放系统。气候系统与其外空间的物质交换是微乎其微的。从这个意义上，气候系统可以被看作是一个封闭系统。

气候系统是一个复杂的系统。无论从描述气候系统物理量的空间分布和时间变化，还是从气候系统中发生的过程类型来讲，气候系统都是非常复杂的。

气候系统是一个高度非线性的系统。气候系统中发生的重要过程是气候系统各组成部分之间相互作用和相互影响的具体表现，是气候系统表现出高度非线性的根本原因。气候系统中的重要过程包括：物理过程、化学过程和生物过程。

（2）热力学和动力学属性

气候系统各部分之间热力学和动力学属性差异显著。

（3）稳定性

气候系统的稳定性（广义）是气候系统演变的重要性质。

气候系统稳定性的两个制约因素：能量收支方面的外部因素、气候系统内部的性质。气候系统的稳定性是相对的。

（4）反馈过程

反馈过程对系统起内部控制作用，它来自于两个或更多子系统之间一种特殊的耦合或调整。在反馈过程中，一部分输出又返回来充作输入，其结果是系统的净响应有了变化。反馈过程既可增强最终的输出结果（正反馈），也可以减弱输出结果（负反馈）。

反馈过程举例：正反馈过程——冰雪反照率反馈、水汽反馈、CO_2 反馈；负反馈过程——云反馈。

（5）可预报性

气候预报分为两类，第一类是与时间有关的，即习惯上的气候预报问题；第二类是与时间无关的，对应于敏感性问题。气候系统的可预报性与外部强迫及内部过程的特性有关。

1.3.3 物理化学过程

（1）水循环

水循环是指地球上各种形态的水，在太阳辐射、地球引力等的作用下，通过水的蒸发、水汽输送、凝结降落、下渗和径流等环节，不断发生周而复始的运动过程（水相不断转变的过程，水在地球的状态包括固态、液态和气态）。例如，地面的水分被太阳蒸发成为空气中的水蒸气。地球中的水多数存在于大气层、地面、地底、湖泊、河流及海洋中。

水循环是多环节的自然过程，全球性的水循环涉及蒸发、大气水分输送、地表水和地下水循环以及多种形式的水量贮存。降水、蒸发和径流是水循环过程的三个最主要环节，这三者构成的水循环途径决定着全球的水量平衡，也决定着一个地区的水资源总量（图 1.3）。

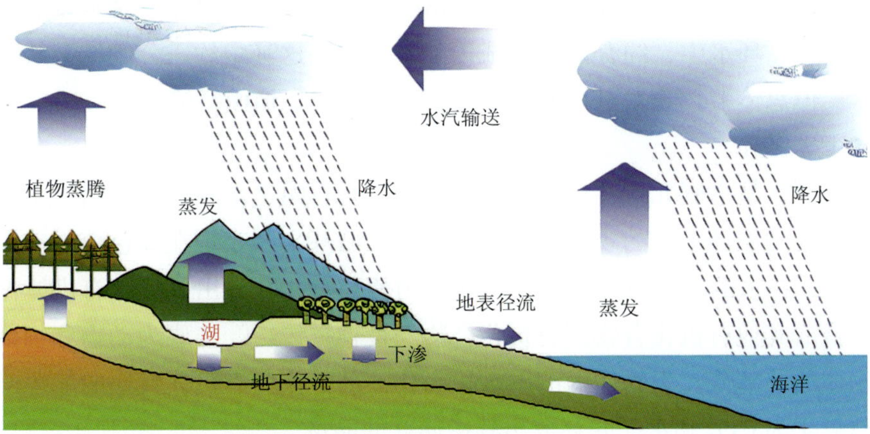

图1.3 水循环示意图

蒸发是水循环中最重要的环节之一。由蒸发产生的水汽进入大气并随大气活动而运动。大气中的水汽主要来自海洋，一部分还来自大陆表面的蒸散发。大气层中水汽的循环是蒸发—凝结—降水—蒸发的周而复始的过程。

水汽输送是水循环中最活跃的环节之一。海洋上空的水汽可被输送到陆地上空凝结降水，称为外来水汽降水；大陆上空的水汽直接凝结降水，称内部水汽降水。一地总降水量与外来水汽降水量的比值称该地的水分循环系数。全球大气水分交换的周期为 10 d。

径流是一个地区（流域）的降水量与蒸发量的差值。但是，无论是海洋还是陆地，降水量和蒸发量的地理分布都是不均匀的，主要缘于纬度的差异。

我国大气水循环路径有太平洋、印度洋、南海、鄂霍次克海及内陆五个水分循环系统。它们分别是我国东南、西南、华南、东北及西北内陆的水汽来源。西北内陆地区还有盛行西风和气旋东移而来的少量大西洋水汽。

陆地上（或一个流域内）发生的水循环是降水—地表径流和地下径流—蒸发的复杂过程。陆地上的大气降水、地表径流和地下径流之间的交换又称三水转化。流域径流是陆地水循环中最重要的现象之一。

地下水的运动主要与分子力、热力、重力及空隙性质有关，其运动是多维的：通过土壤和植被的蒸发、蒸腾向上运动成为大气水分；通过入渗向下运动可补给地下水；通过水平方向运动又可成为河湖水的一部分。地下水储量虽然很大，但却是经过长年累月甚至上千年蓄积而成的，水量交换周期很长，循环极其缓慢。地下水和地表水的相互转换是研究水量关系的主要内容之一，也是现代水资源计算的重要问题。

据估计，全球总的循环水量约为 4.96×10^{14} m^3/a，不到全球总储水量的万分之四。在这些循环水中，约有 22.4% 成为陆地降水，这其中约三分之二又从陆地蒸发掉了。但总体上，蒸发量小于降水量，这才形成了地面径流。

（2）碳循环

碳循环，是指碳元素在地球上的生物圈、岩石圈、水圈及大气圈中交换，并随地球的运动循环不止的现象。生物圈中的碳循环主要表现在绿色植物从大气中吸收 CO_2，在水的参与下经光合作用转化为葡萄糖并释放出氧气，有机体再利用葡萄糖合成其他有机化合物。有机化合物经食物链传递，又成为动物和细菌等其他生物体的一部分。生物体内的碳水化合物一部分作为有机体代谢的能源经呼吸作用被氧化为 CO_2 和水，并释放出其中储存的能量。

碳循环过程中，大气中的 CO_2 大约 20 年可完全更新一次。自然界中绝大多数的碳储存于地壳岩石中，岩石中的碳因自然和人为的各种化学作用分解后进入大气和海洋，同时死亡生物体以及其他各种含碳物质又不停地以沉积物的形式返回地壳中，由此构成了全球碳循环的一部分。碳的地球生物化学循环控制了碳在地表或近地表的沉积物和大气、生物圈及海洋之间的迁移。

地球上最大的两个碳库是岩石圈和化石燃料，含碳量约占地球上碳总量的 99.9%。这两个库中的碳活动缓慢，实际上起着贮存库的作用。地球上还有三个碳库：大气圈库、水圈库和生物库。这三个库中的碳在生物和无机环境之间迅速交换，容量小而活跃，实际上起着交换库的作用。

碳在岩石圈中主要以碳酸盐的形式存在，总量为 2.7×10^{16} t；在大气圈中以 CO_2 和 CO 的形式存在，总量为 2×10^{12} t；在水圈中以多种形式存在；在生物圈中则存在着几百种被生物合成的有机物。这些物质的存在形式受到各种因素的调节。

在大气中，CO_2 是含碳的主要气体，也是碳参与物质循环的主要形式。在生物库中，森林是碳的主要吸收者，它固定的碳相当于其他植被类型的2倍。森林又是生物库中碳的主要贮存者，贮存量大约为 4.82×10^{11} t，相当于大气含碳量的三分之二。

植物、可光合作用的微生物通过光合作用从大气中吸收碳的速率与通过生物的呼吸作用将碳释放到大气中的速率大体相等，因此，大气中 CO_2 的含量在受到人类活动干扰以前是相当稳定的。大自然火灾、植物等造成的碳固化要多于动物等造成的碳气化。石油、煤炭是碳固化过剩的一种副产品。

1.4 气候变化时间尺度

气候变化是一个与时间尺度密不可分的概念，在不同时间尺度下，气候变化的内容、表现形式和主要驱动因子均不相同。根据时间尺度和影响因子的不同，气候变化问题一般可分为 3 类，即地质时期气候变化、历史时期气候变化和现代气候变化。万年以上尺度的气候变化为地质时期气候变化，如冰期和间冰期循环。历史时期气候变化即一万年以来的变化，历史时期气候变化的研究可以使用能够反映过去气候状态的代用资料。1850 年有全球器测气候变化记录以来的气候变化一般被视为现代气候变化。

1.4.1 地质时期气候变化

在地质史的几十亿年中，全球规模冰雪覆盖的扩展和退缩相互交替，有时大陆上覆盖着很大面积的冰原和冰川，气候寒冷，这时期称为冰期，又可称为大冰期；冰原或冰川以较大幅度向低纬度地区推进时，也称为冰期。介于两个冰期之间比较温暖的时期，冰川消融退缩，称为间冰期。这种寒暖波动的时间尺度为 106 ～ 108 年。前寒武纪以来，90% 以上的时间北半球和南半球的极地无冰。但全球至少出现过 3 次大冰期，比较公认的有：前寒武纪大冰期（距今约 6 亿年）、石炭纪 - 二叠纪大冰期（距今 2 亿～ 3 亿年）和第四纪大冰期（距今 200 万～ 300 万年至 1 万～ 2 万年）。

在前寒武纪，还可能有另外的大冰期，但因资料不足尚无法判断。一般认为，对地质时期温度的估计，从中生代（距今 2.3 亿～ 0.67 亿年）起才比较可靠。那时的年平均气温在两极附近为 8 ～ 10 ℃，赤道为 25 ～ 30 ℃。

第三纪（距今 0.67 亿年至 200 万～ 300 万年）的主要气候特征是：中纬度地区气温缓慢降低，大约在 1400 万年前，地球上的气温急剧下降，在南极首先出现了冰盖，在250万年前，冰岛出现过山岳冰川，紧接着北半球高纬度地区也形成冰盖。

第四纪气候以极地冰川和中高纬度地区山岳冰川的覆盖为主要特征，又称第四纪大冰期，在第四纪内，依冰川覆盖面积的变化，可划分出几次冰期和间冰期，它们的冰盖范围分别占陆地表面积的30%和10%左右。但是在各大陆上的冰期中，冰川发育程度有很大的差别。例如，欧洲大陆冰盖曾达到北纬48°，而亚洲北部西伯利亚冰盖的规模较小，只达到北纬60°。中国无大型冰盖，但西部山地，如阿尔泰山、天山、祁连山、贡嘎山、玉龙山、四川西部和青藏高原等，却发育了山岳冰川。由于气候变化随地区的差异和研究方法的不同，各地划分的冰期数有所不同。例如，在欧洲，阿尔卑斯山地第四纪大冰期被划分成多瑙、贡兹、民德、里斯、武木5个冰期；在中国西南的喜马拉雅山地区，划分出希夏邦马、聂聂雄拉、珠穆朗玛3个冰期；在中国东部地区，李四光曾划分出鄱阳、大姑、庐山、大理4个冰期。但中国各地第四纪冰期的划分尚无定论，有人认为中国东部在第四纪根本没有冰川活动。第四纪的冰期和间冰期的温度振幅，海上约为6 ℃，这是从北大西洋热带海域分析海底岩心所得到的。除北极区海域稍高外，其他大洋区均略低于此数。间冰期的北大西洋热带海域较现代高1 ℃。大陆上的温度波动较大，在冰盖的边缘地区如欧洲约为12 ℃，但高山雪线处则为4～6 ℃。

冰期和间冰期温度的巨大变化导致其他气候要素和自然地理因子发生变化。① 雨带分布的变化。冰期时，冰盖面积扩大，极地反气旋增强，极地高压带向中、低纬度地区扩展，迫使行星极锋带移至中、低纬度地区，导致中、低纬度地区低气压活动频繁，雨量充沛，湖水面积扩大。例如，亚洲中部、非洲北部和中部、北美洲西部等，在冰期时均为湿润地区。但在间冰期时，上述地区的气候常很干燥。② 雪线的升降。冰期时，全球山岳雪线普遍下降，大多数山岳雪线下降1000～1400 m，热带地区雪线下降700～900 m。③ 海平面的升降。冰期时地球表面相当大的一部分水形成巨大冰盖而留在陆地上，海平面因此降低，如武木冰期，海平面比现代低约100 m。在间冰期最暖时期，海面可能比现代高出15～30 m，甚至更多。④ 生物群落的迁移。在冰期时，冰川扩张，气候带向低纬度地区移；间冰期时，冰川退缩，极区气温升高，气候带向高纬地区移。与气候带相应，生物群落也随之南北迁移。例如，克里米亚（里斯冰期）的地层发现过北极狐、北极鹿；在南高加索，从冰期的地层里发现过猛犸象化石，这些都属于极地动物。而在间冰期，北冰洋沿岸有虎、麝香牛等喜温动物群活动。

1.4.2　历史时期气候变化

在过去的历史文件中有丰富的史书记载、物候记录和考古资料等。竺可桢（1973）依据物候资料和历史文献记载对我国自 5000 年以来的气候变化进行研究，将我国气候变化划分为 4 个温暖期和 4 个寒冷期（图 1.4）。

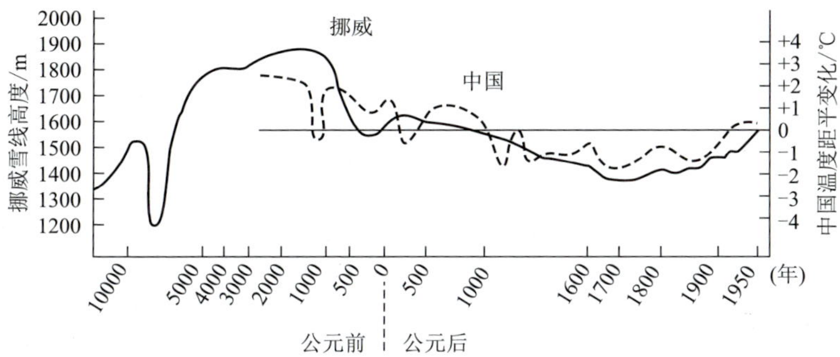

图1.4　一万年来挪威雪线高度（实线）与五千年来中国温度（虚线）变迁（竺可桢，1973）

王郇等（1987）则研究了同期气候干湿变化的状况（图 1.5），主要结论如下：

第一温暖期，相当于仰韶文化时代至安阳殷墟文化时期。西安半坡仰韶文化遗址挖掘出竹鼠等好暖湿动物的骨骼，该动物仅生活在长江流域。山东龙山文化遗址发现炭化的竹子，说明竹类植物曾生长在黄河流域（35°N）。安阳殷墟发现犀牛、象、獐等亚热带动物的存在。殷墟甲骨文中有猎获大象和犀牛的记载。该暖期相当于全新世中期暖湿时期的后段，气候湿润多雨，平原地区多洪水，对人们的生产、生活造成了危害，才有了尧舜时期大洪水的传说。公元前 1710—前 1324 年，受洪水影响，商朝 5 次迁都，在殷墟处稳定下来。

第一寒冷期，相当于西周时代。《竹书记年》中记载，周孝王时期汉水在公元前 903 年和公元前 897 年发生了 2 次结冰，结冰之后紧接着就是大旱。《史记》中关于干旱灾害的记载更多，据《国语・周语》记载，“殷纣三十三年（公元前 1066 年）河竭而商亡，周武王十五年周大饥”“殷帝辛五年雨土于亳”。西周后期的厉、宣、幽、平王时期的 150 年里，干旱则更甚，关于旱灾的记载就更多了，如“厉、宣之世，天旱地坼”，等等。

第二温暖期，相当于东周（春秋战国）时期、秦和西汉时期。气候转暖，《左传》中提到，鲁国在冬天时，冰房得不到冰，在公元前 698 年、公元前 590 年和公元前 545 年尤其如此，并常提到当地有梅树、竹子等亚热带植物的生长。秦和

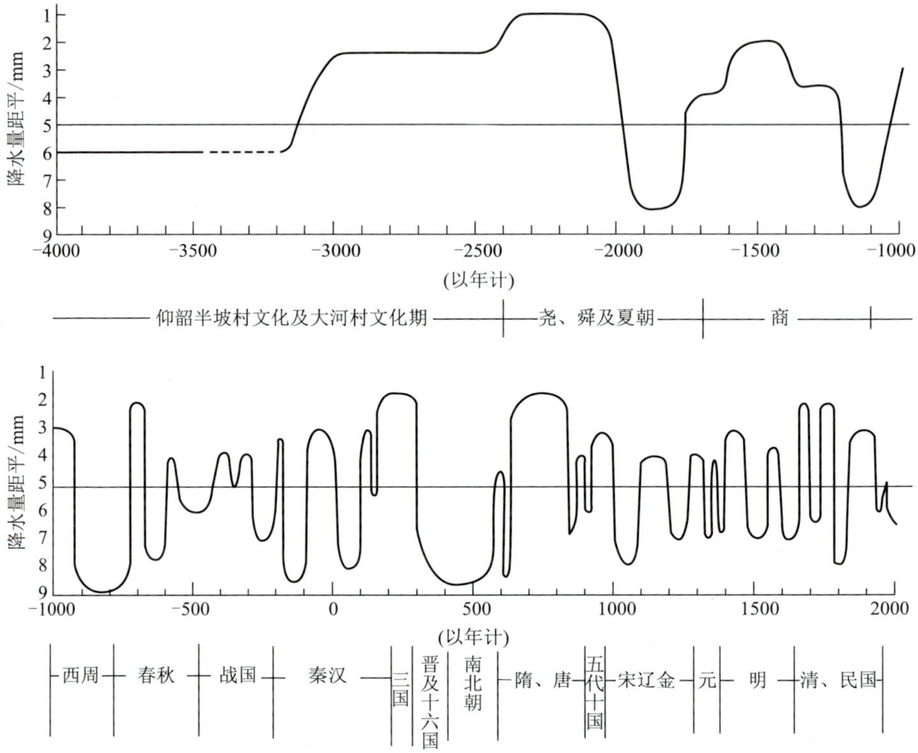

图1.5　中原地区五千余年降水量变化曲线（王邨 等，1987）

西汉时期比较温暖，从《吕氏春秋》等书中提到的物候现象来看，当时的物候期比现在要早 20 d 左右。根据物候记录可知此时期亚热带植物的北界较现在偏北。

第二寒冷期，相当于东汉、三国、晋和南北朝时期。从东汉时代就有气候转冷的记载，当时国都洛阳晚春时还降霜雪，冻死不少穷人。三国时期，曹丕于公元 225 年到淮河广陵（淮阴）视察 10 多万士兵演习，由于气候严寒，淮河结冰，演习被迫停止。这是目前所知淮河最早的一次结冰。这种寒冷气候一直持续到 3 世纪后期，特别是公元 280—289 年达到极点，当时每年农历四月还降霜。南北朝时期，南朝在南京覆舟山建立冰房，当时河流结冰可供采用。北朝著名文献《齐民要术》中记载，河南、山东的物候比现在要晚 15 ～ 30 d，气候十分寒冷。但是这个时期的前半期比较湿润，后半期比较干旱。

第三温暖期，相当于隋、唐和五代时期。从 7 世纪起，气候明显转暖，并且湿润多雨。据记载，公元 650 年、669 年和 678 年的冬季，国都长安无雪无冰。唐玄宗时期（公元 712—756 年），长安曾种梅花和柑橘。公元 751 年，皇宫中柑橘结出果实，味道与江南蜀道柑橘一样。武宗时期（公元 841—847 年），皇宫中也有柑橘树结果的记录。农业耕作记录也表明，唐代时生长季节比现在要长一些。

第三寒冷期，相当于北宋和南宋时期。11 世纪初期，华北地区已没有梅树生长。12 世纪初期，中国北方气候严寒而且干旱，水草缺乏，北方游牧民族（辽、金）南下，宋朝迁都杭州。1111 年，太湖湖面全部结冰，冰上可行车，杭州降雪频繁，春季有降雪，寒冷天气使得太湖洞庭山的柑橘果树全部冻死。1153—1155 年，靠近苏州的运河冬天经常出现结冰，行船时必须备有铁锤以破冰开路。1110 年和 1178 年，福州一带的荔枝树都曾被冻死。但是在后期气候似乎迅速向暖湿转变。

第四温暖期，相当于南宋后期或元代的早期。在南宋后期，杭州未出现冰雪。关中、河南一带重新种植竹子，元代初期这些地方都有官方设立的竹子管理机构——“竹监司”。可见这个时期气候又转暖了。但是在北方似乎比较干旱少雨。

第四寒冷期，相当于元末和明、清时期。1329 年和 1353 年，太湖结冰，厚达数尺（1 尺≈ 0.33 m），人可在冰上行走，湖周围柑橘树全被冻死。此为历史上太湖第二次和第三次结冰的记录。1351 年 11 月，黄河山东段上有浮冰出现。这一时期以 1650—1700 年寒冷最甚，其中太湖、汉水和淮河结冰 4 次，洞庭湖结冰 3 次，鄱阳湖也结冰了。江西的橘园分别在 1654 年和 1676 年 2 次被寒冻毁坏。1670 年（康熙九年），我国东部沿海大雪 20 天不止，平地冰厚数寸，海水拥海冰到岸边，数十里积冰若堤坝。

全球变暖影响是当前气候变化研究的一个重要领域。以古鉴今，历史上应对气候变化的经验和教训可以为现代人类应对以全球变暖为突出标志的气候变化挑战提供宝贵的借鉴。总结历史气候变化对社会影响研究领域的成果，归纳得到历史时期气候变化对中国影响的若干认识及其对适应未来气候变化的启示。

1.4.3　现代气候变化

现代气候变化，指有较系统的气象仪器观测资料以来的气候变化。1873 年第一届国际气象会议后，世界范围的气象观测网逐步建成。所以，现代气候变化通常是指 19 世纪下半叶以来的气候变化。其研究主要利用仪器观测资料。

近百余年来，最重要的气候变化事实是 20 世纪 20—30 年代变暖，40 年代以后变冷。从 19 世纪末到 20 世纪初，北半球广大地区气候回暖，特别是北极和高纬度地区，气温显著上升。例如，地处北极圈附近的阿尔汉格尔斯克，自 20 世纪初到 30 年代，7 月平均气温的 10 年平均值上升 3 ℃左右，附近的白海甚至在 1927 年出现了鲑鱼、1931 年出现了鳕鱼等喜热鱼类。北半球气温的 5 年平均值从 1880—1884 年到 1940—1944 年，上升了 0.6 ℃左右。不过有人认为，这个数值估计过高，可能只有 0.3 ℃。中国也有明显变暖现象。例如，上海、青岛等地从 20 世纪初至 30 年代，每 10 年平均气温上升 1 ℃。同时，野外考察资料也证实了气候变暖的趋势：1910—1960 年的 51 年间，天山雪线上升了 40 ～ 50 m，天山西部的冰舌后退 500 ～ 1000 m。喜马拉雅山北坡的雪线 19 世纪 40 年代在海拔 5067 m 处，1961 年上升到 5800 m 处，可见变暖影响之强烈。这与 20 世纪初期世界性冰川后退是一致的。但是，地球上各地气温的变化是不完全一致的。在北半球大部分地区变暖的同时，也有一些地区变冷，如加拿大和欧洲大陆南部等地。南半球大陆并未变暖。

一般认为，变暖在 1940 年前后达到极盛，以后即开始变冷。1962—1963 年冬季是变冷以来的第一次大幅度降温，影响广泛。因此，有人将其视为“小冰期”第四阶段到来的标志。后来在 1968—1969 年、1976—1977 年，冬季都比较寒冷。中国冷夏频繁也是变冷的反映。据研究，40 年代以来，不但地面气温下降，海温和对流层气温也都下降，下降的趋势比地面气温还要明显，每 10 年下降 0.1 ℃左右。

1981—1990 年全球平均气温比 100 年前上升了 0.48 ℃（图 1.6）。导致全球变暖的主要原因是人类在近一个世纪以来大量使用矿物燃料，如煤、石油等，排放出大量的 CO_2 等多种温室气体。20 世纪全世界平均气温约攀升 0.6 ℃。北半球春天冰雪解冻期比 150 年前提前了 9 d，而秋天霜冻开始时间却晚了约 10 d。

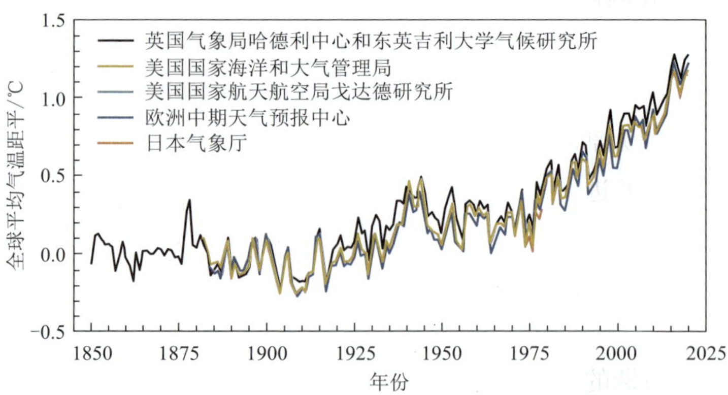

图1.6　1850—2019年全球平均气温距平

2019 年，全球气候系统变暖加速，物候期提前、冰川消融、海平面上升……多项历史纪录被刷新，气候极端性增强。2019 年，全球平均气温较工业化前水平高出约 1.1 ℃，是有完整气象观测记录以来第二暖的年份。截至 2019 年，过去 5 年（2015—2019 年）是有完整气象观测记录以来最暖的 5 个年份。20 世纪 80 年代以来，每个连续 10 年都比前一个 10 年更暖。

1.5 气候变化与人类文明

1900 年，梁启超先生在《二十世纪太平洋歌》中，首次提及“四大文明古国”这一概念。不难发现，中国、古巴比伦、古印度、古埃及这四大文明的发源地，均依傍于水源。长江与黄河流域、印度河与恒河流域、尼罗河流域、底格里斯河与幼发拉底河流域的充沛水资源，配合着适合发展原始农业的气候，养育出了四大文明。

由此可知，一地气候对当地文明的产生与发展起着决定性作用。气候造就适宜生存发展的自然条件，为人类定居创造了前提，而后自聚居地逐步演变壮大，成为文明。

1.5.1 我国气候变化

以我国为例，气候与中华文明的科技艺术进步，乃至朝代更替都有着极大的关系。

竺可桢先生在《中国近五千年来气候变迁的初步研究》一文中，依据研究途径，将中国对气候的研究划分为考古时期、物候时期、方志时期和仪器观测时期。其中，考古时期的主要特征为除了甲骨文中的只言片语，无更多文字记载；物候时期的特征为仅存在关于物候的文字记载，而无详细的区域报告；到了公元 1400 年以后，我国大部分地区利用方志，对一地气候有了详细记载；而近现代以来，随着科学技术的进步，对于天气以及气候的研究，有了更为精准可靠的仪器观测与记录。

例如，考古学家在西安附近发掘了仰韶文化遗址，利用同位素测定年份为距今 5600 ～ 6080 年，其中留存的动物骨骼包括了獐和竹鼠这类亚热带动物。由此可以推断，这一时期的气候比今天的西安更加温暖湿润。除了动物遗迹，对于植物分布的研究，同样可以反映气候的变化。对于山东龙山文化遗址的考古研究，则证明了竹类植物的分布地域，在五千年间有所南移，对于彼时中国北方地区的气候状况，也就有了大致判断。

进入了物候时期，留存了更多的资料，描述了昔日各地的物产及气象情况，为彼时气候分析提供了依据。观测仪器以前，人们要知道一年中寒来暑往，就通过眼睛来看降霜下雪，河开河冻，树木抽芽发叶、开花结果，候鸟春来秋往，等等，这就叫物候。我国劳动人民，因为农业上的需要，早在周初，即公元前11世纪时便开创了这种观测，如《夏小正》《礼记•月令》均载有从前物候观察的结果。积三千年来的经验，材料极为丰富，为世界任何国家所不能企及。

周朝建立，国都设在西安附近的镐京。当时官方文件先铭于青铜，后写于竹简，可以想象当时竹类在人们日常生活中起了显著的作用。中国的许多方块字在那时已形成。方块字中如衣服、帽子、器皿、书籍、家具以及乐器等名称，都以“竹”为头，表示这些东西最初都是用竹子做成的。因此，我们可以假设在周朝初期气候温暖可使竹类在黄河流域广泛生长，而现在不行了。

气候温和，也可以由中国最早的物候观测来证实。新石器时期以来，当时居住在黄河流域的各民族都从事农业和畜牧业。对他们而言，季节的运行是头等重要的事。当时的劳动人民已经认识到一年的两个“分”点（春分和秋分）和两个“至”点（夏至和冬至），但不知道一个太阳年的年里确有多少天。所以，急欲求得办法，能把春分固定下来，作为农业操作的开始日期。商周人民观察春初薄暮出现的二十八宿中的心宿二即红色的大火星来固定春分（《左传》襄公九年“晋侯问于士弱曰，吾闻之宋灾，于是乎知有天道，何故？对曰，古之火正，或食于心，或食于咮，以出内火，是故咮为鹑火，心为大火。陶唐氏之火正阏伯居商丘，祀大火，而火纪时焉。相土因之，故商主大火”。见《春秋左传正义》）。别的小国也有用别的办法来定春分的。如在山东省近海地区的郯国人民，每年观测家燕的最初来到以测定春分的到来。《左传》提到郯国国君到鲁国时对鲁昭公说，他的祖先少皞在夏、殷时代，以鸟类的名称给官员定名，称玄鸟为“分”点之主，以示尊重家燕。这种说法表明，在三四千年前，家燕正规地在春分时节来到郯国，郯国以此作为农业开始的先兆。我们现在有物候观察网，除作其他观察外，也注意家燕的来去。根据近年来的物候观测，家燕近春分时节正到上海，10天之后到山东省泰安等地。郯居于上海与泰安之间。据E.S.Wilkinson（威尔金森）在他的《上海鸟类》一书中写道：“家燕在3月22日来到长江下游、上海一带，每年如此。”显然三四千年前家燕于春分已到郯国，而现在春分那天家燕还只能到上海。

到了明朝（1368—1644 年），即 14 世纪以后，由于各种诗文、史书、日记、游记的大量出版，物候的材料散见各处，即使搜集很少一部分已非一人精力所能及。幸而此种材料大多收集在各省各县编修的地方志中。我国地方志有五千多种。这些地方志，除仪器测定的气候记录外，还为一个地区的气候提供了很可靠的历史资料。上节所述的物候材料只限于生物方面的证据，如气候对于植物生长和动物分布的关系，以及对于当地人民农业操作的影响，只能作为提示，很少直接证实气候确与现在不同。天气灾害直接与气候有关，当我们有以往的气候资料与现在的气候资料作比较时，我们就更有证据了。这里只选择最冷的 17 世纪两种笔记中所见的物候材料加以论述。一种是《袁小修日记》，即明万历三十六年至四十五年（1608—1617 年）间，袁小修留居湖北沙市附近的日记。另一种是清杭州人谈迁著的《北游录》，叙述 1653—1655 年三年间在北京的所见所闻。这两本书，详细记载了桃、杏、丁香、海棠等春初开花的日期。从这两个人的记载，我们可以算出袁小修时的春初物候与今日武昌物候相比要迟 7 ～ 10 天。谈迁所记北京物候与今日北京物候相比，也要迟一两个星期。更可注意的是，17 世纪中叶，天津运河冰冻时期远较今日为长。1653 年，谈迁从杭州来北京，于阳历 11 月 18 日到达天津时，运河已冰冻；到 11 月 20 日，河冰更坚，只得乘车到北京。1655 年阳历 3 月 5 日，谈迁由京启程返杭时，北京运河开始解冻。根据谈迁的记述，可知当时运河封冻期一年中共有 107 天之久。水电部水文研究所整理了 1930—1949 年天津附近杨柳青站所做的记录，这 20 年间，运河冰冻平均每年只有 56 天，即封冻平均日期为 12 月 26 日，开河平均日期为 2 月 20 日。而据谈迁《北游录》所说，那时北京运河开河日期是在惊蛰节，即阳历 3 月 6 日，比现在要迟 12 天。从物候的迟早，可以算出两个时间温度的差别。据物候学上“生物气候学定律”：春初，在温带大陆东部，纬度差 1°或高度差 100 m 则物候差 4 天。这样就可从等温线图中标出北京在 17 世纪中叶冬季要比现在冷 2 ℃之谱。

风向仪和雨量计在明朝以前就应用了，到 1911 年，当时的中国政府才建立正规气象站。新中国成立后，气象事业空前发展，一个完好的气象测报站网已遍及全国各地。1900 年以前，中国只有极少数地方有气象记录。明朝初期，雨量计分布于全国不同地区，1424 年，朱棣（明成祖）下令地方长官每年向朝廷报告雨量，借以估量各个地区的农业生产，但此事不久即流于形式，以后也就停止了。在我国，北京是最早用温度表测定空气温度的，但记载不完全，中间有很大的间隙。除北京外，上海、香港和天津也有长时间的空气温度记载。为了与其他国家的古代温度相比较，做 10 年滑动平均。结果表明，上海在 19 世纪最后 25 年间，气候十分寒冷，大约比整个冬季（指 12 月—次年 2 月，下同）的平均温度（4.6 ℃）低 0.5 ℃。1897 年左右，冬季温度达到平均数，随后超过了平均数。在平均数之上停留约 14 年。1910—1928 年，温度又逐渐下降到低于平均数。接着冬季温度又趋向增高，直到 1945—1950 年，超出平均值达 0.6 ℃。此后，温度逐渐降低，直到 1960 年回到平均数为止。在这期间，天津的冬季温度趋势也是波浪式地摆动，与上海的平行。但顶峰和底点比上海早几年到来，幅度也较大，而香港的曲线波动顶峰和底点则比上海迟滞，而且滑动平均温度的幅度较小。

1.5.2　气候变化与朝代更迭

夏商西周时代是第一次暖期，西周中叶至春秋是第一次寒期；春秋战国至西汉末年是第二次暖期，西汉末年至魏晋南北朝是第二次冷期；隋唐五代北宋是第三次暖期，金元是第三次冷期；明清是第四次冷期（1350—1900 年），今天的我们则处于第四次暖期。处于暖期时，降水充足，气候温暖，适合农业发展，中原农耕区风调雨顺，社会经济快速发展，对于中原王朝来说，往往是统一扩张的大好时机。这一时期往往容易表现出强大的帝国统治和盛世；而在冷期，降水和气温都不足，农耕区往往自然灾害频发，农产量减少，这样往往会带来饥荒和社会动荡，中原王朝往往会陷入内战和改朝换代的人民革命中。而在寒冷的北方地区，北方民族因为气候自然灾害频发造成油墨经济受打击，他们不得不入侵中原，这样带来的结果就是历史上的外族入侵。按照历史来看，往往是一个王朝衰落和大分裂的时代。

1.5.3　外国文明

在人类历史上，曾经爆发过 3 次大规模鼠疫。生物学和流行病学的相关研究指出，低温和高湿度的环境有利于鼠疫病菌及其载体（跳蚤）的生存和传播。反观 3 次鼠疫爆发，均逢此类气候条件——较低的温度和较高的降水量。而鼠疫之下，人们文明的社会行为同样对历史产生了深远的影响。

第一次鼠疫（查士丁尼瘟疫）带来的严重饥荒，在一定程度上削弱了东罗马帝国的实力。伴随着人口的锐减，贸易荒颓，后来又影响到了欧洲其他各国，彻底葬送了西方历史上的古典时期，并在一定程度上为此后不久阿瓦尔人和阿拉伯人的迅速崛起提供了机遇。第二次鼠疫就是著名的黑死病，它让整个欧洲的人口减少了大约三分之一。在这场突如其来且十分恐怖的疫情里，欧洲的社会被彻底改变，中世纪教会的腐朽统治摇摇欲坠，随后就开启了文艺复兴以及启蒙运动，让西方逐渐走进了近代史。而在亚洲，另一场严重的疫情间接导致了元末的红巾军起义，现在有不少人认为这场瘟疫也是黑死病的一部分。第三次鼠疫开始于中国南方，逐渐扩散到东亚、南亚各国，最终影响了全世界。在这场鼠疫里，人类终于认识到这种病的病原体，并让各国政府意识到了公共卫生投入的重要性，从而大幅度改善了城市环境和居民健康状况（尤其是在发达的国家和地区）。从这里能够看到，这种由气候推动的宏观历史进程是无法被任何偶然事件所改变的。比如在第一次鼠疫期间执政的东罗马查士丁尼大帝，不能不承认他是个很有作为的拜占庭皇帝，但是在鼠疫面前，他也无法阻止帝国的衰微。薄伽丘以黑死病为背景写下了《十日谈》，成为文艺复兴的先驱，这看似是个偶然事件，但实际上这样著作的诞生是建立在人们质疑中世纪教会统治的基础之上的。就算没有薄伽丘，在黑死病的恐怖笼罩下，也会有其他人写出其他质疑教会的作品，从而为文艺复兴奠定基调。

1.6 知识拓展

1.6.1 寒武纪生命大爆发

在距今约5.3亿年前一个被称为寒武纪的地质历史时期，地球上在2000多万年时间内出现了各种各样的动物，它们不约而同地迅速起源、立即出现。节肢、腕足、蠕形、海绵、脊索动物等一系列与现代动物形态基本相同的动物在地球上来了个“集体亮相”，形成了多种门类动物同时存在的繁荣景象。

中国云南澄江生物群、加拿大布尔吉斯生物群和凯里生物群构成世界三大页岩型生物群，为寒武纪地质历史时期的生命大爆发提供证据。

达尔文在其《物种起源》的著作中提到了这一事实，并大感困惑。他认为这一事实会被用作反对其进化论的有力证据。但他同时解释道，寒武纪动物的祖先一定是来自前寒武纪动物，是经过很长时间的进化过程产生的；寒武纪动物化石出现的“突然性”和前寒武纪动物化石的缺乏，是由于地质记录的不完全或是老地层淹没在海洋中的缘故。

这就是至今仍被国际学术界列为“十大科学难题”之一的“寒武纪生命大爆发”。依照传统和经典的生物学理论，即达尔文生物进化认为，生物进化经历了从水生到陆地、从简单到复杂、从低级到高级的漫长的演变过程，这一过程是通过自然选择和遗传变异两个车轮的缓慢滚动逐渐实现的，中国的科学家通过古化石研究向这一权威理论提出了挑战。

在国际上被誉为20世纪最惊人的发现之一的澄江生物群，就为探索“寒武纪生命大爆发”的奥秘开启了一扇宝贵的科学之窗。1984年7月1日，“澄江生物群”在云南省澄江县首次被发现，这一多门类动物化石群动物类型众多，且十分珍稀地保存了动物软体构造，栩栩如生地再现了远古海洋生命的壮丽景观和现生动物的原始特征，以丰富的生物学信息为“寒武纪大爆发”研究提供了直接证据。

经过多年的努力，中国在有关“寒武纪大爆发”的古生物学研究方面已在国际上取得了领先地位。由中国科学院南京地质古生物研究所带领的一个国际小组在国际著名地学期刊《地质学》杂志上发表了关于寒武纪大爆发研究的最新成果。他们依据在俄罗斯远东西伯利亚地区获得的地层和古生物化石资料，证明寒武纪典型的动物骨骼化石在前寒武纪晚期就已经出现，并与前寒武纪晚期典型的弱矿化动物骨骼化石混生，从而表明寒武纪生物群与前寒武纪晚期埃迪卡拉纪生物群之间具有逐渐过渡的演化关系。

1.6.2 无夏之年

无夏之年指1816年，因为受1815年印度尼西亚坦博拉火山爆发的影响，北半球天气出现严重的反常。坦博拉火山的爆发是人类历史上最大规模的火山爆发之一，威力为火山爆发指数的7级，所喷出的火山灰总体积多达150 km^3，而且抵达高至44 km之平流层。远至英国伦敦亦可见因火山灰而出现的日落彩霞。除此以外，在1812年和1814年亦分别有较小规模的火山在加勒比海及菲律宾爆发，在大气中积聚相当的火山灰，加上坦博拉火山喷出到高空中的二氧化硫，导致全球温度在之后一两年下降0.4～0.7 ℃。1816年是自1400年以后北半球最寒冷的一年。欧洲、北美洲及亚洲都出现灾情，夏天出现罕见低温；欧洲及美洲农业生产受影响尤甚；亚洲气候亦受影响，中国云南因而出现饥荒。

（1）美洲

美国东北部及加拿大所受影响最为严重。美国东北部晚春及初夏温度通常相当稳定，平均20～25 ℃，甚少低于5 ℃。1816年5月，美国东北部出现霜冻，大部分农作物被冻死。6月，加拿大及美国新英格兰出现两次大风雪，魁北克积雪余尺，不少地方有人冻死。到了7月和8月，南至宾夕法尼亚州仍可见河水结冰。部分地方温度时而高达甚至超过35 ℃，然又突然数小时内下降至接近0 ℃。新英格兰农作物大量失收，各种谷物价格急升。

（2）欧洲

欧洲大陆刚刚在 1815 年结束对拿破仑的战争。突如其来的天气反常引致广泛粮食短缺，各地都有抢夺粮食的情况，瑞士情况尤为严重。在英国，大量家畜在 1816 年冬天死亡，威尔士、爱尔兰等地农作物失收，出现普遍饥荒。欧洲多条主要河流在夏天泛滥，德国等地在 8 月出现霜冻。据估计欧洲约有 20 万人死于这次天气反常。1816—1819 年东南欧洲及地中海出现的伤寒疫症，亦怀疑与温度改变有关。

1816 年 7 月，年方十九的玛丽·雪莱前往拜伦在瑞士的别墅度假，却遭遇到了连日降雨和反常低温，迫使众人待在室内。为了排遣时间，拜伦决定举行一场比赛，让大家写出最恐怖的故事。结果玛丽·雪莱写出了名著《科学怪人》，而拜伦的私人医生约翰·波里多利则写出了现代吸血鬼小说的开山之作《吸血鬼》。

（3）亚洲

在中国，云南全省出现严重饥荒。在 1816 年（嘉庆二十一年）夏天，农历八月时“天气忽然寒如冬”。昆明及滇西等地连续 3 年冬天降雪。在东北黑龙江，双城在农历七月出现严重霜冻，作物失收，垦丁逃亡。安徽、江西等地亦有农历六七月出现降雪的记录。台湾新竹、苗栗等地都在 1816 年冬天记录到罕有的霜冻，新竹“十二月雨雪，冰坚寸余”。

第2章

气候变化观测事实

气候变化指的是由于气候系统外驱动因子改变即辐射强迫引起的多年代时间尺度以上的气候要素逐渐演化过程；在过去的150年里，特别是最近的60年间，全球开始变暖，这种变暖引发了地球气候的诸多改变，并且这种改变正处在一个前所未有的急剧变化时段，这主要是由人类活动所造成。从地球高处的大气到海洋的深处，气候变化都在发生，气候变化已经影响到地表、大气、海洋、冰川、海平面等方方面面，大气和海洋温度升高，冰川融化，积雪消失，海冰退缩，海平面上升，海洋酸化以及极端天气气候事件增多，因此，气候变化已极大地影响了全球各个地区的经济、社会、民生。诸多证据表明，在已经过去的60年中，作为地球系统外部能量源，太阳通量的变化很小，无法解释观测到的气候变化。人类活动，特别是温室气体排放，是工业化时代起观测到的气候变化的主要原因。

2.1 全球百年气候变化

衡量全球变化的指标有很多，这其中包括地表温度、海表温度、海平面高度、对流层温度、海洋热容量、比湿、积雪覆盖面积、海冰、冰川等，这些变量是气候变暖的关键指标，而这些指标的变化都表明全球正在变暖。

基础物理学告诉我们，更加温暖的大气层可以容纳更多的水蒸气，这也意味着更高的蒸发速率和更快的水循环，这其中比较直观的例子就是暴雨发生可能性的增加。此外，冰冻圈中海冰的融化和积雪的减少会导致海平面上升。这些事件都无疑在告诉我们气候变暖所带来的风险和危害。

2.1.1 温度

温度是衡量地球气候变暖的直接证据之一，能够直接或间接地影响农业生产、能源、人类健康、水资源、经济发展、自然生态等方方面面。对温度的多样化观测表明，全球平均温度在上升，特别是海表面温度和地表温度。

全球温度上升的原因主要有两个方面：一是人类活动的影响，二是自然变率；但是当前对温度变化的研究表明，温度的增暖主要是由人类活动所导致的，特别是近60年来的变暖远远超过了自然变化所能解释的范围。但同时，很多自然变率也会受到人类活动的影响，自然变化与不断增长的人类活动进行复杂的相互作用，塑造了全新的地球气候。

由图2.1可以看到，与1901—1960年相比，1986—2016年全球年平均温度上

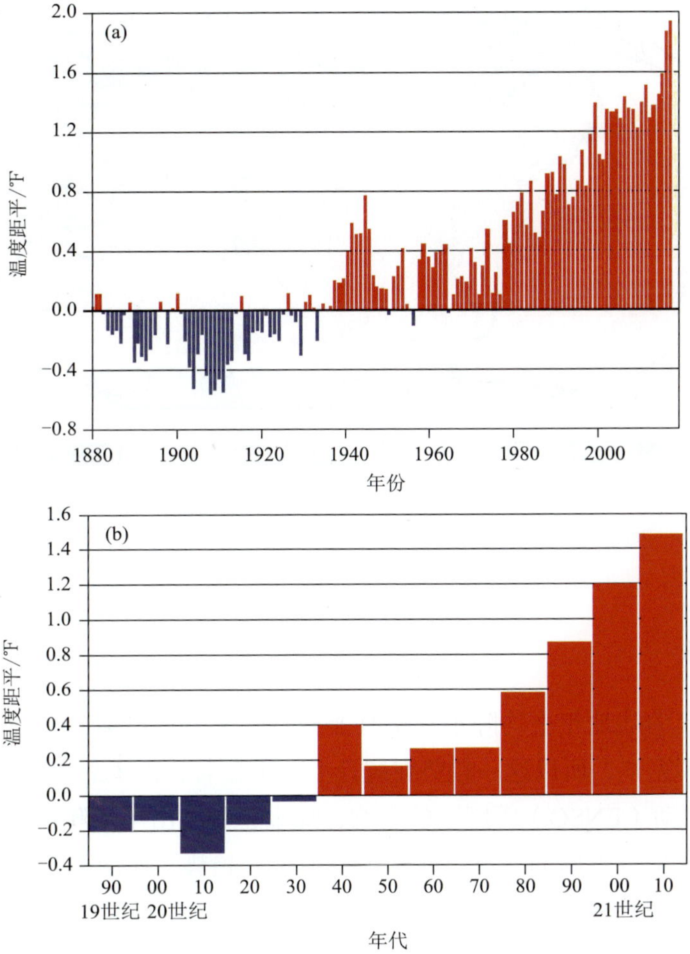

图2.1　1880—2016年相对1901—1960年全球陆地和海洋温度距平（USGCRP，2017）（a. 年平均；b. 10年平均）

升超过 1.2 ℉；全球温度年代际变化显示，基本上每个 10 年都比前 10 年温暖，这都证明了全球温度上升的客观事实。值得注意的是，温度的变化并不是线性平稳地上升，这是因为变暖趋势会叠加很多自然变率，如拉尼娜、火山喷发所带来的变冷效应。

查看全球地表温度变化分布（图 2.2）可以看到，全球温度基本都呈现增长的趋势，只有北大西洋、南太平洋和美国东南部部分地区变化不大；20 世纪 00 年代初期的变暖主要发生在北半球，而近几十年来，由于温室气体浓度的增加，特别是在北半球地区，陆地的变暖幅度相较于海洋而言更大。由于海洋更大的热容量，较之陆地而言，海洋的变暖速度会更慢，从而导致海、陆变暖的差异。

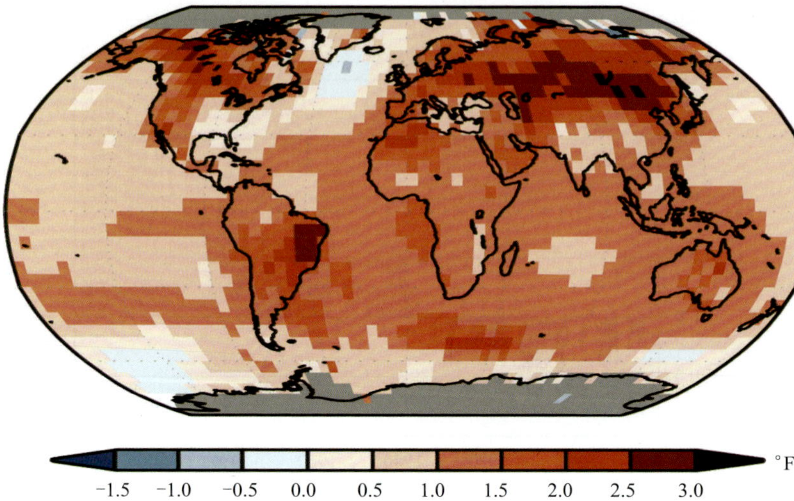

图2.2　1986—2015年相对1901—1960年全球地表温度变化（USGCRP，2017）

2.1.2　降水

全球百年的陆地年平均降水量略有上升，但是由于早期，特别是1950年以前观测资料不完整，所以这一趋势在统计上并不显著；由于北大西洋涛动、厄尔尼诺-南方涛动（ENSO）等因素的影响，降水还呈现出年际和年代际变化。南、北半球的降水呈现不同的变化，北半球呈现上升趋势，而南半球则为下降趋势。全球陆地降水自1950年以来表现为增长趋势，20世纪80年代后迅速增长，这或许是由于人类活动影响海洋盐度所导致（图2.3）。

2.1.3　海冰、冰川和冰盖（冰冻圈）

海冰、冰川与冰盖作为冰冻圈的主要组成部分，它们的变化对全球气候系统变化的影响与反馈作用非常显著。冰冻圈通过储存或调节释放大量的能量，以及水汽、CH_4、CO_2、N_2O和其他要素来影响全球气候变化，并作用于生物圈、水圈等其他圈层。当前观测到的北极海冰的范围和厚度、北半球的积雪量以及山地冰川和大陆冰盖的体积都在下降，全球冰冻圈的净质量损失正在加速。自1979年以来，北极海冰面积的年均下降幅度为3.5%～4.1%，而南极洲周围的海冰面积每10年增加1.2%～1.8%，另外，南极洲周围海冰变化存在区域差异，大多数地区在过去30年呈现增长趋势。总体来看，南极海冰的减少量远小于北极海冰的减少量。

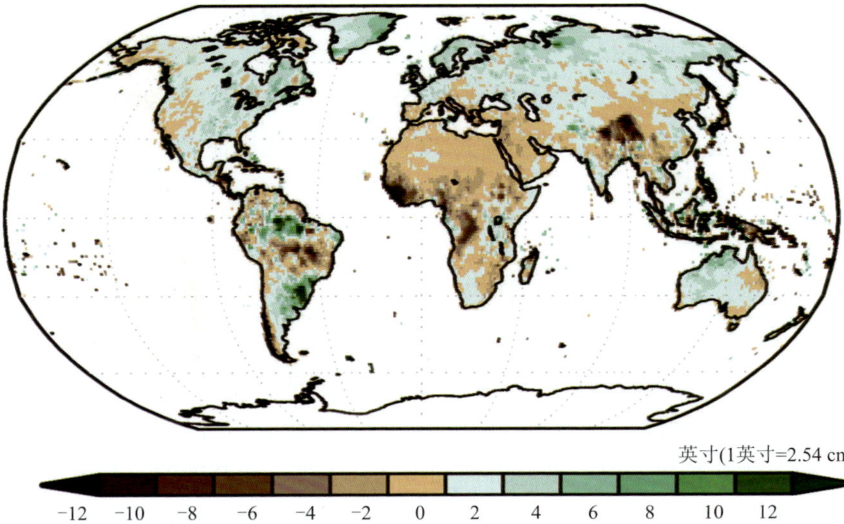

图2.3　1986—2015年相对1901—1960年全球年平均降水量变化（USGCRP，2017）

全球气候变化导致多年冻土区活动层的厚度增加，冻土厚度变薄，冻土分布下界升高，冻土温度升高。

2000—2019 年，全球冰川和冰盖平均减少速率为（267±16）Gt/a，2015—2019 年，其质量损失速率达到（298±24）Gt/a。中纬度地区几个冰川的减少速率是全球的两倍多，例如新西兰冰川的减少速率为 −1.52 m/a、欧洲中部为 −1.11 m/a、阿拉斯加为 −1.24 m/a、北美洲西部为 −1.05 m/a。

根据世界冰川监测服务中心的数据，水文年[①]2019/2020 年观测到的大约 40 个冰川的平均质量虽然高于水文年 2018/2019 年所记录到的平均值，但仍然是 1950—2020 年有记录以来第五低值年。

2.1.4　海平面和海洋热含量

自 1880 年以来，全球海平面上升了 20 ～ 23 cm，1901—1990 年，上升速度为 12 ～ 15 mm/（10 a），20 世纪 90 年代以来，海平面以每年 0.3 cm 的速度上升，而这其中三分之二是由于海洋质量的增加（陆地冰融化），其余三分之一的上升是对海洋温度升高引起的密度变化的反馈。21 世纪以来，格陵兰冰盖和南极冰盖的加速消融是全球海平面加速上升的主要原因。

① 自然水文年：从当年第一次涨水当月的第一天开始起计算 12 个月。一般地区都是从 3 月或 4 月到次年 2 月或 3 月。

海洋因为其巨大的热含量，全球变暖能量的93%储存在海洋中，这也是全球变暖的驱动力。相对于地表和大气，海洋受厄尔尼诺等气候系统自然变率和天气噪声影响较小，是气候变化的一个稳健指针。1958年以来，全球上层2000 m海洋热含量存在稳健的长期增加趋势，海洋变暖在20世纪90年代后显著加速。

2.2 全球极端天气气候事件变化

极端天气气候事件的频率、持续时间和强度发生变化是气候变暖最重要的结果之一。从统计角度来看，天气事件的微小变化都会造成极端天气气候事件发生概率的变化，这其中包括极端高、低温事件和强降水事件。而其他的一些极端事件，如热带气旋、中纬度气旋、闪电以及与雷暴相关的冰雹和龙卷，相对而言更加孤立。

2.2.1 极端暖和冷事件

在全球大部分陆地地区，自20世纪50年代以来，热浪和极端高温事件的频率正在增加（图2.4），而与此同时，全球大部分地区的寒潮和极端低温事件的频率则在下降，人类引起的气候变化是造成这些变化的主要驱动因素。自20世纪

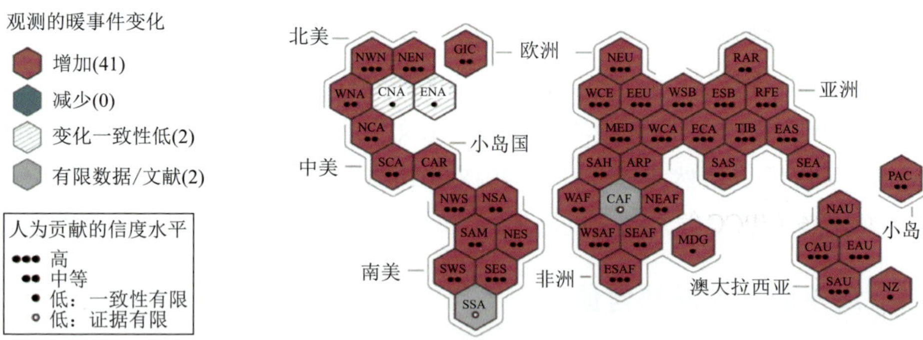

注：北美包括NWN（北美西部-北部地区）、NEN（北美东部-北部地区）、WNA（北美西部）、CNA（北美中部）、ENA（北美东部）；中美包括NCA（中美北部）、SCA（中美南部）、CAR（加勒比海）；南美包括NWS（南美西部-北部地区）、NSA（南美北部）、NES（南美东部-北部地区）、SAM（南美季风区）、SWS（南美西部-南部地区）、SES（南美东部-南部地区）、SSA（南美南部）；欧洲包括GIC（格陵兰/冰岛）、NEU（欧洲北部）、WCE（欧洲中西部）、EEU（欧洲东部）、MED（地中海）；非洲包括MED（地中海）、SAH（撒哈拉）、WAF（非洲西部）、CAF（非洲中部）、NEAF（非洲东部-北部地区）、SEAF（非洲东部-南部地区）、WSAF（非洲南部-西部地区）、ESAF（非洲南部-东部地区）、MDG（马达加斯加）；亚洲包括RAR（俄罗斯北极地区）、WSB（西西伯利亚）、ESB（东西伯利亚）、RFE（俄罗斯远东地区）、WCA（中亚西部）、ECA（中亚东部）、TIB（青藏高原）、EAS（东亚）、ARP（阿拉伯半岛）、SAS（南亚）、SEA（东南亚）；澳大拉西亚包括NAU（澳大利亚北部）、CAU（澳大利亚中部）、EAU（澳大利亚东部）、SAU（澳大利亚南部）、NZ（新西兰）；小岛国包括CAR（加勒比海）、PAC（太平洋小岛国）。

图2.4 观测到的极端暖事件在不同地区的变化（周波涛 等，2021）

80 年代以来，海洋热浪的发生频率几乎增加了一倍多，而且至少从 2006 年以来，人类活动很可能造成了很多热浪事件发生。

2.2.2 极端降水

气候变暖所带来的一个严重后果就是大气中的水分增加，这加剧了相同条件下的降水事件，这就意味着当降水事件发生时，降水量将会更大。因此，过去被认为是极端降水的事件正变得越加频繁。

观测到的年最大日降水量在过去 110 年中增加了 8.5%，极端降水事件在潮湿和干旱地区的频率都在增加，自 20 世纪 50 年代起，强降水事件的发生频率和强度都显著增加。从不同地区来看，强降水事件在全球一半以上地区都在增加，且没有任何地方表现出减少的趋势（图 2.5）。

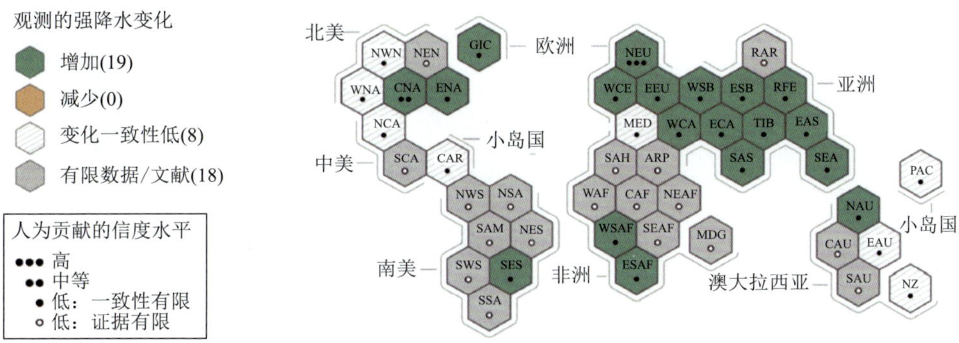

图2.5 观测到的强降水事件在不同地区的变化（周波涛 等，2021）

2.2.3 干旱

IPCC AR6（IPCC 第六次评估报告）将干旱细分为农业生态干旱、气象干旱和水文干旱 3 类，基于更长的时间序列和新的研究证据分别评估了这 3 类干旱的变化，是本次评估报告的一大进展。图 2.6 显示，具有中等及以上信度的是，12 个区域（非洲区域：WAF、CAF、WSAF、ESAF；亚洲区域：WCA、ECA、EAS；欧洲区域：MED、WCE；美洲区域：WNA、NES；澳大利亚区域：SAU）的农业生态干旱加重，仅澳大利亚北部（NAU）的农业生态干旱减轻。人类活动导致的气候变化通过增加蒸散发对一些区域的农业生态干旱增加作出了贡献，如地中海和北美西部地区。非洲和南美的大部分区域，气象干旱呈增加趋势；西伯利亚、澳大利亚北部和中部、欧洲北部、北美中部区域，气象干旱呈减弱趋势。人为影响对大多数区域气象干旱变化的贡献为低信度。水文干旱变化的证据相对较少。有限证据表明，水文干旱在地中海、非洲西部、东亚、澳大利亚南部区域增加，在欧洲北部和南美东部的南部地区减少，且人为影响对地中海区域水文干旱作出了贡献（中等信度）。

随着未来全球气候的进一步增暖，更多区域将受到农业生态干旱加重的影响（高信度）。未来全球升温幅度越大，遭受农业生态干旱加重影响的区域就越多。在全球升温 4 ℃水平下，人类居住区域大约有一半将受到农业生态干旱加重的影响（中等及以上信度）。一些地区的水文干旱也将加重。与农业生态干旱相比，预估气象干旱扩张总体要小一些。

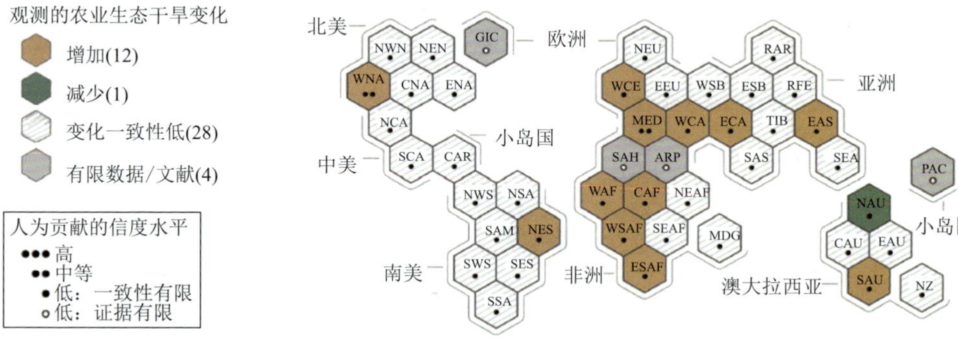

图2.6　观测到的农业生态干旱在不同地区的变化（周波涛　等，2021）

2.2.4　极端风暴

风暴包括热带气旋、雷暴和冬季风暴。对极端风暴的研究特别具有挑战性，一方面在于极端风暴是较为罕见的短生命期事件，从捕捉到研究都具有很大的挑战；另一方面，由于早期对这类极端事件的观测和记录都极为有限，所以长时间的风暴研究都面临较大的挑战。

受到历史数据质量的影响，对热带气旋的研究在全球有很大的空间差异，自 1980 年卫星大力发展以来，热带气旋达到峰值强度的位置在北半球和南半球都已经向极地迁移，在过去的 40 年里，全球主要的热带气旋（3 ～ 5 类）出现比例有所增加，同时人类活动引起的气候变化增加了与热带气旋相关的强降水。

龙卷和雷暴事件往往会造成重大的生命和财产损失。气温和湿度的升高会导致对流能量的增强，进而导致能够促使强雷暴发生的条件增强。龙卷活动发生的季节范围在逐渐增加，而雷暴的变化趋势可信度较低。

2.2.5　复合型极端事件

复合型极端事件是指两种或以上极端事件同时或接连发生的现象。自 20 世纪 50 年代以来，人类的影响可能增加了复合型极端事件的发生概率，这其中包括全球范围内同时发生热浪和干旱的频率增加，在人类居住地出现与野火有关的复合型天气事件（炎热、干燥和多风条件的结合），以及一些地区出现复合型洪水事件（例如由热带气旋引起的洪水事件）。

2.3　中国百年气候变化

我国气候主要有两个方面的特点，一是气候类型复杂多变，二是大陆性季风气候显著。气候的形成依赖于多方面的因素，受到地理纬度、地形、海陆分布、水文特征、生物群落、土壤类型等的影响。我国幅员辽阔，由南至北纬度跨度大，具有多种气候带，这也是造成我国气候类型复杂多样的主要原因。同时我国还是世界上季风气候最发达的地区之一，冬季受到亚洲高压的控制，盛行寒冷、干燥的偏北风，而夏季则受到西北太平洋副热带高压的控制，盛行温暖、潮湿的偏南气流。我国的气候除了具有以上这种总体的分布趋势之外，还受到局地复杂地形的作用而具有区域性局地的特征。

中国是全球气候变化的敏感区和显著影响区。1950 年以来，中国区域的升温率明显高于同期全球平均水平，受到气候变化的影响，台风、干旱、高温、强对流、暴雨洪涝等极端天气气候事件频发，在全球气候变化的大背景下，中国受到气候变化更为严重的影响。

得益于近年来更丰富、更系统、更准确的观测数据的积累，我们对中国气候变化不断取得新的认识和更深入的理解，越来越多的证据表明各个气候要素都发生了较为显著的变化，同时对人类活动引起的气候变化的研究和认识也取得了重大进展。

2.3.1　大气圈

大气圈既是气候系统中变化最快的圈层，也是气候系统中最不稳定的圈层，它不仅受到气候系统其他圈层的直接作用和影响，而且大气圈的变化与人类活动也有着密切的联系，对大气圈的研究是认识和理解气候变化的重要科学基础。大气圈的变化包括气温、降水、湿度、云量、辐射、日照、风等气候要素。

（1）气温

近百年以来，中国的近地面气温明显上升，并且变化趋势要大于同时期全球气温变化水平，20 世纪以来，中国区域气温变化呈现波动上升的趋势，20 世纪初到 40 年代气温呈缓慢升温的趋势，1946 年达到 50 年代以前的最高气温；从 50 年代一直到 70 年代增温速度开始放缓，此后进入快速增暖的阶段；1998 年增暖的趋势明显降低，但此后近 20 年仍然处在增暖的态势中（图 2.7）。具体而言，中国北方地区气温增暖速度明显大于南方地区，中国东部地区气温变化与全国的变化类似，而西部地区自 30 年代以来也与东部地区变化较为一致。

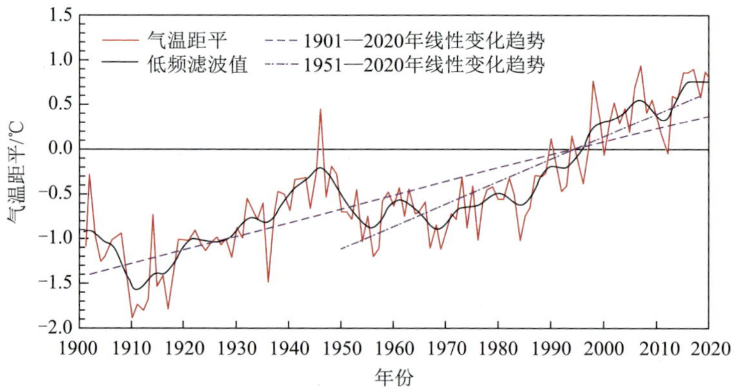

图2.7　1901—2020年中国地表年平均气温距平

（中国气象局气候变化中心，2021）

1951 年以来，几乎全国的年平均最高气温都趋于变暖，这种趋势主要分布于中国西北地区，而在东南地区，除了长江中下游以及东南沿海等发达地区外，其他地区增长都不明显。总体而言，近 60 年以来，我国平均最高气温变化特征为：北部、西部以及东南部沿海发达地区增暖明显，南部增暖趋势不显著，西南局部地区呈现不显著的降温趋势。从季节来看，冬季最高气温增温趋势最明显，绝大多数站点都呈现明显的增温趋势；秋季最高气温变化趋势的空间分布与冬季类似，但增温幅度要小于冬季；夏季则最不明显，增温区主要位于我国北部、西部和南部沿海地区，而在长江至黄河流域一带以降温趋势为主；春季时显著增温区主要位于东北、内蒙古东部以及长江、黄河流域，西南地区以及东南沿海地区呈现不明显的降温趋势。

最低气温在全国呈现普遍的增温趋势，北方增温幅度大，南方小。全国绝大部分地区最低气温呈现显著增温趋势。东北、华北、西部、黄河以及长江中下游地区最低气温都显著增加。在秋、冬两季，全国表现出一致的增温趋势，但冬季增温更高；春季大部分地区呈现显著的增温趋势，主要分布在华北、东北、内蒙古东部和西部以及黄河至长江之间的东部地区，而长江以南地区增温趋势不显著；夏季全国约有四分之三的地区呈现显著增温趋势，主要分布在华北、东北、西部以及东南部地区。

气温日较差是一天中气温最高值和最低值之差。我国年平均气温日较差总体呈下降趋势，全国有一半地区都呈现下降趋势，下降幅度较大的地区主要在东北、华北东北部、新疆北部以及江淮地区，这些地区呈现下降趋势主要是由于最低气温的变暖幅度高于最高气温的变暖幅度。仅有极少数站点的年平均日较差呈现升高趋势。季节上，冬季日较差下降趋势特征最为明显，降幅较大的地区主要在东北、华北、新疆北部以及江淮部分地区；春季日较差下降趋势特征则最弱；夏季有近一半的地区日较差呈显著下降趋势，主要分布在东南部地区；秋季的变化则不明显。

（2）降水

近百年，中国降水量的长期变化呈现不显著的下降趋势，且具有明显的季节性以及地域性差异，春、夏季略增加，秋、冬季略减少，以秋季降水量的减少最为明显。中国大部分地区降水趋势变化不明显，增加的降水主要在我国西北、华北以及内蒙古北部。东北地区仅有长春呈现显著的增加趋势，上海和澳门降水量的增加则具有一定的波动性。同时，中国东部逐渐呈现“南涝北旱”的演变趋势。

1961 年以来，中国降水量的变化具有明显的地域性差异，降水增加的区域主要位于西北大部分地区、青藏高原、长江下游及其以南地区。从降水量的变化来看，东南部和西部地区降水量增加趋势大，而在胡焕庸线（黑河—腾冲线）附近，东北南部、华北到西南地区降水减少。

20 世纪 60 年代以来，我国雨日存在明显减少的趋势，而雨日的变化实际上是与不同等级的降水有关的。总体而言，我国小到中雨日数明显减少，全球变暖的大背景下，我国小雨存在向大雨转移的特征，这也是造成雨日减少的主要原因。降水日数的变化趋势也存在明显的区域差异，我国东部、华北、长江流域以及华南降水日数减少最为明显，而在西部地区则明显增加。

降水强度的变化取决于降水量和降水日数的比例，随着近年来我国平均降水日数的减少，日降水强度呈现显著增强的趋势，这种趋势分布在除黄河中上游、东北中西部以及西北中部地区外的大部分地区。

（3）相对湿度

相对湿度是描述空气中水汽含量和潮湿程度的物理量。相对湿度的高低对降雨、降雪、雾/霾以及人体健康的影响都密切相关。20 世纪 60 年代以来，我国年平均相对湿度总体无显著变化趋势，但阶段性变化特征明显。20 世纪 60 年代中期，平均相对湿度偏低；1989—2003 年呈现偏高倾向；2004—2014 年表现为偏低；2015 年以来再次转为偏高。相对湿度年际及年代际变化特点明显。需要注意的是，相对湿度的长期变化受到局地人类活动的影响，如华北地区的灌溉和东部地区的城市化等。

（4）云

云可以通过遮蔽阳光来影响地面辐射的变化，进而影响地表的温度，同时云的变化也与降水的变化密切相关。根据云所在天空的位置，可以将云分为高云、中云和低云。1961—2020 年，我国平均总云量呈现减少的趋势，这种减少趋势在东北地区最为明显，在 2000 年以前，我国大部分地区总云量表现为显著减少趋势，而在 2000 年之后，我国总云量则呈现波动增多的态势。除中部平原地区之外，低云量在我国大部分地区都呈现增多的趋势，且在 1961 年后呈现一致的增长趋势。因此，总云量的减少主要是由于高云减少而造成的。各个季节的云量与云量的年变化相同。

（5）太阳辐射

太阳辐射是地球气候系统最主要的能量来源，也是天气、气候形成和演变的基本动力，更是影响生态环境变化的主要因子。地球上界（地球最外层）接收到的太阳辐射长期变化非常小，但是在太阳辐射到达地球表面过程中受大气成分、云、大气中水汽等的影响，到达地球表面的太阳辐射会发生变化。

20 世纪 60 年代以来，我国地面太阳总辐射整体呈下降趋势，且与全球地面太阳总辐射变化相一致，经历“先减小后增加”的过程。1961—1989 年，我国地面太阳总辐射呈一致性显著下降的趋势，东南地区尤其是长江流域下降幅度最大，夏季下降最为突出。1989—2013 年，我国地面太阳总辐射呈现增加态势，以春季增加最为明显，而且增加主要出现在南方地区，北方地区则并不明显。

日照时数指的是一天内太阳直射光线照射向地面的时间。20 世纪 60 年代以来，我国年日照时数变化趋势在不同地区有着明显的差异。东北地区中东部、京津冀地区、黄淮、江淮、长江中下游地区和珠江三角洲地区日照时数减少幅度最大。而内蒙古东部至东北地区北部、内蒙古西部至西北地区西部、新疆南部及青藏高原部分地区日照时数则表现为增加趋势。

（6）风

1961 年以来，我国年平均风速总体呈现减小趋势，20 世纪 60—70 年代初，风速较大，此后开始持续减小，至 21 世纪 10 年代前期达到最小，2014 年后，年平均风速有所提升，但仍低于过去的平均值，其中，春季风速下降最显著，冬季次之，夏季最弱。从年平均风速变化的空间分布来看，全国绝大部分地区风速均呈现减小的趋势，尤其在内蒙古、江淮、西北的部分地区；仅在西藏南部、云南南部等地的部分区域风速变化趋势微弱。我国近地面风速的下降与全球陆地表面风速普遍下降的特征是一致的，其中大风的频次和风速下降较为突出。

2.3.2　水圈

水圈由液态的地表和地下水组成，包括海洋、湖泊、河流及岩层中的水。海洋和陆地水通过蒸发或蒸散，以水蒸气（水汽）的形式进入大气圈，水汽经大气环流输送到大陆上空，凝结后降落到地面，部分被生物吸收，部分下渗为地下水，还有一部分形成地表径流。水具有很大的比热容，所以在这个循环过程中水不断释放或者吸收热量，同时海洋占地球表面积的 71%，储存了地球系统中 97% 的水，并储存大量的能量，通过水文循环过程，调节整个气候系统的能量，是气候系统各个圈层能量和物质的“交换机”。

（1）地表蒸散发

地表蒸散发是气候系统能量和水分循环的关键要素。1982—2012 年，中国年蒸散发最高值出现在海南岛，可达 1200 mm 以上；最低值则出现在新疆南部的塔克拉玛干以及内蒙古西部地区，不足 100 mm；中国东南部和南部地区作为蒸散发的相对高值区，年蒸散发普遍在 1000 mm 以上；华南和西南部分地区，包括福建、广东、贵州和云南，年蒸散发可达 667 ～ 854 mm；长江中下游和华北平原则为 400 ～ 650 mm；东北地区为 350 ～ 500 mm；蒸散发的低值主要分布在寒冷干燥的西北部和北部，包括新疆、甘肃、宁夏和内蒙古。1982—2012 年，我国的蒸散发在西部地区以增加为主，特别是青藏高原、新疆南部、内蒙古西部增加趋势较为明显；东北地区、黄河中游和长江中游，年蒸散发也呈增加趋势，但增加幅度略小于西部地区；华南大部分地区呈减少趋势。四季的蒸散发变化差异较大，夏季蒸散发变化的空间分布与年蒸散发类似，秋季蒸散发的变化趋势与夏季类似，但变化速率较小；而春季蒸散发除了云南、西藏西部以及海河和淮河的部分地区呈减少趋势之外，其余地区均呈增加趋势；冬季蒸散发的增加趋势明显小于其他季节。

（2）陆地水储量

陆地水储量指地表垂直剖面所有形态的水分，除了地表径流，还包括土壤水、地下水、湖泊、冰川、积雪和冻土等。

土壤湿度可以很直观地指代土壤中的水。我国 1979—2010 年土壤湿度存在一个自东北、华北地区至西南地区的干旱化带，东北与华北地区的干旱化现象尤为严重，而青藏高原、南疆、华东和华南局部地区则表现为明显的湿润化特点。

湖泊水储量的变化是揭示全球变化与区域响应的重要信息载体。20 世纪 60 年代至 2015 年，我国大于 1 km^2 的湖泊总面积增加了 5858.06 km^2，但呈现很强的空间差异：青藏高原和新疆的湖泊面积显著增加，内蒙古地区的湖泊面积则减少；西部干旱地区新增湖泊 141 个，而东部湿润地区消失湖泊 333 个。总的来说，湖泊水储量呈现增加趋势，其中，2005—2009 年湖泊总水储量显著下降，而 2009—2015 年总水储量则显著增加。青藏高原地区多数湖泊水储量显著增加，而东部地区大部分湖泊水储量显著减少，仅少部分湖泊水储量增加。

1961—2020 年，我国地表水资源量年际变化明显，20 世纪 90 年代我国地表水资源量以偏多为主，2003—2013 年总体偏少，2015 年以来转为以偏多为主（图 2.8）。

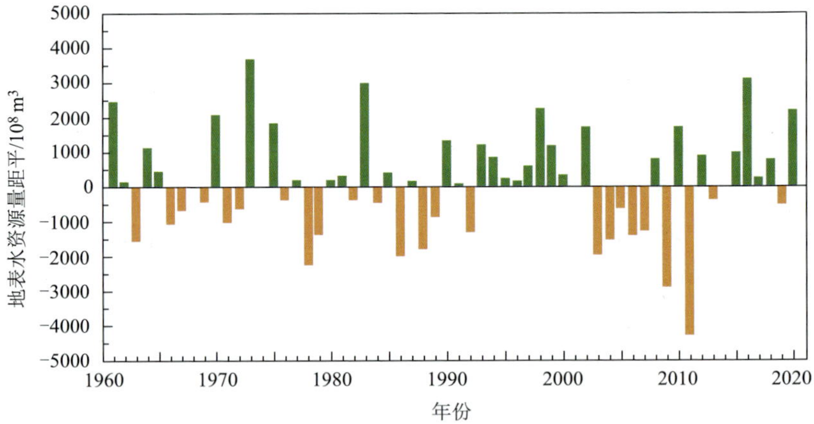

图2.8　1961—2020年中国地表水资源量距平

（中国气象局气候变化中心，2021）

（3）水循环

全球变暖背景下，1961—2018 年中国区域降水量和蒸散发无明显变化，地表总径流量呈减少趋势。相对于 1961—2000 年，2001—2018 年水汽输入和输出均有所减少，但水汽收支略有上升。21 世纪以来，区域蒸散发形成的降水增加

11%，中国区域水文内循环较之前更为活跃。

（4）近海海平面

1980—2020 年，中国沿海海平面变化总体呈波动上升趋势，上升速率为 3.4 mm/a，高于同期全球水平。2020 年，中国沿海海平面较 1993—2011 年平均值高 73 mm，为 1980 年以来第三高位；渤海、黄海、东海和南海沿海海平面较 1993—2011 年平均值分别高 86 mm、60 mm、79 mm 和 68 mm。

2.3.3　冰冻圈

冰冻圈是指地球表层具有一定厚度且连续分布的负温圈层。冰冻圈可以根据其形成发育的动力、热力条件和地理分布分为陆地冰冻圈、海洋冰冻圈和大气冰冻圈。冰冻圈主要由冰川（包括冰盖）、冻土（包括多年冻土和季节冻土）、积雪、河冰和湖冰、海冰、冰架、冰山和海底多年冻土，以及大气圈对流层和平流层的冻结状水体。冰冻圈作为地球气候系统五大圈层之一，它的变化不仅直接影响全球气候和海平面、地表水文水资源的变化，同时还会对生态与环境及人类活动产生影响，深刻影响着全球气候和环境。中国的冰冻圈主要集中在中低纬度，冰冻圈主体以冰川、冻土和积雪三大要素组成，分布广泛。

（1）冰川

中国西部的冰川面积在过去几十年间整体性萎缩了约 18%，并显示出以青藏高原为中心、向外围不断加速萎缩的特征。其中，青藏高原西北部羌塘高原及西昆仑山等地区的冰川年变化率最小，青藏高原南部区域冰川年变化率急剧增加，特别是喜马拉雅山中段和冈底斯山地区以及西部印度和部分流域地区的冰川面积损失率为整个中国西部最大。此外，伊犁河流域、天山东部和祁连山东部部分区域也有较大的冰川物质损失率。

（2）冻土

中国作为世界第三大冻土国，冻土占据了我国大部分疆域。冻土一般可以根据冻结的持续时间分为：短时冻土、季节冻土和多年冻土。其中季节冻土遍布我国大部分地区，包括贺兰山至哀牢山以西的广大地区和此线以东、秦岭淮河以北的地区；短时冻土则分布在秦岭淮河一线与岭南线之间的地区；多年冻土主要分布在青藏高原、东北地区以及西北高山区。

近几十年里，我国季节冻土的最大冻结深度时空变化差异较大，总的来说，其变化趋势表现为最大冻土深度减小、冻结日期推迟、融化日期提前、冻结持续期缩短，这与全球变暖的现状较为一致。季节冻土的冻结深度总体呈现减小趋势，其中青藏高原的减小速度明显高于我国东部地区和西部地区；冻结深度减小趋势从大到小依次为东北地区、内蒙古地区、新疆北部地区及西藏中东部地区。但柴达木盆地北部、青海东南部和内蒙古中西部的部分地区呈现增加趋势。

位于多年冻土之上的活动层是多年冻土与大气之间水热交换的过渡层，活动层厚度是多年冻土区气候环境变化最直观的监测指标之一，其变化是多年冻土区陆面水热综合作用的结果。我国的多年冻土总体而言退化明显，近年来活动层表现出增厚加快的特点，具体表现为面积减小、地温升高、活动层增加、热融湖塘扩张等现象，且这种退化呈加速趋势。1981—2020 年，活动层厚度呈显著增加趋势，平均每 10 年增厚 19.4 cm，2004—2020 年，活动层底部温度呈现显著上升趋势，平均每 10 年升高 0.30 ℃。

（3）积雪

积雪是冰冻圈的重要组成部分，存在着显著的季节和年际变化。1992—2010 年我国稳定积雪区范围无显著的变化趋势，其中 2002—2018 年我国平均积雪覆盖率呈弱的下降趋势，但年际振荡明显，且具有明显的季节差异，呈冬夏减少、春秋增加的趋势，但均不显著。

对积雪日数的监测显示，与 2002—2019 年平均值相比，2020 年全国平均积雪日数偏多 4.0 d，东北和青藏高原积雪区平均积雪日数分别偏多 13.0 d 和 1.6 d，西北积雪区与 2002—2019 年平均值持平。东北地区西北部和西南部、内蒙古中东部、西北地区中部、青藏高原中北部大部地区、新疆中东部局部，积雪日数偏多超过 20 d；而东北地区东北部局部、内蒙古东部局部、青藏高原西北部和东南部、新疆北部和南部部分地区，积雪日数偏少超过 20 d。

（4）降雪

我国的降雪主要分布在青藏高原、东北地区以及新疆天山以北地区；降雪主要以小雪为主，而华中地区则以暴雪等级的降雪为主。

我国各区域的降雪日数均以小雪为主，占到所有降雪中的五分之四以上；1961—2012 年，我国新疆北部地区降雪日数有增加的趋势，其中大雪等级的降雪日数增加最为明显；河西走廊东部冬季降雪日数也呈增加的趋势，但在祁连山地区，从小雪到暴雪的降雪日数都在减少，只有中雪在增加；东北和内蒙古东北部地区降雪日数有减少趋势；青藏高原地区降雪日数也在减少，但是具有先增后减的特点，暴雪和小雪等级的降雪日数显著减少。

1961—2012 年，新疆北部地区降雪量呈增加趋势，特别是大雪等级的降雪量增加显著；阿勒泰地区冬季降雪量显著增加，这主要来自小雪的贡献；南疆西部年平均降雪量呈现增加趋势，小雪贡献率显著减小，中雪则较为稳定，大雪的贡献显著增加；祁连山地区小到中雪的降雪量减少，而大到暴雪的降雪量增加；东北和内蒙古东北部地区的降雪量无明显变化，各等级降雪量无显著的变化趋势；青藏高原降雪量总体呈现显著减少的趋势，但具有较为明显的年代际变化特征，主要表现为先增后减，暴雪、大雪、小雪等级的降雪量均呈现显著减少的趋势。

2.3.4　陆地生态系统

陆地生态系统是指地球陆地表面由陆生生物与其所处环境相互作用构成的统一体。这一系统占据地球总面积的三分之一，对地球气候变化非常敏感。按照环境特点和植物群落生长类型可以分为森林、草地、荒漠、湿地。

（1）森林

自 1949 年以来，土地利用发生了很大的改变，特别是在 20 世纪 70 年代中期，我国逐渐开始实施大规模的林业生态工程，包括三北防护林、退耕还林、退牧还草等工程，在这期间，我国的森林格局如面积、储蓄量、覆盖率等都发生了巨大变化。1950—2018 年，我国森林面积和蓄积量都呈现显著的增加趋势，其中天然林和人工林的面积增加显著，这得益于我国的防林护林政策。2000—2020 年，中国年平均归一化差分植被指数（NDVI）呈显著上升趋势，全国整体的植被覆盖稳定增加，呈现变绿趋势；2020 年，中国平均归一化植被指数为 0.380，较 2000—2019 年平均值上升 7.6%，为 2000 年以来的最高值（图 2.9）。

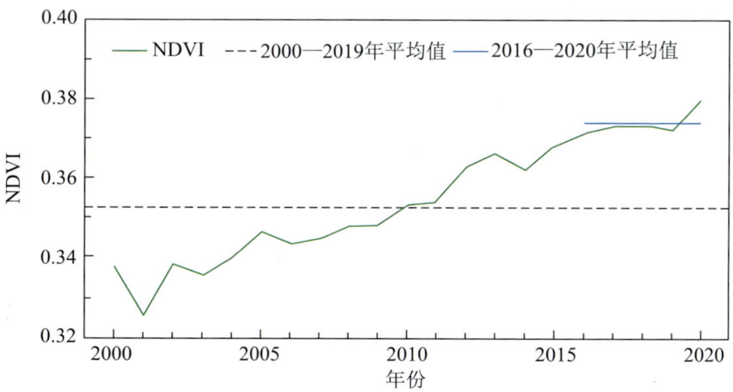

图2.9　2000—2020年卫星遥感中国年平均归一化差分植被指数NDVI（中国气象局气候变化中心，2021）

（2）草地

我国草地面积占陆地面积的五分之二，草地主要分布在青藏高原、蒙古高原、黄土高原、新疆边陲地区以及南方草山草坡。21 世纪初以来，全国草地面积总体呈现减少趋势，其中北方草地面积呈现增长趋势，主要以青海地区的草地面积增长最多。青藏高原的草地覆盖具有明显的时空格局，西藏北部和新疆南部的草地覆盖区域升高，而柴达木盆地、祁连山、共和盆地、江河源地及川西地区的草地覆盖呈现下降趋势。就青藏高原草地覆盖的时间特征而言，20 世纪 70 年代中后期至 21 世纪初，草地覆盖退化严重，而 21 世纪以来，草地面积则开始逐渐增加。内蒙古地区的草地覆盖在 21 世纪初以前整体呈现退化趋势，2001—2015 年草地覆盖呈现波动上升趋势，其中毛乌素沙地、浑善达克沙地、科尔沁沙地、呼伦贝尔和大兴安岭南麓地区的植被增加最明显，而阴山山脉和锡林郭勒盟中部的植被退化最严重。黄土高原的草地在 1980—2000 年总体呈现退化趋势，但 21 世纪以来，黄土高原呈现变好态势。南方地区的草地变化较为复杂，1980—1990 年增加趋势明显，2000—2010 年只有四川、云南和青藏高原东南部的部分地区草地植被覆盖呈现增加趋势，其他地区呈现减少趋势。

（3）荒漠

我国的荒漠占我国国土面积的四分之一，主要分布于干旱、半干旱和半湿润的西北部地区。1980—2010 年西北干旱区的荒漠整体没有很大的变化，其总体面积随着降水的变化呈现增—减—增的波动趋势，其变化主要发生在南疆和祁连山地区。南疆地区荒漠植被面积自 1980 年开始呈现增长趋势，20 世纪 90 年代初覆盖率最高，此后开始降低，至 2000 年又开始增长。

（4）湿地

我国湿地面积位居亚洲第一、世界第四，但现在呈现减少的趋势，其中三江平原湿地面积减少率最高，长江中下游流域次之，青藏高原湿地面积减少最少。青藏高原湿地面积从 20 世纪 70 年代的 $1147.9\times10^4\ hm^2$，减少至 21 世纪 10 年代的 $1061.8\times10^4\ hm^2$；长江中下游地区，60 年间洞庭湖湿地面积在减少，而鄱阳湖湿地面积在 1950—2010 年呈现先增加后减少的趋势；三江平原湿地在近 60 年主要呈现持续减少的趋势。

湿地的变化主要与气候变暖和人类活动有关，青藏高原的湿地面积受到多年冻土的影响，在气候变化的影响下，多年冻土退缩使得水位下降，淡水沼泽出现退化；而长江中下游和三江平原湿地则由于过度围湖造田导致湿地面积减少。

中国陆地植被覆盖变化表现出明显的空间差异性，1982 年以来，中国中部、南部以及西藏中西部和新疆准噶尔盆地植被表现出明显的增加趋势，其中中部和南部的增速最大，而高纬度的北方地区则基本无变化；中国东部地区的变绿趋势要明显大于西部地区。

2.4 中国极端天气气候事件变化

极端天气气候事件（简称“极端事件”）是指天气或气候变量值高于（或低于）该变量观测值区间的上限（或下限）端某一阈值的事件。极端事件一般具有 3 个特征：一是发生频率小；二是强度较大；三是有较大的社会影响。极端事件与全球变化密切相关，全球气候的变化可影响极端事件的强度、发生频率、持续时间、空间范围等，并可能导致前所未有的极端事件出现。

我国极端事件类型较多，影响广泛，其中特别以高温干旱、低温冰冻、暴雨洪涝、台风和局地强对流等事件的影响突出，如 2021 年郑州“7•21”暴雨、2008 年中国南方大范围雨雪冰冻天气、2022 年河南高温、2016 年湖北暴雨、2021 年台风“烟花”的长时间陆上滞留等，都对人民的生命安全造成了巨大的影响。在全球气候变化的背景下，我国的极端事件也发生了改变。

2.4.1 极端温度

（1）极端高温

近年来，我国极端高温事件频发，多地出现多年不遇的高温，极端高温事件对大众的生活产生了很大的影响，多地出现“高温假”等措施。1961 年以来，中国极端高温事件发生频次的年代际变化特征明显，从 20 世纪 90 年代中期以来，极端高温事件发生频次明显增多（图 2.10a）。整体而言，我国极端高温事件发生频次呈现增长的趋势，但在少部分地区存在一定差异。高温极值记录地区在 20 世纪 90 年代以后增多，影响范围逐渐扩大，持续时间逐渐增长，进入 21 世纪以来，高温极值事件显著增加，2001—2010 年 10 年高温极值记录地区已经超过 20 世纪 70—80 年代的总数。

破纪录事件的频发也能反映出极端事件的强度变化，最高气温纪录主要在 21 世纪初，且具有显著的地域差异，与 20 世纪 80—90 年代相比，最高气温破纪录事件发生的频次在 21 世纪开始显著增多；从空间分布上看，80 年代极端高温破纪录事件发生频次在全国分布较为均匀，而 90 年代则主要发生于我国西北地区东部和华北地区南部，进入 21 世纪之后，我国南方地区、华北和四川盆地等地极端高温破纪录事件频繁发生。

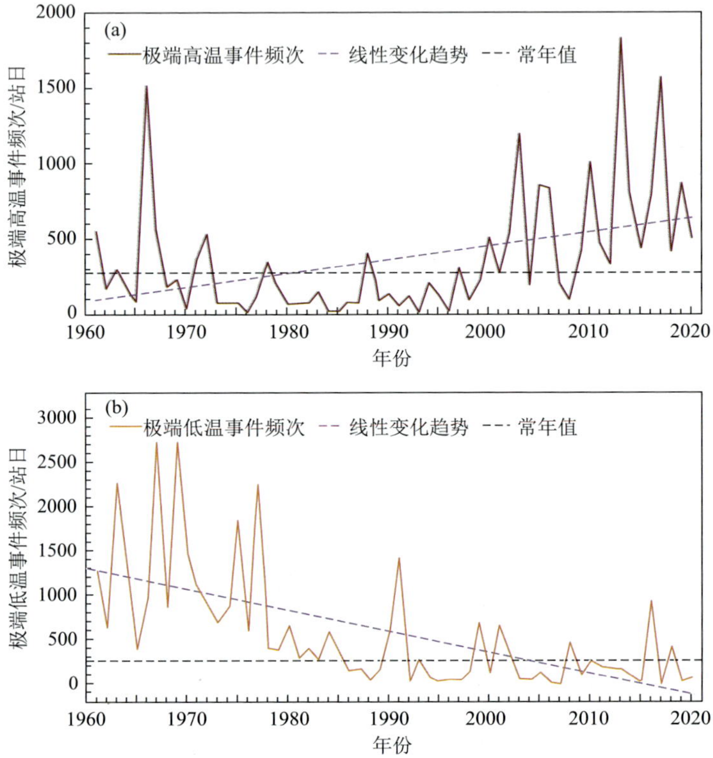

图2.10　1961—2020年中国极端高温（a）和极端低温（b）事件频次（中国气象局气候变化中心，2021）

（2）极端低温

极端低温事件包括冷夜日数（指夜晚温度低于某一阈值的日子）和霜冻日数（指作物生长季节里因植株温度降低到 0 ℃以下的情况）。1961 年以来，我国极端低温事件发生的频次明显减少，中国群发性极端低温事件在近 50 余年发生频次显著减少，低温极值纪录主要出现在 20 世纪 60—70 年代，之后显著减少（图 2.10b）。值得注意的是，极端低温降雪事件呈现增多增强的趋势，由此造成的雪灾也呈现增长的趋势。

从极端低温破纪录事件发生频次在不同年代的分布来看，20 世纪 80 年代极端低温破纪录事件发生最多，主要发生在我国华北和西南地区，90 年代则主要出现在河套和南方地区，发生频次相对较少，21 世纪后，破纪录极端低温事件主要出现在华北和东北地区，且发生频次明显增加。

2.4.2　极端降水

极端降水可以用暴雨和短历时强降水来体现，这也是我国暖季最为主要的灾害性天气，这两者既有联系又有区别，短历时强降水是指在短时间内出现的很强的降水事件，通常以小时或分钟降水强度来评价，比如 1 h 雨量超过 20 mm 或 3 h 雨量超过 50 mm 的降水事件，这种短时强降水常发生在夏季，主要反映的是降水强度；暴雨是指 24 h 内累积降水量达到或超过 50 mm 或者 12 h 内累积降水量达到或超过 30 mm 的事件，更侧重累积降水量。短时强降水更容易诱发一些次生灾害，如山洪、泥石流等，而暴雨则更易形成区域性洪涝灾害。

1961—2020 年，中国极端日降水量事件频次呈增加趋势（图 2.11），平均每 10 年增多 18 站日。2020 年，中国共发生极端日降水量事件 387 站日，较常年值偏多 156 站日，为 1961 年以来第二多。近 50 年来，我国暴雨日数存在显著的年代际变化特征和区域差异，20 世纪 90 年代中后期暴雨频发；我国华北中南部及四川中部等地区呈减少趋势，而江南和华南大部呈现显著的增加趋势。对于短历时强降水来说，近年来我国北方部分地区夏季短历时降水事件频率在减小，而南方地区则在增大。

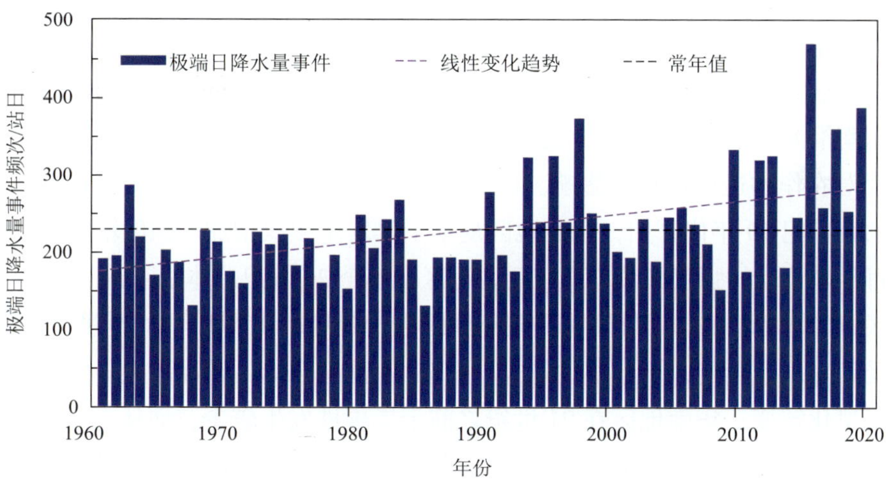

图2.11　1961—2020年中国极端日降水量事件频次
（中国气象局气候变化中心，2021）

2.4.3　干旱

干旱是指淡水总量少，不足以满足人的生存和经济发展的气候现象，一般是长期的现象。20 世纪初以来，我国气候在波动中趋向变干，这主要是由温度升高引起。1961—2020 年，我国共发生了 185 次区域性干旱事件，呈现增长趋势，并具有明显的年代际变化特征，20 世纪 70 年代后期至 80 年代、2003—2008 年干旱事件偏多，90 年代、2009 年以来偏少（图 2.12）。

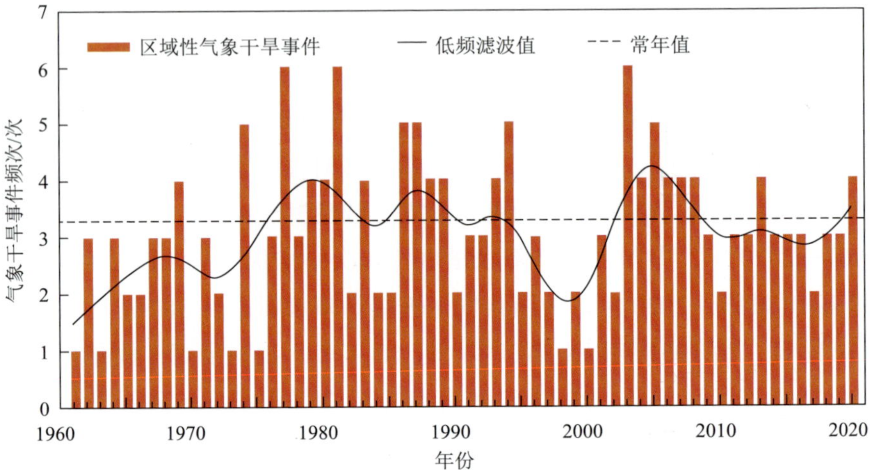

图2.12　1961—2020年中国区域性气象干旱事件频次
（中国气象局气候变化中心，2021）

除了单一的干旱事件外，高温事件常与干旱事件一同出现，发生高温干旱复合事件，这类事件在 1961—2018 年发生频次逐渐增加，尤其在我国西南、西北东部和东南沿海等地区，进入 21 世纪以来，干旱与高温并发事件明显增多，而这种事件会对农作物造成严重的影响。此外，干旱在我国各个区域的变化具有明显的差异；20 世纪 50 年代开始，东北地区夏季干旱发生频次增加、强度增强；华北地区近百年来干旱的强度持续增强；西北地区在整个 20 世纪总体偏干，但在 80 年代由于区域降水的增强，西北干旱呈现年代际减少趋势；江淮地区从 20 世纪 70 年代开始受到降水的影响，干旱事件较少，而在 21 世纪开始，江淮地区降水减少，逐渐向干旱化转变；华南地区在 21 世纪之前干旱事件发生较少，而从 2004 年开始，受全球变暖的影响，华南地区干旱日数明显增加、强度增强；西南地区从 20 世纪 50 年代开始干旱和持续性干旱事件发生频次显著增加、强度增强，且干旱程度、影响范围也呈现明显的增加趋势；而青藏高原地区除东北部和南部较小地区存在干旱外，整体呈现暖湿化趋势，干旱强度减弱、持续时间变短、频次减少。

2.4.4　台风

台风（热带气旋）是发生在热带或副热带海洋上的气旋性涡旋，是一种强大的热带天气系统。根据热带气旋底层中心附近最大平均风速可将其划分为热带低压、热带风暴、强热带风暴、台风、强台风和超强台风。在中国，一般将热带风暴及以上级别的热带气旋统称为台风。台风所携带的能量巨大，能够轻而易举地摧毁城市，除了其本身强大的能量外，它还能通过自身的大风和降水带来多种衍生灾害，对人民生命安全和财产安全造成严重影响。影响我国的台风主要生成于南海和西北太平洋地区。

对台风的研究表明，1949—2020 年，西北太平洋和南海生成台风（中心风力 ≥ 8 级）个数呈减少趋势，同时表现出明显的年代际变化特征，1995 年以来总体处于台风活动偏少的年代际背景下；登陆中国的台风（中心风力 ≥ 8 级）个数呈弱的增多趋势，但线性趋势并不显著，年际变化大，最多年达 12 个（1971 年），最少年仅 3 个（1950 年和 1951 年）（图 2.13）。1949—2020 年，登陆中国台风比例呈增加趋势，尤其是 2000—2010 年最为明显，2010 年的台风登陆比例（50%）最高。

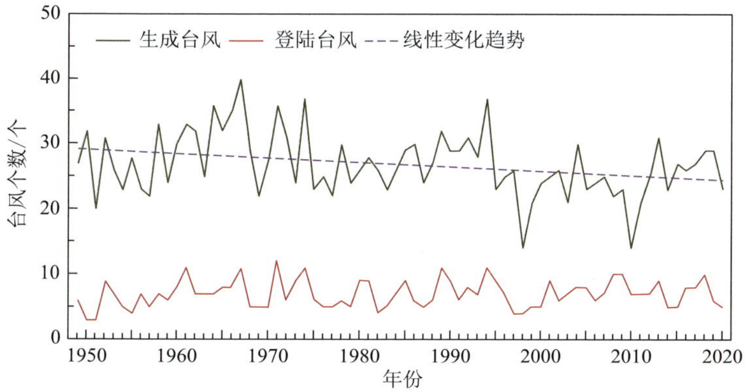

图2.13　1949—2020年西北太平洋和南海生成及登陆中国台风个数（中国气象局气候变化中心，2021）

2.4.5　雷暴

中国雷暴主要发生在暖季（4—9 月），尤其以 6—9 月发展最为旺盛。一般而言，雷暴主要发生在本地事件的中午到日落之前。1961—2010 年，我国平均雷暴事件和雷暴日数均表现出持续性下降的趋势。不同地区，雷暴的变化呈现不同的特征：1961—2018 年，北京雷暴日数呈现显著下降趋势；而东北地区则无明显变化特征；上海地区的雷暴日数呈现下降趋势；东南部地区的雷暴和闪电活动显著增加。

2.4.6 龙卷

龙卷是大气中最强烈的涡旋现象，常发生于夏季雷雨天气时，尤以下午至傍晚最为多见，影响范围虽小，但破坏力极大。龙卷经过之处常会发生大树被拔起、车辆被掀翻、建筑物被摧毁等现象，还往往使成片庄稼、成万株果木瞬间被毁，危害人畜生命，令房屋倒塌，经济遭受损失等。

中国的龙卷主要发生在长江流域、华北平原、东北平原以及东南部的部分省份。能诱发龙卷的天气系统包括温带气旋、热带气旋、高空冷涡等。1948—2012年每年发生在中国的龙卷个数表现为1948—1960年快速增加，之后稳定增长，直至2009年急剧减少。然而图2.14显示，诱发龙卷的台风频次及由台风引起的龙卷频次却呈现增加趋势。其中2018年台风诱发的龙卷事件尤为极端。2018年出现3个台风（1804号“艾云尼”、1814号“摩羯”和1822号“山竹”登陆中国诱发龙卷），其中1814号“摩羯”诱发近20多个龙卷，对山东省的影响巨大。

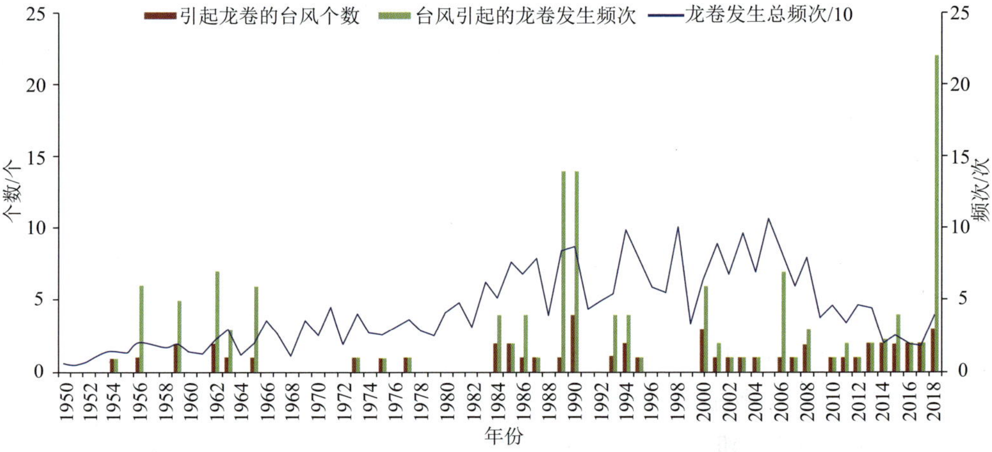

图2.14　1950—2018年引起龙卷的台风个数及其诱发的龙卷发生频次和龙卷发生总频次历年变化（《第四次气候变化国家评估报告》编写委员会，2022）

2.4.7 冰雹

在中国，冰雹常发生于山地、丘陵地区。此外，冰雹灾害在中国北方更易发生，特别是青藏高原中部地区。冬季冰雹主要发生于长三角到云贵高原一线，夏季则在华北和东北地区频发，秋季冰雹事件发生较少，主要集中在京津冀和甘肃东部地区。1960—1980年，中国平均冰雹日数较为稳定，变化不大。

2.5 中国气象灾害种类及影响

自然界以其自身规律处于运动与变化中，当其运动与变化的强度、范围危及人类生命与社会财产安全时，我们将其称为自然灾害或自然灾害事件。大气运动过程中出现的天气现象或气候状态的变化，在强度和时空尺度上超过人类生存环境的承载能力，或对自然和社会产生了破坏性的影响时，被称为气象灾害。气象灾害是由于气象因素作用于人类社会，并造成人员伤亡、财产损失，影响经济社会发展，对公众生活产生不利影响的事件，是一种发生频繁、影响范围大、致灾损失重的自然灾害。气象灾害的种类较多，主要包括暴雨洪涝、高温、干旱、台风、低温冰冻和雪灾、沙尘暴和雾 / 霾等。

气象灾害根据其发生时间尺度的长短分为两类：一类是天气灾害，指短时间强烈异常天气带来的灾害，如大范围的寒潮、大风或局地发生的冰雹、台风等天气灾害；另一类是气候灾害，指长时间的气候异常造成的灾害，如由于长时间气温偏高 / 偏低或降水偏多 / 偏少而形成的洪涝、干旱、低温冷害等灾害。当然天气灾害和气候灾害往往也会相伴发生，比如一定时期内暴雨频繁发生，则极易引起洪涝灾害。

2.5.1 暴雨洪涝

暴雨是指夏季常见的、降雨强度和降雨量相当大的一种灾害性天气。我国气象部门规定，24 小时降雨量达到 50.0 ～ 99.9 mm 为暴雨，100.0 ～ 249.9 mm 为大暴雨，≥ 250.0 mm 为特大暴雨。

图 2.15 显示，我国年暴雨及以上等级（24 小时降水量≥ 50 mm）日数从东南向西北逐渐减少，淮河流域及其以南大部分地区及四川东部、重庆等地普遍在 3 d 以上，其中华南大部及江西等地达 5 ～ 10 d；黄河中下游、海河流域、辽河流域等地一般有 1 ～ 3 d；西部暴雨发生次数偏少。我国是季风气候国家，因此雨季是我国暴雨发生的主要时期。在雨季里，随着季风雨带的南北移动，形成了独特的区域性暴雨。根据季风雨带的位置，主要有华南前汛期暴雨、江淮梅雨期暴雨、北方盛夏期暴雨、华南后汛期暴雨、华西秋雨期暴雨、西北暴雨等。

虽然暴雨是一种自然现象，但是否造成灾害，取决于降雨强度、持续时间，还取决于降雨区的地理环境、社会经济、人口密度等诸多因素。当暴雨发生后，地理环境如地形、地貌、地理位置和江河分布等，成为成灾的重要因素。高原山地在暴雨的作用下，极易发生滑坡、泥石流等次生灾害。当暴雨强度大、持续时

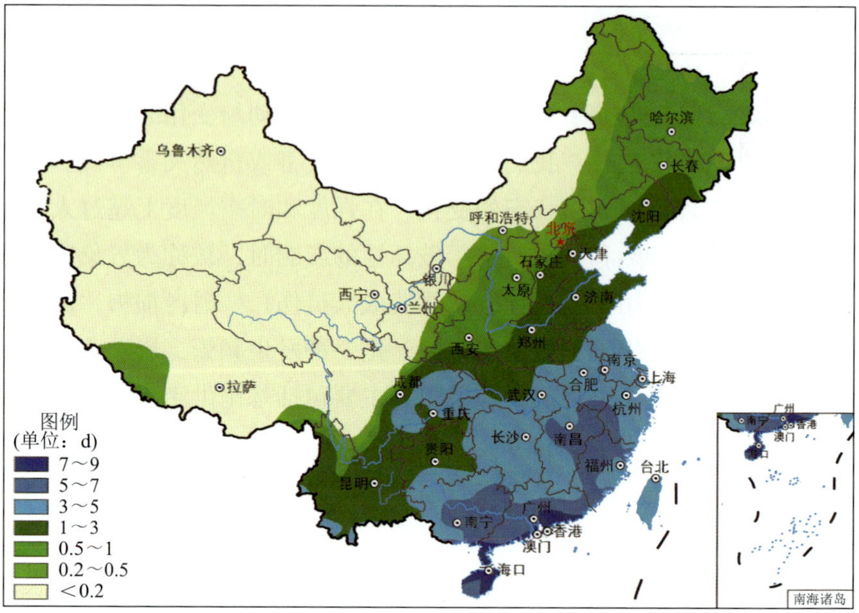

图2.15　我国年暴雨日数（1961—2021年平均）

间长时，盆地地区容易发生大水没城的严重灾害。平原地区由于其地势平坦，以漫渍型的涝灾为主。除了地理环境会影响暴雨成灾外，人为因素也对暴雨洪涝灾害的发生有影响。例如，破坏森林导致水土流失、围湖造田影响蓄洪、侵占河道导致水流不畅、过度抽取地下水引起城市地面下沉等，这些都会加大暴雨洪涝灾害发生的风险。

暴雨引发的灾害主要有洪水、城市内涝、泥石流、滑坡等，不仅给国民经济造成巨大损失，对生态环境的破坏也是不可忽视的。据统计，通常每年暴雨洪涝及其引发的滑坡、泥石流灾害损失较干旱、热带气旋、低温冷冻害和雪灾等更大。例如，2020 年暴雨洪涝灾害引起的直接经济损失占所有气象灾害直接经济损失的比例最大，为 73%（图 2.16）。

（1）对国民经济发展的影响

暴雨洪涝对农业、交通、水利设施、城市和工业等方面都有巨大的影响。洪、涝、渍是影响我国农业生产的主要气象灾害之一。暴雨频发易引起山洪暴发，导致河流泛滥、淹没或冲毁农田。由于雨量大或强，农田积水，造成农作物损害，即涝灾。持续性暴雨或洪、涝过后，农田排水不良，土壤水分长期处于过饱和状态，导致作物根系因缺氧而受到伤害，即渍灾。暴雨洪涝灾害对交通运输极易产生严重不利影响，表现在破坏道路、中断运输、引发交通事故等。我国很

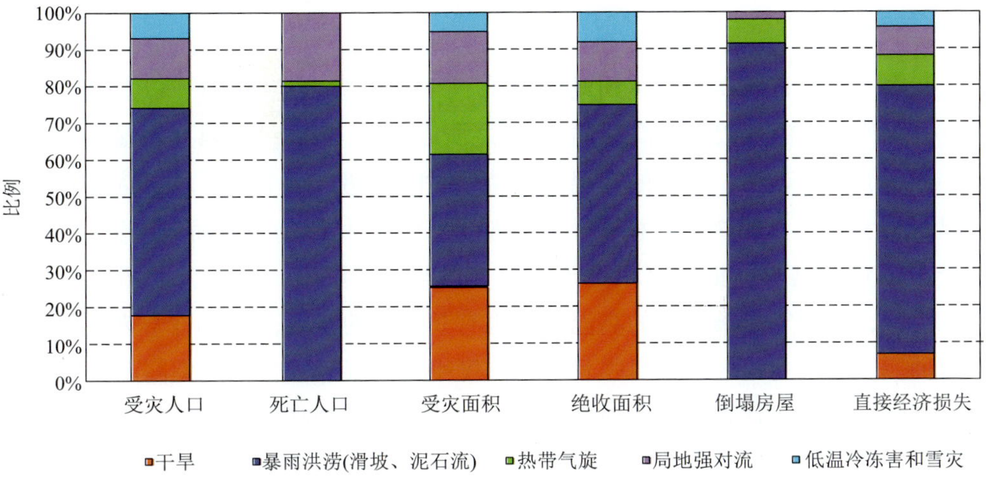

图2.16　2020年我国各类灾害损失比例（中国气象局，2023）

多铁路干线都处于洪水、滑坡、泥石流等次生灾害的严重威胁之下，其中受洪水威胁的长度达 1 万多千米。大的洪涝灾害对水利设施的破坏也相当大，主要包括垮坝、冲毁排灌渠道、破坏发电设施等。

（2）对社会民生的影响

暴雨洪涝灾害对社会生活的影响首先表现为人员的伤亡，如 1975 年 8 月河南特大暴雨造成死亡人数达 2 万余人，2021 年 7 月 20 日河南郑州特大暴雨造成近 400 人死亡失踪。随着社会的发展，我国部分城市快速扩张为人口密度大的超级城市，一旦洪涝发生，轻则扰乱社会生活秩序，重则遭遇毁灭性的灾难。特别是很多大城市的气象灾害应急系统建设不完善，暴雨的发生很容易造成道路积水、交通瘫痪、房屋淹没。在 2021 年 7 月 20 日郑州特大暴雨事件中，正是由于地铁轨道积水，乘车人员被困车厢，造成了严重的人员伤亡。

（3）对生态环境的影响

暴雨洪涝灾害对生态环境的破坏巨大，主要表现为水土流失。水土流失会对耕地造成严重的破坏，同时会造成大量氮、磷、钾等养分流失，从而导致土地贫瘠。另外，洪水泛滥之后，土壤中大部分碱性物质被分解，随着灾后气温回升蒸发增强，大量盐分会被带到地表，从而形成土壤盐碱化。暴雨洪涝灾害还会对水体环境造成污染，主要是垃圾、污水、人畜粪便、动物尸体等四处漂移，河流、池塘和井水都会受到病菌和虫卵的污染。例如，1991 年江淮流域洪水之后，无锡市饮用水中大肠杆菌含量增加了 10 倍，一些重灾区饮用水的细菌总数也高出饮用水标准 100 倍。

2.5.2 高温

我国一般把日最高气温达到或超过 35 ℃称为高温，连续（3 d 以上）的高温天气过程称为高温热浪（或高温酷暑）。之所以称为“浪”，是因为高温天气像海浪一样一波一波袭来，严重的高温热浪持续时间会超过一个多月。长持续时间的高温，易引起人、动物以及植物不能适应并产生不利影响，从而造成灾害发生。由于人体对冷热的感觉不仅取决于气温，还与空气湿度、风速、太阳辐射等有关，因此，不同气象条件下的高温天气也有其相应的特征，通常有干热型和闷热型两种。气温极高、太阳辐射强且空气湿度小的高温天气是干热型高温。我国夏季如新疆、西北、甘肃等西北地区经常出现这种干热型高温天气。另外，夏季水汽丰富，空气湿度大，虽然气温并不是特别高，但人们会常觉得闷热，像在蒸笼或桑拿房，这类天气称为闷热型高温。我国夏季沿海及长江中下游、华南等地经常会出现这类“桑拿天”。

高温天气一般发生在 5—9 月，我国年高温日数有东南和西北两个高值区（图 2.17）。西北部的高值区在南疆地区，年高温日数一般有 20 d 以上，新疆吐鲁番更达 109 d，为全国之最；东南部的高值区在江南、华南北部及四川东部和重庆一带，年高温日数一般也有 20 d 以上，江南部分地区的高温日数甚至可达 30 d 以上。

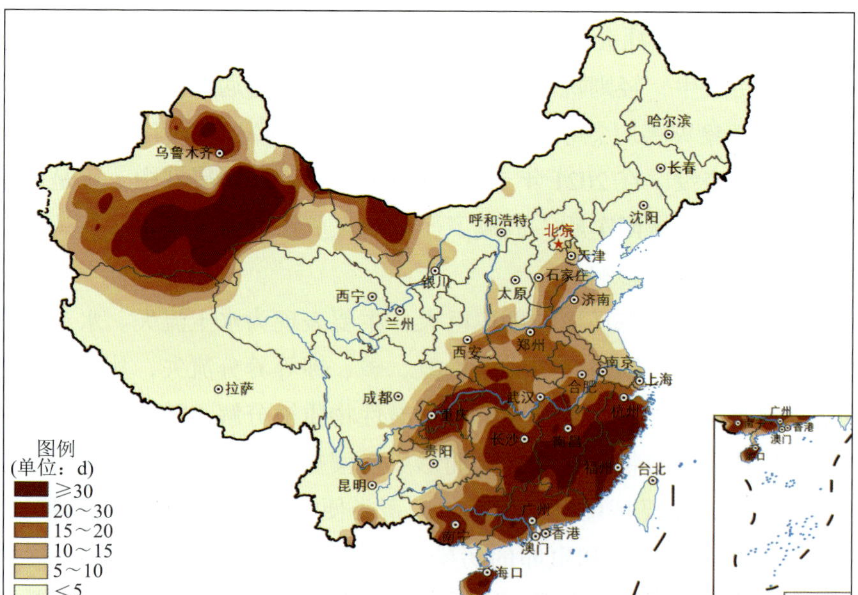

图2.17　我国年高温日数（1961—2021年平均）

随着全球变暖和城市化进程的加快，更加显著的热岛效应使得全球范围内的高温热浪事件日益频繁，且越来越突出。高温热浪正在逐渐演变成一种严重的气象灾害，不仅影响工农业生产，还直接危害人民生活和健康。高温热浪超过人的耐受脊线，会使人体不能适应环境，从而导致疾病发生或加重甚至死亡，因高温死亡的人数可能并不比其他灾害性天气少。从农业方面来看，高温会加剧土壤水分蒸发和植物蒸腾，加剧旱情发展。高温对植物生长发育所造成的伤害，统称为热害。例如，长江中下游地区早、中稻和华南早稻在灌浆至成熟期受到高温影响时，会引起灌浆期缩短、空秕率增加，从而导致产量明显下降；在北方和长江流域，当棉花开花期受高温影响时，蕾铃容易脱落。干热风是高温低湿并伴有一定风力的农业气象灾害，主要发生在华北等中原地区的春末夏初。干热风会导致小麦灌浆期缩短、粒重降低，提前成熟，从而影响小麦品质和减产。

适应和减轻高温热浪对人类健康的影响可以在个人、社区以及政府等不同层次开展。社会公众可通过电台、电视台以及气象部门官方公众号等媒体获得高温热浪预警。另外，为了保护自身身体健康，公众也需要增加抵御高温热浪的一些常识，包括盛夏时节需要饮食清淡，多喝水，多补充盐分和矿物质，穿着合适的衣服并注意防晒，合理规划户外活动，监控婴幼儿、老人、高体力工作者等高风险人群等。

2.5.3　干旱

简单来说，干旱是一种水的缺乏，也是一种长期雨量很小或无雨为特征的气候现象。目前比较公认的干旱定义是指因水分的收与支或供求不平衡而形成的水分短缺现象。干旱可以分为四大类：气象干旱、农业干旱、水文干旱和社会经济干旱。由于自然蒸腾大于自然降水量引起的水分不足现象称为气象干旱；由于土壤水分的缺乏影响农作物正常生长的现象称为农业干旱；由于江河湖泊水位偏低，径流异常偏小的现象称为水文干旱；由于自然降水系统、地表和地下水量分配系统以及社会蓄水排水系统不平衡造成水分短缺的现象称为社会经济干旱。

描述 4 类干旱的指标也存在较大的不同。其中气象干旱主要用降水量相关的指标，比如降水距平百分率等指数来确定干旱等级；农业干旱则采用土壤湿度、土壤有效水分存储量、水分供求差等指数；水文干旱主要用河流净流量距平百分率、水库需水量等指数；社会经济干旱采用的指标通常与经济商品的供需联系在一起，例如粮食生产量、发电量、生命财产损失等。

干旱灾害是指在较长时期内，因降水量严重不足，致使土壤水分亏损、江河流量减少、作物正常生长和人类活动受到严重破坏和影响的现象。其结果往往是农作物减产、人畜饮水困难、社会生活用水短缺等。我国的旱灾可以从发生的季节来分类。春旱主要发生在秦岭淮河以北的华北、西北及东北地区，长江中下游和云贵高原也时有发生。夏旱（包括伏旱）主要发生在甘肃、宁夏等我国西北地区东部以及华北中部等地，而伏旱则经常发生在长江流域。秋旱易在华南、华中以及华北多地发生。冬旱则主要发生在华南。

干旱灾害是危害农畜牧业的第一灾害，对作物危害程度与其发生的季节和作物的种类、品种、生育期有关。春季干旱影响春播，或造成春播作物缺苗断垄并影响越冬作物的正常生长。7—8 月的伏旱，影响北方玉米、高粱、水稻的正常生长，造成棉花的蕾铃脱落；影响南方早、中稻的正常灌浆和晚稻的移栽成活。秋旱影响秋作物的产量及越冬作物的播种。伏旱和秋旱都会使土壤的底墒不足而加剧翌年的春旱。另外，干旱作为我国主要畜牧气象灾害，主要影响牧草、畜产品和加剧草场退化、沙漠化。防御干旱主要靠发展水利灌溉事业、植树造林、改革农业结构、改进耕作制度以及加强农田基本建设等。

干旱灾害促使生态环境进一步恶化。气候暖干化造成湖泊、河流水位下降，部分干涸和断流。由于干旱缺水造成地表水源补给不足，只能依靠大量超采地下水来维持居民生活和工农业发展，然而超采地下水又导致地下水位下降、漏斗区面积扩大、地面沉降、海水入侵等一系列生态环境问题。干旱导致草场植被退化。我国大部分地区处于干旱半干旱和半湿润的生态脆弱地带，气候特点为夏季盛行东南季风、雨热同季、降水主要发生在每年 4—9 月。北方地区雨季虽然也是每年 4—9 月，但存在着很大的空间差异性，有十年九旱的特点。气候环境的变迁和不合理的人为干扰活动，导致植被严重退化，进入 21 世纪以后，连续几年，干旱有加重的趋势，而且是春夏秋连旱，对脆弱生态系统非常不利。气候干旱还会加剧土地荒漠化进程。

干旱灾害会引发其他自然灾害发生。冬春季的干旱易引发森林火灾和草原火灾。自 2000 年以来，全球气温不断升高导致北方地区气候偏旱、林地地温偏高、草地枯草期长、森林地下火和草原火灾有增长的趋势。

2.5.4 台风

热带气旋是发生在热带或副热带洋面上具有暖心结构的低压涡旋系统。气象上将大气中的低压涡旋称为气旋，而能够发展成台风的低压涡旋产生在热带洋面上，所以称为热带气旋。热带气旋是一个统称，其在不同海域有着不同的称呼，风速达到一定程度（32.7 m/s，即风力12级）的北太平洋西部海域的热带气旋被称为台风（表2.1），而大西洋海域及东太平洋海域的则被称为飓风。我们常说的台风只是热带气旋中的一个等级，比其强度更强的还有强台风和超强台风。

表2.1　西北太平洋和南海热带气旋强度分类

热带气旋等级	底层中心附近最大平均风速 /(m/s)	底层中心附近最大风力 / 级
热带低压（TD）	10.8 ～ 17.1	6 ～ 7
热带风暴（TS）	17.2 ～ 24.4	8 ～ 9
强热带风暴（STS）	24.5 ～ 32.6	10 ～ 11
台风（TY）	32.7 ～ 41.4	12 ～ 13
强台风（STY）	41.5 ～ 50.9	14 ～ 15
超强台风（Super TY）	≥ 51.0	16 或以上

台风是暖中心的低压系统，水平分布近圆形，半径为数百千米，垂直范围可从海平面伸展到对流层上部。海平面气压低是台风的重要特征，甚至可下降至800 hPa以下，从台风外围到中心存在着较大的气压梯度和很强的气旋型辐合流场；在距离台风中心数十千米处，风力达到最大，并伴有暴雨和巨浪；在中心附近的小范围内，气压梯度很小，风息、雨止、浪平，出现特有的台风眼特征。

我国的台风路径主要有3条：一是西北路径，指台风从源地一直向西北方向移动，大多在台湾、福建、浙江一带沿海登陆；二是西移路径，指台风从源地向偏西方向移动，往往在我国广东、海南一带登陆；三是近海转向路径，指台风从源地本来向西北方向移动，但当靠近我国东部近海时，发生转向，最终转向东北方向，主要影响韩国和日本。此外，当热带气旋所处的环境变化很快或是洋面上有多个热带气旋相互影响时，热带气旋的移动路径会比较怪异，有些作气旋式圆弧运动，有些会停滞和打转，有些会左右摇摆。这样的移动路径很复杂，很难预报，所以更容易造成灾害。

热带气旋引发的狂风、暴雨、风暴潮常常给沿岸的国家造成巨大的人员伤亡和经济损失。我国是遭受热带气旋灾害最严重的国家之一，2020年热带气旋引发的直接经济损失为309.4亿元，占所有气象灾害直接经济损失的8.4%，仅次于暴雨洪涝。1990年以来热带气旋造成的直接经济损失有增加的趋势，特别是近10年的平均直接经济损失高于19世纪90年代和20世纪前10年（图2.18）。

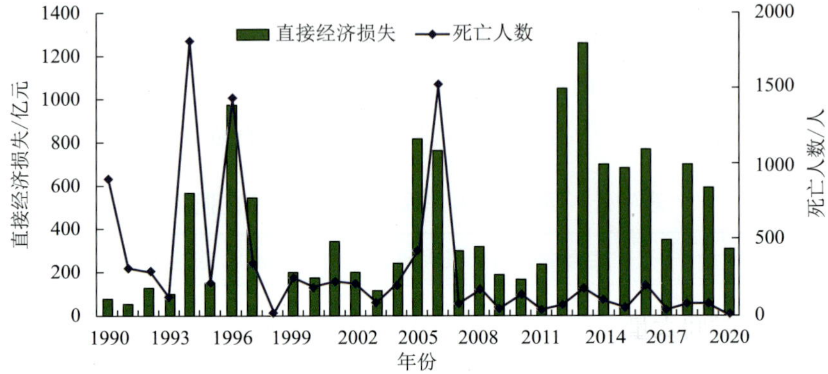

图2.18　1990—2020年我国热带气旋直接经济损失历年变化

（中国气象局，2023）

强风：一个较强热带气旋带来的 8 级及以上大风半径一般都达百米甚至千米，不少热带气旋都伴有 12 级以上的大风区域，强风会掀翻巨轮，会使地面建筑物和输电线路等严重受损。

暴雨：一般的登陆热带气旋均伴有 100 mm 以上的大暴雨，当其移动缓慢时常会造成数百毫米乃至上千毫米的降雨，例如 1975 年 8 月 7503 号台风衰减成的热带低压西进到河南驻马店地区时，在有利的环境条件下使局部地区降雨超过 1200 mm。过量的降雨会造成洪涝灾害，对国民经济建设和人民的生命财产造成极大威胁。

风暴潮：一般当热带气旋移向内陆时，由于强风和低压的作用，使海水向海岸方向强力堆积，潮位猛涨，甚至造成海水水位上升 5 ～ 6 m，当海潮与天文大潮叠加时，情况就更加严重。高潮位导致潮水满溢，甚至海堤溃决，从而冲毁房屋和各类建筑设施，淹没城镇和农田，造成人员伤亡和财产损失。2005 年 8 月 29 日"卡特里娜"飓风引发强风暴潮，给路易斯安那州、密西西比州及亚拉巴马州造成灾难性的破坏，尤其是造成新奥尔良市 80% 的面积被洪水淹没，百万人无家可归。

2.5.5　低温冰冻和雪灾

低温冰冻和雪灾是主要发生在冬半年的气象灾害，包括低温冷（冻）害、霜冻、冰冻和雪灾。

低温冷（冻）害是指气温异常降低时，造成人和动物的伤亡以及许多物体的变形、断裂等。它可分为低温冷害和冻害。低温冷害指农作物在生育期遭受高于 0 ℃但低于其生长发育所需的环境温度的侵害，引发农作物生长期延迟，从而导致减产。低温冷害还包括低温、倒春寒、寒露风等。低温冻害指气温骤降至 0 ℃以下而造成动植物伤亡及经济损失，包括积雪、冻雨、积冰、冻害等。

霜冻是指由于日最低气温下降使得植物茎叶温度下降至 0 ℃或以下，使正在生长发育的作物受到冻伤，从而导致品质下降、减产甚至绝收。霜冻害和冻害的区别在于，后者是指冬季作物在冬季发生的因严寒导致的灾害。

冰冻是有雨凇、雾凇、湿雪冻结的天气状况，也是形成电线积冰的主要原因之一。

雪灾是长时间大量降雪造成大范围积雪成灾的现象，主要包括积雪、风吹雪和雪崩。

南方低温冷害是早稻播种育秧期的主要灾害性天气，可造成早稻烂秧；东北夏季低温冷害会影响农作物的生长发育，受灾减产最重的是水稻，其次是高粱、玉米、大豆等。

霜冻是我国发生范围广、危害作物种类多、造成经济损失较大的气象灾害，北至黑龙江，南至广西、广东，均会发生霜冻灾害。严重的霜冻灾害会使作物严重减产，甚至绝收。随着全球变暖导致一些作物种植边界北移，晚熟品种面积扩大，这加大了霜冻灾害的潜在威胁。

冰冻灾害主要影响工农业生产和人民生活，特别是积冰会使得电线不胜重荷而断裂，导致电杆倾倒、折断，使得通信和输电中断。2008 年 1 月初至 2 月初，我国南方地区发生了罕见的低温雨雪冰冻灾害，持续的低温雨雪冰冻造成江西等地出现严重的电线积冰，电线积冰厚度创历史新高，使得我国南方电网遭受了历史上最严重的覆冰灾害。另外，冰冻天气使得地面冰雪不易融化，道路结冰现象严重，致使多地陆路交通中断。此时正值春运高峰时期，冰冻雨雪灾害造成广州地区滞留旅客达近 80 万人。

虽然雪具有保温、增墒的作用，但强降雪、积雪过深和风吹雪不但会对农牧业生产带来危害，还会给交通运输、电力通信以及人民生命安全造成重大影响。牧区雪灾也称为白灾，往往会造成牧区牲畜死亡以及牧民冻伤和雪盲症。非牧区的雪灾则会给农业设施、交通运输、电力运输以及一些经济作物造成较大的影响。

2.5.6　沙尘暴和雾、霾

沙尘暴和雾、霾都是与能见度相关的气象灾害。沙尘暴是沙尘天气的一种，指风将地面尘土吹起，使得空气混浊，水平能见度小于 1 km 的天气现象。我国沙尘暴频发区主要分布在南疆盆地、河西走廊、阿拉善高原、柴达木盆地等，与中国北方荒漠化土地的分布一致，反映了下垫面特征和沙尘源对沙尘暴形成的重要作用。2000 年以来，我国春季北方沙尘暴次数整体呈现下降趋势（图 2.19）。

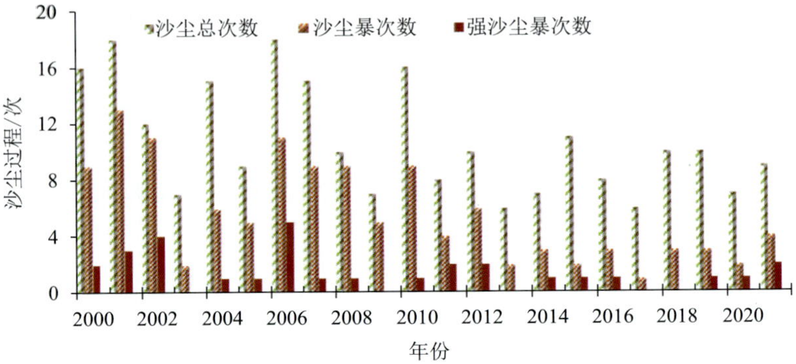

图2.19　2000—2021年我国春季北方沙尘天气过程历年变化（中国气象局，2022）

雾是由大量悬浮在空中的微小水滴或冰晶组成的水汽凝结物，一般呈现乳白色。依据《重要天气编发标准》，可分为雾（大于或等于 500 m 且小于 1 km）、浓雾（大于或等于 50 m 且小于 500 m）和强浓雾（小于 50 m）。我国年雾日数分布为东部多、西部少（图 2.20）。黄淮、江淮以及西南地区东部和南部年雾日数在 20 d 以上；东北地区北部和东南部，以及新疆北部部分地区年雾日数也有 20 d。另外，云南南部部分地区年雾日数可达 70 d 以上。

对比来看，大量微粒悬浮于空气中，大气浑浊，能见度降低小于 10 km 时就称为霾。受人类活动影响，工业污染物排放和汽车尾气排放导致空气中悬浮颗粒物大量增加，导致霾发生频率增加。雾和霾的区别在于一个是水凝物粒子，一个是干粒子，但在实际观测中往往很难区别，因此气象观测一般会根据相对湿度的大小来区别二者，相对湿度小于 80% 主要为霾，相对湿度大于 90% 则主要为雾，相对湿度为 80% ～ 90% 时，雾和霾同时存在。

沙尘暴发生时会携带沙粒，通过沙埋、风蚀沙割、狂风、降温以及污染等方式，使得农作物大幅度减产或绝收。此外沙尘暴还能加剧土地沙漠化，对交通和供电设施产生重要的影响。另外，其携带的高浓度沙尘粒子会对大气环境造成严重污染，从而造成人体呼吸系统的疾病。

雾是对现代交通活动影响最大的灾害之一，雾天能见度低，极易发生车辆追尾等交通事故。此外，雾天飞机一般不能正常起降，导致大量航班延误甚至取

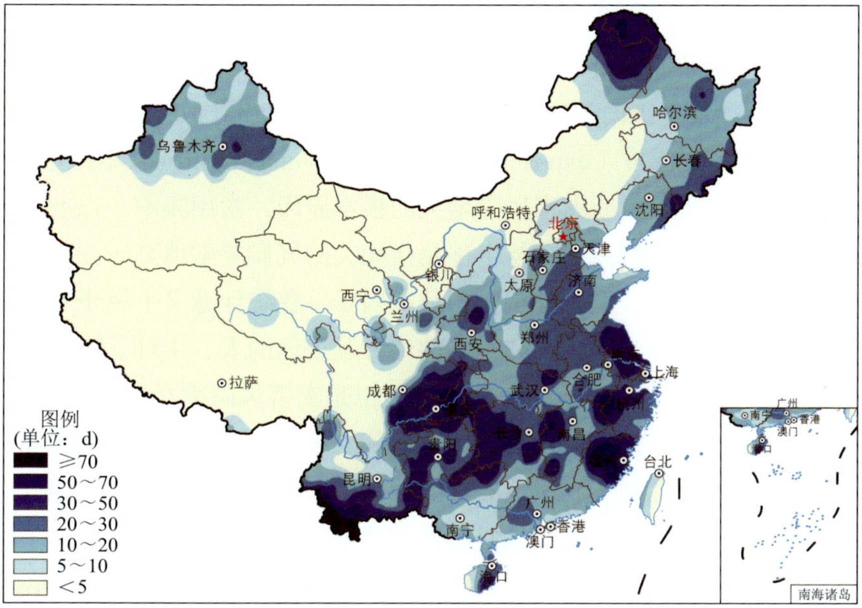

图2.20　我国年雾日数（1961—2021年平均）

消，另外内河航运和海运也容易受大雾影响。大雾还可能引发“雾闪”现象，导致输电线路短路、跳闸等故障，造成电网大面积断电，致铁路停运、工厂停产、市民生活断电，给人们的生产生活、日常出行带来很大不便。所谓雾闪，就是在强浓雾天气中，空气中水汽含量相当大，如果空气中所含的污染物较多，使电线受到“污染”，导致含雾空气导电率剧增，电路出现短路、跳闸等事故。雾、霾的另一个主要影响对象是人体健康，因为雾、霾发生时，空气中附着大量气态污染物和气溶胶粒子，其中气态污染物包括二氧化硫、氮氧化物等，而气溶胶粒子小于 5 μm 直径时大部分可被人体呼吸道吸入，沉积于上下呼吸道与肺泡中，对人体造成伤害。

2.6 气象灾害风险管理

2.6.1 气象灾害风险

随着气候变化影响和人类活动加剧，气象灾害发生频率增加、影响日益严重，因此气象灾害风险及其相关问题的研究已经成为当前国际减灾领域的前沿研究。气象灾害风险的产生和危害性，与自然事件、社会条件、承灾体等因素相互作用，共同构成复杂而有机的灾害风险体系。自然灾害风险（disaster risk）的大小，不单单取决于致灾因子或极端天气气候事件本身（hazard or extreme events），更取决于承灾体的暴露度（exposure）和脆弱性（vulnerability）等诸多因素。

致灾因子是灾害发生或灾害风险增大的根本原因，常用频率、强度、周期性和长期趋势等表示。极端天气气候事件是指相关的气候要素值高于或低于极端阈值，严重偏离其平均态，是一种重要的致灾因子。在统计意义上属于不易发生的事件。暴露度可被理解为受到不利影响的地方及该地的人、生计、环境服务和资源、基础设施，或经济、社会和文化资产，也是灾害风险大小的决定要素之一。脆弱性是承灾体的一种特性，是承灾体受到气象灾害时自身应对、抵御和恢复能力的特征，可理解为受到不利影响的可能性。极端天气气候事件常常但并非总是与灾害相关，极端和非极端天气气候事件的严重程度和影响在很大程度上取决于承灾体的暴露度和脆弱性。暴露度和脆弱性是灾害风险的重要决定因素，风险评估框架需要基于极端事件、暴露度和脆弱性三要素。

气候变化风险产生的根源，一方面是气候变化和气候变率相关危害的物理属性，另一方面是社会经济的脆弱性和它们对气候危害的暴露度，两个方面之间复杂的相互作用产生了风险。气候及气候变化的原因可以是气候系统的自然变率，也可能是受到了人类活动的影响。人类和生态系统关键脆弱性的决定因子，如暴露度、影响敏感性和适应能力在很大程度上取决于社会经济发展路径和状态。社会经济路径、适应和减缓措施以及治理策略还可以通过温室气体排放和其他辐射强迫因素以及改变土地利用来对气候系统的物理属性产生影响。

总体来说，暴露度和脆弱性是动态的，主要因素为时空尺度，并取决于经济、社会、人口、文化、体制和管理等因素。从气候变化的角度来考虑，则要看到气候变化带来的脆弱性、暴露度及相关的灾害风险的改变。我国经济迅速发展带来的人居模式、城市化和社会经济状况的变化已经影响到对极端天气气候事件的脆弱性和暴露度的变化趋势。尽管无法完全消除各种风险，但灾害风险管理和气候变化适应可以减少脆弱性和暴露度，并提高对各种潜在极端事件不利影响的恢复能力。

2.6.2 气象灾害风险识别和评估

（1）灾害风险识别

灾害风险识别是在综合考虑灾害风险要素（包括极端事件在内的致灾因子、

承灾体的暴露度和脆弱性）的基础上，对灾害风险进行量化和判断的过程。灾害风险是灾害风险管理的第一步，也是灾害风险管理的基础。

灾害风险识别方法基本可归纳为指标体系风险、风险概率建模和情景模拟动态风险建模。指标体系建模着重从致灾因子危险性、孕灾环境敏感性、承灾体脆弱性和区域防灾减灾能力出发，构建研究区域灾害风险的指标体系，利用数学模型计算指标的权重后结合指标值计算研究区的风险等级。风险概率建模着重以研究区的历史灾害和灾损样本数据为基础，利用数学模型对样本数据进行统计分析，获得灾害程度与损失的统计规律，进而实施灾害风险识别与评估。情景模拟动态风险建模则是依据不同概率灾害的物理机理，仿真模拟人类活动干扰未来可能发生的灾害过程，形成对灾害风险的可视化表达，实现灾害风险的动态识别与评估。

（2）灾害风险评估

灾害风险评估的常用方法包括概率推断、类似推断、趋势外推和动态评估、等级评估等。概率推断法主要根据统计概率来推断区域现在和未来灾害事件的发生可能性及损失大小。类似推断法基于已知两个先后发生事件间的相互联系规律，进而利用先导事件的发展规律来推断后续事件的发展趋势。趋势外推和动态评估法是在区域防灾措施较为稳定的前提下，从区域灾害发展趋势来推测、评估其未来状态。等级评估则注重从等级保护的基本原理出发，将风险评估结果的等级化与防灾措施的等级化关联起来。灾害风险评估是灾害风险规避和应急管理的重要决策依据，随着灾害研究的不断深入以及各种新技术的应用，灾害风险评估正在逐渐由定性分析走向定量评估，并在灾害应急管理过程中发挥重要支撑作用。

灾害风险评估方法中一个常用的方法是基于灾害风险指数的评估方法。形成气象灾害风险必须具备以下条件：① 诱发气象灾害的致灾因子，如登陆台风带来的狂风、暴雨，形成低温雨雪冰冻的大雪、低温等；② 形成气象灾害的孕灾环境，包括地形地貌、水系分布、植被覆盖等。③ 致灾因子的作用对象——承灾体，包括人口、经济等要素。基于以上气象灾害成灾机理，气象灾害风险评估值（R）是致灾因子（H）、暴露度（E）以及承灾体脆弱性（V）等因素综合作用的结果。通用的气象灾害风险评估模型公式如下：

$$R=H\times V\times E$$

具体计算时，考虑 3 个因子对灾害风险的决定程度，采用如下公式：

$$R=H^{\alpha}\times V^{\beta}\times E^{\delta}$$

式中：α、β、δ 分别为致灾因子危险性、暴露度和承灾体脆弱性 3 个评价因子的权重。

另外一个方法是基于灾情的气象灾害风险评估方法。这种方法是在获得大量历史资料的前提下，通过概率统计方法来进行灾情风险的评估。然而，在目前气象灾害研究中，最大的困难就是历史灾情资料严重不足且各部门统计保存的资料存在较大的出入。因此，我们需要在信息不完备的条件下进行灾害风险分析，导致很难假定出合适的概率模型来描述复杂的自然灾害风险系统的随机不确定性。信息扩散的模糊数学方法通过用适当的方法体现风险值的模糊不确定性，有效提高了自然灾害风险评估质量。这一方法主要针对气象灾害系统的复杂性和数据资料的不完备性而提出的风险评估体系，通过优化利用样本的模糊信息，对样本进行集值化的模糊数学处理，弥补信息不足，其优越性在于能表达概率估计的模糊不确定性，通过寻找合适的图形方式来绘制区划图，为政府决策提供尽可能多的风险信息。

（3）灾害风险区划

我们所说的气象灾害风险区划应该是气象灾害危险性区划，反映了若干年内可能达到的灾害风险程度，即某些地区可能发生灾害的概率或超过某一概率的灾害最大等级，包括单类灾害风险区划和综合风险区划。

2.6.3 气象灾害风险管理

灾害风险管理通过找出导致灾害发生的致灾因子和相关驱动因素，采取有效的应对措施加以预防和控制天气气候灾害发生的行为过程。灾害风险管理以灾害风险评估为基础和依据，通过对各种灾害风险进行识别、分析和评价，从而有效地控制和处置灾害风险，以最低的成本投入，实现最大的社会、经济和生态等安全保障的决策过程，是将灾前防灾备灾、灾时紧急应对和灾后恢复重建3个阶段统筹考虑，对灾害实行系统性、综合性、全过程的管理模式（图 2.21）。灾害风险管理的目标是降低天气气候灾害造成的损失和影响，即在灾害发生以前，预见将来可能发生的损失并加以防范，或者评估灾害发

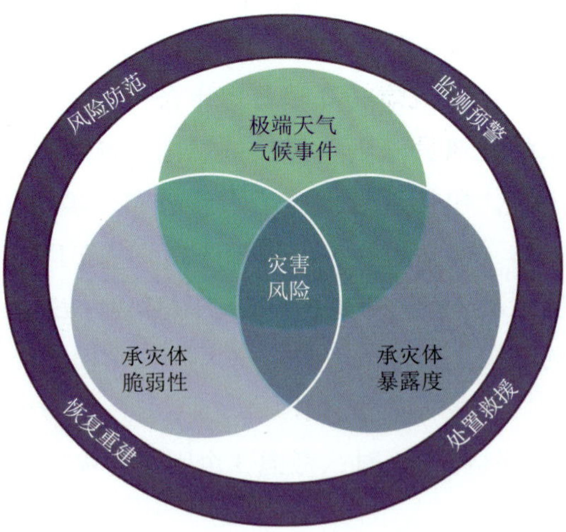

图2.21　灾害风险管理示意图（秦大河 等，2015）

生后可能造成的损失，制定减少灾害损失的管理措施等。基于风险理论的灾害风险管理过程主要包括灾害风险辨识、灾害风险分析、灾害风险评估和灾害风险处置，四个部分循环进行，其中灾害风险分析和灾害风险评估是整个灾害风险管理的核心工作。简单来说，气象灾害风险管理是指为减轻灾害风险，对其进行监测、识别、模拟、评估和处置，旨在以最小成本获得最大安全保障的科学管理体系。

风险管理包括 3 层含义：一是法律层面，包括立法与执法；二是科学层面，核心是优化决策，包括风险分析和规避措施；三是尊重人的生命和健康，这被看作是最核心的概念。由于个人、家庭或社会外部的气候与环境不断变化，风险程度也会随之改变，风险管理是一个动态的过程。因此，在风险管理计划的实施过程中，需要根据风险状态的变化，及时调整风险管理方案，对偏离风险管理目标进行修正。灾害风险管理是在对灾害风险进行识别、评估的基础上，通过优化组合灾害风险管理技术，作出灾害风险决策，从而对灾害风险实施有效控制，妥善处理灾害风险造成的损失。灾害风险管理要特别关注政策的全球有效性与地区有效性的统一，必须在公正、公平、公开的原则下，有利于全球的健康和安全水平的提高，有利于地球所有自然生态系统的健康发展，有利于地球所有居民的健康和安全。

人类活动在灾害成灾过程中扮演着重要角色。一方面，随着经济的快速发展以及人类活动范围和强度的增加，暴露度也在增加，灾害所造成的损害也在不断加重，被动承受灾害打击的代价也越来越大；另一方面，不合理的人类活动也常常成为重大灾害发生的触发因素。因此，我们需要在充分摸清灾害形成机制及其时空分布规律的基础上，以人与自然的可持续发展为目标，合理布局并调整人类社会经济活动，探讨与灾害共存的适应策略，积极寻求有效的风险转移策略，从根本上降低灾害风险。IPCC《管理极端事件和灾害风险推进气候变化适应》特别报告综合了国际上从气候变化与极端事件和灾害的关系，以及这些事件对社会和可持续发展影响的研究结果，评估了可导致各种影响和灾害的气候、环境和人类因素之间的相互作用，管理各种影响和灾害风险的选择，以及非气候因素在确定影响过程中的重要作用。

2.6.4　气象灾害风险应对

可持续发展是建立在社会、经济、人口、资源、环境相互协调和共同发展基础上的一种发展，其核心思想是发展经济、保护资源以及保护生态和环境之间协调一致，让子孙后代能享受充分的资源和良好的资源环境。《中华人民共和国可持续发展国家报告》指出，可持续发展是指满足当前需要而又不削弱子孙后代满足其需要之能力的发展。造成风险变化的因素，不但与全球变化特别是气候变化关系密切，而且与区域发展的模式、速度、文化差异等人文社会因素的关系越来越紧密。因此，把风险管理纳入全球、区域和地方可持续发展战略之中，寻求人类社会和地球系统的协调发展，实现共同安全和健康生存途径，已成为当前和未来风险研究的重要领域。可持续发展必须解决诸如自然灾害危险、生态系统受损、环境污染等造成的直接和间接影响，探求在人类已有的灾害防御能力条件下的可持续发展模式。无论从全球、区域还是地方层面，都应在识别影响区域发展风险主要因子的基础上，进行脆弱性评价，确定可避免、可防御、可缓解的风险水平，进而选取发展的方式、规模与速度，由此实现在现有和预期风险水平条件下的可持续发展。

我国气象部门在减轻灾害风险、守护美好家园方面做了很多卓有成效的工作。面对严重的灾害，我国逐步建立了气象灾害防御体系。第一，建立了综合立体高效的灾害监测网络，即天、地、空一体化气象综合观测网络，发展了从地面到高空、从陆地到海洋，全方位、多层次、自动化的立体综合监测系统。另外，高密度的自动观测站网实现灾害监测全覆盖、观测要素监测全覆盖。第二，发展了拥有独立自主权的、每时每刻提供预报服务的高分辨率无缝隙气象预报预测系统。该系统能无缝隙衔接从天气预报和气候预测到气候变化预估，时间跨度从分钟到百年。第三，建立了针对 14 种主要气象灾害（台风、暴雨、暴雪、寒潮、大风、沙尘暴、高温、大雾、干旱、雷电、冰雹、霜冻、霾、道路结冰）的风险早期预警系统。同时，我国还逐步建立了针对灾害影响的重大灾害风险评估和预评估业务，实现对重大灾害的风险预报。第四，减轻灾害风险，离不开你我的参与。我国还逐步建立了体系化的防灾减灾机制，全国气象防灾减灾科学知识普及率达 76.44%。对于未来，全球风险报告列出的未来人类将面临的风险中，与天气气候相关的风险占据半席，包括极端天气事件、气候变化减缓与适应措施失败、自然灾害、生物多样性损失和生态系统崩溃、人为环境灾难。因此，未来的灾害风险，特别是天气气候风险依然较大，影响深远。

2.6.5 全国自然灾害综合风险普查

按照党中央、国务院决策部署，为全面掌握我国自然灾害风险隐患情况，提升全社会抵御自然灾害的综合防范能力，经国务院同意，定于 2020—2022 年开展第一次全国自然灾害综合风险普查工作。全国自然灾害综合风险普查是一项重大的国情国力调查，是提升自然灾害防治能力的基础性工作。通过开展普查，摸清全国自然灾害风险隐患底数，查明重点地区抗灾能力，客观认识全国和各地区自然灾害综合风险水平，为中央和地方各级人民政府有效开展自然灾害防治工作、切实保障经济社会可持续发展提供权威的灾害风险信息和科学决策依据。

普查对象包括与自然灾害相关的自然和人文地理要素，省、市、县各级人民政府及有关部门，乡镇人民政府和街道办事处，村民委员会和居民委员会，重点企事业单位和社会组织，部分居民等。普查覆盖各省、自治区、直辖市和新疆生产建设兵团。根据我国自然灾害种类的分布、影响程度和特征，本次普查涉及的自然灾害类型主要有地震灾害、地质灾害、气象灾害、水旱灾害、海洋灾害、森林和草原火灾等。普查内容包括主要自然灾害致灾调查与评估，人口、房屋、基础设施、公共服务系统、三次产业、资源和环境等承灾体调查与评估，历史灾害调查与评估，综合减灾资源（能力）调查与评估，重点隐患调查与评估，主要灾害风险评估与区划以及灾害综合风险评估与区划。

气象灾害风险普查是这次全国灾害风险普查的重要组成部分。通过普查，一方面，可以帮助我们更好地摸清各类灾害性天气可能致灾的风险点、风险区域和致灾的阈值，在这个基础上，推动气象灾害风险预警业务的发展。在未来我们不仅可以告诉大家明天的天气怎么样，还可以告诉大家这样的天气可能会产生什么样的影响、哪些地方致灾的风险大需要重点防范，从而推动灾害性天气预报向气象灾害风险预警转变，可以大大提高预警信息的针对性，有助于更好发挥气象防灾减灾第一道防线作用，为综合防灾减灾救灾提供更有力的支撑。另一方面，通过普查形成的气象灾害风险区划，可以指导全社会科学设定各个区域基础设施的气象灾害防御标准，更有利于我们推进韧性城市、韧性乡村的建设，从根本上提高抵御各类气象灾害的能力。

中国是世界上受气象灾害影响最严重的国家之一，气象灾害种类多、影响范围广、发生频率高，所造成的损失占到了自然灾害损失的 70% 以上。特别是在全球变暖的背景下，气象灾害所造成的损失更大，造成的影响更重，已经成为防灾减灾工作的重点。在这一次的自然灾害风险普查中，气象部门承担了暴雨、干旱、台风、高温、低温、风雹、雪灾、雷电、沙尘暴 9 种气象灾害的风险普查工作，其中在风雹灾害中涵盖了大风、冰雹和龙卷。应该说，开展气象灾害风险普查，对于提高灾害防治能力具有重要意义。

截至 2022 年 4 月，全国气象灾害致灾因子调查进度达到 100%，制作危险性评估和风险评估图件类成果 1.7 万余套，气象部门已基本健全支撑有力的普查组织体系、建立统一完善的普查技术体系、构建协调联动的普查工作格局，普查工作取得阶段性成效。

2.7 IPCC AR6 气候变化的自然科学基础

IPCC 报告是 IPCC 不定期发表的总结气候变化信息的系列评估报告。每份报告的决策者摘要反映了对主题的最新认识，并以非专业人士易于理解的方式编写。报告提供有关气候变化、成因、可能产生的影响及有关对策的全面的科学、技术和社会经济信息。1990 年的第一次评估报告（FAR）成为联合国气候变化框架公约谈判的基础，推动了 1992 年《联合国气候变化框架公约》的签署和 1994 年公约的生效；1995 年第二次评估报告（SAR）为京都议定书的谈判提供了坚实的科学依据，推动了 1997 年《京都议定书》的通过；2001 年第三次评估报告（TAR）已成为气候公约谈判的重要议题之一，促使公约谈判确立适应和减缓两个重要议题；2007 年第四次评估报告（AR4）推动了“巴厘路线图”诞生，特别是为 2012 年以后国际应对气候变化体制的建立提供了科学依据和信息；2014 年第五次评估报告（AR5）进一步凝聚共识，为《巴黎协定》的诞生带来积极影响；2022 年发布的第六次评估报告（AR6），面向 2023 年联合国气候变化框架公约的全球盘点，也将对国际气候治理制度进程产生直接影响。

IPCC 的贡献之一是明确了人类活动影响气候系统，推进国际应对气候变化的进程。1990 年 FAR 指出，观测到的增温主要归因于自然变率；1995 年 SAR 指出，有明显证据可检测出人类活动对气候的影响；2001 年 TAR 指出，新的、更有力的证据表明过去 50 年观测到的全球大部分增温可能（66% 以上可能性）归因于人类活动；2007 年 AR4 指出，人类活动很可能（90% 以上可能性）是导致气候变暖的主要原因；2014 年 AR5 指出，20 世纪中叶以来观测到的全球变暖一半以上是人类活动造成的，这一结论的置信度达 95% 以上；2018 年 SR-1.5C 指出，自人类社会工业化以来，人类活动导致全球地表气温上升达 1 ℃。2022 年 AR6 指出，毋庸置疑，人类活动已经引起了大气、海洋和陆地的变暖。

中国是气候变化国际评估的倡议者、贡献者和实践者，也是最早参与 IPCC 气候变化评估报告编写的国家之一。中国气象局原局长邹竞蒙先生于 1987 年担任

WMO 主席，是在联合国高级机构中担任负责人职务的第一个中国人，任内他致力于推动各国逐步重视气候变化不利影响，采取国际共同行动来应对气候变化，特别是推动 WMO 与联合国环境规划署（UNEP）于 1988 年成立了 IPCC，启动了国际科学评估的进程，为国际社会应对气候变化作出了突出贡献。此外，我国科学家也先后在 IPCC 第一工作组中担任联合主席的职务，IPCC TAR 为国家气候中心丁一汇院士，IPCC AR4 和 AR5 评估报告阶段为秦大河院士，IPCC AR6 为中国气象科学研究院翟盘茂研究员。

IPCC AR6 所做的工作分为 3 个方面。第一工作组（WG1）：物理科学基础。第二工作组（WG2）：影响、适应和脆弱性。第三工作组（WG3）：减缓气候变化。IPCC 于 2021 年 8 月发布第一工作组报告。报告中提供了对全球气候系统和区域气候变化的最新物理解释，再次确认前几份报告所提出的警讯。报告的目的是统筹发表于各学术期刊的气候变迁研究成果并提供有关过去气候如何变化的事实，揭示人类活动在这些变化中所起的作用，进行完整的评估以供决策者参考。

2.7.1　AR6 气候变化的重要结论

IPCC AR6 WG1 中提供了对气候系统和气候变化的最新物理解释，整合了来自古气候和仪器观测的多项证据、过程理解以及全球和区域的气候模拟，记录了气候科学的最新进展。报告旨在提供有关过去气候如何变化的事实，揭示人类活动在这些变化中所起的作用，并根据不同社会经济路径的排放情景对未来气候进行了预估。报告围绕大尺度信息、过程理解和区域信息等三大主题构建。这与 AR5 的结构有所不同。例如，第 8 章在评估气候变化引起的水循环变化时，包含并整合了对模型、观测证据和古气候记录的评估。报告的 12 个章节可以归为 3 类。

大尺度信息（第 2 ～ 4 章）。这些章节评估了从全球到大陆或海盆尺度的气候变化信息。第 2 章介绍对气候系统变化状态的评估，包括大气、生物、海洋和冰冻圈。第 3 章继续评估人类活动对这种不断变化的气候的影响，涵盖对观测到的变化的归因，并介绍用于评估气候模型的适用性方法，且将这些方法用于归因研究。第 4 章评估从近期到未来长期的气候变化预估，包括 2100 年以后的气候变化，以及潜在的突变和“低概率高影响”事件的变化。

过程理解（第 5 ～ 9 章）。这 5 章提供了对气候系统基本过程和各个组成部分（圈层）的评估：碳收支和生物地球化学循环（第 5 章）、短期气候强迫及其与空气质量的联系（第 6 章）、地球的能源收支和气候敏感度（第 7 章）、水循环（第 8 章）以及海洋、冰冻圈和海平面变化（第 9 章）。所有这些章节都提供了对当前观测到的变化的评估，包括相关的古气候信息和对过程和机制的理解以及预估和模型评估。

区域信息（第 10 ～ 12 章和图集）。报告反映了区域尺度气候变化的新知识，共有 4 章涵盖区域信息。第 10 章是连接全球与区域变化和过程的新章节，与地方决策者的需求高度相关。它提供了一个评估区域气候信息的框架，包括方法、物理过程、区域尺度观测变化以及区域模式性能的评估。第 11 章讨论极端天气和气候事件，包括温度、降水、干旱和 19 种复合事件。第 12 章区域影响和风险评估的气候变化信息，不仅专注在极端情况，还着眼于可能出现在较长时间尺度上的与风险评估相关的其他因素（例如干旱、积雪变化等）。作为第一工作组对解决方案贡献的一部分，这类信息有助于对气候变化风险和影响的评估。最后，图集对整个报告中的区域气候信息进行评估和综合，着重进行不同区域的平均变化评估和区域模式评估。

AR6 确定了人类活动对气候系统影响的事实。报告指出，我们对气候系统基本特征的理解是扎实且完善的。19 世纪的科学家确定了影响气候系统的主要自然因子。他们还假设化石燃料燃烧排放的 CO_2 可能导致人为气候变化。自 20 世纪初以来，气候变化的主要自然驱动因子包括入射太阳辐射的变化、火山活动、轨道周期和全球生物地球化学循环的变化，已得到系统的研究。今天，有大量证据表明气候自工业革命以来确实发生了变化，而人类活动是造成这个变化的主要原因。这是 IPCC 第一次无可置疑地将全球变暖归因于人类活动的影响。

AR6 有了更好的历史数据、对气候系统过程的更深入理解及改进的气候模型。自 AR5 以来，观测物理气候系统的能力在总体上不断提高和扩展。在海洋观测网络和遥感系统以及从代用资料中重建古气候方面的改进尤其明显。来自过去观测系统的额外数据，甚至手写的历史记录也持续被纳入观测数据集。如今，这些数据集可以更好地被整合和校正，以适应仪器和测量技术的历史变化。来自遥远过去的冰芯、沉积物、化石和其他新证据提供了很多关于地球气候在整个历史中是如何变化的信息。报告的另一个重要特点是更多地使用再分析资料作为评估气候系统状态和演变的证据。再分析用历史观测数据约束大气或海洋预测模型以创建过去的气候记录，保证多个物理量之间的一致性并提供未直接观测到的变量信息。人类对气候系统过程的理解也更加深入。例如，1990 年，人们对深海如何响应气候变化知之甚少。今天，深海温度的重建可以追溯到 1871 年。我们现在知道海洋吸收了大部分被温室气体捕获的多余能量，甚至深海也在变暖。最新一代的复杂气候模型改进了许多物理过程的描述。1990 年的大多数气候模型都侧重于大气，使用的是高度简化的海洋和陆地表面模块。但今天的地球系统模型包括了海洋、冰、雪、植被和许多其他变量的详细模块。其中许多地球系统模型还包含了生物地球化学循环。

2.7.2 IPCC AR6 气候变化新认知

（1）到 2040 年，地球温升将超过 1.5 ℃

近几十年来的气候变暖已经有数千年没有出现了，它正在迅速发生，几乎地球上的任何地方都在发生，并扭转了全球长期的降温趋势。我们需要追溯到大约 125000 年前，才能找到跨越多个世纪的全球表面温度升高的证据。这使得到 21 世纪末将气温稳定在比工业化前水平高 1.5 ℃的道路越来越狭窄，这是《巴黎协定》最雄心勃勃的目标。根据 IPCC 报告中概述的所有排放情景，预计未来 20 年地球表面变暖将达到 1.5 ℃或 1.6 ℃。这一临界值越来越近，部分原因是科学家在估计历史气温上升时纳入了新的数据集，包括快速变暖的北极的数据。这使历史变暖的估计值增加了 0.1 ℃。自上次评估报告以来，全球排放量居高不下，这一趋势仍在继续。为了实现被视为对一些脆弱区和生态系统生存至关重要的目标，未来 10 年需要大幅减少 CO_2 排放，到 2050 年实现净零排放。

（2）人类活动导致极端天气发生

虽然 AR5得出结论认为，人类对气候系统的影响是“明显的”，但 AR6 表示，人们“非常有信心”认为，人类活动是更频繁或更强烈的热浪、冰川融化、海洋变暖和酸化的主要驱动力。报告总结道：“毫无疑问，人类的影响使大气层、海洋和陆地变暖。”自 IPCC AR5 报告以来，归因科学有了巨大的发展。通过增强模型，科学家现在能够量化气候变化导致极端天气事件发生的可能性或严重程度。最近的研究表明，如果没有人类燃烧化石燃料，2020 年的西伯利亚热浪和 2016 年亚洲的酷热将永远不会发生。另有研究发现，2003 年巴黎热浪中 753 人死亡，其中 506 人可能是气候变化造成的。

（3）人们对区域气候影响了解更多

自 IPCC AR5 以来，气候模式有所改进，使科学家能够在区域一级分析当前和预测的温度及水文极端情况，并了解全球气候影响在世界不同地区的表现。模式结果显示，北极的变暖速度比其他地区快，预计北半球高纬度地区的变暖速度将是全球变暖水平的 2～4 倍。虽然热带地区的变暖速度较慢，但值得注意的是，在没有人为影响的情况下，赤道附近陆地的温度每一年变化不大。IPCC AR6 称，墨西哥湾流很可能在 21 世纪内减弱。科学家警告称，大西洋洋流的完全崩溃将破坏区域天气模式，减弱非洲和亚洲季风，并加强欧洲的干旱期。

（4）目前正接近气候不可逆转的转折点

IPCC AR6 对气候可能发生不可逆转的变化发出了警报，这种变化通常被称为引爆点。例如，随着温度升高，森林可能开始死亡，吸收 CO_2 的能力降低，导致进一步变暖。或者，南极冰盖可能会变得不稳定，导致海平面迅速上升。报告指出："全球变暖程度越高，发生低可能性、高影响结果的可能性就越大。"不能排除气候系统的突然反应和转折点，例如南极冰盖融化和森林消亡的强烈增加。南极冰盖的融化可能导致海平面在 2100 年上升超过 1 m，在 2500 年上升 15 m。许多极端温度超出了自然变率的范围，并引发了诸如野火等极端事件。亚马孙部分地区现在排放的碳比吸收的碳还要多。

（5）CH_4 排放是一个重要杠杆

IPCC 第一次用整整一章专门讨论"短期气候因素"，如气溶胶、颗粒物和 CH_4。CH_4 含量现在比过去 80 万年来的任何时候都要高，远远高于 AR5 中规定的安全限值。废弃煤矿、农业和油气作业释放到大气中的 CH_4 在 20 年内对全球变暖的影响是 CO_2 的 84 倍。它造成了全球变暖的近四分之一。生态系统对全球变暖的反应，如永久冻土融化和野火，极有可能进一步增加大气中的 CH_4 浓度。大力迅速减少 CH_4 排放量不仅可以遏制全球变暖，而且可以改善空气质量。尽管 CH_4 对全球变暖产生了影响，但它受到的关注远不及 CO_2，而且没有被纳入大多数国家的气候承诺中。虽然 CH_4 的大幅减少将带来短期的胜利，但迄今为止，各国政府基本上忽视了这一点，所有的重点都放在 CO_2 净零排放目标上。

第3章

气候变化检测与归因

3.1 温室气体排放与吸收

温室气体是能够吸收地表发射的热辐射，并对地表产生类似毯子保温作用的一类气体。直接受人类活动影响的温室气体有二氧化碳（CO_2）、甲烷（CH_4）、氧化亚氮（N_2O）、氯氟烃（CFCs）和臭氧（O_3）等。CO_2 是大气中由于人类活动使其浓度增加最重要的温室气体。

温室气体排放主要来自于人类活动，如燃烧化石燃料、工业生产、农业活动等。这些活动释放出大量的二氧化碳、甲烷和氧化亚氮等温室气体到大气中。这些气体在大气中累积，形成温室效应，导致地球表面温度上升，即全球变暖。除了人类活动外，自然过程也会导致温室气体的释放，如火山喷发、植物腐烂、湿地甲烷释放等。但是，人类活动排放的温室气体数量远远超过了自然过程的释放量，加剧了全球变暖的速度和程度。

世界气象组织（WMO）发布的《2022 年全球温室气体公报》指出，2022 年全球大气主要温室气体浓度继续突破有仪器观测以来的历史纪录（图 3.1—图 3.3），CO_2、CH_4 和 N_2O 的浓度分别达到 417.9±0.2 ppm②、1923±2 ppb③ 和 335.8±0.1 ppb，分别为工业化前（1750 年之前）水平的 150%、264% 和 124%。中国气象局发布的《2022 年中国温室气体公报》显示，瓦里关全球大气本底站观测的 CO_2、CH_4 和 N_2O 的浓度分别为 419.3±0.2 ppm、1979±0.6 ppb 和 336.5±0.2 ppb，与北半球中纬度地区平均浓度大体相当，但都略高于全球平均值。

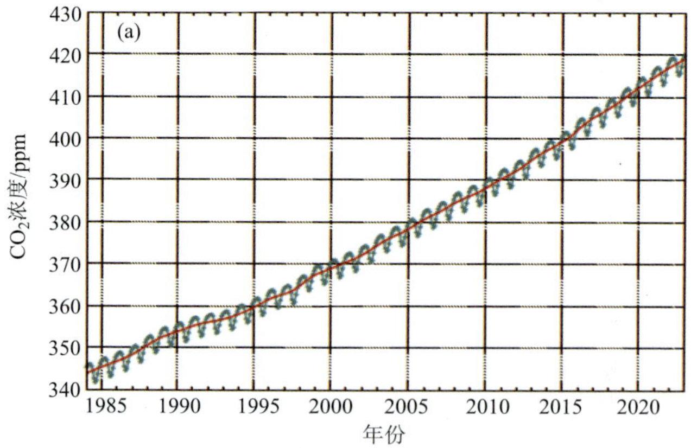

② 1 ppm=10^{-6}，下同。

③ 1 ppb=10^{-9}，下同。

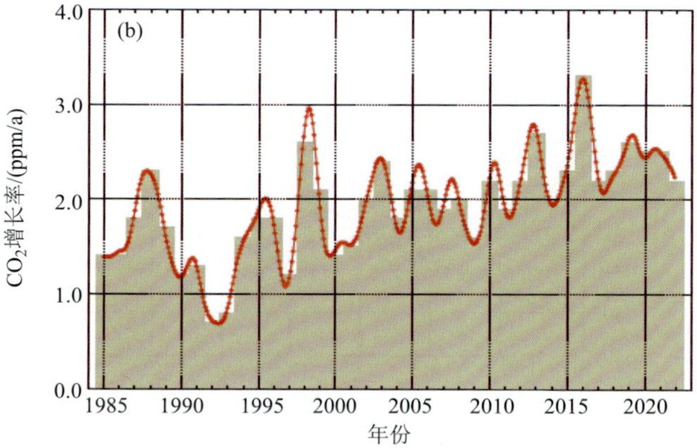

图3.1　1984—2022年全球平均CO_2浓度（a）及其增长率（b）
（来自WMO《2022年全球温室气体公报》）

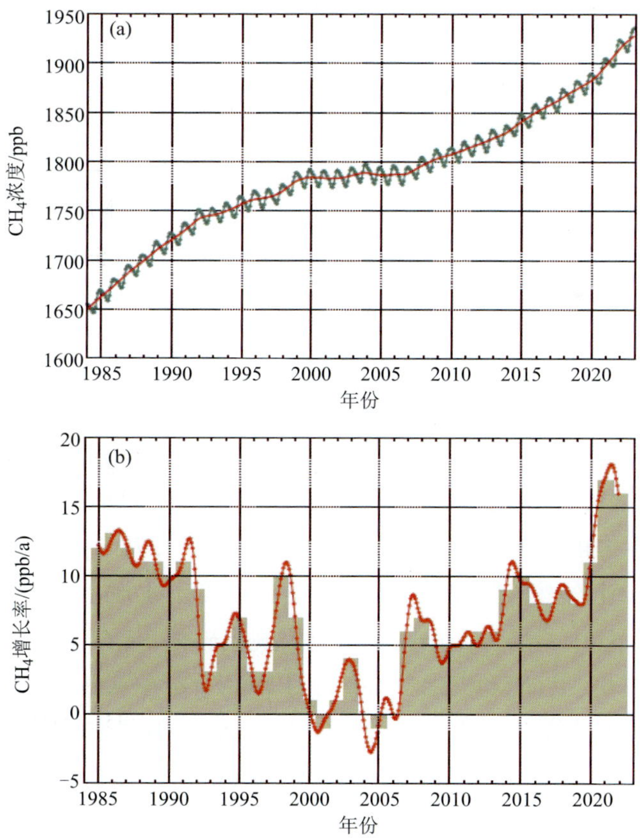

图3.2　1984—2022年全球平均CH_4浓度（a）及其增长率（b）
（来自WMO《2022年全球温室气体公报》）

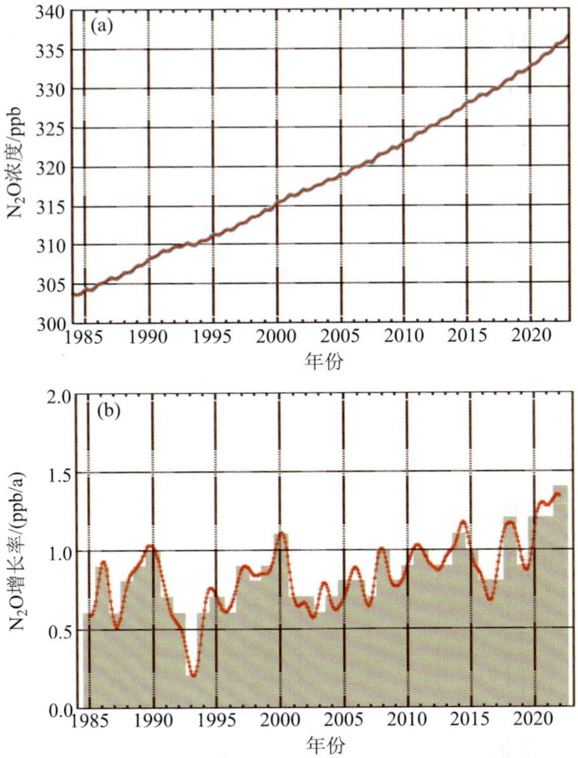

图3.3 1984—2022年全球N_2O平均浓度（a）及其增长率（b）

（来自WMO《2022年全球温室气体公报》）

温室气体对气候变化的影响主要取决于3个因素，即它们各自在大气中的浓度、在大气中的滞留时间和对全球温度的影响程度。二氧化碳（CO_2）是影响地球辐射平衡最主要的长寿命温室气体，至2022年约占长寿命温室气体辐射强迫的64%，对过去10年和过去5年辐射强迫增幅的贡献分别约为79%和77%。工业化前（1750年之前）全球大气CO_2平均浓度保持在278.3 ppm左右，自1750年工业革命以来，化石燃料燃烧、土地利用方式改变、水泥生产等人类活动释放大量温室气体到大气中，另外由于森林遭到大规模破坏，CO_2的生物转化清除在不断减少，以及煤炭、石油和天然气等矿物燃料的消费在不断增加，而陆地生物圈和海洋并不能及时完全吸收多排放到大气中的CO_2，从而导致人为排放的CO_2量加速增加，浓度不断上升。2022年全球平均CO_2浓度为417.9±0.2 ppm，2021—2022年的CO_2增幅略低于2020—2021年的增幅，也略低于过去10年的平均年增长率，部分原因很可能是自然变率，因为CO_2排放量一直持续增加。人类活动排放的CO_2大约有一半留在大气中，而另一半则被陆地和海洋吸收，它们起到了吸收温室气体的汇系统作用。自然变率、源汇之间的平衡每年都在变化。随着未来温室气体排放的增加，陆地生态系统和海洋吸收 CO_2 的能力和作为温度上升缓冲的能力将下降，这可能导致地球大气进一步变暖。为了应对气候变化，全球各国提出了碳中和目标，即通过平衡 CO_2 的人为排放量与人为去除量，或完全消除 CO_2 人为排放，实现 CO_2 净零排放。碳中和目标可以设定在全球、国家、区域、城市、行业、企业、活动等不同层面，目标的实现涉及人为碳排放、能源结构调整、人工碳汇等手段，其中包括诸多学科领域亟待解决的重要科学问题。

甲烷（CH_4）是影响地球辐射平衡第二重要的长寿命温室气体，在大气中停留约 10 年，至 2022 年，其在全部长寿命温室气体浓度升高所产生的总辐射强迫中的贡献率约为 19%，约 40% 的甲烷来自自然源排放（如湿地和白蚁），约 60% 来自人为源（如化石燃料开采、垃圾填埋和生物质燃烧）。CH_4 的年均增幅从 20 世纪 80 年代末的约 12 ppb/a 降至 1999—2006 年的近乎零（图 3.2）。自 2007 年以来，大气中的 CH_4 再次增加。2022 年，在人为源的驱动下，CH_4 达到工业化前水平的 264%。与 CO_2 不同，CH_4 的人为源并非主要是化石燃料相关排放，农业来源也发挥着重要作用。测量数据研究表明，热带地区湿地和北半球中纬度地区人为源的 CH_4 排放量增加，可能是导致近期排放量增加的原因。

氧化亚氮（N_2O）至 2022 年在全部长寿命温室气体浓度升高所产生的总辐射强迫中的贡献率约为 6%。N_2O 通过自然源（约 57%）和人为源（约 43%）排入大气，包括海洋、土壤、生物质燃烧、化肥使用和各类工业过程。2022 年全球 N_2O 平均浓度比上一年增加了 1.4 ppb，2021—2022 年的年增长率高于 2020—2021 年的增长率，也高于过去 10 年的平均增长率（1.05 ppb/a）。全球人为 N_2O 排放，其中主要是农田的增氮，在过去 40 年中增加了 30%，达到每年 7.3（4.2 ～ 11.4）Mt 氮。这一增长是大气中 N_2O 增长的主要原因。

平流层消耗臭氧的氯氟烃（CFCs），受《关于消耗臭氧层物质的蒙特利尔议定书》的管制，连同少量卤化气体，约占长寿命温室气体辐射强迫的 11%。虽然 CFCs 气体正在减少，但一些强效温室气体氟氯烃（HCFC）和氢氟烃（HFC）却增加，而且速度相对较快；六氟化硫（SF_6）在大气中含量很低，但它却是一种极强的长寿命温室气体。六氟化硫是化学工业生产产生的，主要用作配电设备的电绝缘材料。其浓度正在上升，速度相当稳定，目前是 20 世纪 90 年代中期观测到的水平的两倍多。

3.2 大气气溶胶辐射强迫

辐射强迫的定义为由于温室气体浓度的变化或整个气候系统的其他变化，在对流层顶部产生的平均净辐射能量变化，主要用于对比和衡量不同因素对全球近地面气温变化的长期影响。

悬浮在大气中的气溶胶会影响大气的能量平衡，因为气溶胶既能吸收太阳辐射又能把太阳辐射散射回外层空间。大气中气溶胶有很多来源，其中一部分是由于自然原因产生的，如陆地表面特别是沙漠地区的沙粒被风吹到大气中，火山爆发等会将大量的气溶胶颗粒喷射到高层大气中。另一部分气溶胶是由于人为排放引起的，硫酸盐粒子是人为气溶胶源最重要的部分，这种硫酸盐气溶胶是由二氧化硫经过化学作用形成的，燃烧煤炭和使用石油都会产生大量的二氧化硫气体。硫酸盐气溶胶在大气中的平均停留时间为 5 d 左右，因为它的影响主要在排放源附近，对气温的影响与 CO_2 的作用相反，主要是负辐射强迫。大气气溶胶的辐射强迫有正有负，其中硫酸盐、硝酸盐、有机碳气溶胶具有散射性，主要是降温作用，但是矿物燃烧引起的黑碳气溶胶具有较强的光学吸收特性，对全球气温变化有正辐射强迫作用。

气溶胶直接辐射效应是通过吸收和散射短波及长波辐射，改变大气温度和环流形势。水溶性气溶胶还可以作为云凝结核，改变云和降水的形成过程，形成气溶胶间接辐射强迫。间接辐射强迫是通过气溶胶粒子数和颗粒的大小对云辐射特性产生影响。在云形成的过程中，有气溶胶颗粒存在与没有这些气溶胶存在相比，由大量较小云滴形成的云将更容易反射太阳光，导致云顶更多的太阳辐射反射，地面接收比较少的辐射，地面能量损失，小云滴的大小和数量对降水效率、云生命期会产生影响，从而影响云量的地理分布范围。

为了评估各驱动因子对全球平均地表气温的影响，IPCC AR6 给出了各影响因子的有效辐射强迫。自工业革命以来（1750—2019 年），人为排放的温室气体有效辐射强迫贡献为 3.84 W/m^2，其中，均匀混合温室气体的贡献为 3.32 W/m^2，剩余部分来自臭氧（包括平流层和对流层）和平流层水汽（来自 CH_4 氧化）变化的贡献。气溶胶的有效辐射强迫贡献约为 −1.1 W/m^2，其中气溶胶—云相互作用产生的有效辐射强迫贡献了大部分总气溶胶的辐射强迫，估计值为 −0.84 W/m^2，其余的气溶胶—辐射相互作用产生的有效辐射强迫贡献的估计值为 −0.22 W/m^2（图 3.4）。

1750—2019 年非 CO_2 温室气体强迫（即其他均匀混合的温室气体和臭氧）导致

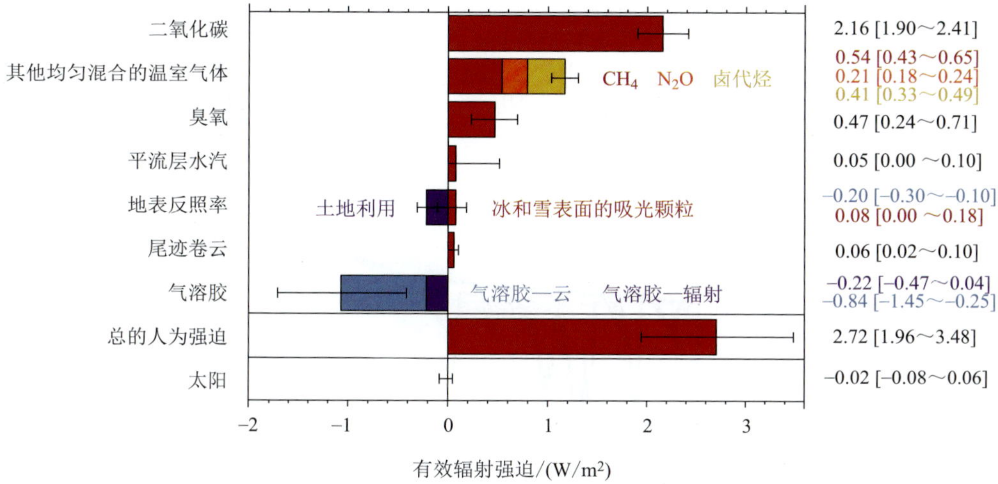

图3.4 1750—2019年不同因子的有效辐射强迫变化和不确定性（置信度区间为5%～95%）

的全球地表气温上升已经被气溶胶导致的冷却趋势大致抵消。自 1980 年以来，气溶胶的冷却趋势已经稳定下来，并且可能出现逆转，因此在过去几十年来，气候长期变暖的速度已经超过了仅考虑 CO_2 时的预期速度。火山喷发造成的冷却主导了年代际变化。1750—2019 年人为强迫导致的全球地表气温变化为 1.29 ℃，其中，均匀混合温室气体导致的全球地表气温变化为 1.58 ℃，臭氧变化导致的全球地表气温变化为 0.23 ℃，气溶胶导致的全球地表气温变化为 −0.50 ℃，地表反照率变化导致的全球地表气温变化为 −0.06 ℃，太阳和火山活动导致的全球地表气温变化为 −0.02 ℃（图 3.5）。

3.3 气候变化检测与归因方法

气候变化检测是在某种给定统计意义上展现气候或受气候影响系统发生变化的过程，而不提供变化的原因。如果观测到的某种变化单独由于内部变率本身随机发生的可能性很小，如小于 10%，则可以说这种变化被检测到了。气候变化检测是一个统计分析过程。气候变化归因定义为以某种给定的信度，估算多种因子对某种变化或者某个事件变化的相对贡献过程。归因的过程需要观测到的变化必须能够被检测到。归因的定义是在给定的统计信度上评估外强迫对气候变化的贡

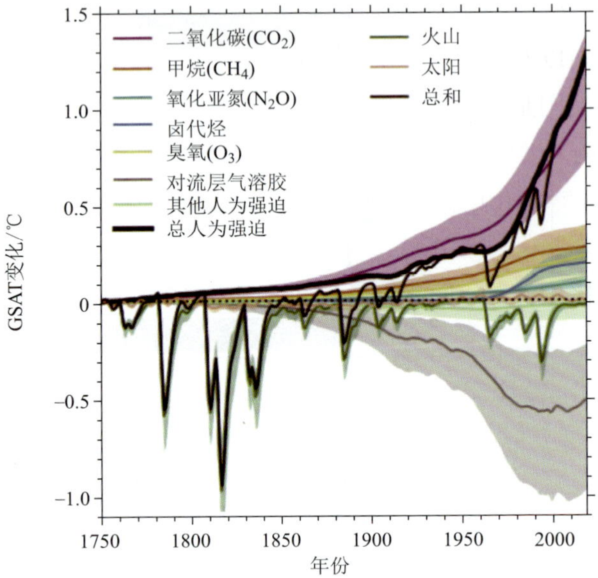

图3.5 1750—2019年不同强迫因子对全球平均地表气温（GSAT）贡献以及不确定性

献。外强迫包括人为强迫（即人类活动导致的温室气体浓度增加、气溶胶变化和土地利用变化等）和自然强迫（即火山活动和太阳变率等）。

近年来，气候变化检测与归因研究方法越来越成熟和丰富。很多研究借助气候模式模拟结果来确定气候变化的“指纹”并给出其不确定性。广泛运用的最优指纹法就是借助模式及观测资料对某气候变量或极端事件长期变化进行归因的统计方法。当一种变量或现象很难进行直接的单步归因时，一些研究基于与该变量或现象相关的气候条件变化的归因来间接对该变量或现象进行归因。这种方法称为多步归因，在多步归因方法中，观测到的变量变化首先归因于气候或其他环境条件变化，然后气候或其他环境条件变化又可分别归因于外部强迫。近年来极端天气气候事件增多增强，IPCC AR5 和 AR6 评估报告指出，对极端事件的归因成为检测归因领域的关注重点，基于概率风险的归因方法是研究重大极端事件归因的常用方法之一。

（1）最优指纹法

Hasselmann（1976）指出，影响气候的外强迫都会使气候产生独特的响应，就像每个人都有独特的指纹一样，提出了一种定量化辨别人为气候变化信号的方法，这种统计归因方法就是最优指纹法。最优指纹法利用气候明显特征进行分析，全面地比较模式模拟和观测到的气候变化。最优指纹法使用模拟的气候系统在空间、时间以及空间—时间模态上的响应来判定这些响应信号与观测是否吻合，并判定它们是否明显比气候系统内部变率强。最优指纹法通过旋转信号和噪声的空间场使信噪比达到最高，不仅可用于外强迫信号检测，而且可以区分不同的强迫机制来进行归因分析。这种方法主要计算多个连续时间段内预期和观测到的气候变化之间的相关系数。最优指纹法常用广义线性回归来实现，即观测到的气候变化 Y 被视作外强迫的响应信号 X 和残留气候内部变率 u 的线性结合，即

$$\boldsymbol{Y}=\boldsymbol{X}\beta+u \tag{3.1}$$

式中：$\boldsymbol{Y}$ 为经过滤波的观测资料，使其能够充分反映观测气候的时空变化；矩阵 $\boldsymbol{X}$ 包括对外部强迫响应模态；β 为对应这些模态的回归系数，通常称之为比例因子或者尺度因子；u 为气候内部变率。内部变率 u 通常由耦合模式的控制试验来计算。尺度因子 β 的不确定性可以通过对观测到的内部变率的重复抽样来估计或者通过分析气候内部变率样本可能造成的尺度因子的范围来估算。当尺度因子 β 在某种统计信度下显著大于 0 时，则代表相应的外强迫因子可以被检测到。当尺度因子 β 最佳估计值接近 1，且不确定性范围包含 1 时，则认为模式对外强迫的响应模拟与观测的变化一致。

（2）重大极端事件归因方法

极端天气气候事件是指天气和气候的状态严重偏离其平均态，在统计意义上属于小概率事件，它可表征特定区域和不同时间尺度（日、月或年等）的某种极端天气气候现象。虽然重大极端事件的发生频率比较低，但却会给自然环境和人类社会带来较大的影响，是全球受关注度最高、影响最为巨大的自然灾害之一。极端天气气候事件归因常用基于概率风险的归因方法，这种方法使用气候模式模拟来比较有无人类活动强迫影响的气候状态下极端天气气候事件发生概率的不同。运用气候模式进行极端天气气候事件归因，常常借助耦合气候模式或纯大气模式。耦合的大气环流模式不仅包含大气、海洋、海冰和陆面，还包含生物和化学过程如碳循环，可以对气候系统进行全方位的模拟。最常用的耦合模式数据是由第五和第六次耦合模式比较计划（CMIP5 和 CMIP6）提供的各种模拟试验数据。运用耦合模式数据进行归因最简单的方法就是将模式对某一类极端天气气候事件在不同强迫因子驱动下的模拟结果和观测进行对比。这种直观的对比主要用到的就是多模式集合的两种试验，包括人类和自然因子共同强迫的试验“真实世界”和仅有自然因子强迫的试验“非真实世界”。对于某一类极端事件来说，根据

极端事件对应的气候变量或某项表征该极端事件的指数在两种试验中的分布，可以计算出人类活动对于这类极端事件发生风险变化的贡献。将人类活动和自然因子共同强迫下的某类极端事件的概率记为 P_1，而仅有自然强迫下的该类极端事件的概率记为 P_0，两者的比值可以量化人为影响的贡献，定义为风险比率（RR），则 $RR=P_1/P_0$。如果 RR=2，表示有人为影响下极端事件的发生概率加倍了。而可归因的风险比例 FAR 定义为：$FAR=1-P_0/P_1$，用来衡量人为气候变化对这一类极端事件概率的改变程度。如果 FAR=0.5，则表示有人为影响下发生概率加倍了。

3.4 自然强迫与气候变化

气候变化的归因，其核心问题是区分外强迫和气候系统内部变率对观测到的气候变化的相对贡献。外强迫主要包括人为排放的温室气体、气溶胶等外强迫和太阳以及火山等自然强迫，气候系统内部变率包括气候系统内部各圈层的变化，如海洋和陆地等的内部变化。太阳的影响主要源自两个方面：一是地球轨道参数的变化，即地球绕太阳公转轨道的几何形状变化，会影响地球接收太阳辐射的分布格局，从而导致冰期和间冰期周期性变化，主要影响万年以上的气候演变；二是太阳内部活动的变化，如太阳黑子变化，它是太阳表面上的一种暗斑，其数量和活动程度会随着时间而变化，最显著的太阳黑子变化周期约为 11 a，在太阳活跃期和不活跃期之间变化。一般认为，在太阳活跃期，太阳辐射会稍微增加，而在不活跃期则稍微减少。有研究表明，太阳黑子数多时地球偏暖，少时地球偏冷。在 17 世纪中后期发生了太阳黑子的蒙德极小期，是已知历史上太阳黑子最少期，对应着持续数百年小冰期的一个极冷阶段。太阳活动影响地球气候的参数机制可从 3 个方面概括：太阳辐照度（或称太阳常数）、紫外线以及银河宇宙射线。紫外线变化通过影响臭氧变化，从而间接引起大气环流变化。平流层温度和纬向风的 11 a 准周期变化可归因于紫外线变化。

火山活动是引起气候变化的自然强迫之一。火山喷发后，火山灰可扩散到整个半球。平流层下层 15 ～ 20 km 的火山灰粒子的寿命一般为 3 ～ 7 a，长的可达 15 a。火山活动频繁时，火山灰幕的累积效应能持续上百年。分布在大气中的火山灰会影响大气的透明度，减弱到达地面的太阳辐射，增加大气散射辐射。对于地球来说，得到的总太阳辐射减少，引起全球性降温。强火山活动引起全球平均温度降低、降水减少。有研究表明，火山喷发到高层大气中的火山灰，会影响地球辐射平衡，进而影响全球和区域气候。强火山喷发后，火山灰一般在几个月内就会下沉到地面，但火山喷发的含硫化合物能上升到稳定的大气平流层（离地表 10 ～ 50 km 的高度），之后逐渐转化成硫酸盐气溶胶，并在干燥的平流层停留 2 ～ 3 a，这部分气溶胶产生的“阳伞”效应能吸收和反射一部分太阳辐射，减少到达地面的阳光，达到制冷的效果，并使得蒸发减弱，全球平均降水减少；火山活动通过改变辐射强迫还会对海温等异常造成影响，并通过间接途径影响全球气候。

火山爆发强度越大，对气候的影响范围和程度就越大。历史上发生的多次强火山爆发均对全球和区域气候产生了重要影响。越到高纬，由于太阳照射高度角小，降温的趋势就越明显。火山爆发后，进入大气的气溶胶颗粒物增加，有利于降水的形成。过去 200 多年，发生了多次较大规模的火山爆发，其中最强的一次是 1815 年印尼的坦博拉火山爆发，对全球气候产生了重要影响。据估计，这次火山喷发造成的辐射强迫约为 -15 W/m^2，导致全球平均气温在之后一两年下降了 0.4 ～ 0.7 ℃。1816 年因全球多地夏季温度低，被称为“无夏之年”。1816—1817 年夏季，我国云南和长江流域也出现了极端低温。1991 年，菲律宾皮纳图博火山爆发，向大气平流层喷发了大量的硫酸盐气溶胶，造成的辐射强迫约 -5 W/m^2，使全球地表平均气温大约下降了 0.5 ℃；我国平均气温也在随后的一两年下降了 0.3 ℃左右，南方大部地区出现气温偏低状态。

不同区域的火山爆发对全球气候的影响存在差异。热带火山喷发后火山气溶胶会扩散到南、北半球，南半球的火山喷发产生的硫酸盐气溶胶主要局限在南半球，因此对南半球的温度影响较大，对北半球的温度影响较小。但除了对温度的直接影响之外，火山喷发也会通过调整大气环流进而影响全球气候。研究发现，南半球的火山喷发可以通过改变南、北半球的温度梯度，进而改变越赤道气流，导致北半球季风区的降水增加，同时使南半球的季风降水减少。北半球和热带火山喷发 5 ～ 10 个月后，赤道太平洋上空会出现明显的类似厄尔尼诺现象的海温异常，相对而言，在南半球火山喷发后这种响应较弱。其影响机理主要是火山喷发导致海温对辐射强迫响应不均匀，东太平洋降温比西太平洋弱，赤道中东太平洋易出现西风异常，使得类厄尔尼诺现象发生的概率增加。

3.5 人类活动与气候变化

从物理学角度来看，地球气候的冷暖变化是一个能量平衡问题：在大气层顶，射入的太阳短波辐射和射出的长波辐射二者整体保持平衡，全球平均温度将维持稳定；但是，一旦某种因子破坏了这种平衡，地球温度就将改变。温室气体能够吸收长波辐射，使射出的能量减少，因此能导致气候变暖，这就是“温室效应”。地球大气中 CO_2 的浓度约占 0.04%，在地球上生命期能达到 200 a，CO_2 等温室气体产生的温室效应使地球表面平均温度为 15 ℃左右，若没有温室气体的存在，则地球的平均温度将是 −18 ℃，生命将难以维持。因此，温室效应对于宜居地球环境的形成至关重要。但是，工业化以来，人类开发使用化石燃料等，使得大气中的温室气体浓度迅速增加，强化了原有的自然温室效应，造成了工业化以来全球气候变暖。

随着现代科技的进展，科学家能够借助超级计算机、利用气候模式来理解气候变化的物理学原因。2021 年，诺贝尔物理学奖获得者之一美国气候物理学家真锅淑郎，他的成就之一就是在 1975 年发展了第一个三维的适用于气候变化研究的气候模式。所谓气候模式，就是编写了大量自然定律的计算机程序，是对气候系统中物理、化学和生态过程等的数学表达。借助它，科学家可以在超级计算机上开展许多在现实世界中无法开展的数值试验。例如，科学家利用超级计算机，借助气候模式来再现地球气候的历史温度变化，考察人为和自然因子对历史气候变化的影响等。图 3.6 给出了利用超级计算机模拟的人为和自然因子对 20 世纪温度变化贡献的一个典型例子。模拟结果表明，只有在模拟中加入人类活动影响时，气候模式才能够再现观察到的气候变暖，而仅包括自然过程的模拟，显示的温度上升幅度要小得多，无法再现观测到的变暖。人为因子主要包括人为温室气体和气溶胶的排放以及土地利用的改变等，自然因子包括地球运行轨道参数的变化、太阳辐照度的变化、火山气溶胶的影响等，还包括气候系统自己固有的以及从年际到年代际不同时间尺度振荡的影响等。

我们观测到的气候变化是自然因子和人为因子共同作用的结果。为了从观测资料中定量揭示和估算气候变化中的人为信号，德国气候学家克劳斯·哈塞尔曼开创性地提出了“最优指纹法”，该方法利用观测资料、数值模拟试验和统计技术，帮助我们成功地从观测资料中寻找到人类活动影响的信息，他因而与美国气候物理学家真锅淑郎共同获得了 2021 年的诺贝尔物理学奖。人类活动对气候变化的主导作用不仅体现在全球表面温度的变暖上，还体现在海洋变暖、海冰融化

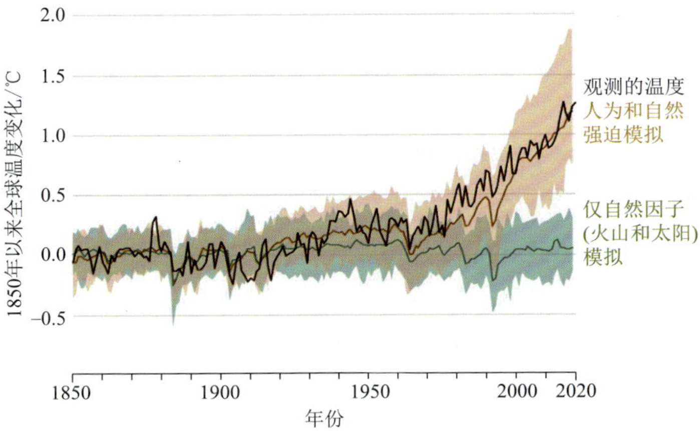

图3.6　观测（黑线）和耦合模式第六次比较计划（CMIP6）多模式模拟的全球平均温度（相对于1850—1900年）的变化。同时包含人为和自然外强迫的模拟试验（棕色线）能够再现观测增温，而只包含自然外强迫（太阳和火山活动，绿色线）无法解释观测增温（引自IPCC WG1 AR6决策者摘要图SPM.1b）

以及低层大气变暖、平流层变冷等许多观测到的变化上。来自树木年轮和其他古气候记录的证据表明，过去 50 年观测到的全球地表温度的上升速度超过了过去 2000 年中任何一个 50 年发生的速度。正是基于气候模式模拟和最优指纹等技术的发展，科学界关于历史气候变化成因的结论越来越确凿。

自 IPCC 发布第一次评估报告以来，人类活动对气候系统的影响一直是 IPCC 历次评估报告的核心内容。随着时间的推移，科学界对气候变化的理解不断加深，有关人类活动对气候变化影响的证据也变得更加清晰和可靠。IPCC 第一次评估报告指出：人类使用化石燃料大大增加了大气温室气体的浓度，导致温室效应增强和地球表面变暖。第二次评估报告表明：全球变暖“不太可能完全由自然因子造成”，人类活动对全球气候系统有“可识别的影响”。第三次评估报告指出：可能的是，过去 50 年观测到的大部分变暖是由于温室气体浓度的增加造成的。第四次评估报告指出，可能的是，自 20 世纪中期以来观测到的大多数变暖是由于观测到的人为温室气体浓度增加引起。第五次评估报告指出：极有可能的是，人类活动是 20 世纪中期以来观测到的变暖的主要原因。到了 2021 年，IPCC 第六次评估报告明确指出：毋庸置疑的是，自工业化以来，人类的影响已经使得大气、海洋和陆地变暖。气候系统各圈层发生了广泛而迅速的变化，人类排放的温室气体等造成的人为强迫已经对气候系统造成了明显的影响，2010—2019 年相对于 1850—1900 年，人为导致的总的全球表面温度变化最佳估计为 1.07 ℃。

3.6 自然变率与气候变化

气候系统的自然变率指在没有外部干扰的情况下，由气候系统内部的复杂相互作用而发生的气候变化。这种变化是由于大气、海洋、陆地和冰盖之间的相互作用以及地球自身的各种自然过程而引起的，而不是由人类活动的外部驱动因素引起的。气候系统的自然变率是一种内在的、自发的气候变化，它可以在各种时间尺度上发生，从年代际到数百年甚至更长的时间尺度。例如，厄尔尼诺 - 南方涛动（ENSO）是自然气候变率的主要模态之一，厄尔尼诺是发生在热带中东太平洋地区海温大范围持续异常增暖的气候现象，拉尼娜与厄尔尼诺相反，是发生在热带中东太平洋地区海温大范围持续异常偏低的气候现象。而南方涛动是伴随着厄尔尼诺和拉尼娜现象出现在东南太平洋与印度洋及印尼地区之间的海平面气压反相振动。ENSO 现象影响着全球温度和降水异常，并与全球范围内的洪水、干旱、飓风、热带气旋等天气气候事件有关。ENSO 具有 2 ～ 7 a 的准周期。厄尔尼诺年西太平洋由原来的上升气流变成下沉气流，受高压控制会对热带地区气候造成异常，通过大气环流的作用，将热带地区大气和海洋的异常信号传给了热带其他地区及中高纬度地区，从而给全球气候带来不同程度的影响。自然变率包括气候系统内部产生的变率和由自然外部因素驱动的变率，可以在多年和年代际的趋势中发挥显著作用。但考虑到几十年或更长时间的趋势，自然变率的影响通常较小。例如对 1850—2020 年历史时期气温变化进行估计，自然变率对全球表面变暖的贡献为 −0.23 ～ +0.23 ℃，与同期观测到的约 1.1 ℃的变暖相比较小，后者几乎完全归因于人类影响。古气候记录（可以追溯到几千年前的间接气候测量）和气候模型都表明，在过去，全球表面温度在很大时间尺度上发生了显著的变化。其中一个原因是自然变率，它指的是气候变化要么是气候系统内部产生的，要么是由自然变化外部驱动的。内部自然变率对应于气候系统内能量的再分配（例如，通过大气环流变化，类似于驱动日常天气的变化），清楚地观察到地表温度的区域性而非全球性波动。外部的自然变化可由地球轨道的变化、太阳接收到的能量的微小变化或主要的火山爆发引起。虽然大的轨道变化与过去的全球气候变化有关，但它们的运行时间尺度非常长，可达数千年。因此，在过去的一个世纪里，它们的变化很小，对同期观察到的温度变化影响也很小。火山爆发可以冷却地球，但这种影响是短暂的，它们对地表温度的影响通常在火山爆发后的 10 年内消失。

为了了解观测到的气候变化有多少是由自然变率引起的，科学家们使用气候模型模拟。当只使用自然因素来强迫气候模式时，所得到的模拟结果显示，气候在大范围的时间尺度上因火山爆发、太阳活动变化和内部自然变率而发生变化。然而，自然气候变率的影响通常随着时间周期的延长而减少，它只对几十年和更长的趋势有轻微的影响（图 3.7）。因此，在几十年或更短的时间内，自然气候变化可以主导人类引起的地表变暖趋势——导致变暖更强或更弱的时期，有时甚至变冷（图 3.7a、b）。然而，在较长时期内，自然变率对气候变暖趋势影响相对较小（图 3.7c）。

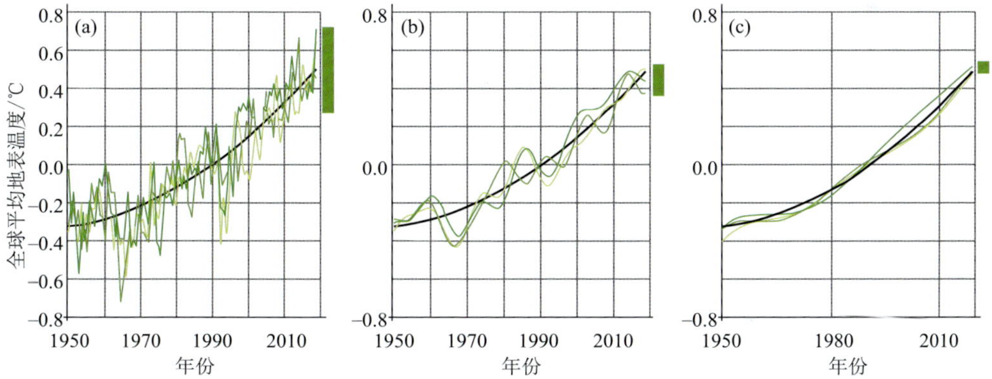

图3.7　全球平均地表温度的年际（a）、年代际（b）和多年代际（c）变化（粗黑线是根据气候模型估计的人类对温度变化的贡献，而绿线显示的是自然变化和人类引起的变暖的综合影响，不同的绿色阴影代表不同的模拟）

3.7 气候变化与极端天气气候事件

人类活动引起的气候变化已经影响到气候系统的许多方面。除了全球地表温度上升外，许多类型的极端天气气候事件也发生了变化。在大多数地区，气候变化已经增加了极端热事件的频率和强度，而减少了极端冷事件的频率和强度，并在一些地区加剧了极端降水事件的频率和强度。尽管过去在全球不同地区热浪、强降水、干旱、热带气旋以及相关的野火和沿海洪水等极端事件曾发生过，但在一个更温暖的世界里，未来还将继续发生，且它们往往以不同的量级或频率出现。随着气候变暖，地球将经历规模、频率、时间或地点都前所未有的极端事件。它们发生的频率将随着全球变暖的加剧而上升。例如，未来的热浪持续时间将更长，温度将更高，未来的极端降水事件将在一些地区更加强烈。此外，复合型极端事件的发生，可能导致大规模前所未有的影响。

未来极端事件将以 5 种不同的方式发生。第一，在当前气候中被认为极端的事件将在未来以从未有过的规模发生。第二，未来的极端事件也将以前所未有的频率发生。第三，某些类型的极端事件可能发生在以前没有遇到过这类事件的地区。例如，随着海平面的上升，沿海洪水可能会在新的地点发生，野火已经在一些地区发生，如北极的部分地区，这些地区以前发生此类事件的概率很低。第四，极端事件发生的时机可能也是前所未有的。例如，极端高温可能在一年中比过去更早或更晚出现。第五，复合事件——多个不同或相似类型的极端事件同时和 / 或连续发生——在未来可能更严重。这些复合事件对生态系统和社会的影响往往比这些事件单独发生时更大。例如，干旱和极端高温会增加发生野火和农业灾害损失的风险。随着个别极端事件因气候变化而变得更加严重，这些事件的联合发生将产生前所未有的影响。

人类活动引起的气候变化是否导致了与天气和气候相关的重大灾害，这是公众和决策者比较关注的问题。当极端天气和气候事件发生时，暴露度和脆弱性在确定所造成灾害的规模和影响方面发挥着重要作用。因此，很难将具体的灾难直接归咎于气候变化。虽然很难确定特定极端事件的确切原因，但 IPCC 事件归因研究使科学家能够将特定极端天气和气候事件的某些方面归因于特定的原因。科学家无法直接回答某一特定事件是否由气候变化引起，因为极端事件确实是自然发生的，任何特定的天气和气候事件都是人类和自然因素共同作用的结果。但是，科学家们量化了人类和自然影响对特定极端天气事件的量级和 / 或概率的相对贡献。这些信息对减少灾害风险的规划很重要，因为对有关极端事件的概率和量级变化认识的提高，能够更好地量化灾害风险。

在个案分析的基础上，科学家现在可以量化人类活动对许多极端事件的强度和概率的贡献。通过估计和比较当前气候（包括温室气体浓度增加和其他人类影响）与另一个自然强迫世界（大气温室气体保持在工业化前水平）之间发生同一类型事件的概率或强度来实现人类活动对极端事件影响的估计。图 3.8 以两种场景的温度和概率差异为例说明了这种方法。工业化前（蓝色）和当前（红色）气候都经历过极端高温，但发生的概率和强度不同。给定温度的极端高温在当前较温

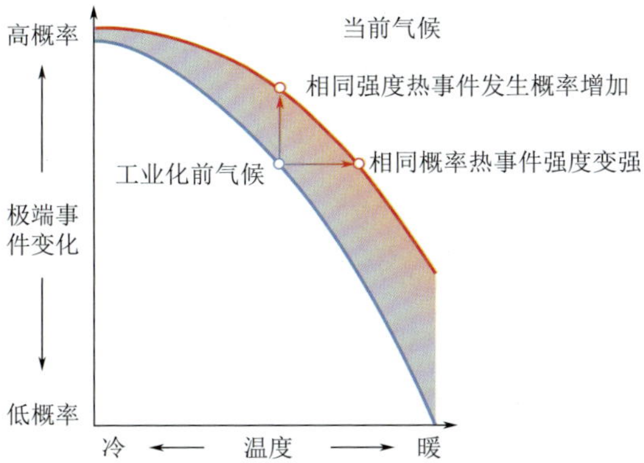

图3.8　气候变化导致极端事件的强度和概率发生变化。例如，一个地区的工业化前温室气体气候（蓝色）与当前气候（红色）之间的极端温度差异。横轴表示极端温度的范围，纵轴表示每年每种极端高温事件发生的概率

暖的气候中发生的概率比在工业化前较冷的气候中发生的概率高。此外，特定概率的极端高温事件在当前气候中比在工业化前的气候中更温暖。气候模式模拟通常用于估计在两种气候中特定事件的发生概率情况。与工业化前气候相比，当前气候中极端事件的强度和 / 或概率的变化归因于两种情景之间的差异，即人类的影响。与 20 世纪的气候相比，近年来出现了前所未有的极端天气气候事件，可以说如果没有人类对气候的影响，最近的一些极端高温事件发生的可能性很小。

第 4 章

气候变化模拟预估

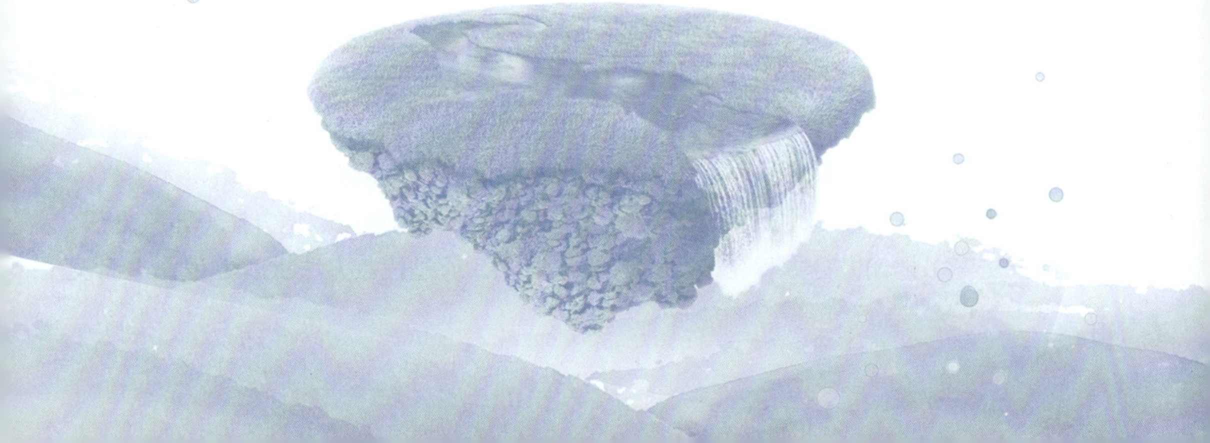

数值模式是研究气候过程的一个重要试验工具，它不仅可以模拟过去的历史气候，也能够预估未来不同情景下的气候变化。本章主要介绍气候变化相关的数值模式及其结果应用等内容，包括数值模式的发展历程、气候变化与温室气体关系的认识发展、国际上开展的气候模式相关比较计划及新成果、耦合模式比较计划试验中的温室气体排放情景、未来的气候变化预估结果、模式预估的不确定性与发展趋势。

4.1 气候数值模拟概要

数值模式（numerical model）简单来说就是进行预报的数学计算方案，它是根据掌握的理论和经验设计出来的方程组，编写反映这些方程原理的复杂程序，再通过高性能计算机进行运算，获得未来时刻的天气气候。数值预报模式作为近50多年来气象科学发展迅速的一个重要分支，是多个学科领域最新科学技术的集成综合成果，在当今的大气科学研究中有着十分重要的位置；目前的天气预报和气候预测业务大部分都是基于数值预报模式产品做出来的。气候模式是气象行业数值模式的一个重要组成部分。

大气运动受物理、流体力学及热力学等规律的支配，基于这些不同的定理和规律，科学家们已经给出原始的大气运动基本方程组，来描述大气运动与热力过程的基本物理量，例如，气压、温度、密度、水汽、风。各方程遵循不同的物理定律或规律。其中动量方程是基于牛顿第二定律，表示物体加速度的大小与合力成正比、加速度的方向与合力方向相同。质量方程是基于质量守恒定律，表示大气是具可压缩性的连续介质，速度场与密度场相互制约，单位体积的净流入率等于单位体积的质量增加率。状态方程是基于气体实验定律，描述理想气体处于平衡态时，压强、体积、温度间的关系。热力学方程是基于热力学能量守恒定律，即热力学第一定律：在自然界发生的所有现象中，能量既不能消灭也不能凭空产生，它只能以严格的当量比例由一种形式转变为另一种形式。水汽方程是基于水汽守恒定律，考虑空气中有水汽，表示水汽输送和变化的基本方程（王澄海，2011）。

基本方程组看似简单，但事实上它是复杂的非线性偏微分方程组，无法直接求解析（精确）解，所以只能另辟蹊径。后来科学家们通过数值方法（如差分法、谱方法等）把偏微分方程变成可以求解的形式，通过代数方法求解方程，进而发展了数值预报模式，或简称数值模式。数值模式的首要核心是针对研究和预测的对象构建相对准确的、描述相应尺度的大气运动控制方程组，经过一系列复杂的数学物理变换方法得到，并进行必要的简化。用数值方法把全球进行水平和垂直方向的格点离散，不同类型的模式分辨率差别很大，水平分辨率为米至百千米、垂直分层的层数从几层至上百层。在实际的数值预报和模拟中，还可以针对实际的问题，给出其他相应的预报方程，如污染物方程等（杨毅　等，2020）。

要求解方程组，必须知道该处的初始条件和边界条件。对于全球大气运动，一般只需上、下边界条件，其中下边界条件为地表表面（若不考虑大气的黏性、地表起伏，空气微团只沿地表滑行），连续介质假设成立的极限高度可视为大气上边界，由于重力作用，90% 左右的大气质量集中在对流层，可认为大气上界无质量交换，即假定在大气上边界每单位体积中垂直运动能趋于零。而对于有限区域的模式（如区域气候模式），还需要侧边界条件来驱动，通常是由全球模式或全球再分析数据等结果来提供（Warner，2011）。

因为数值模式的计算量太大，通常只能在并行的高性能计算机上运行，才能跑赢时间，进行未来天气与气候的预报预测。尤其是气候预测，可以细分为两个不同的概念，即“短期气候预测”（short-term climate prediction）和“气候预估”（climate projection）。短期气候预测主要关注未来一个月到一年的气候异常，其预测关键是抓住气候系统“内部变率”的演变规律。而气候预估关注的是未来不同排放情景下，气候系统对“外强迫”（例如，人为温室气体和气溶胶排放）的响应，特别是温度、降水等的长期变化。气候预估关注的时间尺度是年代际以上的中长期变化（如 21 世纪中后期的变化）；未来全球变暖是否加剧等话题基本属于气候预估的范畴（丁一汇，2010）。

数值模式的预报时间长度可以从分钟到小时到天（如天气预报）、月至季节至年（短期气候预测）到百年以上（如古气候、未来气候变化预估）。这里举例说明一下气候模拟试验运算过程。以北京气候中心气候系统模式（Beijing Climate Center Climate System Model，BCC-CSM，吴统文　等，2014）开展的历史试验为例，采用中等分辨率版本（BCC-CSM2-MR，其中大气分量模式的水平方向分辨率约为 110 km、全球共有 320×160 个格点，垂直方向分为 46 层），大气模式时间步长为 20 min。模式开始积分运算的过程是，在准备好需要的基础数据、给定初始条件和边界强迫条件后，模式积分一步可以计算未来 20 min 的气候系统状况，这些新得到的状态作为下一步积分的初始条件再往下算，如此往复计算下去。假如要模拟的历史试验为 1850—2015 年，则模式需要运行的步数为（60 min/

20 min）× 24（h/d）×365（d/a）× 166 a = 4362480。而因为数值模式存在着不确定性，同一模式针对同样的试验通常也需要做几个到几十上百个样本的试验，那么模式运算的“步数”就相应地增加。从这个角度看，数值模式很好地体现战国思想家荀子所说的“不积跬步，无以至千里”。

4.2 气候模式发展历程

大气和海洋数值模式的发展被评为 20 世纪最伟大的科学成就之一。这些模式极大地增强了对地球系统中各种复杂过程的理解，以及对近期天气和长期气候系统的现实模拟与未来预估能力（田晓阳 等，2019）。最初的模式是从着眼于大气动力和热力过程的数值天气预报模式开始发展起来的。1904 年挪威气象学家皮叶克尼斯（Bjerknes）首次提出数值天气预报的理论思想，认为天气预报是求解一组描述控制大气运动行为的方程的问题，大气的未来状态完全取决于大气详尽的初始状态、边界条件和物理规律。1922 年英国数学家理查森（Richardson）设想“天气预报工厂”，提出可以用数值方法求解方程，并整理了一套详细的计算步骤，但承认需要 64000 人的团队进行计算才能使得求解方程的过程比天气自身的变化更快。1950 年在美国气象学家查尼（Charney）与计算机科学家和物理学家冯•诺依曼（Neumann）等的共同努力下，数值天气预报才真正获得成功，他们采用一层（代表整层大气）的正压模式，在世界第一台计算机（ENIAC，1000 次 /s）上耗时 24 h 成功预报了未来 24 h 的天气，勉强赶上天气变化的速度。

用数值模式进行气候动态模拟始于 20 世纪 50 年代。1956 年，诺曼 • 菲利普斯（Norman Phillips）进行了全球大气环流的第一次加长模拟；但由于之前未知的一种数值不稳定形式，模拟几周之后就崩溃了。后来菲利普斯（Phillips）提出使用追随地形的 σ 坐标（1959 年），大大简化了大气模式的下边界条件，直至今日，该坐标仍被广泛使用。后来随着人们对大气运动有了更深刻的认识，又经过 10 年的发展，开始用大气运动“原始方程”模式来模拟大气环流及其演变，并且逐渐在数值模式中引进大气边界层、平流层以及水汽过程等。到了 20 世纪 70 年代，大气环流模式（Atmospheric General Circulation Model，AGCM）的设计和数值模拟已基本成熟。此后几十年，数值模式从最初的大气环流模式迅速发展到包括气候系统多圈层相互作用的气候系统模式，乃至地球系统模式。其中最早的气候模式是由美国地球物理流体动力学实验室（Geophysical Fluid Dynamics Laborat ory, GFDL）发展起来的，其主要贡献者真锅淑郎（Manabe）获得了2021年诺贝尔物理学奖，他开发出可以根据物理定律在计算机上再现并预测地球气候的数值模式，并首次明确证明了大气中CO_2浓度升高与温升的相关性。

发展气候模式的服务对象之一是气候变化，例如IPCC的评估报告。20世纪80年代中期开始，大气环流模式AGCM与陆面过程模式耦合，但海洋与海冰条件是给定的。90年代初，大气模式实现了与“沼泽”海洋耦合，并用于IPCC第一次评估报告（FAR）的气候预估试验；之后AGCM开始考虑硫酸盐气溶胶和火山气溶胶，也逐渐纳入完整的海洋环流，形成海-陆-气-冰耦合模式并开始用于IPCC第二次评估报告（SAR）的气候预估试验。2001年前后，陆面模式引入径流过程以闭合水循环，大气模式对气溶胶的处理日臻完善，海洋模式能够描述经圈翻转环流，许多模式开始考虑气候系统中的碳循环过程，支撑IPCC第三次评估报告（TAR）的模式系统较之以往物理过程考虑更为完善。2007年前后，陆面模式开始引入动态植被，大气模式开始考虑大气化学模式，并支撑了IPCC第四次评估报告（AR4）的气候预估试验。2013年前后，气候系统模式逐步进入地球系统模式阶段，主要体现在海洋模式的生态系统模块、陆面过程模式的全球植被动力学模块对生物地球化学循环过程的模拟能力得到全面提升（周天军 等，2020）。

从气候模式的发展历程来看，模式中考虑的动力过程越来越多，对各过程的完善和复杂程度也越来越高。从大气模式为主开始，逐步考虑其他分量模式，如陆面过程、海洋和海冰模式。进入21世纪，气候模式中可以描述碳循环过程（陆气、海气的碳交换）、动态植被（包括植被通过光合作用吸收CO_2、植物生长、叶子凋落等，有些模式可以描述植被类型的更换演替）、大气化学、陆冰等过程。未来复杂地球系统模式中将逐渐引入与人类活动相关的过程，实现自然过程与生态环境系统和人类圈的耦合。

尽管气候/地球系统模式中包含的过程越来越多且越来越复杂，但在模式框架程序中，大多都通过4个主要的分量模式来进行描述，即大气环流模式、海洋环流模式、陆面过程模式、海冰模式。

4.2.1 大气环流模式（AGCM）

大气环流是完成地球大气系统的能量、动量和水汽的再分配、相互转换与循环的主要途径，在气候系统与全球气候变化中扮演着重要角色。AGCM是描述天气气候过程的重要模式，它可以自己单独运行，也可以作为气候系统模式的分量模式与其他分量模式（如陆面、海洋、海冰）耦合运行。根据全球模式的数值方法不同，可以分为格点模式和谱模式。

AGCM 的发展大体可以分为 3 个阶段。早期的 20 世纪 50—60 年代，主要是简化的模式，如正压大气模式、数值天气预报模式。到了 20 世纪 60—90 年代，模式朝着多样化的方向发展，除了全球与区域尺度的大气环流模式（基于静力平衡的假设），还有大气与海洋等过程的耦合模式。进入 21 世纪，AGCM 模式朝着更加通用和精细化的方向发展，不仅开始发展全球非静力平衡的模式，而且模式中包含的过程越来越复杂、分辨率也越来越高。

在气候 / 地球系统模式中，大气是可与其他分量模式都进行交换的模式，其模拟预测的气温和降水也是最具代表性、最受关注的两个主要变量。

4.2.2 海洋环流模式 (OGCM)

海洋占地球表面的 71%，是气候 / 地球系统的重要组成部分。海洋的变化不仅影响天气系统发展，也决定了气候系统低频变异的时间尺度。海洋环流的典型运动尺度为周到上千年，而大气环流为天到周。

海洋环流模式（Oceanic General Circulation Model，OGCM）通常都是格点模式，水平分辨率一般比大气环流模式高，垂直分层在 10 层以上。OGCM 是描述海洋过程的数值模式，可以单独运行，也可以作为分量模式与其他圈层分量模式实现耦合。OGCM 的发展也有几十年的历史了。从 20 世纪 50 年代开始，当时只计算了风吹海洋表层环流。布赖恩（Bryan）开展了海洋环流模式的开创性研究工作，后来许多模式都是在此基础上发展起来的，并形成了大洋后来模式的一个重要体系。这类模式最主要特点是效仿数值天气预报中的整层无辐散模式，在海洋表面人为地加了一个“刚盖”，从而滤掉表面波动，海流分为正压无辐射分量和斜压分量两部分，比完全的原始方程容易求解。但是因为有整层无辐射的假定，所以模式不能模拟洋面的起伏。另一类海洋环流模式把海洋表面作为自由面处理，海面高度是模式的一个预报值；这类模式最早是克劳利（Crowley）完成的，我国中国科学院大气物理研究所后来发展的海洋环流模式（LASG/IAP Climate system Ocean Model，LICOM）也属于这一类型。70 年代开始，海洋环流模式开始逐渐发展起来，并得到成功应用。

在海洋模式发展过程中，还伴随着海气模式的耦合模式发展。两类模式的耦合尝试从 20 世纪 70 年代开始。在最早的耦合模式中，海洋是被简单地处理成一个特征不明显的水体，因此尽管模式可以刻画有基本能量平衡的海洋与大气相互作用，但既没有季节性热储存，也没有水平和垂直热输送。80 年代开始用混合层来“带起”整个海洋，并将大气环流模式与混合层海洋相耦合。混合层海洋是厚度约 50 m 的薄层，热量储存有季节变化但没有水平和垂直热输送；或者混合层海洋中包含水平热输送，但是由观测计算得到而被引入的，不存在与海温和海冰的反馈作用。80 年代后期开始，海气耦合模式已经发展成为多层 AGCM 与多层 OGCM 相耦合，海洋过程的描述更完善，不只有混合层，也有深海的状态。90 年代我国基本实现了海气耦合模式的建立（如中国科学院大气物理研究所 LASG 的模式），2000 年国家气候中心实现了 T63L16 大气环流谱模式与 IAP 的海洋环流模式耦合（仍采用通量订正）。进入 21 世纪，海洋和大气环流模式之间不再需要通量订正，而是直接实现耦合。

4.2.3 陆面过程模式

陆面约占地球表面的三分之一，是大气模式的重要下边界条件。陆地表面的过程复杂，包括陆面物理、陆面水文、陆面生理、植被生态、河流、湖泊、冰川、冰原、植被动力学、生物地球化学、冰原动力学、土地利用等。

陆面过程模式主要计算陆地不同表面和土壤的基本状态参量，为大气模式提供陆气之间的各种通量交换（孙菽芬，2005）。陆气之间进行多种时间、空间尺度相互作用并进行动量、热量、物质（水汽、CO_2 等）以及辐射交换，影响着大气环流及气候状况。陆面模式是天气 / 气候 / 地球系统模式的重要组成部分，是陆面过程机理以及人类活动与全球变化关系研究的重要手段，也是全球气象 / 水文 / 生态的精细化预报的核心技术。模式中描述陆气相互作用的关键过程包括：① 物理过程，时间尺度为天。通过地表、植被、土壤、冻土和积雪等不同覆盖类型的水热运动与大气进行各种通量的交换。② 生物化学过程，时间尺度为年。通过碳、氮等化学元素的循环研究，实现陆面与大气之间的物理生物化学过程相互作用，可以得到系列生态变量服务于生态系统过程研究，如总初级生产力（Gross Primary Productivity，GPP）、净初级生产力（Net Primary Productivity，NPP）。③ 生态过程，时间尺度在百年以上。通过气候强迫及物理生物化学过程耦合的作用，研究生态系统结构、组成和成分的动态变化，以及生态系统的演替，真正实现生物圈与大气圈相互作用的动态耦合。

陆面过程模式的发展也经历了不同的发展阶段。① 20 世纪 60—70 年代，最初的陆面模式从吊桶（Bucket）模式开始，是对陆面水循环过程的极度简化，主要应用于早期的大气环流模式。模式通过空气动力学总体输送公式和几个均一化的地表参数简单地参数化土壤水的蒸发和径流，描述降雨先进入土壤储存，如果超过土壤最大蓄水能力则径流流出的过程。② 20 世纪 80 年代，陆面模式开始考虑植被的生物物理过程，根据迪尔多夫（Deardoff）提出的“大叶（big leaf）”模式，首次将植被冠层对陆面过程的控制作用引入陆面过程方案中，这类模式的典型代表是 BATS（Biosphere Atmosphere Transfer Scheme）和 SiB（Simple Biosphere Model），此后快速发展了一系列复杂程度不同的考虑植被过程（如植被对辐射、水分、热量和动量传输的控制作用）的陆面模式，模式对土壤 - 植被 - 大气的水热交换过程的描述能力得到提升。③ 20 世纪 90 年代以后，陆面模式中开始考虑碳循环作用的生物化学过程（如美国国家大气研究中心 NCAR 的陆面模式 LSM，Land Surface Model）。该类模式的特点是引入了植被光合作用，可以描述生化过程和生物通量，使陆气相互作用的物理过程与生物化学过程紧密结合，从而能够更真实地反映两者之间的能量、水分和碳通量交换。④ 21 世纪以来，新一代陆面模式在汇总各过程模式方案的基础上，融合了多学科的新成果，集成构建了“包罗万象”的复杂模式，包括陆面物理（土壤、积雪、水文等）、动态植被、碳循环、氮循环等过程（如美国 NCAR 的 Community Land Model、我国科学家戴永久等为主发展的 Common Land Model 等）。此外，模式中对人类活动有关过程的描述能力也得到逐步提升，作物模式不仅考虑了光合、呼吸等植被生理过程，还包括作物管理（播种、灌溉、施肥、除虫、除草、收割等农业生产活动）。

陆面模式的组成包括陆面属性数据库、陆面模式数学物理方程、陆面状态变量的初始值与边界强迫场、数值积分等。陆面属性数据库建设与物理建模同等重要。陆面模式中将地表覆盖根据不同的原则方法进行分类，例如裸土 / 沙漠、城市、冰雪、湿地、湖泊和植被等。其中差异最大的是种类繁多的植被，其分类方法主要包括植被覆盖类型（群落）与植被功能类型（生态），它们都是基于一定假设的理想状况，在覆盖类型比较单一的地区差别不大，但对于覆盖类型较多、类型不容易区分的地区则差异很大。

陆地表面是人类生活的场所，随着社会经济的发展，人类活动不可避免地将影响气候系统的各个圈层，如城市化、水文水资源、生态系统、土壤和冰冻圈等。未来与人类活动有关的过程将是陆面模式发展的重要方向之一，也是地球系统模式的发展趋势。

4.2.4 海冰模式

海冰是指在海上所见到的由海水冻结而成的冰，在海区波浪、海流、潮汐等的影响下可以发展成各种形状和大小的浮冰、流冰以及各种形式的压力冰。海冰是海洋冰冻圈的主体，主要位于地球两极，伴随着季节变化在冬夏之间的范围很大，通过反照率极大地影响地球能量平衡，而海冰冻融也会通过改变盐分来影响洋流乃至气候系统。

海冰模式是描述海冰物理过程、模拟和预报海冰演变的有力工具，从 20 世纪 60 年代开始发展。专门研究海冰过程的模式非常复杂、计算比较耗时。王学忠等（2003）对海冰模式发展进行了动力学模式、热力学模式及海冰厚度分布模式 3 个方面的综述回顾。

海冰动力学模式是基于表面风、海流和海冰的物质强度模型来预报冰盖的运动。海冰运动受到 5 种力的作用：风应力、海流应力、海面高度梯度力、科氏力和海冰内力，其中最后一个力是海冰动力学模式的关键和难点。

海冰热力学模式主要研究海冰的热力过程。海冰受到降水过程、大气和海洋热通量的影响，其热力学特性显著影响了海洋和大气间的能量交换。要准确描述海冰热力学过程就必须准确刻画海冰的热容量和溶解热，而海冰这些量与海冰内部盐泡的作用关系密切。热力学模式在建立时就已经比较完备，只是受到计算条件的限制，只有经过简化之后的版本才能广泛应用于气候模式。

海冰厚度分布模式的研究主要集中在厚度分布与海冰的热力、动力的耦合作用，其中热力作用在厚度空间上的传输是研究重点。海冰厚度分布是通过厚度分布函数来表示的，表示海冰厚度在任一区间的积分等于该厚度区间的海冰密集度。

海冰过程的复杂特性决定了海冰模式也存在许多有待进一步研究的问题，如海冰的热力动力过程的参数化，以及海冰流变学的继续探索和计算优化等。海冰的种类繁多，不同种类海冰的热力学和动力学特性有较大不同，需要对不同特性进行参数化。另外还有海冰表面特性的参数化问题。海冰在夏季可同时出现几种表面状态，如积雪、裸冰、融池（包括冰上融水的储存和径流）等，这些问题在单独的海冰模式中得到了部分解决，但在气候 / 地球系统模式中的应用还需进一步处理。

4.2.5　模式中的碳循环

碳循环是自然与社会经济气候变化研究的一个重要过程，主要是因为它调节着 CO_2 和 CH_4 等温室气体的浓度。碳循环过程比较复杂，包括多种不同化学物质的化学转换，全球碳循环有大气、陆地生物圈和海洋（水）等碳库。地球上的碳绝大部分都储存在岩石圈和化石燃料两大碳库中，活动缓慢；较为活跃的是大气圈、水圈和生物圈 3 个碳库，起着交换库的作用，这也是自然科学领域的气候 / 地球系统模式重点关注的碳过程。大气中的主要含碳气体是 CO_2，也是碳参与物质循环的主要形式。大气碳库主要由 CO_2 和 CH_4 组成。排放到大气中的碳，不到一半仍留在大气中以增加大气中 CO_2 的浓度，其余部分通过光合作用和吸收过程清除掉，存储在陆地生态系统和海洋碳库中。因为清除过程对全球气候的变化很敏感，因此每年清除的碳量变化很大。

在气候 / 地球系统模式中，碳循环过程是作为大气、海洋、陆面过程等分量模式中的组成部分来刻画的，涉及多个关键物理化学生物过程，主要描述大气—陆地、大气—海洋之间的碳通量交换。其中的陆地碳循环（在陆面模式中）主要包括植物和土壤两大过程。其碳汇功能是由植被（森林、湿地、草原、农田等）通过光合作用吸收大气中的 CO_2 来实现的。模式中与陆地碳循环相关的植被分类，碳循环过程方案、数据和方法等有所不同，对陆地碳汇贡献的估计也存在差异。森林是陆地生态系统中最大的碳库，也是分类最详细的植被类型。农田是全球碳库中最活跃的部分，受耕作、灌溉、施肥等人类活动影响最大，对大气碳含量影响也较为明显。但目前的气候系统模式对这些与人类活动相关过程的描述总体比较简单。气候系统模式对湿地过程的考虑大多仅限于物理过程，对碳循环过程的描述方案也有待进一步发展。海洋是巨大的碳汇和碳库，海洋中的碳以 3 种形式存在：溶解的 CO_2 或碳酸 H_2CO_3，与钙离子、镁离子及气体金属阳离子偶对的碳酸盐离子，海洋库中含量最大的重碳酸盐离子。人类活动排放的 CO_2 有 1/4 ～ 1/3 被海洋吸收，但目前能够动态刻画海洋碳循环化学和生物过程的气候系统模式并不多，考虑的过程主要包括浮游植物、浮游动物以及营养物（如磷、铁、二氧化硅）等，未来将继续发展。

气候模式可以刻画大气、海洋、陆地的碳循环过程及相互作用，实现了气候与碳循环过程的耦合，也为自然科学与社会科学之间的紧密结合打下了良好基础。

4.2.6 模式未来发展趋势

气候模式是基于数学、物理、化学等自然定律编写的计算机程序，用来模拟大气圈、水圈、冰冻圈、生物圈和岩石圈表层五大圈层的运动、变化以及圈层间物质和能量的交换过程。气候模式非常复杂，同时受当前科技水平限制，对一些重要物理过程还不能准确描述，不同研发机构在模式中表示这些过程时会采用繁简程度不同的方案与方法，因而模式有不同的名称和版本。前面介绍的大气、海洋、陆面、海冰分量模式都在各自持续发展中，各分量模式通过耦合器（coupler）来实现直接耦合，刻画气候系统多圈层的相互作用。

基于 CMIP 试验的研究结果为每次 IPCC 评估报告提供了重要的科学支撑，其中的数值模拟预估结果来自全世界的不同模式团队用各自不同的模式版本。国内外参与第六次耦合模式比较计划（CMIP6）试验的主要气候模式团队中，我国参与次数最多、时间最长（从第二次评估报告开始）的模式团队是中国科学院大气物理研究所，其次是中国气象局国家气候中心的 BCC 模式（从第四次评估报告开始）。BCC 模式从 1995 年开始经历了不同发展阶段，最初的第一阶段（1995—2004 年）是发展全球与区域的气候模式、海洋 ENSO 预报等模式，基于这些模式建成了我国第一代动力模式业务预测系统并实现业务化应用；2005 年之后发展新一代气候系统模式 BCC-CSM，建成通过耦合器来耦合大气、陆面、海洋、海冰等分量模式的系统，并具备动态描述大气 - 陆地 - 海洋碳循环过程的能力，该模式系统继续参与耦合模式比较计划（CMIP）试验，也用于更新动力模式的业务预测系统；另外从 2012 年开始地球系统模式的研制，目前已发展到 BCC-ESM2 版本。BCC-CSM 模式在最近两次 CMIP 试验中的数据应用排名靠前，模式表现总体不错，尤其是在气候 - 碳循环相互作用方面，BCC 是我国唯一参与耦合的气候 - 碳循环模式比较计划 C4MIP 的模式组（Wu et al., 2019）。BCC 模式发展历程总体保持与国际模式的发展趋势一致。

气候模式未来的发展趋势之一是地球系统模式，它是在气候系统模式的基础上，进一步考虑气候系统中的碳、氮循环等生物地球化学过程，其核心依然是大气 - 海洋 - 陆面 - 海冰多圈层耦合的物理气候系统。随着系统包含的过程越来越多，对各不同过程之间相互作用的刻画越来越合理，将可以逐步实现弗朗西斯 • 布雷瑟顿（Francis Bretherton）提出的地球系统过程，即著名的布雷瑟顿简图，如图 4.1 所示，它清晰地描绘了地球系统圈层相互作用的关键过程及人类活动的影响，将地球系统视为在一系列不同的空间和时间尺度上运作的相互作用过程，因而可以把一系列已有的科学研究对象以及与其相关的科学共同体放在同一张图上，由此在“地球系统科学”的旗帜下将多学科领域的研究者聚集起来。

需要说明的是，这里只介绍了用于气候预测 / 预估的气候模式，并没有包括天气尺度（两周以内）以及天气与气候之间的“缝隙”尺度（如两周至一个月）数值模式，这也是气象学模式发展的难点与热点。2021 年 9 月新成立的中国气象局地球系统数值预报中心，目标之一就是要集中力量建立无缝隙（seamless）天气气候预报预测数值模式体系。

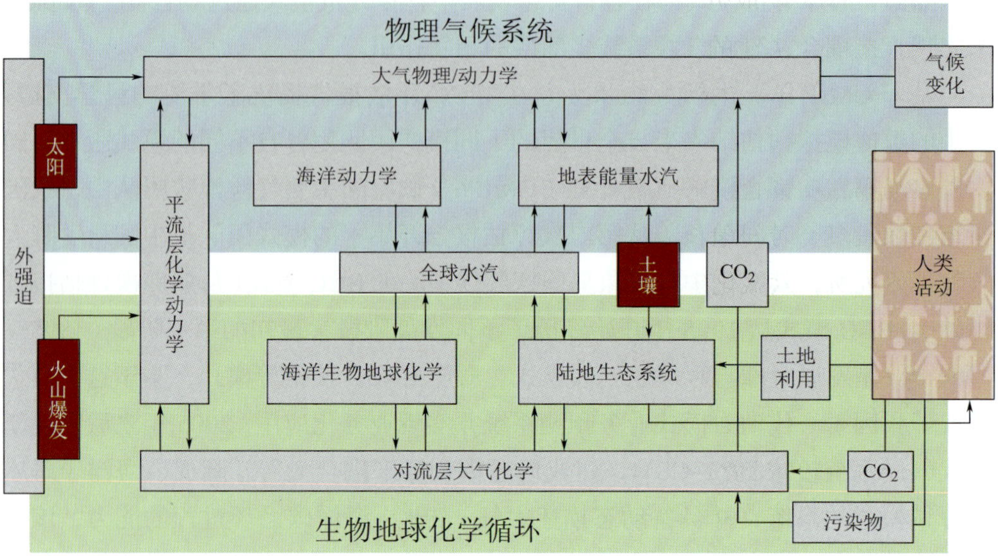

图4.1　布雷瑟顿简图示意图。该图描绘了地球系统圈层相互作用的关键过程及人类活动的影响，其中青色部分为物理气候系统，浅绿色为生物地球化学循环等地球系统过程（周天军 等，2022）

4.3 对温室气体及其气候影响的认识

CO_2 等气体可以透过太阳短波辐射使地球表面升温，又阻挡地球表面向宇宙空间发射长波辐射，从而使大气增温；由于这一作用与“温室”的作用类似，因此被称为“温室效应”，CO_2 等气体称为“温室气体（GHG，Green House Gas）”。在工业革命以前，大气中的 CO_2 等气体造成的“温室效应”使得地球表面平均温度由 −18 ℃上升到当今自然系统和人类已适应的 15 ℃。但如果大气中 GHG 浓度继续增加（如人类活动带来的大量排放），进一步阻挡了地球向宇宙空间发射的长波辐射，为维持辐射平衡，地面必将增温以增大长波辐射量。因此，温室气体与全球温度变化密切相关（秦大河，2021）。

大气中的温室气体除了 CO_2 外，还有甲烷（CH_4）、氧化亚氮（N_2O）等。其中对气候变化影响最大的是 CO_2，因为其生命周期很长，一旦排放到大气中，最长可生存一两百年的时间，它在增温效应所占的份额最大（63%），因而最受关注。CH_4 的生命周期为 12 ～ 17 a，其增温效应所占份额为 15%。CH_4 是天然气、沼气和煤气的主要成分，其“温室效应”是 CO_2 的 20 ～ 60 倍，因而也是实现“双碳”目标必须关注的气体。CH_4 的排放主要源于垃圾填埋、稻田排放源、反刍动物（如骆驼、羊、牛等），以及煤炭、石油、天然气的开采过程和城市污水处理等。N_2O 生命周期为 114 年，增温效应所占的份额为 4%。N_2O 的来源主要有农业土壤排放及氮肥使用、生物质燃烧、用火清除森林和土地、秸秆燃烧，以及化石燃料的燃烧等。氢氟碳化物（HFCs）与全氟化碳（PFCs）在增温效应所占的份额为 11%，六氟化硫（SF_6）及其他增温效应所占的份额为 7%。卤代烃（氯氟等碳化物）在自然过程中是一个很小的源，其增长主要来自人类活动，在大气中的寿命非常长，是非常稳定的气体。气溶胶是空气中固体颗粒和液体颗粒的总称，包括两种来源，即自然排放（陆地表面沙尘、火山爆发产生硫酸盐和灰尘气溶胶）和人类活动排放（燃烧煤炭和使用石油产生的大量硫酸盐气溶胶）。气溶胶对气候的影响有两种效应，一是直接效应，通过吸收和散射短波和长波辐射，有降温作用；二是间接效应，即作为云的凝结核，改变云和降水的形成过程。

4.3.1　气候变化与温室气体

人类探索认识气候变化与温室气体的关系之路很漫长，从 19 世纪开始的理论研究、20 世纪 50 年代观测到的 20 世纪 60 年代开始的数值模式，很多学者从不同的角度都对此进行过总结，这里给出周天军等（2022）汇总的全球变暖科学发展历史上的几个重要阶段性工作。

人类探索两者关系的历史可追溯到 19 世纪 20 年代，法国科学家约瑟夫・傅里叶（Joseph Fourier）第一个提出“温室气体”的概念并研究其物理过程，尽管他被世人更为熟知的是数学和热传导上的贡献。20 多年后，爱尔兰物理学家约翰・丁铎儿（John Tyndall）将温室效应与大气中的特定气体联系起来，在实验室证明了温室效应，指出水蒸气和 CO_2 是吸收太阳辐射的主要成分（1861 年）。又过了 30 多年，瑞典物理化学家斯范特・阿伦尼乌斯（Svante Arrhenius）第一个把人类活动和全球变暖联系在一起，他利用气候模型从能量平衡的角度解释 CO_2 造成的增暖（1896 年），并断言人类消耗化石燃料所排放的 CO_2 足以改变大气的成分比例。1901 年，艾克霍尔姆（Ekholm）提出了“温室效应”的概念。1956 年，普拉斯（Plass）准确计算了 CO_2 辐射强迫。1957 年，基林（Keeling）开始在夏威夷莫纳罗亚测站观测大气 CO_2 浓度。1967 年，真锅淑郎（Manabe）和韦瑟尔德（Wetheralob）首次可靠地预测 CO_2 浓度加倍后所引起的变暖大小。1975 年，真锅淑郎和韦瑟尔德三维大气环流气候模式诞生。1979 年，朱尔·查尼（Charney）编写了著名的《查尼报告》，回答了地球气候是否会随着化石燃料 CO_2 的排放而变化的问题。1984 年，汉森（Hansen）对气候反馈给出了定量分析，发现云反馈过程会对气候敏感度产生很大的影响。1986 年，琼斯（Jones）首次给出全球变暖的确凿观测证据。之后，无论是观测还是气候模式的发展都日趋成熟。结合大气与 CO_2 等温室气体过程发展起来的气候模式，很好地体现了多学科交叉融合研究的特点，从物理、化学、数学等基础科学，到计算机、工程科学，可谓是集科学、技术、工程于一体的复杂系统。

研究认为气候变化主要来自 3 个因素：内部变率、自然强迫和人为强迫。其中内部变率是由于海洋、陆地、大气、冰雪过程相互作用产生的（如 ENSO）；自然强迫包括太阳辐射变化、火山喷发等；人为强迫包括人类活动引起的温室气体、气溶胶、臭氧浓度变化、土地利用等。对气候模式而言，内部变率是大气、海洋等分量模式要着力刻画的过程。自然强迫和人为强迫通常是作为强迫条件来驱动气候系统模式的，尤其是人为强迫，如温室气体。在历次 IPCC 第一工作组科学评估报告关于全球平均增温的检测归因结论中，有相当部分结果是基于气候模式试验得到的。气候（系统）模式分别采用不同的强迫场进行试验，如包括自然和人为强迫因素、只包括自然强迫因素和只包括人为强迫因素，结果表明只有包含了自然和人为强迫的试验才可以合理再现已经观测到的全球平均温度的时间变化，不包括人为强迫的试验则低估了温度变化（尤其是最近几十年）。而只有能够合理模拟已经发生的气候变化，才可以用数值模式进行未来气候的预估试验。基于数值模拟与观测资料的检测归因研究，进一步证明了人类活动对气候的影响。

4.3.2 气候强迫、响应与反馈

气候变化与温室气体之间的关系并不简单，而是涉及复杂的“强迫—响应—反馈”关系。Hansen 等（1984）借用电子工程领域关于反馈研究的相关术语，提出与平衡态气候敏感度相联系的线性反馈分析方法，来关注“强迫—响应—反馈”关系问题，这也逐渐成为当前气候分析反馈的标准方法（图 4.2）。图 4.2 中的强迫主要指系统的驱动因子（如辐射强迫），响应指气候敏感度，反馈过程比较复杂。当温室气体等外强迫的变化扰动大气层顶能量平衡后，地表温度开始响应，进而引起其他要素（如水汽、云等）变化，它们能够反过来增强或者减弱大气层顶能量的不平衡。地球系统在这种“强迫—响应—反馈”的相互作用下不断调整，直至达到新的平衡态。

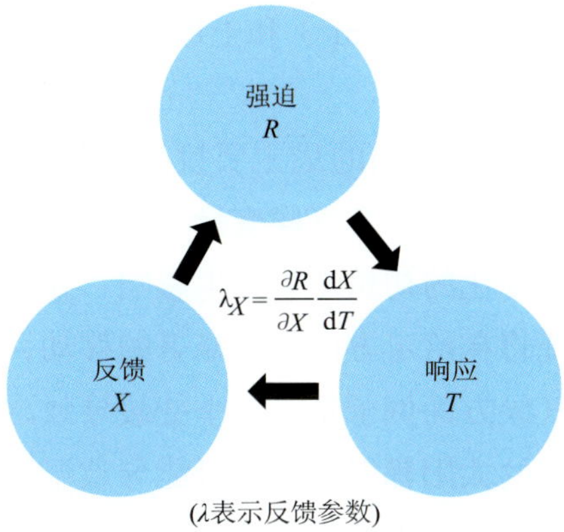

图4.2　“强迫—响应—反馈”关系示意图（周天军 等，2015）

（1）辐射强迫

辐射强迫是气候变化的驱动因子，包括自然因子（如太阳辐照度的变化、火山喷发形成的气溶胶等）和人为因子（如人类活动排放的温室气体和气溶胶等）。辐射强迫表示大气层顶的净辐射通量在这些因子扰动下的变化，它可以度量地气系统的能量平衡是如何发生变化的。“辐射”是因为改变地球大气的入射太阳辐射和出射红外辐射之间的平衡，“强迫”表示地球辐射平衡正在被强制性地偏离其正常状态。正的辐射强迫可以使地表温度上升，导致全球变暖；负的辐射强迫则会使全球变冷。

随着研究的深入与认识水平的提高，辐射强迫的定义也在持续更新中。其中有效辐射强迫（effective radiative forcing，ERF）定义为在外强迫（包括温室气体、气溶胶和土地利用以及自然活动等）的扰动下，地球系统发生快速调整，但地表温度尚未变化时大气层顶净向下的辐射通量（单位：W/m^2）。ERF 是引起气候长期变化的驱动力，与地表温度长期变化的联系最为密切。由于调整过程非常复杂，ERF 通常需要借助气候 / 地球系统模式来估算，主要方法有两种。一种是基于大气 - 海洋耦合的气候模式，在固定外强迫条件下（给定 2 倍或 4 倍 CO_2）通过拟合地表温度变化和大气层顶净辐射通量变化间的线性关系，通过外推，地表温度变化为 0 ℃对应的即为ERF值。另一种方法是基于大气环流模式，在固定地表温度下改变 CO_2 浓度为2倍或4倍，当大气达到平衡态时大气层顶的净辐射通量变化即为ERF。

IPCC 第六次评估报告（AR6）给出了不同因子的有效辐射强迫变化及其不确定性。在人为辐射强迫的各因子中，CO_2 是最大的，大约为 2.16 W/m^2，其次为气体均匀混合的温室气体（如 CH_4 为 0.54 W/m^2、N_2O 为 0.21 W/m^2 等），O_3 为 0.47 W/m^2，起到降温作用的因子主要有气溶胶（其中气溶胶—辐射、气溶胶—云

过程分别为 −0.22 W/m^2 和 −0.54 W/m^2）和土地利用（−0.20 W/m^2）。

（2）气候反馈过程

在认识气候变化过程中，面临的最主要挑战就是对各种反馈过程的定量表述。出现这种情况的原因是，当一个气候变量变化时，通过一定途径也改变了另一个变量，从而又对引起变化的初始变量产生影响。如果这种循环响应导致最初的刺激加强，则整个系统将在给定方向发生显著的移动，这种失控的响应称为正反馈。这种表现的一个气候方面例子是，冬季变暖导致雪盖减少，而雪盖减少又会使地表面能够吸收更多的太阳辐射，从而可能导致温度持续升高。当循环响应趋向于减小最初刺激的影响而产生稳定状态时，就会发生相反的情况，这称为负反馈。这类气候响应的事例之一就是气候变暖导致大气中的水汽含量增加，从而产生更多的低云；这些低云将把更多的太阳光反射回太空，由此减少到达地表的热量，从而趋向于削弱最初的增温（丁一汇，2010）。

气候反馈表示全球平均地表气温每升高 1 ℃对应大气层顶净辐射通量的变化，主要包括物理反馈、生物地球物理与化学反馈、长期反馈（主要与冰盖有关，位于格陵兰岛和南极地区）等方面。

物理反馈主要与黑体辐射、水汽与温度、地表反照率等过程相关。① 普朗克反馈，是指根据普朗克黑体辐射定律，当地表温度增加而其他气象要素不变时，地球向外发射的长波辐射通量会增加，从而使得大气层顶净向下的辐射通量减少。这是最强的负反馈，是气候系统能保持相对稳定的根基。对该反馈的估算有很高的信度，AR6 中评估的可能范围为 −3.22±0.10 W/（m^2 • ℃）。② 水汽与温度递减率反馈。水汽对太阳短波辐射和地球向外发射的长波辐射都有显著的吸收作用，最终水汽会对气候变化产生正反馈作用，即气候越暖，水汽反馈越强。温度递减率反馈是由大气温度的垂直不均匀变化造成的。由于水汽含量和大气温度呈正相关，因此通常将两者合并在一起，称为“水汽 - 温度递减率反馈”，为正值，AR6 中给出的可能范围为 1.30±0.10 W/（m^2 • ℃）。③ 地表反照率反馈，比较显著的是冰雪反照率。温度升高、地表冰雪覆盖面积减少，这将使得地表反照率降低，更多的太阳短波辐射被地表吸收，从而对气候变化产生正反馈。除冰雪外，植被状况、土壤湿度、海表粗糙度等的改变也会造成地表反照率的变化。云会反射部分太阳辐射，使得大气层顶的净短波对云下地表反照率变化的敏感性减小，从而削弱地表反照率反馈。④ 云反馈。云对太阳短波辐射的反射会对地球气候系统产生强烈的冷却作用，而云对地球向外长波辐射的阻挡作用会对气候系统产生温室效应。一般而言，云的温室效应会随着云高的增加而增强，云的反照率会随着光学厚度的增加而增强，因此，云量、云高、云粒子大小、云的相态等属性的变化会极大地改变大气层顶的净辐射通量。AR6 中评估的净云反馈可能范围为 0.12 ～ 0.72 W/（m^2 • ℃），占总反馈不确定性方差的 60% 以上。

生物地球化学和物理反馈。在 IPCC 第六次报告阶段，关于生物地球化学反馈（重点是碳循环气候反馈）和生物地球物理反馈过程的研究进展很快。生物地球化学循环反馈中最重要的是 CO_2 反馈，它表示全球平均表面温度的升高如何影响大气 CO_2 浓度的变化。非 CO_2 的生物地球化学反馈估算还存在较大的不确定性。地表温度的升高也会导致非 CO_2 的其他温室气体（如 CH_4，N_2O）自然排放的变化，从而产生弱的正反馈；还会导致海盐、植被植源性可挥发有机化合物、臭氧等气溶胶和二次气溶胶前体物的变化，产生负反馈。生物地球物理反馈是随着地表温度和相应水循环的变化、植被等的空间分布和生物物理特性也发生变化而产生的。植被的变化（包括海洋浮游植物）能够通过改变反照率影响辐射通量，也能够通过改变地表动量和水汽通量影响云的特征。

“碳循环 - 气候反馈”是地球系统内重要的反馈过程，对气候变化有重要而深远的影响。它表示涉及陆地和海洋碳循环的特性因为气候变化而发生的变化，以及对气候造成的影响。如图 4.3 所示，化石燃料使用所导致的人为 CO_2 排放进入大气后，与海洋和陆地存在两种反馈过程：① 气候反馈，即大气通过辐射、温度、降水、风应力等的变化来影响海表和陆面；② 碳反馈，包括大气 - 陆地和大气 - 海洋间的多种生物化学正、负反馈过程。气候变化可能影响植物光合作用和土壤微生物呼吸，从而影响大气和陆地生物圈之间的 CO_2 通量；在海洋中，海洋温度和环流的变化可能影响大气 - 海洋之间的 CO_2 通量。

（3）气候响应

气候响应是指对“强迫”的响应，其中应用较广的指标因子包括平衡态气候敏感度（equilibrium climate sensitivity，ECS）和瞬态气候响应。其中平衡态气候敏感度是指当大气中 CO_2 浓度加倍（相对于 1750 年的 278 ppm）、气候系统通过响应达到新的平衡态时，全球平均地表气温的变化。ECS 描述了对“强迫”的响应，但响应的大小不仅取决于强迫，还受到各种反馈过程的影响。正反馈越强，敏感度越高。

气候敏感度有多种估算方法，如通过研究物理过程分别估算 CO_2 的辐射强迫和气候系统的反馈强度、通过辐射和温度的观测数据、通过气候系统模式、通过古气候代用资料等。基于不同估算方法的结果，其不确定性的来源亦不相同。ECS 包括瞬态（快速、非平衡）与平衡态（慢）响应。

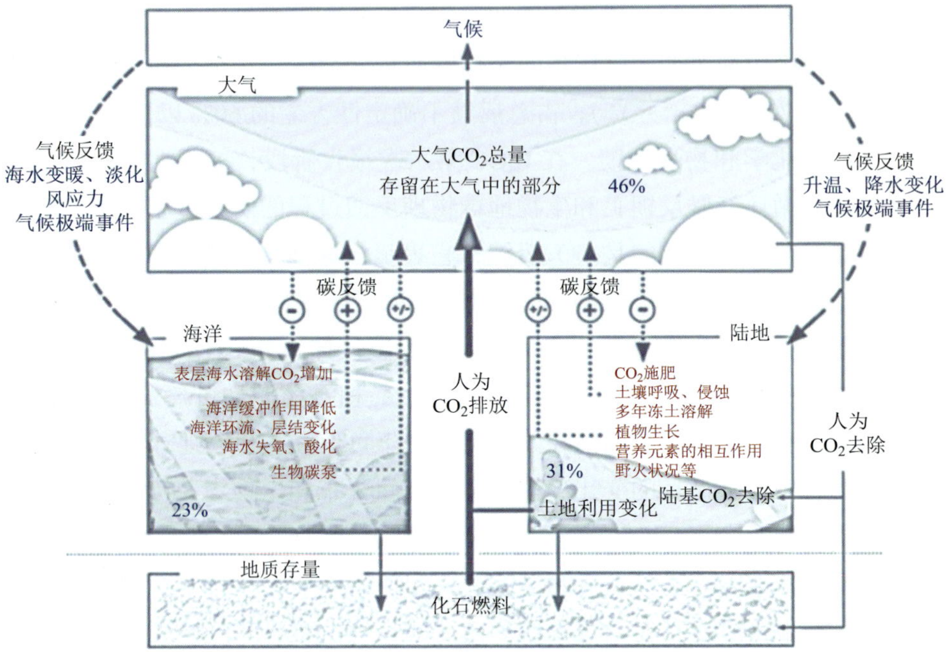

图4.3 地球系统的碳循环与碳循环–气候反馈过程示意图，参考IPCC AR6数据和材料绘制，其中人为排放CO_2分配到各部分的比例是基于2010—2019年数据（周天军 等，2022）

$$N=F+\alpha\Delta T \tag{4.1}$$

式中：N为大气层顶（TOA）处的净辐射通量；F为由强迫因子产生的辐射强迫；α为反馈因子，是气候敏感度因子的倒数；ΔT为全球平均表面气温SAT相对于控制参照试验的变化。

$$\mathrm{ECS}=F_{2x}/（-\lambda） \tag{4.2}$$

式中：ECS为平衡态气候敏感度；F_{2x}为辐射强迫；λ为反馈参数。对式（4.1）的各部分按照长波（LW）/短波（SW）、晴空（CS）/有云（CL）进行细分，就可以写成下面的公式表示各反馈分量：

$$N_{\mathrm{LWCS}}+N_{\mathrm{SWCS}}+N_{\mathrm{LWCL}}+N_{\mathrm{SWCL}}=F_{\mathrm{LWCS}}+F_{\mathrm{SWCS}}+F_{\mathrm{LWCL}}+F_{\mathrm{SWCL}}+(\lambda_{\mathrm{LWCS}}+\lambda_{\mathrm{SWCS}}+\lambda_{\mathrm{LWCL}}+\lambda_{\mathrm{SWCL}})T' \tag{4.3}$$

式中：λ_{LWCL}反映了两种反馈作用（负的普朗克反馈和正的水汽递减率效应）的净效应；λ_{SWCS}主要代表正的积雪和海冰反照率效应；T为温度变化。在各反馈的分量中，云短波反馈的不确定性最大。

瞬态气候响应（TCR）是指在CO_2浓度以年增长1%的情景下，当CO_2浓度在第 70 年达到 1750 年的 2 倍时，全球平均地表气温的变化。IPCC AR6 给出的 TCR 估算结果为 1.8 ℃（1.2 ～ 2.4 ℃）。

目前全球范围内的减排已成共识，我国也提出了将在 2030 年前实现“碳达峰”和 2060 年前实现“碳中和”的“双碳”目标。以 CO_2 为代表的温室气体在大气中的停留时间很长，因此未来碳排放的空间有限。为了更好地服务于温控目标下的气候变化减缓决策，设计一个指标来描述 CO_2 排放和全球升温的关系，即“累积 CO_2 排放的瞬态气候响应”。它将人为累积碳排放与全球平均温度变化联系起来，同时受物理气候敏感度 TCR 和碳循环过程的影响。该指标的大小决定了给定温控目标后的剩余碳排放空间，其不确定性是造成剩余碳排放空间估算不准的主要原因（周天军 等，2022）。

随着气候模式的分辨率提高、过程越来越复杂，新的耦合模式比较计划（CMIP）试验结果的不确定性也有所扩大，气候响应与反馈过程的差异也很明显，因而不同模式对未来气候的预估结果也存在很大的差异。

4.4 气候模式相关的国际计划

气候模式发展应用是一个复杂的系统工程，需要多学科领域成果的集成融合。国内外的许多科学研究计划中都或多或少地涉及数值模式的相关部分。

未来地球（Future Earth，FE）计划是由国际科学理事会（ICSU）、国际社会科学理事会（ISSC）、联合国教科文组织（UNESCO）、联合国环境规划署（UNEP）、联合国大学（UNU）、贝尔蒙特论坛（Belmont Forum）和国际全球气候变化研究资助机构（IGFA）等组成的“全球可持续发展科学和技术联盟”联合发起的为期 10 年（2014—2023 年）的科学计划，旨在为全球可持续发展提供必要的理论知识、研究手段和方法，应对全球环境变化带来的挑战。FE 计划强调开展自然科学和社会科学的联合研究，向社会普及知识，为决策者提供依据，促进全球可持续发展；其实施理念为“协同设计、协同实施、协同推广（co-design，co-production and co-delivery）”，强调科学研究工作从策划、实施到成果推广等所有过程的开放参与性，根本目的是实现“科学为社会发展服务、为政策制定服务”的理念，更好地应对全球环境变化给世界各国、地区和社会带来的挑战。FE 计划包括 3 个研究方向，即动态地球（dynamic planet）、全球发展（global development）、向可持续发展的转变（transition to sustainability）。同时倡导增强 8 个关键交叉领域的能力建设：地球观测系统、数据共享系统、地球系统模式、发展地球科学理论、综合语评估、能力建设与教育、信息交流、科学与政策的沟通与平台。未来地球计划在多个国家设有办事处，为了促进 FE 计划在中国的实施，并将该国际计划在中国的组织实施工作与中国社会可持续发展的国家需求相结合，成立了未来地球计划中国委员会（CNC-FE）。经过充分研讨和凝练，CNC-FE 确立了 14 个中国需要优先解决的与可持续性直接相关的关键科学领域，并相应地成立了科学工作组。其中第 12 个领域是地球系统模式、气候经济模式与气候变化科学决策。该领域旨在从地球系统模式、气候经济模式、地球系统与社会经济耦合、政策制定与决策 4 个方面，提升新一代地球系统模式和社会经济模式的研发能力，推动服务于应对气候变化和可持续发展的科学决策研究（秦大河，2021）。

在专门聚焦气候模式的国际计划中，比较知名的莫过于耦合模式比较计划（CMIP）。

4.4.1 耦合模式比较计划（CMIP）

CMIP 是由世界气候研究计划（WCRP，World Climate Research Programme）耦合模拟工作组（WGCM，Working Group on Coupled Modelling）发起的，其基础和雏形是大气模式比较计划（AMIP）（1989—1994 年），其最初目的是对当时数量有限的全球耦合气候模式的性能进行比较。但此后随着全球海气耦合模式的快速发展，全球各大气候模拟中心相继发布大量的大气和海洋模拟数据，科学界迫切需要有专门的组织来对这些模拟结果进行系统的分析。为适应这一需求，CMIP 逐渐发展成为以“推动模式发展和增进对地球气候系统的科学理解”为目标的庞大计划。为了实现其宏伟目标，CMIP 在设计气候模式试验标准、制定共享数据格式、制定向全球科学界共享气候模拟数据的机制等方面开展了卓有成效的工作。迄今为止，WGCM 先后组织了 6 次模式比较计划。基于 CMIP 计划的气候变化模拟和预估数据，国际科学界发表了大量学术论文，直接支撑了 IPCC 评估报告的撰写。

4.4.2 CMIP6 试验设计

第六次耦合模式比较计划是 CMIP计划实施 20 多年来参与的模式数量最多、设计的科学试验最为完善、所提供的模拟数据最为庞大的一次。在 CMIP6 阶段，共有来自全球 33 家机构的约 112 个气候模式版本注册参加。这些数据将支撑未来 5 ～ 10 年的全球气候研究，基于这些数据的研究成果将构成未来气候评估和气候谈判的基础。为集中介绍 CMIP6 的组织情况，CMIP 工作组在 *Geoscientific Model Development* 期刊上组织了 CMIP6 专辑，在 2015—2019 年陆续发表，集中介绍了 CMIP6 的总体设计、子比较计划（MIPs）概况，以及有关强迫场资料和数据共享技术标准。我国的《气候变化研究进展》期刊也开设了 CMIP6 专刊，对相关计划进行介绍与评述。

CMIP6 在数值模拟科学试验的设计上，着重于回答以下三大科学问题：① 地球系统如何响应外强迫；② 造成当前气候模式存在系统性偏差的原因及其影响；③ 如何在受内部气候变率、可预报性和情景不确定性影响的情况下对未来气候变化进行评估。“必须有助于回答三大科学问题”这一原则被贯穿在 CMIP6 核心科学试验的设计以及 23 个 MIPs 的试验设计等环节。

与 CMIP5 相比，参与 CMIP6 的模式除了在已有过程/方案的改进发展外，还有两个特点：一是考虑的过程更为复杂，以包含碳氮循环过程的地球系统模式为主，许多模式实现了大气化学过程的双向耦合，包含了与冰盖和多年冻土的耦合作用；二是大气和海洋模式的分辨率明显提高，大气模式最高水平分辨率达到全球 25 km。在 CMIP6 试验阶段，我国参与的科研院校模式团队也有显著增加。

CMIP6 的数值试验设计规模宏大，完成所有试验需要巨大的计算资源、存储资源和人力投入，因此，不同机构参与 MIPs 试验的策略选择有所不同。CMIP6 的其他模拟比较计划均包含一系列试验（图 4.4），根据试验的重要性分为 3 个等

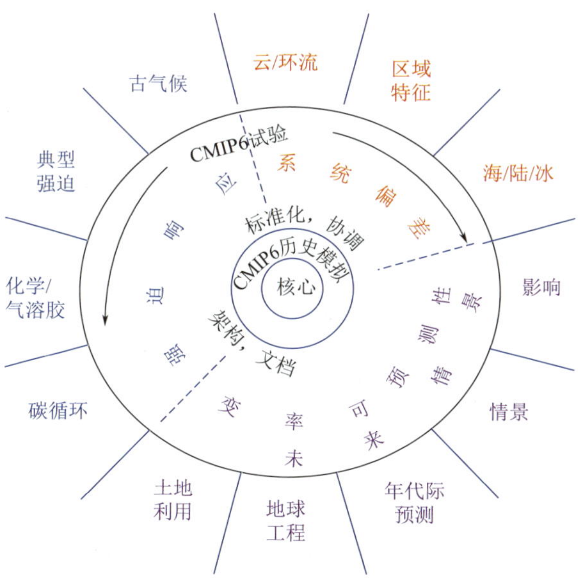

图 4.4 CMIP6试验设计示意图（周天军 等，2019）

级（Tier-1、Tier-2 和 Tier-3），这些子计划都有相应的试验设计描述，参与试验计划的模式团队根据不同的模式版本与计算存储等条件选择要开展的试验。下面简要介绍 CMIP6 中的核心试验与 MIPs 试验。

CMIP6 的试验设计包括 3 个层次，除了保留以往必须开展的核心数值试验外，持续优化并增加了几个专门的子比较计划。其中最内环 CMIP 核心试验（气候诊断、评估和描述（DECK）试验，即 Diagnostic，Evaluation and Characterization of Klima，Klima 为 Climate 的希腊语）和历史模拟的标准功能是 CMIP 计划的“准入证”。中间层是 CMIP6 子计划拟解决的科学主题，包括系统偏差、强迫响应、变率可预测性和未来情景等。最外层是 CMIP6 的子计划 MIPs 的主题及其与三大科学主题的对应关系。新一轮评估报告的相继出炉，再加上 2021 年两位气候学家获得诺贝尔物理学奖，促进了社会各界对全球气候变化的关注。下面分别对各试验情况进行介绍。

（1）核心试验（气候诊断、评估和描述，DECK）

DECK 包含 4 组基准试验，分别是大气模式比较计划试验（AMIP）、工业革命前参照试验（piControl）、4 倍 CO_2 突增试验（abrupt-4xCO_2）、CO_2 浓度每年增加 1% 的强迫试验（1pctCO_2）。AMIP 试验是利用 1979 年以来的观测海温和海冰作为边界条件来驱动大气环流模式进行的数值模拟。piControl 试验是把外强迫（温室气体、太阳辐射、气溶胶、土地利用等）维持在 1850 年的水平下驱动全球耦合模式进行 500 年以上的长期积分。这两组试验是评估大气模式和耦合模式性能的基础，也是其他 CMIP6 试验的基准。其他两组 DECK 试验是从 piControl 试验的某个时间点开始启动，在理想 CO_2 强迫下的气候变化敏感性试验。通过与 piControl 比较，abrupt-4xCO_2 试验用来研究 CO_2 的辐射强迫以及估算平衡态气候敏感度（ECS）；而 1pctCO_2 试验则用来估计在海洋热吸收下的瞬态气候响应（TCR），如果利用含有碳循环的地球系统模式来完成该组试验，则可以估算累计碳排放的瞬态气候响应。

DECK 试验中驱动模式的外强迫场在历次 CMIP 计划中都有很好的一致性，因此模拟结果彼此间的可比性很强，可以用来跟踪模式的改进过程。

（2）历史气候模拟试验

历史气候模拟试验（historical）是从 piControl 控制试验结果的某个时间点开始启动，在基于观测的、随时间变化的各种外强迫驱动下进行 1850 年以来的历史气候模拟。该试验用来评估模式对气候变化的模拟能力，包括气候变率的大小和百年尺度的趋势，还被用来分析气候模式的辐射强迫和敏感度与观测记录的一致性；同时，它与 piControl 试验都是进行气候变化检测归因的参考基准试验。

上述两级核心试验外面的最外层是 CMIP6 子比较计划（MIPs），总计有 23 个，其中 19 个有自己专门设计的数值试验。MIPs 试验设计是 CMIP6 的一大特色，充分体现了科学问题驱动下的民主设计原则，任何组织和个人都可以针对特定的科学问题提出专门的模式比较计划和试验设计，其建议只要合乎 CMIP 委员会制定的 10 条标准要求即可被批准（周天军　等，2019a）。下面分别介绍相关的 MIPs 试验。

（3）情景模式比较计划

情景模式比较计划（Scenario Model Intercomparison Project，ScenarioMIP）是第六次国际耦合模式比较计划最重要的子计划之一，这是关于未来气候预估的试验，也是历届 CMIP 试验中的重要试验。该计划基于不同共享社会经济路径可能发生的能源结构所产生的人为排放及土地利用变化，设计了一系列新的情景预估试验，为未来气候变化机理研究以及气候变化减缓和适应研究提供关键的数据支持。ScenarioMIP 的主要科学目标为：便于不同领域的综合研究，更好地理解不同情景对气候系统物理过程的影响以及气候变化对社会的影响；与其他模式比较计划合作，开展特定强迫的影响研究；基于多模式集合和“观测约束”量化预估不确定性。参加该计划的模式组数为 23 组。

ScenarioMIP 排放路径的设计分为两步：第一步确定未来全球平均的辐射强迫水平；第二步选择每种辐射强迫水平对应的社会经济情景。与 CMIP5 试验阶段的典型浓缩路径（RCP）情景试验相比，此次 CMIP6 试验中采用了多个综合评估模式（IAM，Integrated Assessment Model）在未来可能发生的各种社会经济发展情景基础上生成了相应的土地利用和排放路径变化，更加强调未来辐射强迫情景与共享社会经济情景的一致性。除了保留 CMIP5 的 4 类典型排放路径，该试验计划还新增了 3 种排放路径（RCP7.0、3.4 和低于 2.6 的排放路径），以弥补 RCP 典型路径的空白，同时可以满足对某些特定科学和政策战略问题（如全球 2 ℃或 1.5 ℃增温的影响）研究的需求。

ScenarioMIP 共包含 8 组未来情景试验，依据相对优先级分为两级，称之为一级（Tier-1）和二级（Tier-2）试验，其中 Tier-1 为核心试验，除了 Tier-2 的大样本集合试验（即 SSP3-7.0 试验）至少需要 9 个成员外，其他试验均只需要 1 个试验成员即可。

Tier-1 包括 4 个试验。① SSP5-8.5，更新后的 RCP8.5 情景，选择 SSP5 的原

因在于 SSP5 是唯一可以实现 2100 年人为辐射强迫达到 8.5 W/m^2 的共享社会经济路径。② SSP3-7.0，新的辐射强迫情景，选择 SSP3 的原因在于 SSP3 代表了可持续发展的土地利用变化和高 NTCF（近期气候强迫）排放（特别是 SO_2）的情景，将用于土地利用模式比较计划（LUMIP）以及气溶胶和化学模式比较计划（AerChemMIP）相关研究，强调局地气候变化对土地利用和气溶胶强迫的敏感性。SSP3-7.0 代表了高社会脆弱性与相对高的人为辐射强迫的组合，对 IAM 及气候变化影响、减缓和适应研究亦非常重要，因此被选为 Tier-2 初始场扰动集合试验的情景。③ SSP2-4.5，更新后的 RCP4.5 情景，由于 SSP2 的土地利用和气溶胶路径不如其他 SSP 极端，是检测归因模式比较计划（DAMIP）和年代际气候预测计划（DCPP）研究关心的重点，代表了中等社会脆弱性与中等辐射强迫的组合。④ SSP1-2.6，更新后的 RCP2.6 情景，该试验中多模式集合平均的温度可能在 2100 年显著低于 2 ℃，因此可以支持 2 ℃温升目标研究。SSP1 包含了显著的土地利用变化（特别是全球森林面积显著增加），可用于 LUMIP 关心的科学研究。该情景代表了低脆弱性、低减缓压力和低辐射强迫的综合影响。

Tier-2 试验分别从 21 世纪情景试验、初始场扰动及长期延伸试验 3 个方面开展。其中 21 世纪情景试验又包括 4 组试验：① SSP4-6.0，更新后的 RCP6.0 情景，通过与 SSP4-3.4 比较来研究不同全球平均辐射强迫路径的气候影响；② SSP4-3.4，用于弥补低强迫路径空白，由于 4.5 W/m^2 和 2.6 W/m^2 的减排成本差异很大，因此决策者关心处于二者中间的辐射情景，即 2100 年辐射强迫稳定在 3.4 W/m^2 的情景，此情景为较低减缓情景与较低辐射强迫情景的组合；③ SSP5-3.4-OS，该试验的辐射强迫在 2040 年前沿着 SSP5-8.5 路径，之后采取强制减排措施，使得人为排放迅速减少，至 2070 年实现零排放，2100 年排放为负值；④ SSPa-b（b 大约等于或低于 2.0），非常低的辐射排放情景，可为全球增暖 1.5 ℃研究提供模式数据，ScenarioMIP 推荐优先开展 SSP1-1.9 情景试验。

初始场扰动集合试验仅对 SSP3-7.0 试验展开，它是为了表征内部变率对预估结果的影响而开展的多个初始场扰动的集合试验，建议集合成员个数为 9 个。

长期延伸试验包括 3 组试验：① SSP5-8.5-Ext，该情景可能在 2200—2300 年达到与 CMIP5 RCP8.5 相当的辐射平衡状态；② SSP1-2.6-Ext，该试验的辐射强迫会在 2100 年之后逐渐减少，约到 2200 年稳定在 2.0 W/m^2，简易气候模型显示该试验最终得到的长期平衡态温度比工业革命前高 1.25 ℃；③ SSP5-3.4-OS-Ext，与 SSP1-2.6-Ext 一样，该情景 2200 年之后的长期平衡态温度比工业革命前也高 1.25 ℃，只是在 21 世纪中期达到增温峰值约 2.5 ℃。

鉴于耦合模式与试验强迫场都与 CMIP5 试验阶段存在差异，ScenarioMIP 试验针对强迫场做了如下要求：① 参与该子计划的模式版本与 CMIP6 历史试验完全一致，以保证气候模拟的连续性；② 所有模式均用长生命期温室气体浓度作为强迫源，开展浓度 - 强迫试验；③ 其他人为辐射强迫，如短生命期温室气体、气溶胶等，模式研发组可以自由选用 ScenarioMIP 提供的排放或者 CMIP 提供的浓度作为强迫源。此外将使用 CMIP6 最新的太阳辐射序列。火山气溶胶强迫从历史气候模拟 2015 年的水平在 10 年内递减至 CMIP6 工业革命前水平，然后保持不变（张丽霞　等，2019）。

（4）检测归因模式比较计划

检测归因模式比较计划（Detection and Attribution Model Intercomparison Project，DAMIP）的主要科学目标是：促进更好地估计观测到的全球变暖以及全球和区域尺度其他气候变量的变化中人为和自然强迫变化所做的贡献；促进估计历史排放已经改变和正在改变当前的气候风险；促进更好地进行观测约束（Emergent Cons train）下的未来气候变化预估。对气候变化的检测归因也是连续几届 CMIP 计划中的重要试验。

检测归因研究通常需要有不受外强迫影响的 piControl 控制试验数据以及包含人为和自然强迫影响的 Historical 历史气候试验数据，有时还需要单个强迫或组合强迫影响下的历史气候模拟试验数据。检测归因研究另一个关键贡献是通过观测约束的未来气候预估来评估近期变暖幅度的范围。为此，DAMIP 还设计了单独强迫影响下的未来模拟试验，以更好地开展观测约束下的多模式集合未来预估。为实现以上研究目标，DAMIP 共包含 3 个级别、14 组不同强迫驱动下的试验。

DAMIP 试验有两种设计框架。一是“只有什么”的试验，即只改变所关心的强迫因子、保持其他强迫因子处于工业革命前状态不变的情况下的模拟。这种试验的目的是理解气候系统对某种强迫因子是怎样响应的。二是“除了什么”的试验，即保持某种关键的强迫因子不变、改变其他所有强迫因子的情况下的模拟，例如，土地利用模式比较计划（LUMIP）中没有包含历史的土地利用变化情况下（hist-NoLu）的模拟。这种试验是为了检测特定的强迫因子对观测到的气候变化的贡献。如果各种强迫的作用是简单地线性叠加，那么这两种试验的结果应该是一样的；然而，这个假定并不总是成立的。因此，在使用 DAMIP 模拟数据开展归因研究时需要验证各种强迫影响线性叠加的假定是否成立。通过结合上述两种 DAMIP 试验设计，就可以得到多种强迫因子作用下的响应。例如，人为强迫影响下的响应可以通过全强迫试验减去仅包含自然强迫的试验得到，即“除了什么”的设计；而温室气体影响下的响应则可以直接由仅包含温室气体强迫的历史气候模拟得到，即“只有什么”的设计。DAMIP 的最终试验设计反映了一种折中的方案，使这些试验能在有限的计算资源上得到模拟结果，从而解决若干科学问题。

Tier-1 试验要求提供如下 4 组试验，每一组试验的时段为 1850—2020 年，并且至少提供3 个集合成员。① DAMIP 历史气候模拟试验（CMIP6 historical simulation and SSP2-4.5）：历史试验（1850—2014 年）结合 SSP2-4.5 情景模拟（2015—2020 年），其中 2015—2020 年的太阳辐射和平流层气溶胶是指定的。② 仅包含自然强迫的历史气候模拟试验（histnat）：与 DAMIP 历史气候模拟试验类似，但是为仅有太阳活动和火山强迫驱动下的结果，对应于第五次国际耦合模式比较计划（CMIP5）的 historicalNat 试验。配合 historical 和 piControl 试验结果，就可以实现把观测到的变化归因为人为和自然强迫影响。③ 仅包含温室气体强迫的历史气候模拟试验（hist-GHG）：与 DAMIP 历史气候模拟试验类似，但为仅有充分混合的温室气体变化驱动下的结果，对应于 CMIP5 的 historicalGHG 试验。基于以上 3 组试验，就能把观测到的变化归因为自然、温室气体和其他人为因素强迫的作用。④ 仅包含气溶胶强迫的历史气候模拟试验（hist-aer）：与 DAMIP 历史气候模拟试验类似，但为仅有气溶胶强迫变化驱动下的结果。具体而言，根据模式是否包含完整的大气化学过程，采用两类试验设计。在第一类模式中，温室气体浓度并不影响气溶胶浓度，且气溶胶前体物浓度也不影响臭氧浓度。在这一类模式模拟中，受仅有人为气溶胶浓度或者仅有气溶胶及其前体物排放驱动的模拟与 DAMIP 历史气候模拟相同。第二类是包含交互式气溶胶化学的模式，它们的气溶胶和温室气体浓度是相互作用的。在这类模式模拟中，充分混合的温室气体、气溶胶前体物和臭氧前体物都被指定为与 DAMIP 历史气候模拟试验相同，但是在辐射方案中，充分混合的温室气体和臭氧的气候态则使用 piControl 试验的浓度。这样的处理方案使得气溶胶柱总量及其气候影响与 DAMIP 历史气候模拟试验一致，从而使得 DAMIP 历史气候模拟和仅包含气溶胶强迫的历史气候模拟试验的结果可比。

Tier-2 试验用来实现观测约束下的预估以及研究观测到的气候变化多大程度上受平流层臭氧变化的影响。在进行 DAMIP 未来模拟时，不同模式组都会提供至少 1 组到 2100 年的 SSP2-4.5 模拟。Tier-2 试验包含 3 组细化的试验，即 ssp245-GHG、hist-stratO3、ssp245-stratO3。

Tier-3 试验包含太阳活动、火山和 CO_2 的单独强迫历史试验，延长至 2100 年的仅包含气溶胶强迫和仅包含自然强迫下的预估试验，以及扰动强迫的历史试验。DAMIP 历史气候模拟和未来模拟试验将分别提供至少 3 个和 1 个集合成员，主要包括 hist-sol、hist-volc、hist-CO_2、ssp245-aer、ssp245-nat、hist-all-aer2 和 hist-all-nat2。

DAMIP 结合其他一些 CMIP6 模式比较计划，有助于解决世界气候研究计划（WCRP）提出的重大科学挑战问题。例如，DAMIP 的试验配合年代际气候预测计划（DCPP）和全球季风模式比较计划（GMMIP）的起搏器试验（pacemaker），将帮助评估外强迫因子和气候系统内部变率对历史气候变化的相对贡献。DAMIP 结合 LUMIP 则能区分土地利用 / 覆盖变化和其他强迫因子对气候的影响（钱诚 等，2019）。

（5）耦合的气候 - 碳循环模式比较计划

耦合的气候 - 碳循环模式比较计划（Coupled Climate–Carbon Cycle Model Intercomparison Project，C4MIP）的主要科学目标为理解和量化全球碳循环未来百年尺度的变化及其对气候系统的反馈，建立 CO_2 排放和气候变化的联系。C4MIP 背后的关键科学动机是：① 量化和理解碳浓度和碳 - 气候反馈参数，分别捕捉陆地和海洋碳循环成分对大气 CO_2 变化和相关气候变化的模拟响应；② 通过将历史模拟与基于观测的碳循环变量的气候状态估计其可变性和长期趋势进行比较来评估模型；③ 评估不同情景下全球碳预算组成部分的未来预测，包括大气 CO_2 浓度、大气 - 陆地和大气 - 海洋 CO_2 通量、与 CO_2 路径未来情景相适应地诊断 CO_2 排放量，并提供与特定气候目标相适应的累积 CO_2 排放量的新估计。根据 COP21 巴黎协定，这些实验将量化低排放情景下的碳循环反馈，并告知与 1.5 ℃或 2 ℃稳定目标一致的累积预算（Jones et al.，2016）。

C4MIP 的主要重点是了解和量化未来世纪尺度的陆地和海洋碳储量和通量的变化及其对气候预测的影响，为此设计了一套地球系统模型（ESM）的模拟试验。作为 CMIP6 的子计划，模式中心对许多不同的相互比较研究进行大量模拟的计算需求非常高，因此精心选择了一组最小的目标模拟，以实现 C4MIP 目标。它们包括：① 理想化试验，用于分离和量化陆地和海洋碳循环对气候和大气 CO_2 浓度变化的敏感性；② 历史试验，将用于评估模型性能，并研究使用当代观测作为未来预测约束的可能性；③ 未来情景试验，将用于量化碳储存的未来变化，从而量化给定一组 CO_2 排放的大气 CO_2 浓度和相关气候变化，或者反过来诊断与规定的大气 CO_2 排放路径兼容的排放。

C4MIP负责气候模拟中碳循环反馈和相互作用的设计、记录和分析。这些反馈可能很大，在确定大气成分以应对人类CO_2排放以及设定排放目标以稳定气候或避免危险的气候变化方面发挥着主导作用。10多年来，C4MIP一直在协调气候-碳循环模拟，正式成为CMIP6的一部分。该子计划的模拟也适用于更广泛的CMIP活动，符合一些通用标准，包括文档和诊断要求，并旨在补充CMIP核心DECK试验。与CMIP5试验阶段相比，此次比较计划有进一步的细化。C4MIP将使用部分耦合模拟来分离和量化碳循环成分对气候和CO_2的敏感性，以及这两个成分的潜在非线性组合。仅碳循环模型成分经历CO_2上升（生物地球化学（BGC）耦合）和辐射模型成分经历CO_2上升（辐射（RAD）耦合）的模拟用于量化碳浓度和碳-气候反馈。还可以计算这些指标的空间模式，以确定模型一致或不一致的领域。主要试验包括esm-piControl、esm-hist、esm-ssp585、1pctCO_2-bgc、1pctCO_2-rad。

（6）土地利用模式比较计划

土地利用模式比较计划的主要科学目标为量化土地利用对过去和未来气候及生物地球化学循环的影响，并评估改变土地管理机制对减缓气候变化的潜力。参加该计划的模式组数为13组。

CMIP6之前已有过土地利用相关的多模式比较计划，如土地利用和气候及影响识别的项目（Land-Use and Climate，IDentification of robust impacts，LUCID）。LUMIP试验设计侧重于土地利用与地表覆盖变化（Land Use and land Cover Change，LULCC）对过去/未来气候的影响并着重解决以下3个科学问题：① LULCC如何影响全球/区域气候以及生物地球化学过程；② 土地规划对碳、水和能量的地表通量有哪些影响；③ 区域性土地管理策略能否减缓气候变化。此外，通过对具体过程的归因、不确定性和数据需求等相关问题的深入研究，LUMIP还将解决一系列更为具体的科学问题：从全强迫试验中分离并量化LULCC对气候的影响；识别土地利用对生物地球物理/化学过程的不同影响；明确土地覆盖与土地利用变化对气候影响的区别；阐明土地利用通过调制陆气耦合强度对气候的影响机制；量化LULCC引起的CO_2浓度升高对全球植被生产力增长的贡献。LUMIP提供了土地利用强迫数据，各模式组根据实际情况应用这些数据来完成不同的试验。

LUMIP设计了一系列数值试验。LULCC与大气过程相比较为缓慢。因此，CMIP6中的许多试验采用恒定不变的土地利用强迫，即土地利用维持在1850年的状态不变，包括：① 核心试验DECK中的piControl、abrupt-4xCO_2以及1pct

CO_2；② LUMIP 中不考虑 LULCC 的历史试验（hist-noLu）；③ 耦合气候碳循环比较计划 C4MIP 中的理想试验，如生物地球化学耦合的 CO_2 浓度每年增加 1% 的试验（1pctCO_2-bgc）和其他属于 Tier-2 的理想试验；④ 情景模式比较计划 Scenario MIP 中 2100—2300 年的延伸试验（ssp126-ext 和 ssp585-ext），其土地利用状态维持在 2100 年的水平。上述试验也将作为 LUMIP 的对比试验，以便更深入地理解 LULCC 对过去 / 未来气候的影响。

LUMIP 试验分为 Phase1 和 Phase2 两个阶段。Phase1 包含理想化的耦合模式模拟和陆面模式离线模拟，旨在提高对 LULCC 影响气候机理的认识，并可用于研究不同模式对潜在 LULCC 的敏感性。而 Phase2 则侧重于量化历史时期土地利用对气候变化的贡献，并预估土地管理决策减缓未来气候变化的潜力。LUMIP 试验根据优先级又分为 Tier-1（高）和 Tire-2（中等）两级。Tier-1 和 Tier-2 试验都计划开展 500 年的大气环流模式 / 地球系统模式（GCM/ESM）模拟，两者差别在于陆面模式离线模拟的时间长度分别为 650 年和 1500—3000 年。

Phase1 试验包括两个试验，一是全球森林砍伐“理想”试验（deforest-glob、Tier-1、80 年），该试验假定以 4×10^6 km^2/a 的砍伐速率将 20×10^6 km^2 的森林在 50 年内变为天然草地，并在接下来的 30 年模拟中保持天然草地不变。试验目的是检验耦合模式对森林砍伐的响应，尤其是确定气候变化信号可测时的森林砍伐面积阈值。piControl 是耦合模式在 1850 年的外强迫下开展的超过 500 年的长期积分，而 deforest-glob 相当于其中的一个分支试验。deforest-glob 试验中所有的工业革命前驱动，包括 CO_2 浓度、土地利用和土地管理均与 piControl 一致。为了与 piControl 试验直接比较，要求 deforest-glob 试验的起始积分时间早于 piControl 结束时间至少 80 年。第二个试验是陆面模式“离线”模拟试验。该组试验主要用于研究历史时期的地表水热通量和碳储量对 LULCC 的响应。共有 15 个试验，ID 均以“land-”开头，其中 land-hist、land-hist-altStartYear 和 land-noLu 属于 Tier-1 级，而其他试验属于 Tier-2 级。陆面模式的配置（如地表覆盖、土地利用和土地管理）与 CMIP6 历史耦合模拟（historical）试验相同。而大气驱动数据来自 GSWP3，是由 20 世纪再分析数据（20CR）降尺度而来。land-hist 试验与陆面、雪和土壤湿度模式比较计划（LS3MIP）共享，模式配置和重启动过程等可参阅 LS3MIP 试验设计。land-hist 试验的起始年份取决于特定模式（通常为 1700 年或 1850 年），而 land-hist-altStartYear 改变了起始年份（如将通常起始于 1700 年的试验改为 1850 年开始），两者对比可反映出 1850 年前土地利用变化的影响。land-noLu 与 land-hist 试验的对比研究则可突出所有土地管理引起的土地利用变化对地表通量（水、热、碳、氮等）的影响。

Phase2 试验的 Tier-1 耦合模式试验，共包含 4 组试验并与 CMIP6 中的其他试验相互关联，它们分别为 hist-noLu、ssp370-ssp126Lu、ssp126-ssp370Lu 和 esm-ssp585-ssp126Lu。其中，hist-noLu 试验没有考虑土地利用的变化，与 historical 试验比较，可以定量评估 LULCC 对地球系统如气候和碳氮循环的影响。ssp370-ssp126Lu 试验与 scenarioMIP 下的 SSP3-7.0 一致（森林砍伐情景），却采用了 SSP1-2.6 的土地利用（造林情景）。而 ssp126-ssp370Lu 试验与 ssp370-ssp126Lu 正好相反。除了 SSP1-2.6 的土地利用，esm-ssp585-ssp126Lu 试验与 C4MIP 下的 esm-ssp585 试验保持一致，都为碳排放驱动的模拟试验，两者对比可研究 SSP5-8.5 高排放情景下采用 SSP1-2.6 造林方案对气候变化的减缓效果。

LULCC 作为地球系统的内部强迫之一，使得 LUMIP 的开展可直接回答 CMIP6 提出的重要科学问题之一，即“地球系统对强迫是如何响应的”。在此基础上，LUMIP 将帮助回答 CMIP6 提出的其他两个科学问题：当前气候模式系统的误差来源及其影响；在气候变率、可预报性以及情景不确定性的背景下，如何评估未来气候变化。同时，LUMIP 与 WCRP 的三大挑战“气候系统的碳反馈、极端天气和气候事件以及粮食生产用水”紧密关联，将推动 WCRP 目标的早日实现（王爱慧 等，2021）。

（7）气溶胶和化学模式比较计划

气溶胶和化学模式比较计划（Aerosol Chemistry Model Intercomparison Project，AerChemMIP）的主要科学目标为：诊断对流层气溶胶、对流层臭氧前体物、化学反应温室气体的强迫和反馈；记录和理解大气化学组分的过去和未来变化；估计全球和区域气候对这些变化的响应。参加该计划的模式组数为 13 组。

比较计划是为了解答 4 个科学问题：① 历史时期的人为排放是如何对全球辐射强迫作出贡献并影响区域气候的；② 关于气候、空气质量和土地利用的未来政策会如何影响非 NTCFs（近期气候驱动因素，near-term climate forcer，包括甲烷、对流层臭氧和气溶胶及其前体物）的丰度及其对气候的影响；③ 历史 NTCF 排放的不确定性如何影响辐射强迫估计；④ 气候反馈对天然 NTCF 排放、大气成分和辐射效应的重要性有多大。

该计划包含的试验较多，从大气化学、气溶胶分量模式、海温与不同气候条件等多个角度开展试验，如 hist-piNTCF、histSST、histSST-piNTCF、histSSTS-piCH4、ssp370、ssp370-lowNTCF、ssp370SST、ssp370SST-lowNTCF、piClim-control、piClim-NTCF、piClim-CH4。试验分为 3 个优先层级。第一层级试验是为

了回答科学问题① 和② 的，涉及 NTCF 和反应性良好混合气体的总体影响。第二层级试验将回答科学问题④，并通过分离气溶胶和臭氧前体物（precursors）的影响，为问题① 和② 提供进一步的细节。第三层级试验有助于回答问题③，并提供额外的细节和物种形成（Collins et al., 2017）。

（8）高分辨率模式比较计划

高分辨率模式比较计划（High Resolution Model Intercomparison Project, HighResMIP）的主要科学目标为利用物理气候系统模式，在一定的气溶胶强迫下，考察全球天气分辨率尺度（25 km 或更细）模式对重要气候过程模拟的改进及其模式间的一致性。参加该计划的模式组数为 15 组。

HighResMIP 旨在研究水平分辨率提高后对气候模式模拟性能的改进，并借助多模式集合的方法降低模拟的不确定性，共分为 3 个层级试验。各层级试验要求至少进行标准分辨率和高分辨率两组试验，试验中仅考虑水平分辨率变化，垂直分辨率保持不变，高分辨率试验的大气模式要求水平分辨率≤ 50 km。为更清楚地体现水平分辨率对模拟结果的影响，HighResMIP 工作组建议模式的调试过程仅在标准分辨率下进行，高分辨率试验与标准分辨率试验所用模式及配置设置应尽可能保持一致。HighResMIP 关注模式的模拟性能、偏差、偏差原因及其影响，而非气候敏感度。气溶胶组分、地表特性等量也进一步简化，以便于模式之间的集合和比较。

第一层级（Tier-1）试验是历史强迫的大气模式比较计划（AMIP），也是 HighResMIP 的核心试验，其积分时长为 65 年，时段是 1950—2014 年。该层级试验中外强迫条件（如太阳活动、气溶胶、臭氧等）与 CMIP6 的历史气候模拟试验（Historical）相同。边界条件设定如下：土地利用 / 土地覆盖保持不变（大体与 2000 年前后一致），地表的叶面积指数（LAI）为其具有季节变化特征的气候态值。

第二层级（Tier-2）试验为百年耦合试验，时段为 1950—2050 年，为了在试验前尽可能达到海气准平衡态，HighResMIP 工作组建议先进行约 50 年的模式 spin-up，之后以“热启动”（restart）的方式完成该段试验。试验启动后又分为两个分支：第 1 个分支试验固定使用 1950 年的外强迫条件积分百年。第 2 个分支试验则是在 1950—2014 年时段使用与 Tier-1 相同的外强迫条件和边界条件；而在 2015—2050 年时段，边界条件与 Tier-1 一致，外强迫条件中温室气体和气溶胶浓度使用 CMIP6 共享社会经济路径（SSP）中的最高（high-end）排放情景。

第三层级（Tier-3）试验则是对 Tier-1 的延伸，积分时段为 2015—2050 年（可进一步延伸到 2100 年），仍然使用单独大气模式进行气候预估试验，外强迫条件与 Tier-2 中的第 2 个分支试验（2015—2050 年时段）相同。边界条件中，土地利用 / 土地覆盖依旧固定，LAI 为具有月或其他变化（如季节）特征的气候态值。

参加 HighResMIP 的入门条件是必须要完成 Tier-1，实际上大部分模式也仅完成第一层级的试验，主要包括 highresSST-present、control-1950、hist-1950。

相较于 CMIP6 的其他模式比较计划，参与 HighResMIP 的模式研发机构仍然较少，且格点模式、谱模式、非均匀网格模式（如球面立方网格、正六边形网格）的水平分辨率提高后对模拟性能的影响可能并不相同，尚需要单独分析，使集合样本更少。对于高分辨率海气耦合试验，50 年的 spin-up 是否足够，这也是重要的科学问题之一。此外，HighResMIP 仅仅考虑了水平分辨率的影响，垂直分辨率对气候模式模拟性能的影响还需要进一步探讨（王磊 等，2019）。

（9）全球季风模式比较计划

全球季风模式比较计划（Global Monsoons Model Inter-comparison Project，GMMIP）的科学目标是：① 深入理解全球季风系统变化的物理机制，提高全球季风的模拟能力；② 揭示自然变率和人为强迫对全球季风变化的贡献。重点关注 3 个方面的科学问题：一是内部变率和外强迫对全球季风的相对贡献；二是海气相互作用对全球季风内部变率和可预报性的贡献；三是分辨率、动力过程和物理参数化对全球季风降水和变率的影响。参加该计划的模式组数为 21 组。

GMMIP 的试验设计分为 3 个层级，其中 Tier-1 是 GMMIP 的"准入证"，具有最高的优先级，Tier-2 和 Tier-3 的优先级依次降低。优先级主要考虑试验的基础性和难易程度，不代表科学问题的重要性。

Tier-1 试验：使用单独大气环流模式，将标准的 AMIP 试验（即利用观测历史海温驱动大气模式）向前扩展到 1870 年，涵盖了工业革命以后人类活动影响的主要历史时期，称为 amip-hist。强迫场与 CMIP6 的历史气候模拟试验（Historical）保持一致，这使得我们能将 amip-hist 与观测记录以及 Historical 试验进行比较，探讨海表温度变率对季风环流和降水长期变化的驱动作用。这组数值试验所需要的海温和海冰的边界条件来自基于观测和重建的数据。

Tier-2 试验：采用大气 - 海洋耦合的气候系统或者地球系统模式，模拟的时间段为 1870—2014 年，与 amip-hist 一致。其初始场来自 Historical 试验，所用的强迫场资料与之保持一致，包括火山气溶胶和太阳辐照度变化的自然强迫，以及包含温室气体和气溶胶变化在内的人为强迫等。与标准的 20 世纪历史气候模拟试验的区别在于，该试验需要将关键海区海表温度变率向观测恢复，从而引入与观测接近的年际和年代际变化信号，这如同心脏起搏器的主动搏动，故被称为“起搏器”（pacemaker）试验。研究表明，影响全球季风的两个主要年代际变率模态为 IPO 和 AMO，前者以热带中东太平洋海表温度的年代际变率为主要特征，后者则主要体现在北大西洋海表温度的年代际变率上。因此，Tier-2 包含两组试验，即 hist-resIPO 和 hist-resAMO，分别在热带中东太平洋和北大西洋区域将模式的海表温度向月平均观测恢复。这组试验虽然像 Historical 试验一样使用耦合模式，但由于通过采用“起搏器”技术加入了观测的部分海温变率，因此，可以把 Tier-2 试验的模拟结果与 Tier-1 试验和观测记录进行比较，从而理解季风年代际变率的来源，特别是 IPO 和 AMO 在季风年代际变化中的作用，及其与温室气体和气溶胶等外强迫作用影响结果的不同。hist-resIPO 和 hist-resAMO 试验与年代际气候预测计划（DCPP）的分量 C（component C）中的 dcppC-pac-pacemaker 和 dcppC-atl-pacemaker 试验类似，但是积分时间段和所采用的观测海温数据不同，目的是彼此通过试验结果数据共享互为支撑。

Tier-3 试验：地形扰动试验，使用单独的大气环流模式开展类似 AMIP 的敏感性试验，模拟时间段为 1979—2014 年，与 CMIP6 的 AMIP 试验一致。通过比较敏感性试验和 AMIP 试验，可以研究青藏—伊朗高原（TIP）大地形的动力和热力强迫对亚洲季风形成的重要作用。具体来说，Tier-3 设计了两组试验，分别消除了亚洲高大地形（amip-TIP）和关闭了感热通量（amip-TIP-nosh），两者对比可理解高原热力和动力作用对季风气候态和多尺度变率的物理过程及相对重要性。另外，为了理解其他地区的高大地形对周边季风区的作用，例如东非高原、阿拉伯高原、北美的马德雷山脉和南美的安第斯山脉，Tier-3 还包含了消除这些高大地形的敏感性试验（amip-hld）（周天军 等，2019）。

（10）年代际气候预测计划

年代际气候预测计划（Decadal Climate Prediction Project，DCPP）的主要科学目标为通过一系列回报和有针对性的试验，预测和理解 10 年至更长时间尺度外强迫影响的气候变化及内部变率，理解其物理过程，并持续获得有技巧的年代际预测。参加该计划的模式组数为 19 组。

DCPP 包含 A、B、C 这 3 组试验，每组试验面向不同的研究目标，分别是回报试验、预报试验和近期气候变化机制研究相关的敏感性试验。DCPP 的试验设计充分考虑了 CMIP5 年代际气候预测试验设计的经验和不足，主要改进体现在 3 个方面：① 大幅提升了回报试验的起报频率，增加了集合样本；② 增加了系统的预报试验；③ 专门设计了多组用于研究气候年代际变率机制的敏感性试验。

A 组由回报试验、同化试验和对比试验构成。回报试验用来评估年代际预测试验对历史气候的回报技巧，是提升年代际预测试验技巧、拓展年代际预测应用领域和开展预报试验的基础。同化试验通过同化观测数据，为回报试验提供初始场。对比试验用来帮助理解回报试验预测技巧的来源。

A 组的核心试验（Tier-1）是从 1961 年开始，每年起报的回报试验。该试验包含至少 10 个集合成员。A 组试验的核心目标包括 3 个方面：① 开展系统的、预报时间尺度达到 10 年的年代际预测试验；② 为 IPCC AR6 和其他科学报告提供气候演变和预测的相关科学支持；③ 为气候服务全球框架（GFCS）和其他国际气候组织提供可靠的多模式年代际回报试验数据。

B 组开展准实时的预报试验。它的核心试验（Tier-1）是 10 组 5 年预报试验。其核心目标是提供承接 A 组回报试验的预报试验，为未来开展准实时的、年到多年的气候预测奠定基础。

C 组试验包含了对特定气候变化现象进行机制研究所设计的数值试验。研究对象既包括气候系统对自然外强迫的响应，也包括气候系统内部变率，例如火山喷发和增暖停滞等。它的核心试验（Tier-1）包括：① 气候系统内部变率、大西洋多年代际变率（AMV）和太平洋年代际变率（IPV）的影响试验；② Pinatubo 火山强迫的影响试验。太平洋和大西洋起搏器试验（C1.10、C1.11）通过将模式中的热带太平洋（北大西洋）海表面温度异常向观测恢复，使模式能够模拟出与观测空间型和时间演变基本一致的 IPV（AMV）。虽然起搏器试验被列为第三优先级（Tier-3），但它们是研究气候系统内部主导变率模态影响全球气候变化的重要试验，也出现在全球季风模式比较计划中（吴波 等，2019）。

（11）云反馈模式比较计划

云反馈模式比较计划（Cloud Feedback Model Intercomparison Projection，CFMIP）的主要科学目标为：改进对云—气候反馈机制的理解；对气候模式里云和云反馈更好地评估，改进对云反馈的估计；改进对环流、区域尺度降水和非线性变化的理解。参加该计划的模式组数为 19 组。

该计划需要开展的试验主要包括 AMIP-P4K、AMIP-Future4K、AMIP-M4K、AMIP-4xCO_2 等。

（12）海洋模式比较计划

海洋模式比较计划（Ocean Model Intercomparison Projection，OMIP）的主

要科学目标为利用相同大气数据集驱动海洋 / 海冰 / 示踪物 / 生物地球化学模式，评估、理解和改进海洋、海冰和生物地球化学过程。参加该计划的模式组数为 21 组。

OMIP 采用统一的大气外强迫数据集和通量计算方案，进行全球海洋 - 海冰耦合试验、示踪物试验以及生物地球化学循环试验。同时，OMIP 提供了一套针对海洋变量的详细的诊断框架，这个框架既可以评估和改进模式模拟，也可以用于理解海洋 - 海冰过程在整个气候系统中的作用（张通 等，2022）。

（13）下垫面模式比较计划

陆面、雪和土壤湿度（下垫面）模式比较计划（Land Surface，Snow and Soil moisture Model Intercomparison Projection，LS3MIP）的主要科学目标为通过陆面模式试验，综合评估陆面、雪、土壤湿度与气候的反馈，诊断当前地球系统模式陆面模式系统性偏差。参加该计划的模式组数为 13 组。

作为 CMIP6 陆面模式比较计划系列试验（本计划与 LUMIP）中的主要组成部分，用来解决地表的偏差、不确定性、反馈和强迫问题。LS3MIP 试验分为离线陆面模式试验 LMIP（Land offline MIP）和陆面反馈模式试验 LFMIP（Land Feedback MIP）两部分。LMIP 通过离线模拟，评估全球积雪和土壤湿度的历史变化，评估陆地淡水、农业干旱和极端径流，从而更好地理解这些变化的主要驱动因素。LFMIP 通过规定的陆面状态，对评估耦合模式下垫面过程对气候系统的反馈和系统性偏差具有重要意义，并且特别关注陆面的两个重要反馈：积雪 - 反照率 - 温度反馈和土壤湿度 - 温度反馈。

LS3MIP 根据优先级分为 Tier-1（高）和 Tier-2（中等）两级试验。其中离线陆面模式试验 LMIP 包括 4 个历史试验，即 Land-Hist、Land-Hist-cruNcep、Land-Hist-princeton、Land-Hist-wfdei 和 1 个未来试验 Land-Future。其中只有 Land-Hist 为 Tier-1 试验，其大气强迫场数据用 GSWP3 强迫数据集对历史时期进行模拟，试验与 LUMIP 共享；另外 3 个历史试验的大气强迫数据分别来自 CRU-NCEP、Princeton、WFD 和 WRDEI 结合后的强迫数据集，它们与使用 GSWP3 数据的 Land-Hist 试验的差异有助于理解模式对所选择的强迫场数据集的敏感性。Land-Future 通过从情景模式比较计划中的 SSP5-8.5 和 SSP1-2.6 两个未来情景获取强迫长数据，分别代表高排放情景和低排放情景。结合 Land-Hist 试验，可以评估气候变化的影响。

陆面反馈的模式试验主要通过规定土壤湿度和积雪来诊断气候尺度上的陆 - 气相互作用。其中 Tier-1 试验是用海气耦合气候模式试验来评估两组不同设定的陆面状况的影响。LFMIP-pdLC 将陆面状况设定为 1980—2014 年的气候态，从而去除了长期趋势和年际变化的影响，模拟是诊断气候尺度上的陆气相互作用；LFMIP-rmLC 试验使用 1980—2014 年陆面状况的 30 年滑动平均值，去除了年际变化的影响，该试验可以诊断已有的陆气耦合区域的变化，以及与陆面状态变化的可预测性。Tier-2 试验分析了陆气反馈的其他一些特征，如针对海温的不同设置。在附加试验中还规定了积雪、积雪反照率或土壤湿度，以单独评估各自的反馈，并控制积雪和土壤湿度之间可能的相互作用。

LS3MIP 实现了 4 个目标：一是评估陆面过程的当前状态（包括地表通量、积雪和土壤湿度），以此来识别主要的系统性偏差及其依赖性；二是估算多模式长期陆地上的能量、水和碳循环；三是评估区域积雪和土壤湿度反馈在响应气候强迫变化中的作用；四是评估陆面过程对地球系统模式偏差以及区域温度 / 降水的可预测性所作出的贡献。针对这些目标，将帮助解决 CMIP6 提出的 3 个主要问题：目前气候模式中存在什么系统性偏差、区域反馈和对气候变化的响应是什么，以及对未来的预测和情景产生什么影响。

LS3MIP 与 CMIP6 的核心试验及其他子计划相互补充。LS3MIP 侧重于陆面过程对气候系统的反馈，而互补的 LUMIP 解决了土地利用强迫对气候系统的作用，两者结合可以在耦合模拟中诊断陆气耦合强度。与耦合气候碳循环比较计划 C4MIP 的结合有助于研究涉及积雪和土壤湿度（特别是干旱和洪水）对陆地碳循环的影响，以及由此产生的对气候系统的反馈。LS3MIP 可以量化积雪和土壤湿度对气候的影响，诊断反馈并检测系统偏差；在气候极端事件以及陆面反馈放大区域效应方面发挥着重要作用。LS3MIP 将会进一步推动人们对包括陆面过程在内的气候模式的认识，并促进多方向研究及学科的合作，促进气候系统模式的发展（王一诺 等，2022）。

（14）通量距平强迫模式比较计划

通量距平强迫模式比较计划（Flux-Anomaly-Forced Model Intercomparison Project，FAFMIP）的主要科学目标为解释模式对 CO_2 增加强迫下海洋气候变化预估不确定性，尤其是涉及海平面高度、海洋热吸收和热膨胀的空间及量级差异。参加该计划的模式组数为 10 组。

FAFMIP 试验通过对海洋内部输送过程（平流、扩散等）引起的温度和盐度变率的诊断将得到大量的新信息。FAFMIP 试验的目标是分析 AOGCM 中海洋对 CO_2 强迫引起的海表通量变化的响应，围绕以下主题展开：① 海洋热吸收对气候变化的响应程度，决定了热膨胀导致的 GMSLR 和 TCR 变化；② 模式模拟的由海洋密度和环流变化导致的动力海平面变化；③ AMOC 的减弱对区域海平面上升和气候变化的影响；④ 海洋在海表面温度变化中的作用；⑤ 格陵兰和南极冰盖附近的海洋次表层变暖。

比较计划共设计了 5 组试验，即动量通量距平强迫试验（FAF-stress）、淡水通量距平强迫试验（FAF-water）、热通量距平强迫试验（FAF-heat）、热通量被动示踪物试验（FAF-passiveheat）和通量距平强迫试验（FAF-all）。FAFMIP 试验的目的是研究海洋对 CO_2 强迫引起的海表通量变化的响应，特别是在海平面、海洋热吸收和海洋环流方面（王雅琦　等，2019）。

（15）其他 MIPs

辐射强迫模式比较计划（Radiation Forcing Model Intercomparison Project，RFMIP）的主要科学目标是：描述 CMIP6 模式历史模拟和 4 倍 CO_2 强迫下全球和区域有效辐射强迫；评估晴空辐射传输参数化绝对准确性；确定历史时期气溶胶辐射强迫的影响。

极地放大模式比较计划（Polar Amplification Model Intercomparison Project，PAMIP）的主要科学目标为：确定局地海冰与非局地海温变化对北极放大现象的相对贡献；评估全球气候系统对北极和南极海冰变化的响应。

CO_2 移除模式比较计划（Carbon Dioxide Remove Model Intercomparison Project，CDRMIP）的主要科学目标为：CO_2 移除能够在多大程度上帮助缓解甚至逆转气候变化；直接空气捕获、植树造林以及海洋碱化等 CO_2 移除方案的有效性、风险和收益；如何在地球系统模式框架内和综合评估模型的气候情景研究中更加恰当地考虑 CO_2 移除。

地球工程模式比较计划（GeoMIP）主要科学目标为：评估气候系统（包括极端事件）对“改变辐射”的地球工程方案的响应，并评估其功效、益处和副作用。

古气候模拟比较计划（PMIP）的科学目标为：分析对过去（近期变率之外）气候强迫和主要反馈的响应；检验用于未来气候预估气候模式的可靠性。

火山强迫的气候响应模拟比较计划（VolMIP）的科学目标为：评估当前耦合气候模式对强火山的响应；确定物理过程的处理差异对火山强迫响应差异的原因。

此外，CMIP 委员会还批准了 4 个侧重数据诊断的比较计划，这些计划并不要求全球模式再做额外的试验，仅需要提供额外的变量输出。分别为：① 协同区域气候降尺度试验（Coordinated Regional Climate Downscaling Experiment，CORDEX）的主要科学目标为：通过对 CMIP DECK、历史气候模拟和情景模式比较计划输出结果的统计和动力降尺度，组织并推动区域气候降尺度研究及其应用。② 平流层和对流层的动力学和变率（Dynamics and Variability Model Intercomparison Project，DynVarMIP）的主要科学目标为：聚焦平流层和对流层的双向反馈，确定、分析、评估模式偏差并理解环流变化的内在原因。③ 海冰模式比较计划（Sea Ice Model Intercomparison Project，SIMIP）的主要科学目标为：通过确定和分析一系列变量、描述海冰状态及大气和海洋强迫诊断量，理解海冰的作用及其对气候变化的响应。④ 脆弱性、影响和气候服务咨询（Vulnerability，Impacts，Adaptation and Climate Services Advisory Board，VIACS AB）的主要科学目标为：推动 CMIP6 气候模拟团队与脆弱性、影响和气候服务领域专家的双向对话，设计与社会相关的在线诊断量、评估指标和可视化系统。

MIPs 试验设计是国际上不同领域研究群体的智慧结晶，体现了当前气候变化研究领域关注的国际热点和前沿话题。在 23 个 MIPs 中，与气候变率、可预报性和预估有关的有 7 个，分别是土地利用 LUMIP、地球工程 GeoMIP 和 CDRMIP、年代际预测 DCPP、情景预估 ScenarioMIP、气候影响 CORDEX 和 VIACS AB；与模式系统偏差和过程有关的有 9 个，分别是涉及云和环流的 CFMIP 和DynVarMIP，与区域现象有关的GMMIP和HighResMIP，与海洋、陆面和海冰有关的 OMIP、FAFMIP、LS3MIP、SIMIP、ISMIP6；与辐射强迫和响应有关的有7个，分别是古气候的PMIP，刻画辐射强迫的RFMIP、DAMIP和VolMIP，关注强迫和反馈的 PAMIP，关注化学过程的 AerChemMIP 和关注碳循环的 C4MIP。

上述 MIPs 中有些是以前 CMIP 就已经存在的试验，例如 PMIP 和 DCPP 等，但更多的是新设计的试验，例如 GMMIP、HighResMIP、RFMIP 和 VolMIP 等，它们将提供新资源有助于我们探索新的科学问题。CMIP6 良好地保持了与 CMIP5 的衔接，其 DECK 试验和 Historical 试验，是评估气候模式基本性能和开展气候变化检测归因等研究的基准试验，也是历次 CMIP 计划的核心试验，这次将其分别明确为 CMIP 的“准入证”和 CMIP6 的“准入证”，目的是为后续 CMIP 计划的组织画出一条清晰的历史传承脉络。驱动 DECK 试验的外强迫场 20 多年来在历次 CMIP 计划中基本保持一致，未来也不可能做明显改动，使得历次 DECK 试验的模拟结果彼此间具有可比性，故可以用来追踪几十年来模式性能的改进过程，这种比较对于模式研发工作是至关重要的（周天军 等，2019b）。

CMIP 试验所用的情景数据源自社会经济学的综合评估模式，是根据辐射强迫条件得到的碳排放 / 浓度结果作为气候系统模式的强迫条件。下面分别介绍用于气候模式的不同排放情景以及未来的预估结果。

4.5 IPCC 报告中的排放情景

在 CMIP 试验中，气候 / 地球系统模式需要“给定的”温室气体排放或浓度资料作为强迫场进行数值试验，模拟预估的结果服务于 IPCC 评估报告的不同工作组。为预估未来全球和区域的气候变化，需要构建未来社会经济变化和温室气体排放等一系列情景。它是根据一系列驱动因子（如人口增长、经济发展、技术进步、环境条件、全球化、公平原则等）的假设，通过综合评估模型 IAM 得到的未来温室气体和气溶胶等排放的情况。IAM 是以人口、城市化、国内生产总值（GDP）等作为驱动要素，最终给出包括能源供需、土地利用和地表覆盖变化、温室气体排放、空气污染和气溶胶排放、减缓适应成本、价格等多层面的不同发展情景。IAM 能够提供的政策问题包括：明确减少温室气体排放的成本以及效益，识别为达到某个减排目标的有效减排路径，以及不同减排方法对经济的影响等。IAM 可以描述从经济活动、碳排放到气候变化及相关影响（如生态、人类健康、农业等）的因果联系以及气候变化对经济活动影响的反馈，模拟结果可以广泛应用于全球、国家、部门行业等不同区域和层面（王灿 等，2020；王铮 等，2015）。

自 1990 年以来，IPCC 先后提出了多种情景。早期的气候预估并没有特定的排放情景，只是开展了 CO_2 加倍的模拟试验。后来陆续开发了有关温室气体和气溶胶的排放情景。如第二次评估报告中的 IS92 系列情景，包含了 6 种不同的排放情景，从 IS92a 到 IS92f，分别代表未来世界不同的社会、经济和环境条件。第三次和第四次评估报告中用到排放情景特别报告（Special Report on Emission Scenarios，SRES），该情景主要由 A1、A2、B1、B2 4 个框架组成。其中 A1 描述的是经济快速增长，全球人口峰值出现在 21 世纪中叶，随后开始减少，新的更高效的技术迅速出现的未来世界。A2 描述的是一个极其非均衡发展的情况，其特点是自给自足和地方保护主义、地区间的人口出生率很不协调，导致持续的人口增长，经济发展主要以区域经济为主，人均经济增长与技术变化越来越分离，低于其他框架的发展速度。B1 描述的是均衡发展的世界，与 A1 有相同的人口发展趋势（即峰值出现在 21 世纪中叶，随后开始减少），但经济结构向服务和信息经济方向快速调整，引入清洁、能源效率高的技术。其特点是在不采取气候行动计划的条件下，更加公平地在全球范围实现经济、社会和环境的可持续发展。B2 框架描述的是强调区域性的经济、社会和环境的可持续发展。全球人口以低于 A2 的增长率持续增长，经济发展处于中等水平，技术变化速率比 A1 和 B1 趋缓、发展方向多样。AR5 中采用典型浓度路径（Representative Concentration Pathways，RCPs）描述未来温室气体排放、污染等的情景，根据到 2100 年辐射强迫的强度分为 rcp2.6（低排放）、rcp4.5 和 rcp6.0（中等排放）、rcp8.5（高排放）。AR6 中采用的是共享社会经济路径（SSPs）（李忠明 等，2020；秦大河，2021）。

在 CMIP6 的 ScenarioMIP 试验中，气候预估情景是不同 SSP 与辐射强迫的矩阵组合，基于不同 SSP 可能发生的能源结构所产生的人为排放及土地利用变化，采用 IAM 生成定量的温室气体排放、大气成分和土地利用变化，即生成基于 SSP 的预估情景（张丽霞 等，2019）。共包括 5 种 SSPs 情景，按照人为辐射强迫值由低到高分别是 SSP1-1.9、SSP1-2.6、SSP2-4.5、SSP3-7.0 和 SSP5-8.5。SSP 后面的第一个数字表示假设的共享社会经济路径，第二个数字表示到 2100 年的近似全球有效辐射强迫值。其中 SSP1-1.9 情景与世界上多数国家在联合国气候变化框架公约（UNFCCC，United Nations Framework Convention on Climate Change）下的减排承诺基本一致，它给出了假定世界各国能够兑现承诺情形下的气候预估结果。

与第五次 CMIP 试验相比，CMIP6 提供的温室气体资料有了长足的改进。CMIP5 阶段的强迫场大多为全球相同的值、逐年更新；CMIP6 阶段的数据开始随纬度变化，而且时间分辨率提高到逐月。排放情景与数值模式一样，都在持续发展更新中，尽管 CMIP6 的 SSP 情景设计中尽量将新情景在 2100 年的认为辐射强迫与 CMIP5 的 RCP 试验保持一致，但两者之间仍然存在一定的差异，如图 4.5 所示。

排放情景作为强迫场，通过气候 / 地球系统数值模式的积分计算，就可以得到不同时段的气候系统状况，其中包含与碳排放、碳循环过程有关的结果。表 4.1 汇总了 IPCC AR6 中未来不同情景下的社会经济发展路径、陆地与海洋碳

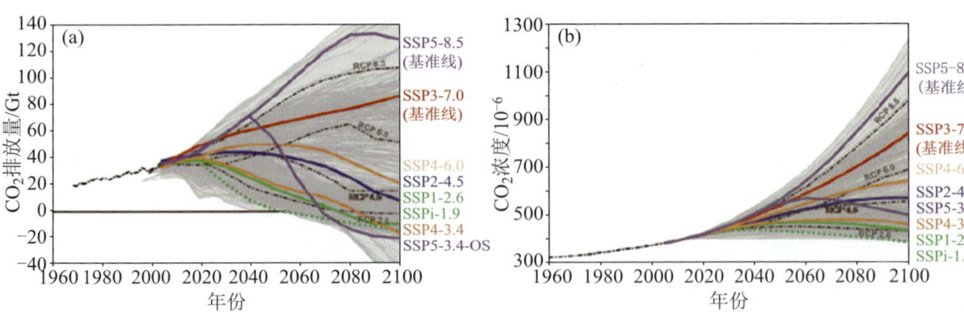

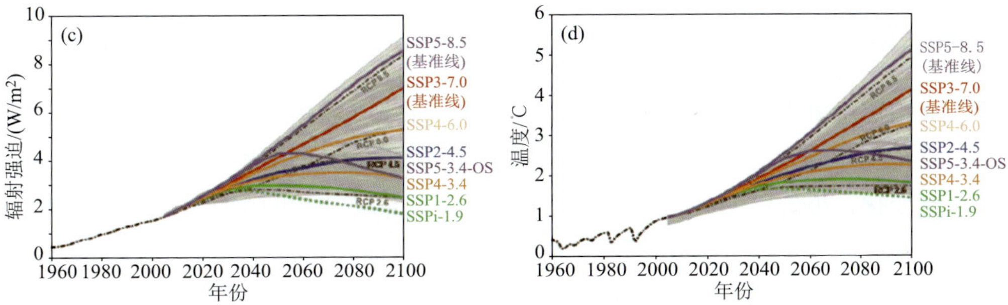

图4.5　情景预估试验比较计划（ScenarioMIP）中21世纪全球平均的CO_2排放量（a）、CO_2浓度（b）、人为辐射强迫（c）和地表温度（d）。其中浓度、强迫和温度都是基于MAGICC模型得到，温度变化包含了历史时期的自然强迫，未来预估假设没有火山强迫并且保持11年太阳活动周期，与CMIP5方法一致。灰色阴影代表IPCC AR5情景数据集中所有情景的变化范围（张丽霞 等，2019）

表 4.1　IPCC AR6 中的排放情景与温升

<table>
<tr><th colspan="2">AR6 中的排放情景（社会经济发展方式）</th><th>21 世纪末陆地与海洋的碳汇空间</th><th>21 世纪末全球平均温升预估 /℃</th></tr>
<tr><td colspan="2">SSP5−8.5 很高排放情景（快速发展，不减排；化石燃料为主要发展路径）</td><td>38%</td><td>4.4（3.3 ～ 5.7）</td></tr>
<tr><td colspan="2">SSP3−7.0 高排放情景（当前发展趋势，不减排；区域竞争路径）</td><td>44%</td><td>3.6（2.8 ～ 4.6）</td></tr>
<tr><td colspan="2">SSP2−4.5 中等排放情景（当前排放趋势；中间路径）</td><td>54%</td><td>2.7（2.1 ～ 3.5）</td></tr>
<tr><td rowspan="2">SSP1 可持续发展路径</td><td>SSP1−2.6 低排放情景（2 ℃温控目标：CO_2 排放需要从 21 世纪 20 年代开始下降，到 21 世纪 70 年代达到净零排放）</td><td>65%</td><td>1.8（1.3 ～ 2.4）</td></tr>
<tr><td>SSP1−1.9 很低排放情景（1.5 ℃温控目标：CO_2 排放需从 21 世纪 20 年代达峰开始下降，到 21 世纪 50 年代达到净零排放）</td><td>70%</td><td>1.4（1.0 ～ 1.8）</td></tr>
</table>

汇空间、全球平均温升。对于未来的碳排放空间，达到 1.5 ℃和 2 ℃温升目标需要深度减排，只有可持续路径（SSP1）下的低排放和很低排放两个情景可以实现。

4.6 未来气候变化预估

在给定未来不同排放情景的条件强迫下，通过气候系统模式可以得到未来的气候系统变化结果，IPCC AR6各个工作组从不同的专业角度给出了多维度的未来可能变化。报告已明确指出，人类活动是气候系统变化的主要驱动力，气候系统许多层面的变化在过去几个世纪来都是前所未有的，如CO_2浓度、1950年以来的冰川退缩、1900年以来的全球海平面上升等。过去50年全球变暖的速率维持在每10年增加0.2 ℃的水平。但如前所述，由于数值模式的不完善、初始条件和边界条件等资料也不完全准确，所以基于模式产品得到的仅仅是在特定情景下的可能结果。下面简要介绍有代表性的部分结果。

4.6.1 气温与降水

CO_2是引起增温的主要温室气体，未来的排放越多，引起的全球增温越明显。为尽量减少不同模式结果的不确定性，AR6报告采用新的“涌现/萌现约束（Emergent Constraints）”方法进行预估。据此得到从低到高的5种不同情景下21世纪末全球的升温（相对于1850—1900年）幅度分别为：SSP1-19情景下1.4 ℃（1.0～1.8 ℃）、SSP1-26情景下1.8 ℃（1.3～2.4 ℃）、SSP2-45情景下2.7 ℃（2.1～3.5 ℃）、SSP3-70情景下3.6 ℃（2.8～4.6 ℃）和SSP5-85情景下4.4 ℃（3.3～5.7 ℃）。

4.6.2 气候影响因子与碳排放

IPCC AR6采用了新的产生影响的气候因子（Climate Impact-Driver，CID）概念，全面综合评估了气候系统条件（如平均值、极端值、时间频率等）对社会或生态系统的影响。共提出7个CID类型，包括冷热（heat & cold）、干湿（wet & dry）、风（wind）、冰雪（snow & ice）、沿海（coastal）、海洋（open ocean）以及其他类型（other），具体包括33个气候要素。

借助IAM与气候/地球系统模式模拟预估的未来情景与气候系统，可以定量评估未来碳排放与全球升温之间的关系。工业革命以来的人为累积CO_2排放与全球表面温度升高两者之间存在近似线性的关系。

温室气体是导致气候变化的主要原因，因此全球大多数国家都在致力于减少碳排放。我国提出的“双碳”目标是应对气候变化的有力举措，实现含碳温室气体（CO_2、CH_4等）的减排和增汇是实现目标的重要途径。目前面临的挑战包括：自然生态系统源汇的估算仍然存在很大的不确定性，人为排放的源清单估算在区域尺度的不确定性也较大。作为模式发展基础的观测来源数据尚且存在不可忽略的不确定性，由此可以想象，通过数值模式来刻画这些过程的难度很大。

4.6.3　海洋海冰

气候系统各圈层之间是相互作用的，因此大气圈、生物圈的变化也将影响水圈和冰冻圈的过程，如极地海冰、海洋酸化、海平面升高等。IPCC AR6 的结果显示，全球变暖背景下，相对于 1995—2014 年的平均结果（约 0.2 m），到 2100 年，海平面高度变化的预估结果分别为：SSP1-19 情景为 0.38 m，SSP1-26 情景为 0.44 m，SSP2-45 情景为 0.56 m，SSP3-70 情景为 0.68 m，SSP5-85 情景为 0.77 m。

IPCC AR6 在未来气候变化预估方面有很大改进。因为在前五次的评估报告中，所有评估结果都是直接依赖于数据模式输出结果进行预估，而得益于新的方法和更有利的数据支撑，这一次报告首次采用多种证据综合评估未来全球地表温度、海温和海平面高度的变化，以减少预估结果的不确定性。

4.7　模式预估的不确定性

气候系统模式就是封装了大量自然定律的计算机程序，基于对气候系统中物理、化学和生态等过程的数学表达，通过编写程序最终在高性能计算机进行未来天气气候的预测。复杂的气候 / 地球系统模式，即使给定相同的温室气体和气溶胶排放，不同模式的响应也会存在显著差异，这种差异即为“不确定性”。减少不确定性、提高准确性是气候模拟研究领域的国际前沿方向。

气候变化预估的不确定性主要来自 3 个方面：① 模式系统。由于对气候系统各圈层之间相互作用过程的认识和理解还比较有限，所使用的气候系统模式或地球系统模式性能并不完美，因此不同模式预估的增温幅度不完全相同，对降水变化预估的差别更大。此外，模式的时空分辨率有限。② 气候系统内部变率。气候系统内部存在年际—年代际气候变率，在不同模式系统中的表现也不同。③ 排放情景。如第 4.5 节，排放情景是由不同 IAM 得到的。气候预估主要考虑的是不同排放情景下对气候系统外强迫的影响，可以通过多模式集合的方法降低不确定性。因此可以使用相同的模式消除模式间的差异，也可通过多样本试验减少模式内部变率的影响；另外，借助新发展的技术方法也是减少模式不确定性影响未来预估结果的有效手段，例如 CMIP6 阶段采用的“萌现约束”技术。

WCRP 联合科学委员会 2019 年提出了急需投入研究力量来应对的七大科学挑战，分别是：① 冰冻圈消融及其全球影响；② 云、环流和气候敏感度；③ 气候系统的碳反馈；④ 天气和气候极端事件；⑤ 世界的粮食生产用水；⑥ 区域海平面上升及其对沿海地区的影响；⑦ 近期气候预测。尽管针对各大挑战的科学计划实施于 2022 年底告一段落，但其中许多难题仍没很好地解决，尤其是关于整个地球系统过程的认识、理解与描述，还需要进一步研究。

气候 / 地球系统数值模式作为其中的重要研究工具与手段，从模式的框架设计、各分量模式中的过程方案参数化与关键参数到实现业务化，都还在持续发展中，将在相当长的时间内都会存在许多模式团队研发多个版本的模式，以服务于不同的应用领域。

第5章

气候变化影响与适应

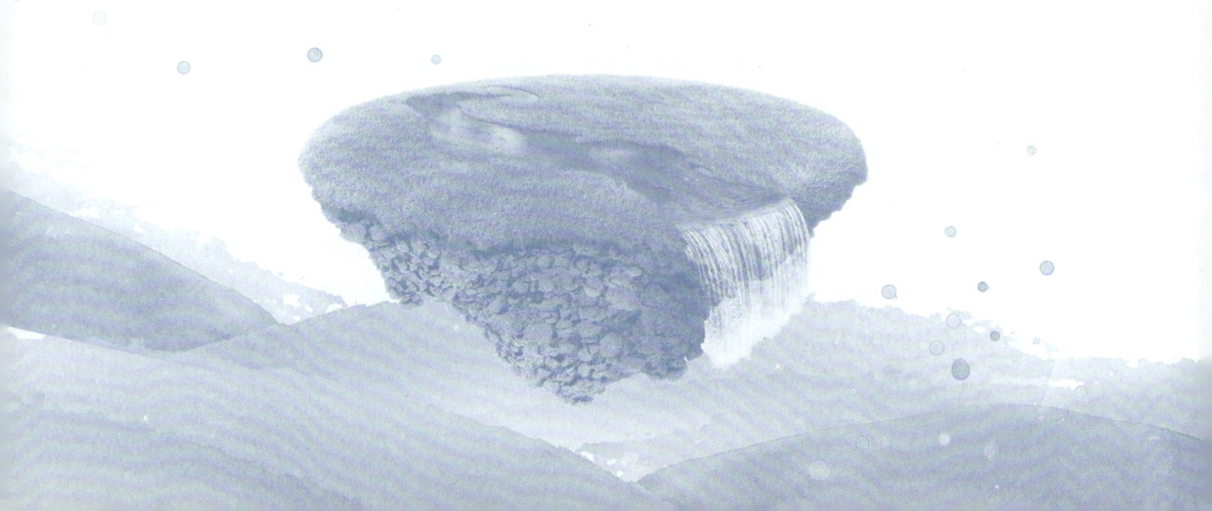

人类活动导致的气候变化正给自然界造成广泛的破坏，影响着全球数十亿人的正常生活。随着全球气温升幅走向 2.0 ℃，世界面临不可避免的多重气候风险。气候变化的影响与风险可以归纳为 3 个方面：自然系统影响与风险、人类管理系统影响与风险、全球或区域影响与风险。全球升温即使暂时超过 1.5 ℃也会造成额外的影响，部分极地、高山和沿海生态系统也将面临不可逆转的损害。全球在粮食和水安全问题上面临越来越多的挑战，非洲、亚洲、拉丁美洲、小岛屿以及北极等地区受气候变化影响更加严重。在拉丁美洲，气候变化加剧了土壤退化等问题，安第斯地区出现了“气候难民”，且人数有增加趋势。

气候变化适应是基于气候变化已经发生，各国社会皆经历其中，不可避免，因而需要增强自身的各种能力去更好适应这一变化，从而降低气候变化对生命、财产以及健康带来的各种损失和影响。适应的本质是对风险的管理。有效的适应活动包括降低气候变化的脆弱性和暴露性，在改善健康、生存环境、社会经济福利和环境质量的同时，提高适应能力；制定适应规划和实施方案，充分考虑多样性的利益诉求、环境、社会文化背景和预期；实现气候恢复力路径和转型，使得社会经济走上可持续发展之路。

5.1 气候变化影响与适应新认识

当前气候变化的适应主要是通过调整现有系统来降低气候变化风险和脆弱性。多种适应措施已存在，并服务于管理预估的气候变化影响。IPCC AR6 第二工作组报告强调气候变化造成的影响广泛而普遍。发现评估的物种地理范围中 50% 向极地和高海拔迁移，有些损失已经不可逆（如物种灭绝）或者接近不可逆（如多年冻土解冻对北极生态的影响）。对适应措施的可行性进行了较为全面的评估，给出了一系列可行的适应措施，并指出其可行性和有效性会因部门和地区的不同而有所差异。其中，可行性是指实施减缓或适应措施的潜力，有效性是指预期的或观测到的适应措施能够降低气候相关风险的程度。针对 8 类代表性关键风险以及其他交叉风险，从 6 个维度进行了评估，给出了近期关键的 23 个适应措施在 1.5 ℃温升下的多维度可行性及综合可行性评估结果（图 5.1）。结果显示，技术、经济、社会、环境和地球物理这 5 个维度的适应可行性主要处在中高水平，而制度维度的适应可行性主要处在中低水平。综合可行性评估中，基于森林的适应、具有恢复力的电力系统和能源可靠性这 3 个适应措施具有高信度的高可行性，计划搬迁与安置具有低信度的低可行性。

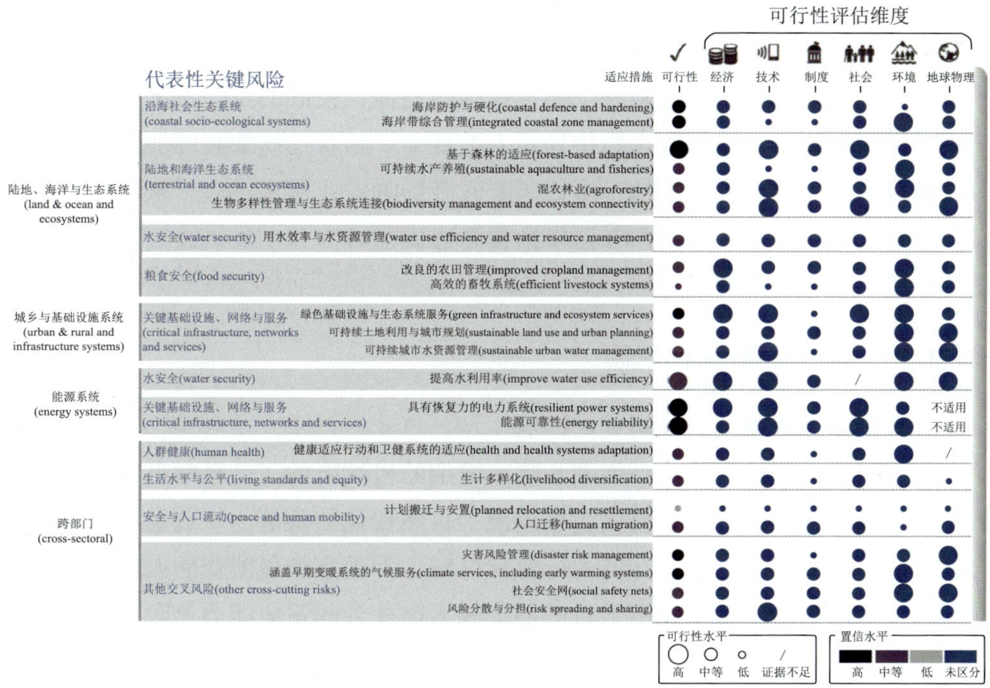

图5.1　适应措施的可行性评估结果

气候变化已经对人类系统造成各种不利影响，包括水安全、粮食生产、健康和福祉，以及城市、定居点和基础设施。对粮食生产的评估是通过排除产量增加的非气候驱动因素；对农业生产的全球评估是基于对农业生产的影响。农业生产率在中低纬度地区下降，在高纬度地区上升；水资源匮乏加剧，全球一半人口每年总会有严重缺水的时候；对身体健康（含精神健康）的负面影响具有非常高的信度；城市热岛与城市内涝等带来的负面影响愈发凸显。全球 33 亿～ 36 亿人生活在气候变化高脆弱区，大部分物种都展现出对气候变化的脆弱性，区域间和区域内不同群体的脆弱性差异显著，现在的非可持续发展模式正在增加生态系统和人类的暴露度，目前气候变化风险比以往的评估更严重。

气候变化对生态系统和社会经济的影响评估是选择适应和减缓气候变化战略的基础，全球气候变化的趋势受人类社会的发展途径影响很大。自 20 世纪 70 年代以来，人类活动引起的气候变暖对许多自然和生物系统产生了影响，这种影响可能将持续相当长的时间，并且可能趋于恶化。由气候变暖引起的一系列气候和环境问题日益突出，正在对人类社会赖以生存的农业、水资源和自然生态系统等产生重大影响，甚至给人类社会带来灾难性后果。因此，应加强气候变化综合影响评估，加强基础设施和重大工程的科学规划和设计，夯实应对气候变化及其风险的工程基础。

人类、气候和生态系统是一个相互依存的整体，关键的生态系统服务会受到气候变化的威胁，气候风险也会传导至人类社会。随着气候变暖的加剧，人类暴露在热浪中的风险会持续增加，水资源匮乏会影响农业用水供应，从而威胁粮食安全。到 21 世纪中叶，约有 10 亿生活在海边低洼城市和小岛屿国家的居民会面临海平面上升和洪涝的风险。

5.1.1 气候变化影响和风险

（1）全球已观测到的气候变化影响

人类引起的气候变化包括强度和频次增加的极端事件，已经对自然和人类社会造成了广泛的不利影响和损失，且超出了自然变化的阈值。一些发展和适应的尝试降低了脆弱性。但是，在各个行业和区域，都观察到最脆弱的人群和系统会受到更严重的冲击。由于超出了自然系统和人类社会的适应能力上限，不断增强的极端天气和气候事件已经造成了一些不可逆转的影响（高置信度）。

（2）生态系统和人的脆弱性及暴露度

受到社会经济发展模式，不可持续的海洋与土地利用方式，不平等、边缘化、历史上或正在发生的不平等（如殖民主义）及其治理模式的影响（高置信度），不同区域之间和之内的生态系统及人群的气候脆弱性存在显著差异（非常高的置信度）。大部分物种都容易受到气候变化的影响（高置信度）。目前，不可持续的发展模式使人类和生态系统越来越容易受到气候灾害的冲击（高置信度）。

（3）2021—2040 年期间风险

如果全球温升在近期内达到 1.5 ℃，将导致多种气候灾害的风险不可避免地增加，并对生态系统和人类社会带来多重风险（非常高的置信度）。风险程度取决于气候脆弱性、暴露度、社会经济发展水平和适应水平的近期趋势（高置信度）。与更高温升水平情景相比，在近期采取行动将全球温升控制在 1.5 ℃之内可以大幅降低人类社会和生态系统预计遭受的气候变化相关损失和损害，但无法完全消除（非常高的置信度）。

（4）中长期气候风险

2040 年后，取决于全球变暖的水平，气候变化将给自然和人类系统带来诸多风险（高置信度）。对于已经识别的 127 项关键风险而言，气候变化带来的中长期影响预计比目前观测到的高出数倍（高置信度）。气候变化的规模、速度及其风险很大程度上取决于近期的减缓和适应行动力度，随着全球变暖，其预测的负面影响和相关损失与损害均随之加剧（非常高的置信度）。

（5）复杂与复合型及关联风险

气候变化的影响和风险正变得愈发复杂且难以管理。多种气候灾害将同时发生，多种气候与非气候风险将相互影响，形成复合风险，并造成不同行业和区域之间风险的叠加。部分气候变化应对措施会导致新的影响和风险（高置信度）。

（6）暂时性突破 1.5 ℃温控阈值的影响

与温升幅度一直保持在 1.5 ℃之内的情景相比，如果全球温升水平在未来几十年或之后暂时超过 1.5 ℃，许多人类社会和自然系统将面临更多、更严重的风险（高置信度）。根据突破温控目标的程度和持续时间，一些影响可能导致额外的温室气体排放（中置信度），其中，部分影响即使在温度降低后仍然不可逆转（高置信度）。

5.1.2 适应措施可信度

（1）目前的适应进展及其效益

全球所有行业和地区都在制定适应规划和实施方面有所进展，并带来了多种效益（非常高的置信度）。然而，全球适应的进展并不平衡，且存在适应差距（高置信度）。许多适应措施优先减缓当前和近期的气候风险，挤压了转型适应的机会（高置信度）。

（2）未来的适应选项及其可行性

有可行且有效的适应方案，来减少气候变化对人类和自然的风险。在近期开展适应方案的可行性因行业和地区而异（非常高的置信度）。对于特定情况、行业和区域来说，有效减少气候风险的适应措施有据可查（高置信度），但其效力会随着全球变暖程度加深而减小（高置信度）。采取综合的、跨领域的解决方案，包括改善社会不平等和制定基于不同气候风险的差异化应对措施，可增强多个行业气候适应的可行性和有效性（高置信度）。

（3）气候适应的上限

即便是有效的适应行动也无法预防气候变化带来的所有损失和损害。部分人类气候适应已经面临了软性上限，不过目前可以通过解决其资金、治理、机制和政策方面的一系列限制因素来克服（高置信度）。部分生态系统已经达到了适应的硬性上限（高置信度）。随着全球变暖加剧，损失和损害将随之增加，届时更多人类和自然系统的气候适应将难以实现（高置信度）。

（4）避免不当适应

自 AR5 以来，越来越多的证据表明许多行业和区域存在不当适应的情况。对气候变化的不当适应可能会使当地面临脆弱性、暴露度和风险的锁定效应，使之难以改变且代价高昂，并加剧现有的不平等现象。通过制定并实施灵活的、多行业的、包容的和长期的适应行动规划，有助于避免发生不当适应，以便为许多行业和系统带来正面效益（高置信度）。

（5）有利条件

在人类系统和生态系统中实施、加快和维持适应行动的关键在于创造有利条件。这些条件包括政治承诺及其贯彻执行、制度框架、目标和优先事项明确的政策和工具、气候影响及其解决方案知识的增长、充足的资金动员效果与可得性、监测和评估以及包容的治理进程（高置信度）。

5.1.3 气候恢复力发展条件

具有气候韧性的发展所需的条件。基于已观察到的气候影响、预测的气候风险、脆弱性的水平和发展趋势，以及适应上限等证据，AR6 指出采取全球范围的气候韧性发展行动远比上一次评估时更为紧迫。采取全面、有效和创新的应对措施可以产生协同作用，减少在适应和减缓行动之间的取舍，促进可持续发展（非常高的置信度）。

为实现具有气候韧性的发展创造条件。具有气候韧性的发展需要政府部门、民间社会和私营部门选择以减少风险、保障公平和正义为优先事项的包容性发展，需要不同治理层级、行业和时间框架的决策过程、资金和行动（非常高的置信度）。实现有气候韧性的发展需要国际合作、需要各级政府与社区、社会公民、教育机构、科学机构、媒体、投资者和企业的合作，需要与传统中被边缘化的群体，包括妇女、青年、原住民、当地社区和少数民族发展伙伴关系（高置信度）。这些伙伴关系在得到有利的政治领导、机构、资源（包括资金）以及气候服务、信息和决策支持工具时最为有效（高置信度）。

不断变化的城市形态、暴露度和脆弱性之间的相互作用可能为城市和聚居区带来气候变化引发的风险和损失。然而，全球城市化的趋势也为短期内推进气候适应创造了一个关键契机（高置信度）。对包括社会、生态和灰色 / 物理基础设施进行综合的、具有包容性的规划和投资，有助于大大增强城市和农村地区的适应能力。公平的成果有助于给人类健康和福祉，以及生态系统服务带来多重效益，包括为原住民、边缘化的和弱势的社区带来利益（高置信度）。具有气候韧性的城市发展，也可以通过维持城市周边的商品供应链和服务及资金流动，来更好地支持强化农村地区的气候适应能力（中置信度）。沿海城市及其聚居地在推进有气候韧性的发展方面发挥着特别关键的作用（高置信度）。

考虑到气候变化对生物多样性和生态系统的威胁及其在气候适应和减缓方面的作用，保护生物多样性和生态系统是实现具有气候韧性发展的基础（非常高的置信度）。最新分析表明，在全球范围内保持生物多样性和生态系统的韧性，需要有效且公平地保护地球上 30% ～ 50% 的陆地、淡水和海洋，包括目前仍接近自然的生态系统（高置信度）。

实现具有气候韧性的发展。毋庸置疑，气候变化已经扰乱了人类和自然系统。过去和当前的发展趋势（历史排放、发展和气候变化）还未能推动全球实现有气候韧性的发展（非常高的置信度）。未来 10 年的社会选择和行动将决定中长期内多大程度上能实现更高或更低的有气候韧性的发展路径。尤为重要的是，如果现在全球温室气体排放量不能迅速下降，特别是如果全球温升在近期超过了 1.5 ℃，实现气候韧性发展的前景将愈发受到影响（高置信度）。这种前景受到历史发展模式、排放和气候变化的制约，而具有包容性的治理，充分且恰当的人力和技术资源、信息、能力以及资金可以助力实现有气候韧性的未来（高置信度）。

IPCC AR6 报告为全球气候危机敲响了警钟，让人们清醒面对现实——全球减排力度不足，最终将给世界各地的公共健康、经济社会发展带来破坏性影响。报告也提醒我们，人类有能力扭转现状——可以通过减少排放、投资气候适应，来减少或避免极端天气事件、饥荒、健康问题等负面影响的出现。充分认识全球应对气候变化的进展不均衡，应对和减少气候风险的进展和所需进展之间仍然存在差距，最大的适应差距在于低收入群体。

大多数适应措施都是零散和小规模的，且重视近期风险超过长期风险，重视计划超过实施，按照目前的规划执行速度，适应差距还将继续扩大。气候变化的紧迫性和复杂性要求各方迅速采取行动，人类坐在一条命运与共的大船上，地球上没有任何地区可以免受气候变化的影响，全球必须协同应对，不能错过稍纵即逝的机会。

5.1.4 如何适应全球气候变化

应对气候变化分减缓和适应，减排的温室气体对气候起作用要在 30 ～ 50 年以后显现，而适应则是现实的、直接的，需要急迫去做的。减排固然重要，但在极端天气气候事件导致灾害增加的背景下，亟须提升的是防灾减灾能力。若不注重适应气候变化的理论研究，不注重适应气候变化的工作，人类将成为历史的罪人，气候系统进入不可逆的状态。

国内外适应气候变化研究进展如何？需要适应什么？应该怎样去适应？从分区域报告的分析评估结果来看，在欧、美、澳等发达地区，“怎样适应”和“怎样实施适应”占比稳步增长；非洲和拉丁美洲也大幅增加；只有亚洲在减少。在《中国气候变化评估报告》中，风险和脆弱性占比不高。发达国家在极力呼吁减缓的同时，对适应也丝毫没有放松。用方法学为适应气候变化研究打开思路，从学科发展来看，适应气候变化应该成为一个独立的新学科。新的措施要与原来的措施紧密结合，比如将过去的措施加强一些成为现在的适应措施，但有些也需要寻求全新的措施。

气候变化适应主要包括四部分，一是适应气候平均状况；二是适应极端气候事件；三是适应生态系统的后果；四是适应社会经济结构的调整。前两个是单纯的气候因素，后两个则要复杂得多。以农业为例，就适应生态环境的后果来说，2012 年我国东北和华北黏虫大暴发和 2014 年冬季海南岛红火蚁暴发，均明显与气候变化有关。此外，像草地退化、土地盐碱化等，都是不适应的生态后果。气候变化引起社会经济风险，而适应社会经济结构调整方面的研究则是少之又少，亟须加强。由于气候变化加剧系统状态的不稳定性，两个或多个系统的边缘部分对气候变化异常敏感或脆弱，在系统边缘的交互作用处，通过采取积极主动的调控措施，促使系统的结构和功能与变化的气候条件相协调，从而达到稳定有序的新状态的过程。

IPCC AR5 将适应定义为自然或人类系统对气候的影响所作出的调整过程。对于人类系统，简要说就是要趋利避害；对于一些自然系统，就要通过人类的干预，向人们期待的方向发展。人类和地球共同作用于气候系统，气候系统再反作用于地球，大到全球尺度，小到基因水平，其中的相互作用不局限于同级别系统，非常复杂。比如黏虫是很小的系统，但有时会引起整个农业系统的崩溃。不同的尺度，要采取的适应措施也不一样。以小麦霜冻害为例，单纯地更换作物品种、调节作物播种时间、调整种植制度是不行的。IPCC 评估报告将适应分为渐进适应和整体转型适应。以区域适应典型问题为例，黄淮海冬小麦霜冻害、西藏河谷农业和黄土高原集雨补灌是渐进适应；华北节水、东北作物与品种布局、热带作物种植界限北扩以渐进适应为主；棉花主产区西移以整体转型为主；宁夏硒砂瓜、川中丘陵地区种植结构调整是整体转型。

从自然科学的角度来看，将人类活动导致的全球变暖限制在特定的水平需要限制 CO_2 累计排放量，至少在 21 世纪中叶实现 CO_2 的净零排放，同时大力减少其他温室气体的排放。此外，采取有力的、快速的且持续的 CH_4 减排行动也具备减缓和改善空气质量的双重效应。气候变化对生物多样性所涉及的基因多样性、物种多样性和生态系统多样性造成了全面影响，已经成为生物多样性锐减的主要威胁之一。科学已经非常明确了，需要坚定不移地采取应对气候变化行动，极大改善人类社会与自然系统对气候变化的适应力，并增强气候减缓的雄心与力度。这需要各国、各级政府、商界、金融机构、社区与个人的共同行动，在此过程中决策者的领导力至关重要。

部分气候脆弱性较强的区域正在加紧针对气候适应领域的研究，作为加强区域气候适应能力的重要参考。地中海地区是全球气候敏感性最高的两个区域之一。2017 年，为了提高地中海沿岸地区自然和社会经济系统对气候变化的适应水平，UNEP 制定了《地中海海洋和沿海地区气候变化适应框架》，协助地中海地区各级决策者和利益相关方制定并实施连贯有效的适应措施。对于发展中国家来说，囿于地理位置、气候特征，以及经济社会的发展水平，其气候脆弱性往往很强，同时，这些国家的气候治理能力和技术也相对有限，因此，气候适应通常是发展中国家在应对气候变化时的重点关注和诉求。近年来，发展中国家正着力推动气候适应议题在其政策框架中的主流化。以东盟为例，2021 年出台了《东盟国家气候变化情况报告》，全面梳理东盟各国的适应需求、短期和中长期的适应目标及其适应进程和政策框架。对于气候适应的重点区域来说，类似研究有助于加速其政策体系的搭建和区域合作，从而增强其应对气候变化的能力。

各国气候适应方案的重点领域主要集中在农业、气候脆弱性较强的生态系统和卫生健康等方面，强调基于气候科学的研究，以及中央与地方、国内与国际的协作。日本的国家适应计划主要关注农业、灾害、沿海地区适应、健康 4 个方面，强调将气候适应主流化，加强气候科学研究，共享气候风险信息，促进地方以及国际行动。美国气候适应的工作重点是气候适应主流化、加强与地方的协作、降低气候变化风险、加强评估与监督、解决气候适应的科学需求。欧盟最新的欧盟适应气候变化战略提出，要促使欧盟向更智慧（包括建立数据库等）、更迅速、更系统的气候适应迈进，同时加强国际合作，共建更具气候韧性的地球。发展中国家在上述重点领域之外，还强调引进先进技术和能力建设方面的需求，并在适应气候变化的同时兼顾经济社会发展。

5.1.5 中国适应气候变化战略

中国适应气候变化战略旨在加强气候敏感脆弱领域和关键区域的气候变化风险评估、适应气候变化的基础能力建设、探索建立国家适应气候变化信息平台；深化气候适应型城市建设试点，并充分借鉴国际经验，积极拓展适应气候变化国际合作；探索气候变化适应战略途径，选择有序适应气候变化战略。

气候变化适应该如何做呢？以科学技术为先导，健全战略实施保障机制，强化科技支撑，促进国际合作，最大限度地激发各类主体的活力和创造力，形成全面适应气候变化的积极氛围。明晰适应基础，研发高新技术，开展适应期技术示范。比如流域尺度上、中、下游之间的联系，经济一体化区域（京津冀、长三角、粤港澳）等联动起来解决综合问题。把气候敏感部门、制度和法规保障、经济学的合理性联系在一起，实现自然、社会、经济整体有序。

建立完善适应气候变化相关法律法规和制度体系。强化统筹指导与协调配合，健全适应气候变化协调工作机制，形成适应气候变化政策与行动合力。探索建立国家适应气候变化信息共享机制和平台，推动资源、信息、数据交流共享。建立适应气候变化工作成效评估机制，定期开展适应气候变化政策与行动评估，抓好任务落实和监督检查，分析实施效果，及时研究解决问题。综合考虑气候类型、地域特征、城市定位、工作基础等因素，因地制宜，分类指导，深化气候适应型城市建设试点，到 2035 年形成试点城市适应气候变化理念广泛普及、能力显著提升、经验有效推广的良好局面。探索在重点脆弱领域和区域开展适应气候变化相关试点示范行动，总结推广可复制的经验做法。

强化科技支撑，加强基础科研。组织开展中长期气候变化情景预估和预研究，改进气候变化观测和重建数据质量，精确刻画模拟气候变化关键过程和趋势。系统开展适应气候变化基础研究，加强气候变化监测预警、影响分析和风险评估、脆弱性与适应能力评估等重大问题研究。加强适应气候变化关键技术研发，推进适应技术集成创新，熟化适应核心技术，构建分领域、分产业、分区域的适应气候变化技术体系。强化适应气候变化技术成果转化平台建设，开展适应气候变化示范技术遴选，促进适应技术转化推广。开展基于未来长期气候变化情景的适应技术预研究，进行必要的技术储备。强化科技资源配置。加强重点行业与区域适应气候变化科技资源协同共享，提升科研基础设施和科技平台建设水平，强化适应气候变化科技资源长期性、稳定性、基础性支撑。加强国际、区域间适应气候变化科技交流，推动经验借鉴与信息共享。

加强适应基础能力建设与科普宣传教育，开展适应气候变化主题宣传活动。编制适应气候变化科普教育系列丛书，通过学科教育、课外活动、讲座研讨等方式推动适应气候变化进校园。加强适应气候变化典型案例的经验交流与宣传推广。创新宣传手段和模式，普及适应气候变化理念，引导绿色消费和气候适应型生活方式。加强社会公众的广泛参与，推动适应行动主体多元化。组织形成社区、企业网格化协调机制，发展壮大志愿者队伍，动员全社会力量，形成全社会广泛参与氛围。积极参与多边框架下适应气候变化工作，提升我国气候变化科学评估能力。积极参与适应气候变化国际合作，讲好我国适应气候变化故事，提升我国在适应气候变化领域的影响力。

5.2 气候变化影响评估方法

防范和应对气候变化的科学决策需要充分的事实依据。自 IPCC 发布第三次评估报告之后，学术界对气候变化影响、适应和脆弱性的研究日渐增多。在第四次评估报告中，IPCC 把风险管理作为应对气候变化的一个新的主流研究给予了强调。在第五次评估报告中，进一步揭示观测到的影响、脆弱性以及适应，提出未来的风险和适应的机遇，并加强未来风险管理、构建气候恢复力。在第六次评估报告中，特别重视气候变化适应问题，除观测和预估的影响和风险、适应措施及其促成条件外，对气候恢复力发展问题明确了奋斗目标。为了加深对气候风险管理的理解，更好地应对气候变化，需要了解气候变化影响与风险评估研究中的主要思路和方法。

气候变化风险是指气候变化对系统的损害程度，即不利影响的程度以及损失发生的可能性。目前，气候变化影响评估方法研究尚处于科学研究业务应用阶段，气候变化影响评估方法尚存在着不确定性和复杂性，主要评估方法包括：基础数据处理与分析技术；气候变化未来情景及预估数据；动力统计降尺度方法应用；气候变化对农业、水资源、生物及生态系统、海平面及海岸带、人体健康、交通运输、能源保障、社会经济及社会综合的影响评估方法，以减少气候变化的影响、脆弱性和适应性评估的不确定性。气候变化风险研究需要基于特定的社会经济情景，并预估未来不同的气候变化情景，识别系统的气候变化脆弱性是应对气候变化风险的重要途径。

5.2.1 多元数据处理与分析

气候变化影响评估工作需要大量科学与人文多元数据的支撑，包括气象、水文、大气成分等方面观测到的基础数据，也需要数字高程模型、土壤、土地利用等地理空间数据的支持，还需要用到大量的社会经济数据，包括国民经济核算、人口、从业人员和职工工资、固定资产投资、能源生产和消费、财政、物价指数、人民生活、城市情况、农业、工业、建筑业、运输和邮电、国内贸易、对外经济贸易和国际旅游、金融和保险、教育和科技、文化、体育和卫生、其他社会活动及环境保护等综合数据，以及产出、贷款、存款、投资、政府财政、就业、收入和支出等常见经济指标等。这些数据在用于气候变化影响评估时，由于不同的来源和数据格式，需要进行适当的处理和分析后，才能输入到相关模型中，或是用于具体的研究。其中数据均一化方法和频率（重现期）分析等是常用方法。

（1）数据均一化处理方法

气候变化研究的基础是均一性的长序列数据。然而仪器变动、站址迁移、观测方法改变，常会使序列数据产生非均一性，这样的数据用于研究时，可能会导致错误的结论，所以需要对序列数据进行均一化处理。同时，在观测形成的气候资料序列中，也包含气候变化、气候趋势的有关信息，而这些气候变化、气候趋势的信号在作非均一性检验时可能会导致错误，因此在进行非均一性检验之前，应首先对原始序列进行“过滤”，删除序列中气候变化或趋势的信号，通常可以采用差值法、比值法、回归法等过滤原始序列中的气候变化或趋势。由于不同时期气象台站的观测项目、观测方法、观测仪器、观测时间、观测记录的统计方法及连续性等的差异，以及同一时期常有多个机构在城市内的不同位置进行观测，因此需要通过对同一城市各个台站的观测资料进行拼接融合，来重点解决观测序列的均一性、完整性和准确性问题。基于均一化气温观测序列分析中国近百年气温变化规律，不难发现气温距平存在显著的年际变化、年代际变化和气候变暖趋势，揭示了20世纪60年代中国区域气温偏暖向70年代偏冷的快速转变，1910—2020年，中国地表年平均气温呈现显著增加趋势，增温速率为每十年0.25 ℃。

（2）事件频率与重现期分析

随着气候变化引发全球变暖和极端事件的加剧，暴雨洪涝、高温热浪、持续性干旱等现象越发频繁，且强度呈现增大趋势，以往几十年出现一次或百年一遇的事件成为经常性发生的现象，其再现周期缩短。因此，极端天气气候事件发生频率与重现期问题引起社会广泛关注。最高气温、最大降雨量、年最大洪峰流量和最高最低水位等都属于随机事件，如何来确定“*N* 年一遇”的 *N*，需要用到频率（重现期）分析方法。频率分析中的 *T* 年一遇极端强降水（或干旱）是指对应 $F=1-1/T$ 的 $x(F)$ 降水极值。

以日观测资料超过某一强度（如降水达到 100 mm/d）或超过某一分位点（>90%）或达到某一重现期数值为标准，定义气象 - 水文极值。极值事件的分布特征，可以在年最大值序列（AM）或超门限峰值序列（POT）频率分析基础上获取。若按平均每年一次极值事件统计，则 POT 序列丰水年份可能出现几个极值，干旱年份可能不出现极值。而 AM 序列每年有一个极值，且离差较 POT 序列为大。

常用频率值计算和分布模型水文气象统计计算，一般侧重于单站情况下的频率计算与参数估计，广泛采用皮尔逊Ⅲ型分布、指数分布、对数正态分布、耿贝尔分布、韦布尔分布等模拟特征值的分布规律，外延和内插各种频率的特征设计值。由于环流和下垫面的复杂多样，气象要素的时空分布差异明显，各地区降水极值的概率分布最优拟合函数呈多种形式。根据随机变量 *X* 的取值范围，可以将分布模式分为四大类：有界分布模型、无界分布模型、非负分布模型和不受样本取值类型限制的广义概率模型。分布函数参数估计方法有矩法、极大似然法、最小二乘法、概率权重矩法和线性矩法等，理论分布与经验分布的偏离程度，可采用一种非参数假设检验，比较样本分布与总体分布函数的拟合程度。

1961 年以来，我国平均年暴雨站日数呈增多趋势，平均每十年增加约 4%。以深圳市为例，在全球变暖背景下，降雨日数减少了五分之一，大暴雨日数显著增加，短时降水强度明显增强。通过最大似然法和线性矩法设置不同重现期参数，得到不同气候态（A. 1961—1990 年；B. 1991—2015 年）*N* 年一遇重现期降水量拟合结果。采用非参数的柯尔莫洛夫 - 斯米尔诺夫检验法，对所有分布函数进行优度排序，确定排名第一的分布函数及该函数计算的降水重现期结果（表 5.1）。1991—2015 年（B）与 1961—1990 年（A）相比，1 小时降水量每十年增加 2 mm；短时强降水强度显著增加，百年一遇 1 小时降水、12 小时降水和 24 小时降水接近到 20 年或 30 年一遇；百年一遇 6 小时降水的情况在近期（B）和前期（A）没有明显的变化。由于深圳城市化发展迅速，城市内涝风险增大，气象灾害造成的直接经济损失加大。

表 5.1 深圳不同气候态各历时不同重现期雨量 单位：mm

历时 /h	时段	10 年一遇	20 年一遇	30 年一遇	50年一遇	100 年一遇
1	A	60.3	65.8	68.8	72.5	77.1
	B	74.8	80.0	82.6	85.3	88.4
6	A	165.4	195.1	214.0	239.6	278.0
	B	182.3	211.3	228.7	251.1	282.8
12	A	218.3	241.7	254.2	268.7	286.8
	B	246.8	286.2	309.4	339.1	380.1
24	A	274.5	305.5	322.6	343.2	369.7
	B	302.8	350.1	377.8	413.1	461.8

5.2.2 不同领域影响评估方法

（1）对农业影响评估方法

气候变化影响的综合评估是在影响评估过程中综合多学科知识的评估方法，包括揭示复杂系统内部和系统之间因果关系的自然科学和社会科学。而综合评估模型（IAM）是进行气候变化影响综合评估的主要研究工具，利用综合评估模型评价气候变化对农业的影响。气候变化对农业影响是多方面的，因此由于研究目的不同，往往采用的方法也不同，具体评估框架见图 5.2。

对于已经发生的气候变化的影响评估，通常采用统计分析方法识别和分离气候变化对作物影响的关键要素和关键生育阶段，分析总结气候变化对粮食生产影响的规律，包括全球变暖对主要粮食作物生长期的影响、极端气候事件（洪涝、干旱、冻害、极端高温和低温冷害）对作物生长和产量的影响，以及自然变率和气候变化对粮食生产的影响等。

未来气候情景驱动作物模式法是气候变化影响研究中最常用的方法，根据未来气候情景构建的方法不同，又可分为以下 3 种情况：① 在开展气候变化影响评估早期，限于气候模式的模拟能力，对历史平均气候数据进行一定的增减产生未来气候变化情景，然后与作物模型结合；② 根据大气环流模型产生的结果，利用随机天气发生器产生出未来逐日天气数据，然后与作物模型结合；③ 利用区域气候模式直接模拟出未来逐日天气数据，然后驱动到作物模式。随着区域气候模式和作物模式的发展，模拟气候变化和产量等关系的研究成为目前 IPCC 使用的主要方法。

农业生产的气候脆弱性评估一般是通过寻找特定的研究群体或单元（无耕地

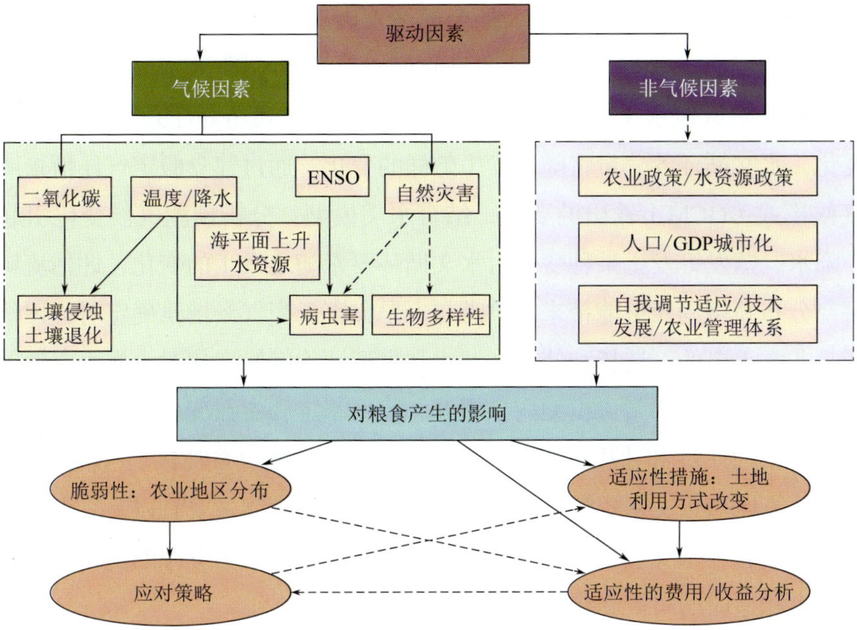

图5.2　气候变化对农业影响评估框架

的农民和农业等），识别研究单元承受多种胁迫造成的负面结果的风险程度，以确定一系列减缓或适应胁迫的措施。根据评价单元和目标的差异、数据的可利用性以及社会经济情景差异，脆弱性的研究方法主要包括以下 4 种：实地调查法、产量分析法、相似分析法和案例研究法。气候变化对产量的影响是近年来研究最多的一个方面，其结果也相对可靠。

（2）对水资源影响评估方法

气候变化对水文与水资源影响的研究基本上都遵从：未来气候情景设计 - 水文模拟 - 影响研究模式，具体来说可以归纳为：设计或选定未来气候变化情景；选择、建立并验证水文水资源模型；以气候变化情景作为水文模型输入，模拟分析区域水文循环过程和水文变量；评估气候变化对水文水资源的影响，根据水文水资源的变化规律和影响程度，提出相适应的对策和措施。上述气候变化对水资源的研究主要集中在气候变化对流域径流平均变化的影响，而对气候变化对水质的影响、对农业灌溉的影响和对供水系统的可靠性、生态系统恢复性和脆弱性的影响等研究较为薄弱。

要全面了解气候变化对水资源及相关领域的影响，就必须要进行多学科的全面研究，把环境、生态、经济、社会等各子系统以及它们之间的相互联系和作用结合起来综合考虑，将气候变化、社会经济发展、水资源、农业、生态系统等方面的研究有机结合，构建一个有效的研究框架示意图（图5.3）。

气候变化对区域水文水资源影响的研究常采用假设分析手段：如果气候发生某种变化，水文循环各分量将随之发生怎样的变化。通过建立假定气候情景或依据全球气候模式（GCM）输出的要素，结合水文模型，分析预测气候变化引起流域气温、降水、蒸发等发生某种变化时水文循环要素随之发生的变化，评估流域水资源的时空分布新格局及可能带来的洪涝与干旱灾害。当气候情景确定时，评价模型的选择是非常重要的。选择和使用区域水文模型评价气候变化对水文水资源的影响时，应考虑下列几个因素：模型内在精度、模型率定和参数变化、现有的资料及其精度、模型的通用性和适用性以及与全球气候模式系统（GCMs）的兼容性等。目前，用于估算区域水文水资源对气候变化响应的水文模型主要有以下三大类：经验统计模型、概念性水文模型、分布式水文模型。根据水文水资源的变化规律和影响程度，提出相适应的对策和措施。

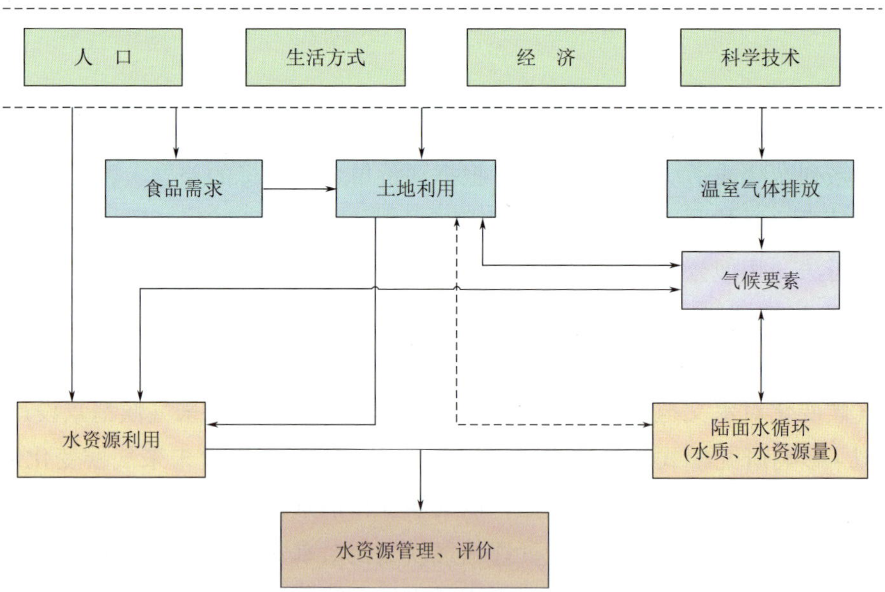

图5.3 气候变化对水资源及相关领域的影响研究框架

（3）对生物及生态系统影响评估方法

全球气候变化会对地球生态环境产生巨大影响。受气候变暖、干旱等自然因素变化以及人类过度放牧利用的影响，目前中国的天然草原90%出现了不同程度的退化。20世纪以来，中国北方草原已向北退缩约200 km，向西退缩约100 km。

气候变暖还导致青藏高原冻土变化加剧，冻土层温度增加、厚度变薄，引起青藏高原特有地带性植被发生退化，高原生态环境受到破坏。气候变化对生物物种及生态系统影响的评估在内容上主要包括气候变化影响的特征、脆弱性、适应性等方面；在时间尺度上，气候变化的影响评估包括对已经发生的气候变化对生态系统影响的评估，以及未来气候变化对生态系统可能影响的评估。对未来气候变化影响的评估可以依据所针对的评估实体、所要解决的问题、数据资料等的不同，选择不同的评估途径与方法来进行。一般而言，气候变化对生物种及生态系统影响评估框架如图 5.4 所示。

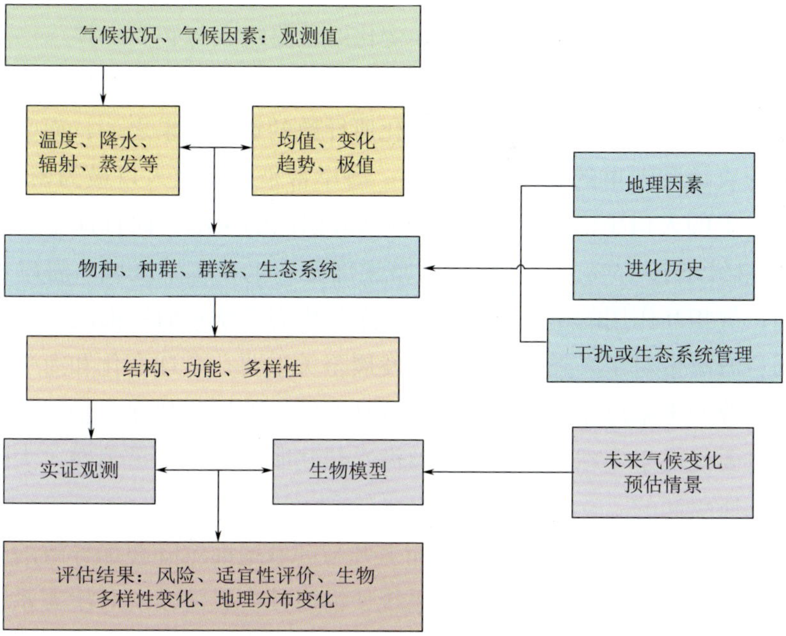

图5.4　气候变化对生物物种及生态系统影响评估框架

生态系统评估方法有实证观测分析、模型模拟分析、碳收支评估模型工具等。气候变化导致物种分布范围的变化。物种的分布是与一个区域内生态因子长期作用达到平衡的结果，气候的变暖使原先的栖息地环境不再适应的时候，迫使许多物种向更高的纬度和海拔迁移。当物种无法再迁移时，就会造成地方性的甚至是全球性的灭绝。气候变化造成了生物物候期的改变。有证据显示气候变暖已经改变了植物的生长期长度和鸟类迁徙的时间与路线。物候期的提前或延迟造成物种间生态关系的紊乱，引起生物群落组成与结构的变化及外来物种的入侵，还会使部分动物因缺乏食物而饿死，造成其灭绝。气候变化急剧加快了物种的灭绝速率。由于气候变化造成的生态系统退化、栖息地破坏等原因，50 年后全球可能有近三分之一的动植物处于灭绝边缘。受全球增暖影响，一些物种的灭绝风险会增大。

我国地处中纬度生态脆弱地区，跨越多个气候带，是世界公认的气候变化敏感区和脆弱区之一。气候变化对我国生态系统和生物多样性造成的影响也日益突显。近 50 年来，我国冰川退缩、降水格局变化使河流断流、内陆湿地逐渐萎缩；我国森林分布明显北移，草原草甸面积减少，部分动植物和真菌等处于变异和濒危的境地。气候变化直接影响和改变了人类活动，并间接影响了地球生物界，气候变化将对生态系统的功能和生物多样性带来严峻挑战。因而，评估气候变化对生物与生态系统的影响是有效应对气候变化的重要组成与必要步骤。

（4）对海岸带影响评估方法

全球海平面上升是人类引起气候变化所导致的重要后果之一，而受海平面变化影响最为直接和严重的是海岸带地区。海岸带是地球上人口最为密集的地区，全球一半以上的人口生活在距海岸线 100 km 以内的范围，而且这个数字在未来 20 年可能继续增长 25%，全球经济财富大部分产生于海岸区域。海岸带地区也是海、陆、气相互作用的生态过渡带，复杂的生态系统对海平面的变化表现得敏感而脆弱。海岸带对于人类社会和经济发展至关重要，全球变化和海平面加速上升将极大地改变未来海岸人居环境和经济社会发展的风险状况。全球性的绝对海平面上升主要是由于全球气候变暖导致海水热膨胀与陆地冰雪消融（大陆冰川与极地冰盖）所引起的。

未来气候变化情景下，全球海平面上升与区域地面沉降叠加导致的地区性相对海平面上升，通过改变海岸带自然系统使沿海社会经济系统和生态系统面临风险。海平面上升对海岸带影响的研究主要集中在海岸侵蚀、海水入侵、风暴潮淹没和湿地丧失等风险评估。评估在未来海平面上升情景下区域面临的风险，通过确定不同自然系统变化（海水入侵、风暴潮加剧、海岸侵蚀、低地淹没等）分别造成海岸带地区的损失情况，采用风险人口、可能经济损失和湿地面积损失来评估不同风险类型和危害程度。影响评估研究框架如图 5.5 所示。

对于海平面与海岸带影响评估的研究可以依据以下 3 个步骤开展工作：风险区域识别、脆弱性评估、综合评估区域受到的影响，并提出应对策略等。海岸带系统风险包括：海平面上升的影响和人类活动的影响，人类活动中的土地利用、城市建设、筑堤建闸、围海造地等导致河流入海水沙通量减小、海岸湿地面积缩减等诸多问题。海岸脆弱性评估方法可分为综合评估方法和单一影响评估方法。

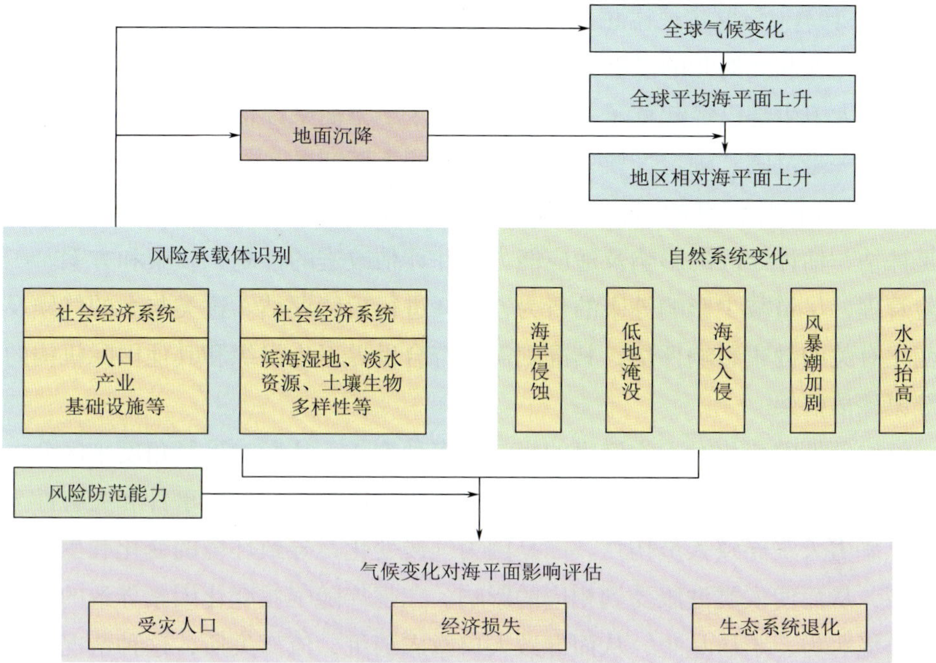

图5.5　气候变化对海平面影响评估研究框架

综合评估是指对海平面上升海岸脆弱性的各方面进行全面评估并得出定量或非定量化的结果。

（5）对人体健康影响评估方法

气候变化可能影响几千万人口的健康状况，例如粮食减产导致营养不良及营养失调增加，热浪、洪水、风暴、火灾和干旱等导致死亡和伤害增加；与气候变化相关的地面臭氧浓度增高导致心肺疾病发病率增加，某些传染病传播媒介的空间分布发生改变等。

目前，国内关于人体健康影响成果主要集中在血吸虫气候 - 传播关系和气象要素变化对部分疾病的影响方面，而一些发达国家和发展中国家已经开展气候变化对健康影响的评估。英国的评估集中在对取得的医疗卫生成果的定量研究，评估与发热和风寒有关的死亡和住院等的分布变化，结论是严寒的冬季大风天气增加是产生影响的主要原因，同时阐述了气候变化的不利影响和潜在的利益两者之间的平衡。斐济主要关注的是登革热（1998 年以来的近期疫情）、腹泻病及与营养有关的疾病。将登革热传播模型纳入一个针对太平洋群岛开发的气候影响模型，模拟结果表明气候变化可能会延长登革热疾病在斐济的传播季节，并且疾病的地理分布可能扩大。由于气温上升和降雨量分布的改变，特别是 1997 年和

1998 年的干旱（与厄尔尼诺相关）已对健康产生了普遍的影响，包括腹泻病、营养不良、儿童和婴幼儿的微量营养素缺乏症。

加拿大卫生部已经起草了一份框架，从 3 个方面来评估气候变化对人体健康的影响。一是范围，确定气候变化影响健康的主要问题（特别是弱势群体关注的方面），描述医疗保健的负担和风险的现状，确定评估的主要合作伙伴和问题。二是评估，估计今后的影响及适应能力，并评估改进的计划、政策和方案。三是风险管理，尽量减少影响健康的行为，包括进行后续评估。这类与大的气候及环境变化有关的健康影响评估，其准则需要符合世界卫生组织和其他国际机构的主流健康评估框架。

气候条件的变化对人类健康的影响有多种方式。从影响途径角度来区分主要有 3 种类型。一是相对直接的，随着气候变化，极端天气气候事件和灾害性天气增多，恶劣天气导致人员伤亡。二是因为气候变化，导致环境的变化和生态系统的破坏，从而使人类健康受到相应的影响。三是伴随气候变化因素导致的经济混乱、环境恶劣、矛盾丛生，从而导致人口意志消沉，流离失所，这种情况会对人类健康造成各种各样的后果——受外伤、得传染性疾病、缺乏营养、心理素质极差等。气候变化对人类健康造成影响的若干方式如图 5.6 所示。

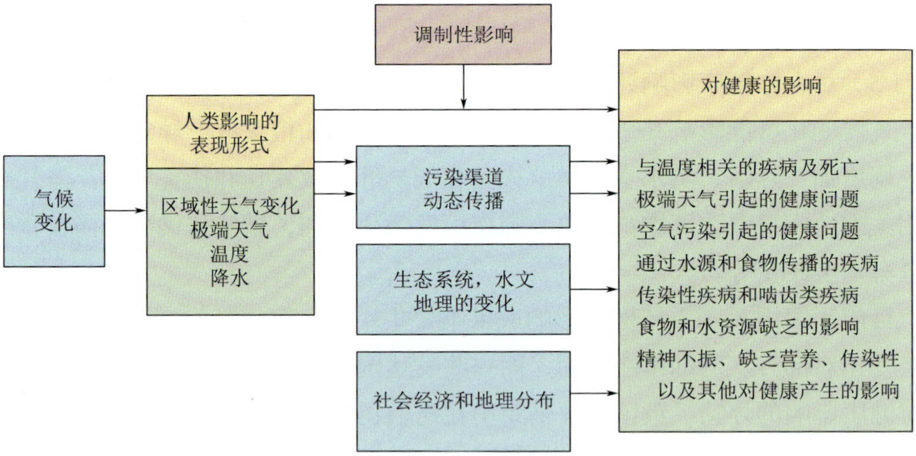

图5.6　气候变化对人类健康造成影响的方式

对于气候变化（包括气候可变性在内）对人类健康产生影响的评估思路主要有两种：一是根据气候的可变性预测气候变化的内容，从中进行推断；二是以现有的关于气候条件和健康后果关系的知识为基础，利用可预测的计算机模型进行评估。虽然这些模型不能确切地预测出将要发生的事情，但是它们可以显示出当某种未来气候条件被满足时会发生的健康状况。厄尔尼诺现象与委内瑞拉和哥伦比亚等地疟疾流行的关系的研究结果表明：在厄尔尼诺现象出现的第 1 年，委内瑞拉的疟疾患者增加 37%、哥伦比亚的疟疾患者增加 35.1%。1997/1998 年在厄尔尼诺现象活动高潮期，索马里、肯尼亚、厄瓜多尔出现高温、洪水成灾，有 8.9 万人感染上裂谷热病；委内瑞拉、巴西等国大面积干旱，引起疟疾和猩红热暴发，造成许多人死亡。表 5.2 是在 1997/1998 年厄尔尼诺期间，一些国家的极端气候事件与暴发的疾病的联系。

表 5.2　1997/1998 年厄尔尼诺期间极端气候事件与疾病

发生的疾病	国家	极端气候事件
暴发疟疾和猩红热	印度、斯里兰卡、巴基斯坦、东非、圭亚那、巴布亚新几内亚、巴西	干旱
暴发裂谷热病	索马里、肯尼亚、厄瓜多尔	高温、干旱
暴发霍乱病	乍得、几内亚比绍、坦桑尼亚	洪涝
儿童腹泻病例增加	秘鲁	高温、洪涝

气候变化可能会导致传染性疾病的流行范围扩大和传播能力增强，甚至会加速某些新发传染病的传播或已经得到控制传染病的复现。多数虫媒疾病都属温度敏感型传染病，气候变化将引起疾病传播媒介的地理分布范围扩大，从而增加媒介传播性疾病的潜在危险（如血吸虫病、疟疾、登革热等），随着气候的变化，疟疾、血吸虫病、登革热等虫媒疾病将殃及世界 40% ～ 50% 人口的健康。研究表明，随着全球气候变暖以及中国南水北调工程的实施，若钉螺扩散且适宜钉螺滋生的其他条件满足，则存在钉螺北移的风险，并会对全球气候变暖是否导致血吸虫病北移作出定量回答。

（6）对交通运输影响评估方法

交通运输一般包括铁路运输、公路运输、水路运输、航空运输和管道运输 5 类，交通运输业是国民经济的重要组成部分。中国地域辽阔，幅员广大，交通运输在经济发展、社会进步方面扮演着重要的角色。而交通运输与自然环境有着密切的关系，特别是对气候变化的反应比较敏感。交通运输的各个阶段都离不开气候的影响，例如在道路的勘察设计、施工到投入运行等过程中均涉及气候因子等。

近年来由于中国经济的快速发展，对交通运输的要求越来越高，气候异常对交通运输的影响也就越来越明显，由此所造成的交通运输的损失也越来越大。例如，暴雨、强降水引发的滑坡、泥石流等地质灾害可导致公路、铁路交通中断；夏季高温会引起路面温度升高，也容易造成机动车爆胎，导致车毁人亡事故；雷电对航空运输影响大，容易造成飞行事故；大雾影响视程，对陆地、航空运输影响最为严重，造成的交通事故较多。未来几十年内，全国的平均降水量将会增加，但降雨量分布不均，预示由强降雨引起的洪涝、泥石流等灾害可能会更加频繁，这对公路交通基础设施会造成较大的破坏，灾害性天气会增加交通事故发生的频率。在东南沿海地区，台风（飓风）等极端天气将会毁坏道路，海平面上升将会淹没沿海低洼公路；青藏高原和天山冰川的退缩速度增加，对以这些冰川融水为主要来源的河川径流将产生较大影响；干旱范围的扩大使干旱区的河流水位降低，甚至出现断流的现象，增加内河运输的成本；台风等极端天气的发生会增加海运的危险，增加海岸侵蚀，使港口功能减弱；大雾等极端天气的发生会降低能见度，导致航班延误、旅客滞留，增加航空运输成本；雷暴容易击中飞机，破坏通信；强降雨、降雪、大风也会毁坏机场基础设施。

2007 年日本东京举办的气候变化和交通战略国际研讨会就气候变化与交通影响关系形成以下观点：① 交通是温室气体的主要排放源之一，因而也是气候变化的主要原因之一。交通引起的 CO 当量的排放占 13% ～ 14%，CO_2 的排放占 23% ～ 24%（经合组织成员国 30%）；② 相对于航空和机动车，铁路对气候变化和环境的影响较小；③ 全世界对飞机和机场的需求正在以每年 5% 的速度增长，机场和航空管理系统正面临严重的容量不足问题；④ 城市间高密度客流线上的高速铁道的建设，不仅可以缓解机动车和飞机的运载压力及拥挤问题，也符合气候变化相关环境政策的要求。气候变化对交通影响的评价，可以按框架示意图（图 5.7）进行相关评价。

从气候变化异常出发，分析评价其对于交通线路勘察、选线、设计以及运营等各方面的影响，并提出减缓对策措施，例如在交通设施、调度指挥、路基设计、驾驶员培训等方面开展工作应对气候变化可能带来的影响。评估方法包括统计模型法、气候情景法和分析归类法。以气候变化对青藏铁路的影响评估为例，利用由 IPCC 数据分发中心（DDC）提供的 5 个全球海气耦合模式（包括海冰与陆地生态系统）得到气温及降水的模拟结果，在温室气体排放情景 SRES-A2 和 B2 影响下，对青藏高原及铁路沿线未来 50 年气温和降水的变化进行了分析，包括整个青藏高原地区 2011—2040 年、2041—2070 年的温度和降水空间分布特征以及 21 世纪前 50 年温度和降水变化的线性倾向等，结果表明，在人类活动引起

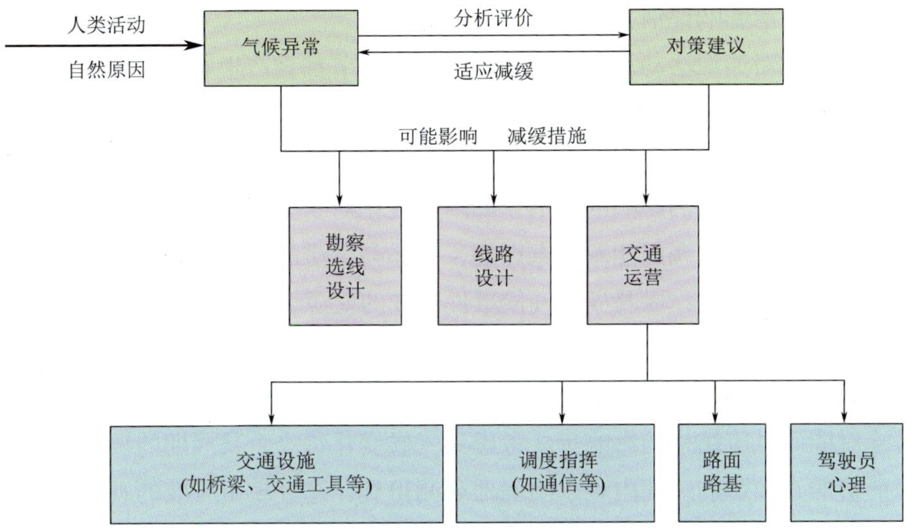

图5.7　气候变化对交通运输的影响及应对策略

的温室气体不断增加的情况下，21 世纪青藏高原地区的温度将继续增加，在 B2 排放情景下，2011—2040 年年平均温度增暖在高原主体达到 1.6 ℃，2041—2070 年整个青藏高原的温度将上升 2.8 ～ 3.0 ℃；A2 排放情景下的升温幅度比 B2 排放情景下略高。在青藏铁路沿线地区，对各站在 A2 和 B2 两种排放情景下每 10 年的平均温度分析表明，在 A2 排放情景下，到 2050 年前后青藏铁路沿线各站的温度增加将是 2010 年时的 2 ～ 3 倍，A2 时在 2.56 ～ 2.96 ℃，B2 时在 2.37 ～ 2.65 ℃。对 21 世纪前 50 年整个青藏高原地区温度变化线性倾向的空间分布分析可知，在 A2 排放情景下，大部分都在 1.5 ～ 2.5 ℃ /（50 a），冬季大部分地区的变暖倾向都在 2.0 ℃ /（50 a）以上，有些地区达到 2.5 ℃ /（50 a）以上，夏季在 2 ℃ /（50 a）左右；B2 时青藏高原地区温度变化倾向的分布趋势与 A2 时基本一致，只是变化的数值偏低约 0.5 ℃。对 21 世纪青藏高原地区降水变化的预估结果表明，与温度不同，在两种不同排放情景下，降水的变化较为复杂。总体来说，21 世纪前 50 年青藏高原大部分地区的降水为增加趋势。另外，由于气候变化预测具有较大的不确定性，而工程设计如果按照未来 50 年气温升高 2.2 ～ 2.6 ℃来考虑，投资和工程技术上存在相当的难度，综合考虑各种因素后，青藏铁路工程实际上以 50 年气温升高 1 ℃来设计。但现有抬高路基增加热阻的筑路技术不能满足这一升温要求，必须采用新的筑路技术。青藏铁路筑路工程技术通过采用调控热的传导、辐射和对流以及综合调控措施降低多年冻土温度，最大限度确保多年冻土区路基的稳定性。

（7）对能源影响评估方法

气候变化对能源活动从生产到消费的各个环节都会产生影响，气候变化直接或间接影响到能源活动中能源供应和能源消费两大方面。气候变化对能源的直接影响评估是指对气候变化所引起的气象条件改变，或气候事件出现的频率及强度改变对能源活动造成的影响的评估，如降水变化对水力发电的影响，低温天气与高温天气对采暖和空调的能源需求影响，干旱与洪涝的频率及强度改变对灌溉和排灌的能源需求影响，以及极端气候事件造成的能源供应中断等。

气候变化对能源的间接影响评估指为了应对气候变化而采取的各种政策措施对能源活动造成的影响的评估，比如节能措施对能源需求的影响、温室气体减限排措施对能源供应结构的影响等。考虑到气候变化是一个长周期的缓慢过程，对能源消费的直接影响短期内难以明确地观测得到，迄今缺少有效的观测结果支持深入的科学分析，气候变化对能源的间接影响十分广泛，几乎涉及能源消费及能源生产的各个方面，不仅与适应气候变化有关，更与减缓气候变化有着非常密切的关系，同时预测气候变化对未来我国水电、风电及能源供需的影响非常困难，国内的相关研究极少，缺少可靠的研究成果。目前关于气候变化对能源活动的影响，主要是评估气候变化对能源活动的直接影响和重要的间接影响。气候变化对能源活动的影响评估框架见图 5.8。

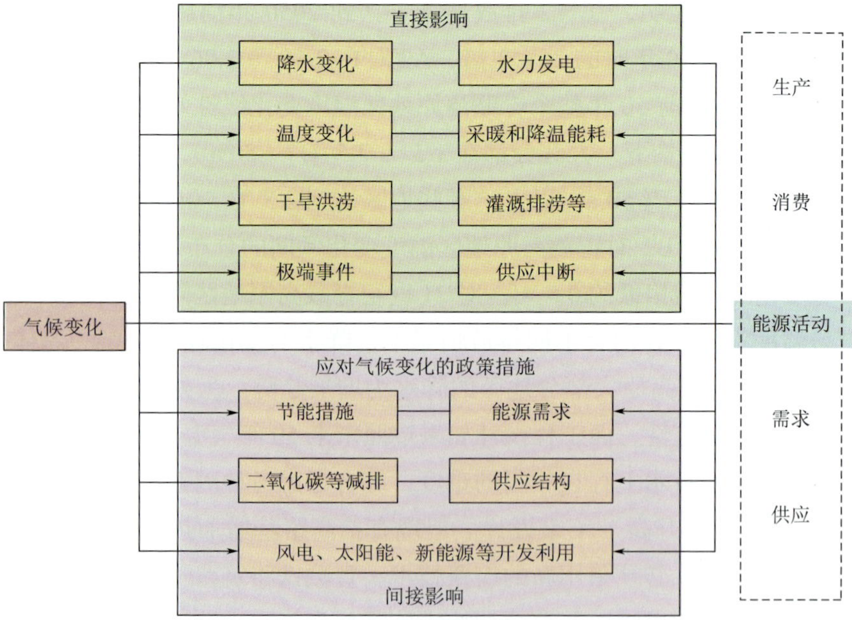

图5.8　气候变化对能源活动影响评估框架

气候变化对能源活动的直接影响相对比较易于监测和度量，气候变化对能源活动的间接影响往往体现为多种因素共同作用的结果，关系比较复杂，有较长的滞后时间。主要的评估方法有统计模型法、情景分析方法等，分析计算时使用较多的模型包括长期能源选择计划系统（LEAP）模型和中国能源环境综合政策评价（IPAC）模型。利用 IPAC 模型对我国能源需求的情景分析发现，对不采取气候变化对策的情景（即基准情景），并且主要的驱动因素是经济发展，人口发展模式按国家人口规划，即在 2030—2040 年达到人口高峰 14.7 亿。2050 年基准情景一次能源需求量由 2005 年的 21.89 亿 t 标准煤增加到 66.57 亿 t 标准煤，其中煤炭占 44%，石油占 27.6%，天然气占 10%，核能发电占 9%，水力发电占 6%，风电、生物质能发电等新能源和可再生能源占 3.4%。

5.2.3 影响评估方法与不确定性

（1）对已发生的气候变化影响评估

人类活动引发的气候变化已经在影响全球所有地区发生的许多极端天气与极端气候事件，已经造成东亚、东南亚和南亚等区域极端高温、极端降水的频次增加。气候变暖究竟是自然因素造成还是人类活动所致，科学报告给出答案是 95% 以上是因人类活动造成，自然因素所致不足 5%。受人为活动干扰较弱的自然生态系统，其地理分布、物种的物候学特性以及生物多样性灭绝等变化主要受气候因素的影响，将其作为指示性指标，评估气候变化对自然生态系统的影响。国际上开发了多种方法鉴别气候变化对非生物和生物系统的影响，作为检测指示性物种识别对气候变化的响应，推测气候变化对自然系统的影响。IPCC AR6 第二工作组报告对在不同区域生态系统中观测和预测到的气候变化影响进行了评估，揭示了不同区域、种群或生态系统对气候变化的差异性响应；基于《生物多样性公约》和可持续发展目标，评估了气候变化对生物多样性的负面影响。

当前全球的生物多样性正面临严峻的挑战，并正以前所未有的速度日益衰退。2019 年《生物多样性和生态系统全球评估报告》指出，16 世纪以来至少 680 种脊椎动物因人类活动灭绝，约 100 万种动植物仍面临着灭绝的威胁。全球约 75% 的陆地环境和大约 66% 的海洋环境已经发生了重大变化，超过三分之一的陆地面积和近 75% 的淡水资源被人类改造并专门用于农耕或畜牧生产。自然正在以人类历史上前所未有的速度退化、物种灭绝正在加速，并可能对世界各地的人们造成严重影响。世界自然基金会（WWF）等机构发布的《地球生命力报告 2022》追踪全球近 3.2 万个种群的物种丰度，发现自 1970 年以来，全球范围监测到的哺乳类、鸟类、鱼类、爬行类和两栖类的种群规模，平均下降了69%，报告强调指出，热带地区野生脊椎动物种群数量正在急剧下降。尤其值得关注的是，地球生命力指数显示，1970—2018年，拉丁美洲和加勒比地区监测范围内的野生动物种群数量平均下降了94%之多。在所有监测物种种群中，淡水物种种群下降幅度最大，在短短几十年间平均下降了83%。由于全球变暖，物种栖息地丧失和迁徙路线受阻是主要威胁。当前自然生态面临严峻挑战，政府、企业和公众必须刻不容缓地采取变革行动，扭转生物多样性退化趋势。《2019年中国生态环境状况公报》指出，全国34450种高等植物中约10.9%受到威胁、约29.3%急需保护；4357种已知脊椎动物（除海洋鱼类）中约21.4%受到威胁、56.7%急需保护。

气候变化改变了陆地和淡水生态系统中动植物物种的地理分布、季节动态和组成特征。物种分布范围的变化引起群落构成转变，外来物种比本地物种表现出更强的适应气候变化的能力。全球范围内有长期（>20年）记录的物种（>4000种）中，近半物种分布范围向高纬度或高海拔地区转移，三分之二物种春季物候提前。降水增加导致生物分布范围向干旱地区扩张，冬季气温升高还导致北方温带地区的物种因对寒冷的需求而延迟春季活动时间。淡水物种与陆生物种的反应一致，淡水物种的响应与气候驱动的自然和水文环境变化密切相关。自20世纪70年代以来，河流和湖泊温度升高，最高达到每10年升高1 ℃和0.45 ℃，冰层覆盖时间减少2周以上。受气候变暖以及人类活动的影响，输送到河流和湖泊的陆地来源溶解有机物增加导致水体褐变，致使淡水水质降低。

气候变化引起陆地覆被变化和火灾频发（图5.9）。1700—2007年，人类活动导致的气候变化造成北方、温带和热带生态系统19个地点的主要植被带（生物群落）发生纬向或高海拔变化。1945—2007年，在非洲和北美的3个区域，气候变化导致的树木死亡高达20%。气候变化引发的干旱、火灾、虫害暴发和人类活动加剧树木死亡。全球范围内，温度升高和干旱增加延长了火灾发生季节。1984—2017年，美国西部野火燃烧面积增加了900%，其中一半是由于人类活动造成的气候变化导致的。在加拿大不列颠哥伦比亚省，极端火灾年份时期人类活动造成的气候变化导致燃烧面积比常年增加了7～11倍。在北极、澳大利亚以及非洲和亚洲部分地区燃烧面积也在增加。

气候变化下极端事件频发将生态系统推向临界点。近期极端事件的规模与频率已经超过了高排放情景预测下21世纪末发生的情况。未来20年，气候变化将导致极端气候事件的风险大幅增加。更频繁、更剧烈的极端事件，加上长期的气候变化趋势，正在将生态系统推向临界点，超过临界点生态系统会发生不可逆转

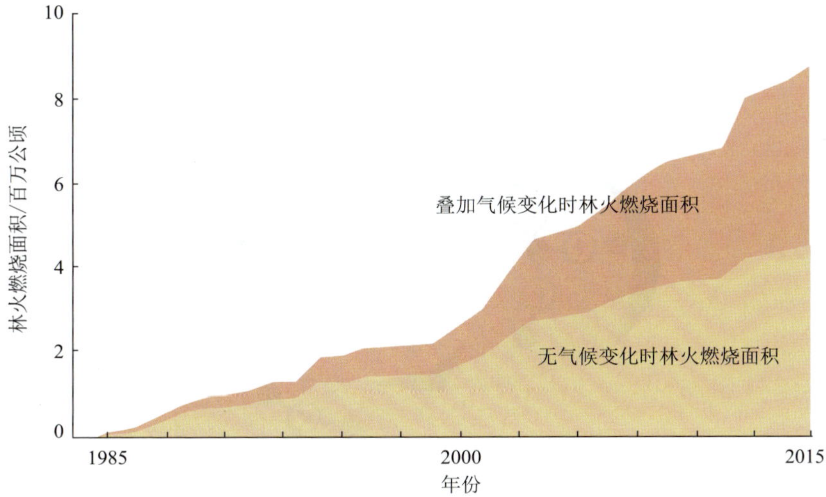

图5.9　气候变化对美国野火燃烧面积的影响

的突变。通过基于生态系统的解决方案，可以降低气候变化对物种和生态系统的风险，了解脆弱物种的特征，建立早期预警系统，将负面影响降到最低，为人为干预适应措施的管理提供信息。越来越多的证据表明，在城市和农村地区，通过一系列基于生态系统的适应技术，可以降低人们的气候风险，包括洪水、干旱、火灾和过热。

（2）对未来气候变化影响评估

气候风险是指与某种不利事件有关的一种未来情景。进行风险管理可以防范与规避风险，其中风险评估是基础环节。气候变化风险是由于气候变化影响超过某一阈值所引起的社会经济或资源环境的可能损失，它包括两个基本要素：气候变化对系统的损害程度即不利影响的程度以及损失发生的可能性。气候变化风险评估是指气候变化对自然环境和人类社会影响的定性分析和量化评价过程，是气候变化风险管理和应对气候变化研究的重要组成部分，其最终目的是为制定有效的国际和区域气候变化适应指导政策提供科学依据，以应对、防范和减缓气候变化可能带来的不利影响。

传统的气象灾害风险理论认为，气象灾害损失由致灾因子、承灾体和孕灾环境共同决定（图 5.10），气象灾害是气象风险的结果，若把气候变化风险理解为气候变化背景下的气象灾害风险，则其大小可通过致灾因子的危险性，承灾体的敏感性、脆弱性，环境的防灾减灾能力来评价。也有观点认为，风险分析目标是定量分析影响阈值与不确定范围之间的关系，气候变化风险研究需要基于特定

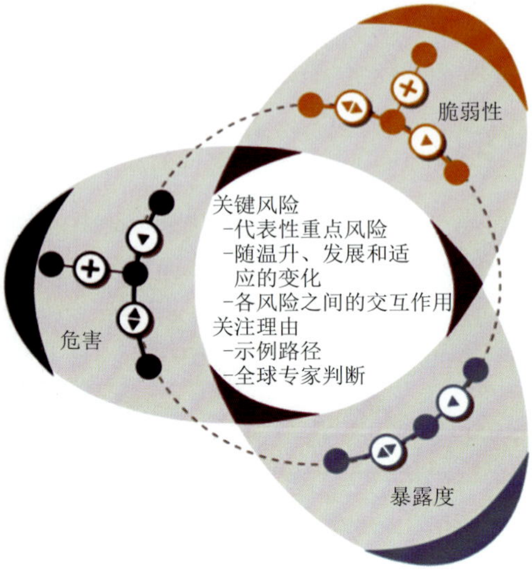

图5.10　气候风险3个基本因子

的社会经济情景，并预估未来不同的气候变化情景。由于气候预估情景的不确定性，IPCC 指出，识别系统的气候变化脆弱性或关键阈值是应对气候变化风险的重要途径。在上述观点的指引下，与气候变化风险评估相关的研究工作主要集中在 3 个领域：基于气候变化风险概念模型的风险指数评估、基于气候情景预估与关键阈值的风险概率评估以及气候变化脆弱性识别与评价。

气候变化风险概率评估的基本思路是通过气候模式预估未来某一时刻或某一时段的气候状况，估算在此气候状况下被评价对象的响应，将发生不利影响的概率表示为风险。影响关联的估计主要有两种方法，一种是将气候预估数据代入评价模型估算出评估对象的状态如粮食产量、水文要素特征和经济产值等，并由此来判断气候变化对该评价对象的利弊；另一种是针对被评估对象性状发生改变的气象要素阈值，分析未来气象要素变化可能超越阈值的概率，通过超越概率来量化气候变化风险。因此，影响风险概率评估准确性的因素主要是评价模型和风险阈值的确定。

由于现行气候模拟技术的限制，气候预估的不确定性也成为评估准确性的重要决定因素。主要原因在于：一是地球气候系统的复杂性，现阶段人类对其理解有限；二是在未来温室气体排放情景方面存在不确定性，包括温室气体排放量估算方法、政策因素、技术进步和新能源开发方面的不确定性；三是气候模式发展水平的限制引起的对气候系统描述的误差，以及模式和气候系统的内部变率，后者可以通过集合方法减少；四是用于检验气候模式结果的观测资料不足，这也是发展和检验模式中的重要方面。另外，在区域级尺度上，气候变化模拟的不确定性则更大，一些在全球模式中可以忽略的因素，如植被和土地利用、气溶胶等，都对区域和局地气候有很大影响，而各个模式对这些强迫的模拟结果的差别很大。

5.3 对农业领域影响与适应

农业是气候变化最敏感的领域，农业的独特特征使其在全球适应气候变化工作中处于中心地位，农业生产对降水与温度等气象要素高度敏感，因此直接受到气候变化的影响，而这一影响在世界范围内是显著的，且负面影响比正面影响更普遍，气候变化对农业总体以不利影响为主。粮食生产又直接依赖于自然资源，包括生物多样性、土地、植被、降雨和日照，而这些资源则与气候及天气条件存在紧密且无法分割的联系。农业的影响与适应因其对于人类生存、生活、灾害与风险的特殊重要性而备受科学界的重视。气候变化对农业的冲击直接波及本就脆弱的农村人口，对其粮食安全造成深远影响。农业部门也是温室气体的主要排放部门，因此在促进世界气候稳定方面具有独特潜能，可通过改善作物、土地和家畜管理来减少排放，提高植物生物质与土壤的固碳水平。有关研究表明，气候变化会改善中国部分地区农业生产的热量条件，但水分供需矛盾会更加突出，同时还因生产环境系统的变化对农业技术和资源投入的要求更高，而且未来气候变率的变化对粮食生产的稳定性与可持续性会产生重大影响。

近年来，国内外对气候变化对农业生产的影响进行了广泛的研究，这些研究既有观测试验研究，也有模型模拟研究，对未来的气候变化影响评价主要采用模型模拟研究、敏感性分析和情景分析，也有将敏感性分析与情景分析结合起来的，但只关注了气候输入变量的敏感性，气候模式不确定性的敏感性并未考虑；风险评估方法可以将影响评价的不一致结果纳入风险评估框架之内，在充分考虑气候变化影响评价中不确定性的基础上，对系统可能遭受的气候变化风险进行定量或定性的描述，从而将影响评价与决策制定耦合起来；农业对气候变化适应性和脆弱性研究，选择典型问题、典型地区开展案例示范研究。

提供粮食、纤维和能源的作物需要特定条件才能良好生长，包括适宜的温度和充足的水资源。在全球诸多区域，气候变化已对农业生产造成不利影响。在一定范围内，温度升高可能有利于世界某些地区一些作物的生长，气候变暖使农业热量资源增加，利于种植制度调整，使中晚熟作物播种面积增加；但如果气温超过了作物的适宜温度，或者缺少充足的水和养分，就可能导致减产。不利影响更明显和突出，部分作物单产和品质降低、耕地质量下降、肥料和用水成本增加、农业灾害加重。总体而言利弊共存，弊大于利。

5.3.1 对农业影响的观测事实

极端天气事件，尤其是洪水和干旱的发生频率提高也将损害作物生长，造成减产。对于平均气温预计将上升而降水量预计将减少的地区而言，应对干旱可能会成为主要挑战。气温升高、气候变潮湿以及大气中 CO_2 含量增加会令多种杂草、害虫和疫病呈多发态势。更为极端的气温加上降雨量减少可导致作物根本无法生长。随着气候的变化，热浪的发生预计将更为常见，并对家畜构成直接威胁。气候变化还将改变家畜寄生虫和疫病的流行率。在降雨量增加的地区，喜湿的病原体预计将大量出现。气候变化还威胁草原和牧场载畜能力及用于非放牧体系的饲料生产。

渔业和水产养殖为低收入国家千百万人口提供了至少 50% 的动物蛋白，但其已经面临多重压力，包括过度捕捞、生境丧失以及水体污染。气候变化会使这些压力加剧。水温上升可能导致某些鱼类灭绝、某些鱼类的生境范围改变，并加大了整个生产链范围内的疫病风险。由于大气中 CO_2 含量增加，世界各大洋的酸度也不断提高，其后果对于依赖贝类、乌贼、红树林和珊瑚礁的渔业尤为严峻。暴风、飓风和气旋的频率及强度不断加剧将对水产养殖业、红树林和沿海渔业造成损害。

森林为超过 1 亿人提供就业机会，并支持着世界许多农村地区贫困人口的生计。森林也是世界上 80% 陆生生态多样性的家园，提供了粮食、药物、燃料和关键的生态系统服务。气候变化和气候变异的加剧对森林和依赖森林的人群产生了直接和间接影响，限制了森林提供上述关键产品和服务的能力。大部分森林都会遭受重要物种损失、单产下降以及风暴和其他干扰因素的频率及强度不断增强等影响。

1961—2020 年的 60 年，我国气候变化总的概括是：气温上升，降水增加，极端气候事件频发。我国各区域年平均气温呈一致性上升趋势。升温速率区域差异明显，北方明显大于南方，西部大于东部。青藏地区升温速率最大，平均每 10 年升高 0.36 ℃，升温速率相对较缓的为西南地区（0.17 ℃）。同时，冬天的升温速率大于夏天。1961—2020 年，我国年平均降水量呈增加趋势，平均每 10 年增加 5.1 mm。总体降水情况是，南方不减，北方增加，民间有说法叫“降雨带北移”，其实说“降雨带北扩”可能更准确。

气候变化影响我国粮食安全，气候变化增加了热量资源，作物生长季得以延长，多熟作物种植北界向高纬度高海拔地区扩展，喜温作物、越冬作物以及冷凉气候区作物可种植面积扩大。冬油菜向北扩展 100 km，海拔提高 100 ～ 200 m；冬小麦可种植北界北移西扩 20 ～ 200 km；内蒙古玉米种植北界向北延伸 10 ～ 150 km；东北玉米种植北界北移东扩，面积增加了约 5600 km^2；华北地区冬小麦仅在河北南部和海拔 2000 m 以上区域未种植；南方双季稻区可种植北界向北推移近 300 km；柑橘适宜区种植北界平均位移 0.75 个纬度。随着气候变化对我国的影响逐步深入，逐步“变暖期”叠加降水量的逐步增加趋势，“温水双增”对农业的影响开始逐步显现，这个“带”开始变化和移动，其中最明显的变化就是“种植带北移”现象：原先不能种植某种农作物的地方，现在可以种植了。“种植带北移”已经在某些方面突破了胡焕庸线的界线，也在某些方面突破了原有农业气候区划的界线，而在“种植带北移”的发展过程中，黑龙江玉米及水稻“北移”、新疆冬小麦“北移”、陕西苹果“北移”又以规模大与效益好而成为“种植带北移”。

5.3.2　对农作物生长的影响

在气候变化对农作物生长发育及产量方面，研究表明，气候变暖使农作物的播种期和生育期改变，对农业生产有利也有弊。在播期方面，气候变化对我国作物播期的影响主要表现在：随着全国大面积的增温，春季土壤解冻的时间提前，春播作物的播种期提前，但对不同作物，其播期的改变存在差异。1961—2008 年，河南省信阳地区水稻生长季内 4—5 月变暖趋势最为显著，使得水稻播种、移栽日期明显提前。近 50 年，长江中下游地区水稻安全播种期提前了 9 d，华南地区提前了 6 d。辽东和辽北地区的玉米播种期约每 10 年提前 2 d。陇东地区的玉米每 10 年播种期提前 0.5 d。我国西北地区，由于气候变化，春小麦播种期也有所提前。但对于冬季作物传统播种期有所推迟，西藏林芝中部地区的冬小麦播种期逐渐推迟。鲁西南地区由于气候变暖，近些年冬小麦的适宜播种期较 20 世纪 70 年代以前大约晚了 1 周。新疆的作物播种期同全国的变化基本一致，新疆阿勒泰、伊犁等地区由于气候变化，玉米播种期提前了 5 ～ 7 d，伊犁的春小麦播种期则提前了 10 d 以上，阿图什市棉花的播种期提前 8 d 左右，而冬小麦播种期有推迟的趋势。生育期方面，气候变暖使我国大部分地区有效积温增长，作物的生长周期平均延长了 10 d 左右，青藏高原及北方地区较明显。研究表明，平均气温每升高 1 ℃，水稻和冬小麦生育期日数平均分别缩短 7.6 d、17 d，但是小麦播种期却有推后的趋势。气候变暖使玉米的生育期平均缩短 7 d。1980 年以来我国冬小麦生育期普遍提前，其中，返青期、起身期可提前 1 ～ 14 d，拔节期、抽穗期可提早 1 ～ 16 d。西北陇东塬区春玉米的乳熟和成熟期提前幅度最大，每 10 年提前 2 ～ 8 d，全生育期天数每 10 年缩短 7.3 d。同时，新疆的棉花全生育期延长了 5.8 ～ 8.8 d。

气候变暖对农作物的产量和品质有一定的影响。东北地区采取了适应措施，1981—2005 年受气候变暖影响，水稻增产量达到 1250.6 kg/hm^2。据研究，1990—2010 年，新疆伊犁地区玉米产量由 1990 年的 6525 kg/hm^2 逐年上升到 2010 年的 11504 kg/hm^2，冬小麦的产量由 4227 kg/hm^2 增加到 5586 kg/hm^2，均呈明显上升趋势。在中高纬度地区，温度升高 1 ～ 3 ℃，农作物产量会有少量增加；但若升幅超过此范围，产量明显下降。同时，气候变暖也会使我国部分地区农作物的产量下降。1980—2000 年，黄淮海农业区的雨养小麦大面积减产。在水稻结实期，升温过高，水稻产量下降 10% ～ 20%，玉米平均产量下降 3%。在未来的 100 年内，气温升高将会使我国华北地区冬小麦的产量平均减产 10.1%。所以在气候变暖的背景下，年平均气温上升会使我国农作物的主要生育期提前、缩短，引起产量波动。在过去 20 多年中，气候变暖对我国不同地区粮食产量影响不同，对于东北地区有明显的促进作用，而对西北、西南及华北地区表现出抑制作用，对华南、华中和华东地区无明显的影响。

“气候变化—作物产量—经济影响”链的研究结果包括：全球 2 ～ 3 ℃的升温造成的作物减产可能造成全球大幅度的社会福利下降；到 21 世纪中叶，气候变化对区域农业的冲击可能造成中东和北非两个地区超过 2% 的 GDP 损失；美国 21 世纪末农作物、犯罪率、沿海风暴、能源、人类健康和劳动力受气候变暖导致的直接与间接影响将造成 GDP 下滑 1% ～ 3%。在美国县域级别的评价中，虽美国整体经济因作物产量受气候变化影响下降，但一些县的经济反而从中获益。我国国土面积幅员辽阔，跨越多个气候带，具有显著的降水与温度分异特征，且不同地区在经济发展、农业生产等方面存在巨大差异，且通过贸易进行的生产和消费的重新分配改变了气候变化的经济影响，不同地区之间生产的相互依赖会减小或者放大正面或负面的经济影响。因此，相比从国家尺度综合评价作物产量受气候变化冲击造成的最终经济影响，从地区尺度评价不同地区作物受各自地区内气候变化冲击造成的地区内与地区间的经济波及影响再综合至国家尺度经济影响，更符合气候变化对农业经济影响的机理。

在评价我国作物产量受气候变化冲击产生的经济影响时，不应将研究尺度局限在国家这一同质化单元中，更应考虑不同地区之间作物产量受气候变化影响的差异性进而导致的地区内与地区间的经济波及效应。我国七大地区主要作物（水稻、玉米、小麦）产量与地区内未来温度和降水变化的定量关系，并将其作为农业部门的损失量代入改进的多区域投入产出模型，量化七大地区内与地区间遭受的经济波及影响（ERE）。结果显示：① 气候变化对我国作物产量的影响主要体现在温度升高上，每升温 1 ℃减产 2.6% ～ 12.7%；② 气候变化导致的作物减产将对经济产生更严重的波及影响，GDP 因作物减产每下降 1% 将额外产生 17.8% 的波及影响；③ 21 世纪末，若不考虑 CO_2 肥效作用，作物减产导致的 ERE 将占 GDP 的 −0.1% ～ 13.6%（负值表示收益），最悲观情况下 ERE 与当前我国农业总产值相当（2012 年为基准年）；④ 不同地区受 ERE 影响程度的差异较大，因各区之间产业结构、贸易联系及经济发展程度存在差异，西南地区遭受本区及来自其他地区的 ERE 比华东地区高 2.8 ～ 8.5 倍。

农业不仅受到气候变化影响，还直接或间接促进了 CO_2、CH_4 和 N_2O 3 种主要温室气体的大量排放。根据 IPPC 报告分类，源于“农业、林业和其他土地用途”（AFOLU）的年度人为温室气体排放主要由砍伐森林、畜牧业生产，以及土壤和养分管理所致。此类排放估计占全球排放总量的 21%。尽管这一比重显著低于 20 世纪 90 年代的 27%，但降低的原因是其他行业的排放量增幅更快。20 世纪 90 年代，农业排放的温室气体与林地用途净改变引起的排放大致相当；但是自 21 世纪初以来，林地用途改变导致的排放量已经降低，而农业排放量则增加了。作物和畜牧生产尤其导致大量 CH_4 和 N_2O 这两种强有力的温室气体的排放。CH_4 在反刍牲畜消化时产生，也会从储存的粪便和有机废弃物中逸出。N_2O 排放是有机和矿物质氮肥施放到田间后的间接产物。在 IPCC 报告中，“农业、林业和其他土地用途”排放类别中未包括现代食品供应链产前和产后阶段产生的温室气体，后者被列为源自其他行业的排放，主要涉及工业、能源生产和运输部门。此类排放包括化肥等农资的生产、化石能源使用（如用于驱动农用机械）以及产后运输、加工和零售。粮食供应的每个阶段都促进了大气中温室气体的增加。

5.3.3　对农业气象灾害的影响

在现阶段农业生产过程中，气候变化使其发生病虫害和农业气象灾害的频率不断提升，相关单位需要对其加强控制，确保能够有效保障农业生产产量，进一步明确气候变化如何影响病虫害和农业气象灾害。研究指出，温度升高导致农业害虫的数量增加，发生期提前和延长，危害区域增大、程度加重；干旱、洪涝等各种气象灾害的发生频率明显增多。在病虫害方面：气候变暖将引起生长季节变暖、变长，可使许多害虫多繁殖 1 ～ 3 代，作物遭受较大损失，对害虫控制更加困难，病虫害的危害程度将加重 10% ～ 20%。研究表明，气候变暖可导致稻飞虱的越冬北界向北移 2.5 ～ 3.5 个纬度、黏虫的越冬北界向北移约 3 个纬度，可使农作物害虫扩大迁飞区域，稻飞虱、黏虫及草地螟的繁殖代数增长。病源和虫源有效越冬基数增大，病虫的分布区扩大。中国西南山区，近 40 年（1961—2000 年）降水量增加、湿度增大，气温升高，农业病虫害发生发展迅速。中国长江流域及东北东部春麦区小麦赤霉病害较为严重，且随气候变化，淮河和黄淮流域小麦赤霉病也有蔓延扩展情况。据统计，中国常年病虫害发生面积达到 200 亿～ 233 亿 hm^2，造成粮食减产幅度占同期粮食生产总量的 9%，危害十分严重。农业旱涝方面：20 世纪 80 年代以来，我国降水呈现南多北少分布不均的态势，加重了北方干旱、南方洪涝灾害频繁的局面。2008 年初我国南方农作物遭遇严重的冰雪灾害，2009 年初北方冬小麦集中产区发生极大干旱灾害，2010 年初我国新疆、内蒙古等北方地区发生了严重的雪灾冻害，而西南地区持续干旱，这些灾害的发生基本都与气候变化有关。据统计，每年由于农业气象灾害对我国农业造成的直接经济损失高达 1000 多亿元，占我国 GDP 的 3% ～ 6%。未来全球气候变化会对我国气象灾害产生强烈作用，进而影响到粮食主产区农业旱灾、洪涝、低温冷害、高温灾害等气象灾害的变化，威胁粮食生产，影响国家粮食安全及持续稳定发展。

2008 年遭遇极端低温雨雪冰冻灾害事件。1 月 10 日—2 月 2 日，我国大部尤其南方地区连续遭受 4 次低温雨雪冰冻天气过程袭击（1 月 10—16 日、18—22 日、25—29 日和 1 月 31 日—2 月 2 日），影响范围之广、强度之大、持续时间之长、造成灾害之重，总体上达百年一遇，为历史罕见。图 5.11 给出了 1972—2008 年全国农作物低温冷冻害和雪灾受灾面积，可以看出 2008 年初的低温雨雪冰冻灾害造成的农作物受灾面积远远超过了历年全年的量值。1972—2007 年多年平均受灾面积为 296.9 万 hm^2，2008 年为其 4.8 倍。

持续性强降雪会对设施农业、经济林果、养殖业等农副产业造成不利影响。严重低温雨雪冰冻灾害会对农业生产造成重大影响，油菜、蔬菜、柑橘等受冻严重，其中，油菜受灾面积占全国秋冬种油菜面积的 48.4%；蔬菜受灾面积占全国秋冬种蔬菜面积的 35.2%。农作物受灾面积 1446.7 万 hm^2，绝收 205 万 hm^2。秋

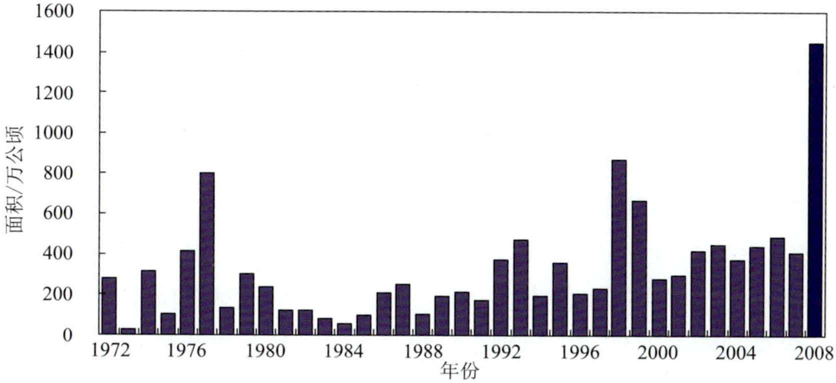

图5.11 1972—2008年全国农作物低温冷冻害和雪灾受灾面积

冬种油菜、蔬菜受灾面积分别占全国种植面积的57.8%和36.8%。良种繁育体系受到破坏，塑料大棚、畜禽圈舍及水产养殖设施损毁严重，畜禽、水产等养殖品种因灾死亡较多。

低温雨雪冰冻灾害也会给渔业正常生产和水产品运输带来较大影响，部分地区、部分品种市场供应出现短缺，价格上涨。池塘结冰造成室外养殖产品因冰冻或缺氧死亡，大雪造成的停电断水导致成鱼和鱼种死亡，部分养殖大棚、渔业生产用房等倒塌。湖北、湖南、广东、广西等12省（区、市）渔业受灾面积60万hm^2，鱼种和商品鱼损失超50万t。特大雨雪冰冻灾害还会给林业造成巨大损失。湖南、贵州、江西、湖北、安徽、广西、浙江等19个省（区、市）遭受雨雪冰冻灾害的森林面积达2266.7万hm^2，种苗受灾16.2万hm^2，损失67亿株。受灾严重的国有林场1781个、苗圃1200个；冻死冻伤国家重点保护野生动物3万只（头）；林业基础设施损毁严重，直接经济损失达573亿元。这次雨雪冰冻造成林业受灾之重为历史罕见。湖南等8省林业损失占本省灾害总损失的40%～60%。苗木、竹林和新造林受灾严重，苗木被冻死的现象非常普遍；湖北省竹林受灾面积占全省竹林总面积的近80%，三峡、丹江口、富水三库区等退耕还林区75%的柑橘受害。

在农业生产过程中，气候变化会对农业气象灾害（干旱、洪涝、大风、冰雹、热害、冷害等）造成很大程度的影响。与此同时，气候变暖、暖冬气候、地区性气候等气候变化也会进一步影响病虫害，使作物产量和品质降低，对现代农业发展具有很大程度的不利影响，相关人员必须对其加强控制，确保在农业生产过程中能够科学应对气候变化对其造成的不良影响，进一步保障农业生产质量，保证农业生产具有更大的经济效益和社会效益。气候变化只是贫困和粮食安全趋势的驱动因素之一。

5.3.4 粮食生产与粮食安全

受人类活动和自然因素的共同影响，世界正经历着以全球变暖为显著特征的气候变化。高纬度地区温度条件改善，农业生长季延长，部分农区农业生产潜力增加，但高温、干旱灾害事件增多、强度增强，部分农区强降水事件的频率和强度增加。大量观测数据显示，尽管全球粮食产量因科技进步稳步提高，但气候变化导致的极端天气气候事件增多增强仍导致美国、加拿大、阿根廷、俄罗斯、澳大利亚等全球重要产粮区粮食产量波动加大，灾年减产可达 50%。

全球不同区域主要粮食产区气象灾害相关数据来自全球灾害数据库（图 5.12）。北美洲主要作物是冬小麦、春小麦、玉米和大豆。2001 年以来，北美洲气象灾害发生次数总体呈下降趋势。气象灾害以洪涝为主，每年都会出现；其次是干旱，20 年中有 9 年发生了干旱，但全部 10 次干旱灾害中有 8 次发生在近 10 年；高温和低温的发生次数较少，并且主要集中在 2001—2010 年。从灾害影响来看，干旱对北美（美国）农业影响最大。

南美洲主要作物是大豆和玉米，其次是小麦和水稻。巴西玉米除西北部的亚马孙等州和东北部的几个州，几乎全国都有种植，但以中南部为主；大豆主要在中南部，中南部是巴西的主要产粮区。阿根廷的玉米和大豆产区主要在东北部

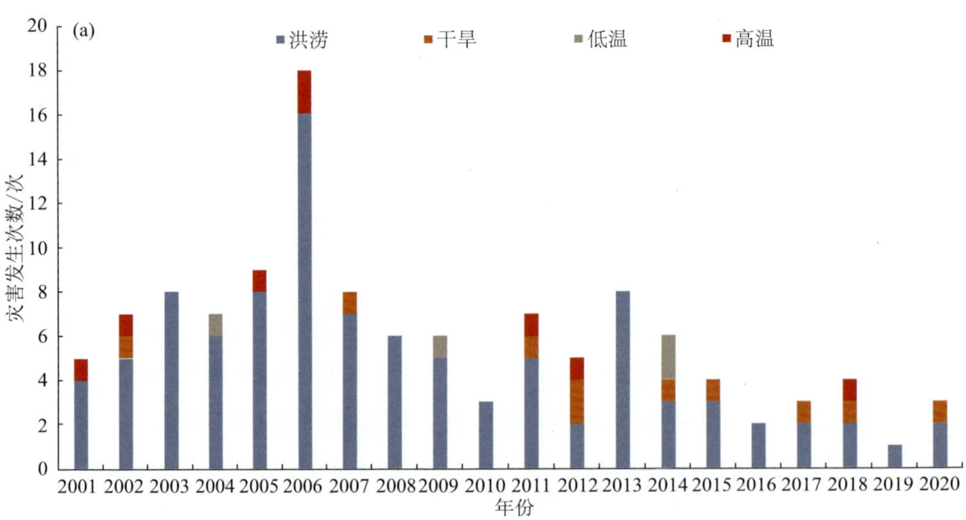

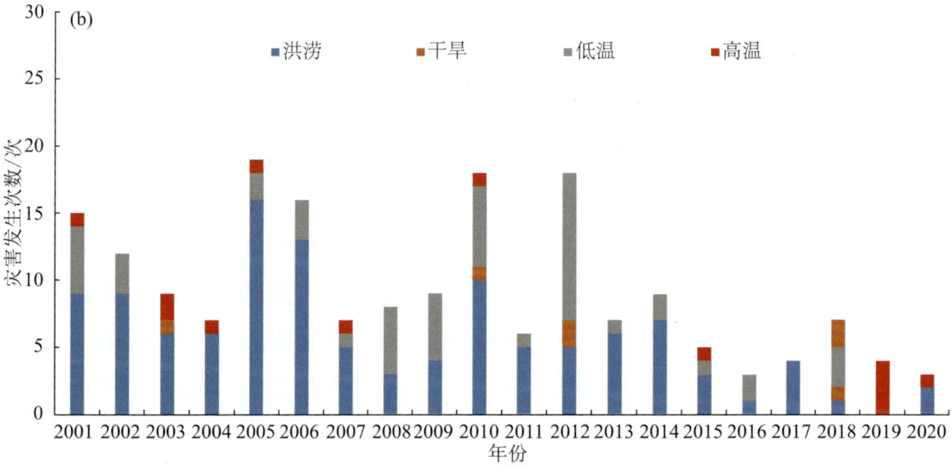

图5.12　北美洲（a）和欧洲（b）主要粮食生产国气象灾害发生次数

地区，含科尔多瓦省、恩特雷里奥斯省、布宜诺斯艾利斯省等。欧洲和中北亚主要关注作物是小麦和玉米。欧洲（法国、德国、波兰、罗马尼亚、乌克兰、俄罗斯、哈萨克斯坦）以冬小麦为主，中北亚以春小麦为主。冬小麦主要在西欧中部和南部如法国、德国、波兰等地，东欧如罗马尼亚、乌克兰、俄罗斯西南部等地。春小麦主要在哈萨克斯坦、乌克兰、俄罗斯南部等地；俄罗斯、乌克兰等地玉米产量较大。

南亚印度、巴基斯坦、阿富汗等国家主要作物为小麦和水稻。印度小麦主要分布在中北部恒河平原几省：旁遮普、哈里亚纳、北方邦、比哈尔邦，其次是拉贾斯坦、中央邦等。印度水稻主要分布在中北部（小麦产区叠加）以及东部、南部沿海地区。大洋洲以小麦为主。澳大利亚小麦主要分布在东南部和西南部几省：西澳大利亚州西南部、南澳大利亚州东南部、新南威尔士州中部、维多利亚州西北部等地。非洲粮食产量占全球比重小，饥饿人口多，粮食生产极度脆弱，气候依赖性强。主要产粮区在北部的埃及、摩洛哥，东部的埃塞俄比亚，中西部的尼日利亚，南部的南非、赞比亚等国家。

预计 21 世纪中期（2041—2060 年），全球绝大多数陆地和海洋的气温将比基准期（1995—2014 年）高。中高纬地区，包括北美洲、欧洲和中北亚及中国在内的北半球重要粮食产区，升温幅度更为显著，陆地极端降水增强，高温、干旱、暴雨洪涝等灾害事件将增多、增强，全球粮食生产面临的风险增大。为适应和应对气候变化，我国农业急需提升科技支撑能力，挖掘粮食产能；因地制宜推动节水、排灌等农业基础设施建设；强化风险管理，加强部门联动，提升防灾抗灾能力，确保我国粮食安全。

全球耕地面积约为 15 亿 hm^2，占地球陆地面积 10% 左右，主要分布在北美洲中部、南美洲中部、欧洲中南部、亚洲东部和南部（含东南亚）、非洲中部以及大洋洲的澳大利亚南部等地。世界人均耕地 0.213 hm^2，我国人均耕地 0.093 hm^2，不足加拿大、阿根廷、俄罗斯、乌克兰等国的十分之一，约为美国的五分之一、巴西的三分之一。美国、加拿大、巴西、阿根廷、法国、俄罗斯、乌克兰、泰国、越南、澳大利亚等是世界重要的粮食生产国和出口国，其粮食产量波动会对世界粮食供给产生不同程度的影响。我国是世界小麦和水稻第一生产大国，基本满足自我消费，我国小麦、玉米、水稻等谷物类进口较少，常年保持在 200 万～500 万 t，但近年有上升趋势，总体上对外依赖性仍较小。目前我国大豆 80% 以上需要进口（每年超 8000 万 t），进口的 85% 左右来自巴西（45%）和美国（40%），由于需求量大，很难找到替代国，供求形势严峻。

目前我国大豆进口主要来自 4 个国家：巴西、美国、阿根廷和乌拉圭，分别约占我国大豆进口总量的 45%、40%、10% 和 3%，分别占其国内大豆总产量的 39%、27%、13% 和 77%，由于需求量大，在对外贸易中很难找到替代国。

预计到 21 世纪中期（2041—2060 年），全球平均温度将在非减缓情景下升高 1.3～1.5 ℃。21 世纪中期，不同情景下全球绝大多数陆地和海洋的气温都比基准期（1995—2014 年）要高。其中，中高纬地区，包括北美洲、欧洲和中北亚及中国在内的北半球重要粮食产区升温幅度更为显著。

在 21 世纪中期，不同排放情景间全球陆地降水增幅的差异较小，增加范围普遍在 2.6%～4.0%；未来水循环强度将继续增加，大气可降水量陆地平均值将增加 6%～15%，对应极端降水增强。在不同情景下，陆地的降水增加幅度要高于海洋或者全球平均。就全球不同粮食产区降水变化的差异来看，非洲的降水增幅最大；北美洲、欧洲、中北亚和中国也呈现出明显的增加趋势；而南美洲北部为减少，南部为增加；南亚及大洋洲地区以增加为主。ENSO 事件的发生频率会增加，极端 ENSO 事件的频率会增多。

全球主要农区气候生产潜力呈增长趋势，但部分主产区高温干旱灾害加剧。在全球气候变化背景下，全球主要农区的年平均温度显著升高，延长了植被生长季。春季植物起始生长的日期提前，秋季落叶期推后。1981 年以来全球主要农区气候生产潜力呈现较为明显的增长趋势。但部分农区干旱程度加剧，气候生产潜力下降。从区域分布看，气候变化对亚洲和北美洲农业生产有利，对欧洲、南美洲、非洲和大洋洲农业生产不利。中国东部、东北地区北部和东部、哈萨克斯坦北部和俄罗斯南部、美国中部、巴西南部等地农业气候生产潜力明显增加。欧洲大部、巴西中部和东部、中国西北地区东部、西南地区北部和西南部、印度中部和东北部、非洲中部和南部以及大洋洲大部分地区气候生产潜力明显减少。

随着科技水平的发展和进步，全球主要粮食作物产量均呈现稳定提高的趋势。尤其 1961 年以来，西欧（增 2 倍）、中国（增 7 倍）、印度（增 3 倍）小麦产量提高较快；加拿大、东欧小麦产量稳步提高；澳大利亚小麦产量变化较为缓慢，近 60 年仅增长 0.7 倍。中国水稻产量高且提高快，水稻单产世界第一；越南水稻产量增长迅猛，仅次于中国；印度、泰国水稻产量增长缓慢，但近 60 年也增长约 1 倍。全球玉米产量水平呈现明显快速增长态势，美国、中国、巴西、阿根廷均增长 2 ～ 3 倍。美国大豆产量增长平稳，在高水平基础上增长 1 倍，巴西和阿根廷单产约增加 2 倍，目前接近美国。中国大豆产量水平较低，增速缓慢，目前产量水平仅为美国的 50% 多。全球小麦高产区在西欧，玉米高产区在美国，大豆高产区在美洲，我国目前小麦、玉米、大豆产量水平仅分别为世界最高水平的 72%、58% 和 56%，但我国水稻产量水平世界第一。

科技进步使得全球产量水平稳步提升，但气候变暖和极端事件频发仍严重影响了全球粮食生产，导致全球重要产粮地区粮食产量呈现大幅波动。小麦、玉米和大豆的气象产量波动均较大，水稻的产量波动较小；加拿大、澳大利亚、俄罗斯等地小麦产量波动较大，巴西、阿根廷玉米和大豆产量波动也较大。综合评估结果是，澳大利亚、加拿大小麦，美国玉米，巴西、阿根廷大豆等作物生产风险较高；俄罗斯、中国小麦，巴西和阿根廷玉米，美国大豆，印度水稻生产风险居中。ENSO 事件的影响虽因地区和作物类别有所差异，但 ENSO 事件频发、强发，导致全球粮食生产风险增大。

从作物来看，小麦是 ENSO 事件中最为脆弱敏感的一种作物，其次是大豆和玉米，水稻是受 ENSO 事件影响最小的作物（表 5.3）。小麦、大豆和水稻在厄尔尼诺中的风险高于拉尼娜，而玉米相反，在拉尼娜年的减产风险更高。从减产概率来看，在全球产粮大国中，印度水稻和小麦、澳大利亚小麦、巴西玉米和大豆在厄尔尼诺年减产概率高，而拉尼娜年较大概率为增产；拉尼娜易导致加拿大和中国小麦、美国和阿根廷的玉米和大豆减产。美国冬小麦和印尼水稻在 ENSO 冷暖事件中一般均为增产趋势，中国玉米和水稻则表现出对 ENSO 事件的敏感性，一般为减产趋势居多。

表 5.3　全球不同地区不同作物受 ENSO 事件的影响

作物	国家	产量趋势（减产概率 50% 以上为减产）		风险指数	
		厄尔尼诺	拉尼娜	厄尔尼诺	拉尼娜
小麦	美国	增	增	低	低
	加拿大	增	减	超高	超高
	阿根廷	减	增	高	低
	中国	增	减	低	低
	印度	减	增	中	低
	法国	增	减	低	低
	德国	增	减	低	低
	东欧	减	减	高	高
	澳大利亚	减	增	超高	超高
玉米	美国	增	减	低	高
	巴西	减	增	中	低
	阿根廷	增	减	低	高
	法国	增	增	低	高
	中国	减	减	中	低
	印度	减	增	高	低
大豆	美国	增	减	低	中
	巴西	减	增	中	低
	阿根廷	增	减	中	高
	中国	减	增	中	低
	印度	减	增	高	中
水稻	美国	增	减	低	低
	巴西	减	增	低	低
	阿根廷	减	增	低	低
	中国	减	减	低	低
	印度	减	增	中	低
	泰国	减	增	低	低
	越南	减	增	低	低
	印尼	增	增	低	低

从减产风险来看，在全球产粮大国中，美国、阿根廷的玉米和大豆在拉尼娜年的减产风险高于厄尔尼诺年，而巴西、印度的玉米和大豆在厄尔尼诺年的减产风险高于拉尼娜年；加拿大、澳大利亚、东欧小麦在厄尔尼诺和拉尼娜年的减产风险均较高；印度小麦在厄尔尼诺年的减产风险也较高。非洲仍然是 ENSO 事件中的脆弱敏感区，在 ENSO 冷暖事件中均表现出较高风险。中国在厄尔尼诺年的粮食减产风险普遍较高，除小麦外，玉米、大豆、水稻均处于中等风险水平，而在拉尼娜年粮食生产风险处于较低水平。

5.3.5　农业作物适应气候变化

农业是受气候变化影响最为脆弱的行业之一，农业适应气候变化的核心是自适应与人工支持适应两大机制的有机合力，通过科学鉴定农业生物对于环境气候要素的各种阈值，以较低的成本获得更好的适应效果。通常包括以下对策：选用与环境条件相适应的作物和品种。农业作物具有自适应机制，这也是有别于其他产业的一个显著特点，是由其固有的遗传特性决定的；提供和创造自适应机制相关联的外部条件。有些农业作物的自适应机制需要在一定的外部环境诱导下才能表现出来；增强自适应能力的人工措施干预与改善局部生态环境条件。

2019 年以来，中国把主动适应气候变化作为实施积极应对气候变化国家战略的重要内容，作为防范气候风险、助推高质量发展的重要手段，努力提高适应能力和水平，积极参与和推动适应气候变化国际合作，在多个领域取得积极成效。农业领域主要推进高标准农田建设和推广旱作节水农业技术。以粮食生产功能区和重要农产品生产保护区为重点，以土地平整、土壤改良、灌排排水与节水设施等为主要建设内容，加强高标准农田和农田水利建设，提高农业综合生产能力。2019 年全国新增高标准农田 543.4 万 hm^2，统筹推进高效节水灌溉面积 133.3 万 hm^2。全国农田有效灌溉面积由 2005 年的 5500 万 hm^2 提高到 2019 年的 6830 万 hm^2。在华北、西北等旱作区建立 220 个高标准旱作节水农业示范区，示范推广蓄水保墒、集雨补灌、垄作沟灌、测墒节灌、水肥一体化、抗旱抗逆等旱作节水技术，提高水资源利用效率。农业适应气候变化迫切需要在科技、设施、管理等诸多层面发力，因此，农业作物适应气候变化的对策与建议如下：

一是提升科技支撑，加强政策保障，挖掘我国粮食产能。提高我国种子开发能力，是挖掘粮食产能的主攻方向。还可通过多种措施适应和应对气候变化带来的不利影响，把农业气候潜力转化为现实粮食生产力。二是加强农业基础设施建设，提高农业灾害防御能力。针对我国各农区特点和水系分布加强顶层设计，因地制宜地发展我国节水、保水技术，提高我国农业灾害防御能力。三是强化风险管理，提升农业适应与应对气候变化能力。提高气象灾害尤其是农业气象灾害监测预报的准确性和灾害预警的时效性，有效提升农业适应与应对气候变化的能力。四是优化农业气候资源利用格局。开展农业气候资源动态评估和精细区划，调整优化产业布局、种植结构和作物品种配置，合理规划调整农产品贸易格局。五是增强农业生态系统气候韧性。坚持农业发展生态优先，加强水土保持与生态防护，在适宜地区推广保护性耕作，发展混林农业和山区立体农业，推广合理的间作套作体系。加强适应气候变化的种子资源保护基地和种子库建设，保护农业动植物濒危物种。

同时，推进农业与粮食系统适应气候变化专项示范行动和气候智慧型农业试验示范。2025 年，结合国家农业高新技术产业示范区、国家现代农业科技示范展示基地等建设，在气候变化影响的典型敏感脆弱区开展种植业适应气候变化技术示范，建设国家级示范基地；初步构建气候智慧型农作物种植技术体系，在华北、东北等粮食主产区建立一批试验示范基地。2035 年，结合国家农业科技园区、国家现代农业科技示范展示基地等建设，建立一批国家级农林牧渔业及养殖业适应气候变化技术示范基地；构建完善的气候智慧型农业技术体系，并在全国农业优势产区推广。

5.4 对水资源领域影响与适应

水资源是基础性自然资源，是生态环境的控制因素，也是战略性经济资源。进入 21 世纪，水资源问题正日益影响或制约着全球的环境与经济发展。水文水资源是人类赖以生存的资源，然而人类利用水文水资源的同时，会造成水文水资源出现污染和浪费的情况，致使水文水资源发生明显变化。受人类活动的影响，随着 CO_2 排放量的增加，温室效应现象愈加显著。气候变化可能会导致极端降水或是极端干旱的情况频繁发生，对水资源安全造成严重影响。

水是大气环流和水文循环中的重要因子，是受气候变化影响最直接和最重要的因子之一。气候变化必将引起全球水文循环的变化，并对降水、蒸发、径流、土壤湿度等造成直接影响，引起水资源在时间和空间上的重新分配以及水资源总量的改变，增加洪涝、干旱等极端灾害发生的频率和强度，进而使得区域水资源短缺问题更加突出，对人类社会水资源的开发、利用以及规划和管理等诸多环节造成严重影响，并进一步影响生态环境与社会经济的可持续发展。因此，评估水资源安全影响，提出应对气候变化的水资源适应性管理策略，对水资源的合理利用和规范管理具有十分重要的现实意义。

5.4.1 水资源的基本科学概念

水资源：指可供人类直接利用，能不断更新的天然淡水。从广义来说是指水圈内水量的总体。从狭义上来说，水资源是指由当地降水产生的，存在于河流、湖泊、地下含水层中的逐年可更新的动态水资源，主要包括地表水和地下水。水资源可用于灌溉、航运、发电、供水、养殖等，是人类生存和发展不可缺少的自然财富。通常我们所说的水资源，特指陆地上的淡水资源，包括河流和湖泊中的淡水、高山积雪和冰川，以及地下水等。

降水量：指从天空中降落到地面上的液态或固态（经融化后）降水，未经蒸发、渗透、流失而在水平面上积聚的深度。降水是气候的一个重要组成因素，根据其不同的物理特征可分为液态降水和固态降水。测定降水量的基本仪器是雨量器、翻斗式雨量计、虹吸式雨量计和双阀容栅式雨量传感器等。在对降水量的预测中可用降水概率来表示，一般不会用到的可能性是 100%，这是因为目前科学家对降水与否的把握只有 70% 左右。

蒸发量：通常指在一定时段内，水分经蒸发而散布到空中的量，是水循环中的重要组成部分。狭义的蒸发概念指水面蒸发，广义的蒸发则包括水面蒸发、陆面蒸发和植物蒸腾 3 种类型，并把植被地段的蒸发和蒸腾统称为蒸散。测量蒸发量的仪器有很多，我国一般采用口径 20 cm 蒸发皿和 E601 型蒸发器进行水面蒸发的观测。蒸发量与气温、日照、风速、湿度等气象要素密切相关，因此区域尺度上的蒸发量可根据气象站气象资料来估算。蒸发量在估算植物需水和植物水分平衡等方面具有重要的应用价值；蒸发量变化的研究，对深入了解气候变化、探讨水分循环变化规律具有十分重要的意义。

径流量：指通过流域出口断面的全部水流数量，大气中雨水降落在陆地后或高山冰雪融化成液态水后，经过植被截留、填洼、土壤蓄水及雨期蒸发等损失后所剩余的水量，从不透水面积上、地面和地下汇集到流域流出断面的全部水流。径流的形成是一个极为复杂的过程，包括大气降水转化为地表水的部分，地下水出露（出渗）形成地表水的部分，并扣除沿途蒸发、河流渗漏流失的水量。径流量的多年平均值（通常用 30 年平均）代表了该流域从外界获得补给量的平均水平，是陆地上最重要的水文要素之一，也是水量平衡的基本要素。径流量往往以流域作为计算单元，计算方法包括实测法、水量平衡分析法和水文比拟法等。

冰雪资源：是指人类可利用的地球表面积雪和积冰。冰雪是气温在 0 ℃以下形成的固态水，冰雪的稳定性取决于环境温度，有长期性积冰积雪和季节性冰雪两种。冰雪是重要的淡水资源，也是干旱区水资源的重要来源，被称为“固体水库”。在干旱区，高山终年冰雪区是固体水库，亦是一些河流的水源，并形成沿河的绿洲。冰雪资源在调节水资源、冷藏、冰雪考古、开展冰雪运动和冰雪旅游等方面都有重要意义。长期积冰和积雪的变化是气候变化的重要指示物。

气候变化与水资源量：20 世纪 50 年代以来，受气候变化和人类活动双重因素的影响，我国北方水资源量明显减少，水资源供需矛盾突出；松花江、辽河、海河、黄河实测径流量均呈下降趋势，尤其海河和黄河下降明显，减少近一半，海河流域气候要素对河川径流量减少的贡献将近 3 成，黄河中游贡献近 4 成；辽河、松花江减少幅度次之，其中辽河流域气候要素对河川径流量减少的贡献占近 2 成。而我国西部的塔里木河源地区、雅鲁藏布江径流表现出增加的趋势，这主要是由于气候变暖、冰川消融，导致近期径流量增加。从趋势上看，短期内冰川退缩会使河流水量增加，但亦会加大以冰川融水补给为主的河流或河段径流量变化的不稳定性；随着冰川持续退缩，冰川融水锐减，以冰川融水补给为主的河流，特别是中小支流，其径流的年内分配更不均匀，甚至面临逐渐干涸的威胁。

气候变暖与水质恶化：在气候变暖背景下，水资源量在时空分布上的变化会改变地表水环境，进而改变河流湖泊的水质。水体温度升高引起湖泊水中含氧量减少，致使湖泊或水库底部沉积物发生微生物厌氧反应，产生有毒气体和盐类，促使营养元素溶出，引起湖泊色、味上的污染，甚至增加水体表层营养盐浓度，加上适宜的温度，导致湖泊富营养化。

气候变化与极端水文事件：19 世纪 40 年代、70 年代和 20 世纪 30 年代、50 年代是我国洪涝灾害频繁发生和灾害程度最为严重的时期，且多出现在东部季风气候区，而在西部干旱和半干旱区，则多发生由短历时局地性暴雨导致的灾害性洪水。20 世纪后 50 年，我国南方流域雨涝面积虽有所减少，但夏季雨涝面积却在扩大，主要就是因为夏半年降水更加集中，强降水事件增多，导致洪涝等极端水文事件更易发生。20 世纪 90 年代以来，黄河流域暴雨洪水的发生频率和程度均逐年降低，干旱形势日趋严重。20 世纪后半叶，长江流域大部分地区降水增加，强降水占总降水量的比例加大，致使 20 世纪 70 年代后特别是 90 年代长江流域洪水频发。淮河流域旱涝等水文事件频繁发生，20 世纪 90 年代以来，尤其在夏、秋两季频率增加，强度增强，夏季偏涝，秋季偏旱。

气候变化与水资源风险：在未来气候持续变暖的背景下，水资源系统结构将会继续发生改变。水资源数量可能进一步减小，水质进一步降低，旱涝灾害更加频繁，尤其是时空分配上会更加不均匀，进一步加重我国水资源的脆弱性，水资源供给、水资源利用等与淡水资源相关的风险会显著增加。

水资源安全：一般指水资源的供需矛盾对社会经济发展和人类生存环境产生的危害及相关问题。水循环更替时间长短、水量、水质、水资源时空分布、水旱灾害频率与强度等不仅与气候条件密切相关，还受大规模人类活动影响。地球上淡水量仅占水总量的 2.53%，而淡水中南北极和高山冰川约占 68.7%，地下水约占 30.0%，其他水体约占 1.3%，可利用淡水资源仅占 0.55%。如果把地球上的水看作 1000 mL，那么人类可利用淡水资源仅为 0.14 mL，可谓十分有限。

全球能量和水循环试验（GEWEX）：GEWEX 是由世界气象组织、国际科学理事会和联合国教科文组织的政府间海洋学委员会于 1980 年共同发起创建的一项世界气候研究计划，其科学任务是：根据对全球大气和陆面特征的测量，确定陆地的水文循环和能量通量，并模拟全球水循环及其对大气、海洋和陆面的影响；提高预测全球及区域的水文过程和水资源变化及其对环境变化响应的能力；促进观测技术、资料管理和同化系统的发展，使其更加适用于长期天气预报、气候预测和水文预测。

5.4.2　对全球水循环的影响

气候变化可通过大气环流加剧全球或区域水文循环过程，引起降水、蒸发、径流、土壤水等水文要素的变化，增加极端水文事件发生的概率，改变水资源时空分配格局，进而影响水资源利用和水安全态势。加之人口增长、社会经济发展及生态需水量增加等诸多压力，进一步加剧了水资源的供需矛盾，使得水资源对气候变化的脆弱性加大，严重制约经济社会的发展。探讨气候变化和人类活动影响下的水文循环和区域水资源以及水资源系统的脆弱性和适应性，是国际社会和学科前沿关注的重要课题。气候变化对水文水资源的影响研究有着理论和实践双层意义，既有助于从科学上认识大气圈、生物圈与水圈之间的相互作用机理，提高气候变化的预测精度，又有助于了解气候变化对水量、水质，以及对洪水、干旱的强度、频率的影响，为决策部门提供管理依据。

水循环是指地球上各种形态的水，在太阳辐射、地球引力等的作用下，通过水的蒸发、水汽输送、凝结降落、下渗和径流等环节，不断发生的周而复始的运动过程（水相不断转变的过程，图 5.13）。水在地球的状态包括固态、液态和气态，存在于大气层、地面、地底、湖泊、河流及海洋中。水会通过蒸发、降水、渗透、表面流动和地底流动等一些物理作用，发生状态的改变，由一个地方移动到另一个地方。形成水循环的外因是太阳辐射和重力作用，其为水循环提供了水的物理状态变化和运动能量；形成水循环的内因是水在通常环境条件下气态、液态、固态 3 种形态容易相互转化的特性。降水、蒸发和径流是水循环过程的 3 个最重要环节，这 3 个环节构成的水循环决定着全球的水量平衡，也决定着一个地区的水资源总量。水循环系统是多环节的庞大动态系统，自然界中的水是通过多种路线实现其循环和相变的，可分为海陆间循环（大循环）以及陆地内循环和海上内循环（小循环）。

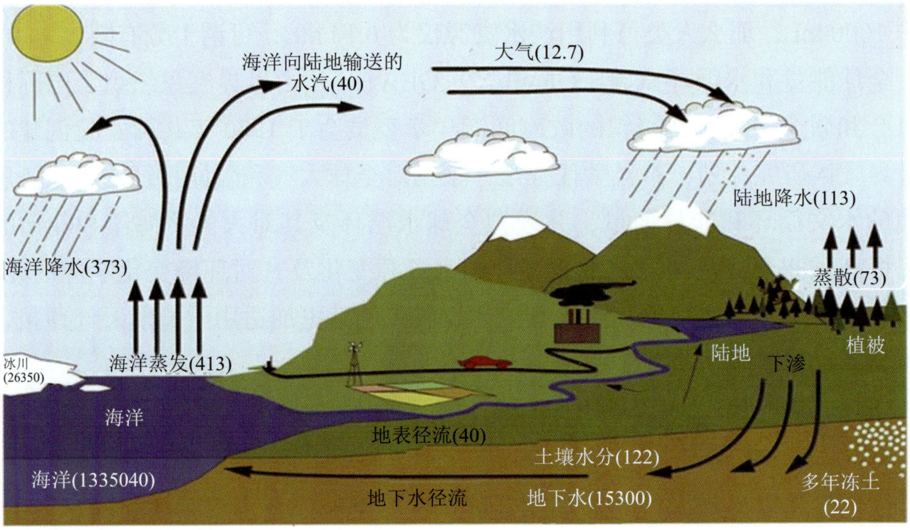

图5.13　全球水循环过程（括号中的数值代表水分相对份额）

在全球增暖背景下，大气持水能力增加，水分和能量平衡过程发生改变，全球以及区域尺度的水循环将随之改变，并进一步影响全球水资源分布和旱涝灾害的发生，对生态系统和社会、经济发展具有重要影响。基于形态，完整的水循环包括通量和储量；基于区域，水循环包括大气分支和陆面分支。降水、蒸发和淡水通量（即降水与蒸发之差）是连接大气和陆面水循环的关键过程。除此之外，大气水循环还包括大气含水量和水汽输送；陆面水循环还包括陆地水储量（如积雪、土壤含水量、地下水）和径流。

在全球季风区，充沛的季风降水和显著的干湿季节转换使得该地区具有活跃的水循环。得益于充沛的季风降水，全球陆地季风区生活着全球约三分之二的人口，是全球人口最密集的地区之一，尤其是南亚和东亚季风区。全球季风区通常被划分为三部分，即亚洲—澳洲季风区（简称“亚澳季风”，包括著名的印度季风/南亚季风、东亚季风、西北太平洋季风和澳洲季风）、非洲季风（含北部非洲季风和南部非洲季风）、美洲季风（含北美季风和南美季风）。季风降水和水循环过程对于全球水循环具有重要影响。预估和理解未来全球季风区的水循环变化，对于理解全球水循环的变化，进一步对于未来水资源规划、旱涝灾害风险管理、减缓与适应策略的制定具有重要意义。

CMIP5 的多模式气候预估数据揭示了全球陆地季风区水循环对全球增暖响应的整体图像，指出全球陆地季风区水循环将随全球增温而显著增强，同时其干湿季节差异也将增加。研究表明，在年平均时间尺度上，全球陆地季风区水循环随全球增温而增强，体现在各要素上，包括降水、蒸发、淡水通量和径流。水循环的变化具有明显的区域特征。北非、南亚和东亚季风区水循环将显著增强，而北美季风区水循环将显著减弱。对降水变化的物理机制研究表明，尽管全球季风环流在未来预估中呈减弱趋势，但与水汽增加有关的热力作用将使得水汽辐合和季风降水增加，进而引起季风区水循环过程的整体增强。

除了年平均水循环的整体增强，水循环的变化还具有明显的季节差异，具体表现为对于气候态年循环的增强，即水循环要素（包括降水、径流和淡水通量）在湿季显著增加而在干季略微减少。从水资源供给角度而言，该季节变化可概括为“湿季更湿、干季更干”。这意味着季风区湿季洪涝风险可能增加。此外，增暖导致的蒸发量增加将使得表层土壤湿度显著减少，在干、湿季节均是如此。作为衡量农业干旱的一个重要指标，土壤湿度的减少意味着未来季风区潜在的农业干旱风险增加，以及粮食减产。水循环的增强将有利于全球季风区水资源的总体供给，但其变化具有明显的空间和时间差异。特别是水循环季节循环的变化可能增加未来旱涝灾害的风险，并危及粮食产量。因此，不同区域需要更多地关注其水循环季节循环的变化，以更有效地发展水资源规划方案和旱涝灾害应对措施，以更好地应对水循环变化的影响。

气候变化加速冰川长度和面积减少。全球范围内的冰川长度和面积几乎都在退缩，部分冰川已消失。近 20 年来，格陵兰冰盖和南极冰盖的冰储量持续减少；1971 年以来全球山地冰川普遍退缩，冰量平均每年减少接近 2300 亿 t；北极海冰范围明显缩小，1979 年以来平均每 10 年缩小 3.5% ～ 4.1%。

气候变化影响水资源。在全球许多区域，气候变化带来的降水变化和冰雪融化正在影响着水资源和水质。由于冰川持续退缩，影响径流和下游的水资源，全世界 200 条大河中近三分之一的河流径流量减少。高纬度地区和高海拔山区的多年冻土层正在变暖和融化。在亚洲，气候变化已经对冰川、积雪、冻土、河流和湖泊产生了不同的影响，亚洲面临的关键风险主要体现在河流、海洋和城市洪水增加，对亚洲的基础设施、生计和居住区造成大范围破坏。

气候变化影响生态系统。气候变化影响植被的覆盖、生产力和碳循环，以及物候、物种的分布范围。受气候变化和大气中 CO_2 浓度增加的影响，全球范围内陆地生态系统净生产力有所提高，陆地碳汇有所增加；但由于极端天气气候事件也呈增加趋势，更为频繁的暴风雨、野火、土地退化和虫害暴发的强度增加，也加大了生态系统的损失。气候变化还改变了动植物的分布格局，北方、温带和热带地区主要生态系统类型发生向纬向和高海拔方向的变化。

对水文水资源质量的影响。全球气候变暖是当前气候变化最为明显的表现，全球气温的升高使得一些干旱或是半干旱地区的降雨量增加，空气中的湿度也有所提升，这样的气候变化对农业的发展有着一定的促进作用。但是对我国大部分地区来讲，降雨量的增加会导致洪涝灾害发生的概率增加。此外，全球气候变暖会导致气温的整体提升，这样会影响到水资源对污染物的分解能力，无法保障水文水资源的质量，进而对人们的生产和生活产生负面影响。

对经济发展与社会生活供水的影响。农业发展、工业发展以及人们的生活都离不开对水资源的需求，而全球气候的变化直接影响了区域降水量不平衡的情况发生，进而引起水资源蒸发总量升高，影响了区域水资源的正常供给状态。因此，全球气候变化会直接对供水方面产生影响。

对水资源管理方面的影响。全球气候变暖会导致很多情况变化，比如海平面上升、径流减小、降水分布情况不均匀等，进而影响水资源的开发和利用，但与此同时，人口总量的升高会对水资源的利用产生直接影响，加剧了水资源供给与需求之间的矛盾。由于我国南北方人口分布不均匀，因此，水资源的分布也不均匀，比如北方人口较多，但是实际水资源的占有量却很少，导致北方干旱缺水情况严重；而南方则水资源较为丰富，甚至一些地区由于降水量的增加而经常发生洪涝灾害。面对这样的情况，我国水资源管理部门管理工作的难度将会增加。

我国地处东亚季风区，降水量的年内时程分配和年际变化较大，且空间分配极不均匀，极端气候异常事件频繁，使我国成为世界上干旱与洪涝灾害多发的国家之一。同时，我国也是全球气候变化的敏感区和影响显著区。20 世纪中叶以来，受气候变化影响，我国东部主要河流径流量不同程度减少，海河和黄河径流量减幅更高达 50% 以上。冰川退缩加剧了青藏高原江河源区径流量变化的不稳定性。气象灾害频发降低了水资源的可利用性，导致我国北方水资源供需矛盾加剧，南方则出现区域性甚至流域性缺水现象。在未来气候持续变暖的背景下，我国水资源风险将会增加。

青海湖是中国最大的内陆湖泊，位于青藏高原的东北部，是维系区域生态安全的重要水系。1961—2004 年，青海湖水位呈显著下降趋势，平均每 10 年下降 0.76 m，渔业资源减少、鸟类栖息环境恶化等生态环境效应凸显。2005 年以来，受青海湖流域气候暖湿化的影响，入湖径流量增加，青海湖水位止跌回升，转入上升期（图 5.14）。2020 年，青海湖流域平均降水量 415.2 mm，较常年值偏多 39.2 mm，年平均气温较常年值偏高 0.4 ℃；流域冰雪融水和降水补给量均较常年值偏多，青海湖水位为 3196.34 m，较常年值高出 2.80 m，较 2019 年上升 0.37 m。2005 年以来，青海湖水位连续 16 年回升，累计上升 3.47 m；2016—2020 年水位加速上升，2020 年已达到 20 世纪 60 年代初期的水位。

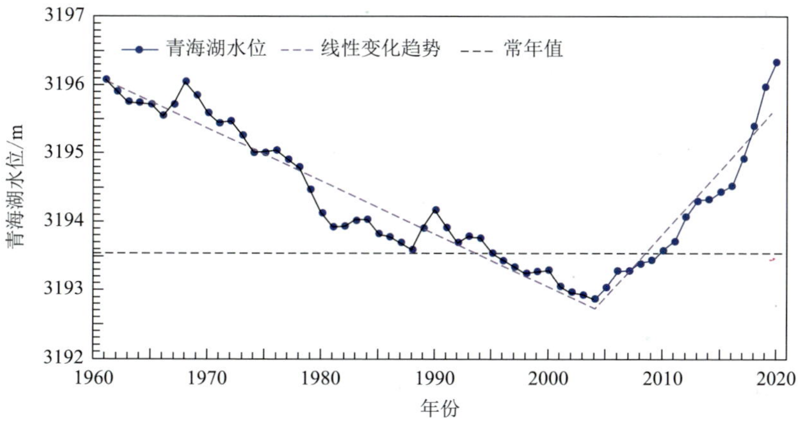

图5.14　1961—2020年青海湖水位变化

5.4.3　水资源脆弱性与敏感性

脆弱性分析最初源于自然灾害领域。随后，脆弱性的研究逐步从自然灾害领域拓展到自然科学和人文社会学领域，脆弱性概念已经在地理学、生态学、经济学、社会学、管理学、工程技术等多学科领域中得到广泛应用。脆弱性是流域水资源系统的关键属性之一，一般可认为脆弱性越大，流域水系统受水资源利用与开发活动影响的可能性越大，损失程度越严重，反之亦然。水资源脆弱性是受到气候变化、极端事件、人类活动等因素影响后，其正常的结构和功能受到损害并难以恢复到原有状态的倾向或趋势（表 5.4）。水资源脆弱性指供需关系与配置等造成不利影响的程度；适应性为变化环境下所采取不断学习与调整的系统过程，改进水资源的规划与管理的对策。

表 5.4　各维度脆弱性驱动因素及其含义

目标层	维度	含义	脆弱性驱动因素	招标属性
流域水资源可持续脆弱性	资源脆弱性	资源脆弱性反映了流域暴露出的自然属性。该维度由自然因素构成，但会受到人类活动的干扰	年降水量（折合水量）/10^8m^3 地表水资源量 /10^8m^3 地下水资源量 /10^8m^3 森林覆盖率 /% 耕地面积增加量 /10^3hm^2 水资源开发利用 /%	− − − − +
	环境脆弱性	环境脆弱性反映了在自然环境演变、水资源开发活动等扰动下，流域水资源系统因有限的适应能力而容易受到损害的一种状态	Ⅲ类水质以上河长比 /% 水功能区水质达标率 /% 生态环境用水量 /10^8m^3 耗水率 /% 洪灾受灾面积 /10^3hm^2 旱灾受灾面积 /10^3hm^2	− − + + + +
	社会经济脆弱性	社会经济脆弱性要素主要由人为因素构成，反映了人类活动对流域水资源系统施加的压力	水利、环保投入占总投入比重 /% 废水排放量 /10^8t 污水处理率 /% 人均用水量 /m^3 万元 GDP 用水量 /m^3 人均 GDP/10^4 元	− + − + + −

注：“+”为正向指标，该指标与脆弱性指数呈正向变化，其值越大越脆弱；“−”为逆向指标，该指标与脆弱性指数呈反向变化，其值越小越脆弱。

对水资源承载力评价指标体系的研究可根据水资源承载力大小、所处承载状况和协调状况 3 个方面构建多个指标的区域水资源承载力综合指标体系来表征。可依据频度统计与理论分析法，构建区域社会、经济、生态与水资源复合系统评价指标体系，或基于“水—社会—经济—生态”复合系统理论。尽管上述各类指标体系的建立均具有一定的代表性，指标层次划分清晰，指标体系完备性较高，对水资源承载力评价指标选取具有指导性作用，但指标体系构成较为繁复且部分指标数据获取难度高，加之部分指标统计时间尺度不统一，难以满足水资源承载力动态评价需求，在水资源承载力预警应用中更缺乏实用性，故需通过一定方法对指标体系加以简化。聚类分析法可以在保证系统分类能力不变的前提下，最大限度地约简指标，方法精度较高，但由于初始指标集指标数量较多，直接运用聚类分析法计算量大，可操作性较低，不利于方法推广。采用敏感度分析对繁杂的指标进行粗约简，表征水资源承载力的相对强弱程度，并运用敏感性分析定量评价水资源承载力对各指标变化的响应以删去敏感度低的指标；然后通过聚类分析对剩余指标进行精确筛简，以建立合理可行、易于操作的区域水资源承载力动态评价及承载力预警指标体系。敏感度为各维度脆弱性指数变化所引起的系统总脆弱度变化情况，即系统总脆弱度对各维度的敏感程度。敏感度越大，说明流域水资源系统总脆弱度越易受到该维度变化的影响。

全球约三分之二的人口每年遭遇至少 1 个月的严重水资源短缺问题，在 2 ℃和 4 ℃变暖情景下，全球将有 30 亿～ 40 亿人面临物理性缺水问题。IPCC AR6 第二工作组系统分析了气候变化影响下观测到的和预测预估的全球水循环变化及其对人类和生态系统的影响，评估了现在与未来水资源风险，分析了水资源适应措施的收效与成效，并呼吁通过系统转型实现水安全、可持续发展和具有气候恢复力的发展。全球 7% 的灾害事件与干旱有关，因干旱致死的人口占全部灾害的 34%，且主要发生在非洲；31% 的经济损失与洪灾有关，西欧、中国、美国、澳大利亚等国由强降水事件导致的严重灾害，很大程度上是人为因素的影响。越来越多的观测证据表明，水文循环变化会对人类和生态系统产生负面作用，且对弱势群体影响更大。受人类活动的影响，CO_2 排放量增加，导致温室效应十分严重。气候变化可能会导致极端降水或是极端干旱的情况发生。为此，应制定有效的改善措施，遏制水文水资源的大规模变化，保证水文水资源乃至生态系统的稳定性，完成对水文水资源的保护和恢复。

中国水资源的脆弱性空间分布存在显著差异。宁夏回族自治区的水资源危机程度为极端脆弱性，西北地区和东北地区的大部分区域为中等脆弱性到低脆弱性范围，甘肃省和陕西省为中高脆弱性；华北地区和华东地区呈现严重的两极分化，京津冀晋等 7 省（市）水资源脆弱性等级为高，浙闽台等地等级为低；西藏地区为中高，西南地区、华中地区和华南地区的水资源基本处于低脆弱性状态。影响水资源脆弱性变化的因素主要有因气候变化引起的降水的影响、径流的影响、干旱灾害的影响，同时城市化进程对水文过程、国家与地方政策法规对水资源利用等也有重要影响。流域水资源可持续脆弱性评估不仅能够识别影响流域水资源可持续的潜在风险要素，还能够回看水资源政策实施效果，从而为政府完善现有政策提供依据。

湘江是长江重要的一级支流，湘江在湖南境内长度约 670 km，年平均径流量 722 亿 m^3。湘江流域属于太平洋季风湿润气候，地貌以山地、丘陵为主，资源禀赋优良、矿产丰富、植被丰茂，是湖南省人口最稠密、经济最发达的区域。流域面积 94660 km^2，覆盖长沙、株洲、湘潭、衡阳、郴州、永州、娄底、邵阳、岳阳 9 个市和 67 个县（市、区），约占全省行政区域面积的 40%，承载着全省 60% 左右人口和 75% 以上地区的生产总值。流域丰富的水资源不仅维系着近

5000万人口的生活、生产、生态用水需求，也是区域经济社会可持续发展的重要支撑。依据2007—2018年的《湖南省水资源公报》《湖南省统计年鉴》和《湖南省环境状况公报》及湖南省气候中心数据，给出了2007—2018年湘江流域资源、环境、社会经济维度脆弱性指数变化趋势图和综合强度指数。资源维度脆弱性指数反映了流域自然资源对流域可持续能力的约束效果；环境维度脆弱性指数反映了流域水环境系统受自然环境演变、水资源开发活动等影响的状态；社会经济维度脆弱性指数反映了外界要素对流域水资源系统的扰动强度及流域社会经济系统所受到的压力。研究发现，湘江流域水资源系统总脆弱度总体呈下降趋势；流域水资源系统总脆弱度对环境维度高度敏感，对资源维度中度敏感，对社会经济维度低度敏感。湘江脆弱度对资源的供给具有中等敏感度对环境维度的敏感度很高，对社会经济维度的敏感度较低。湘江流域水资源可持续脆弱性问题依然存在，如废水排放量逐年增大、社会经济脆弱性近年来有上升趋势、资源脆弱性在研究期内有降有升、湘江流域水资源年际分布不均衡等问题依然存在。敏感度分析结果表明，鉴于水资源系统总脆弱度对环境维度的高敏感度，环境治理依然是未来湘江流域管理的重中之重。

5.4.4 海河流域水安全影响评估

华北地处东亚季风区北缘带，是我国气候变化高度敏感区、生态环境脆弱区和水资源严重匮乏区。21世纪10年代以来，海河流域水环境得到改善，地下水超采得到遏制，水资源供需平衡关系相对稳定。在全球气候变化的背景下，1961年以来华北气候呈现暖干化趋势，升温速率接近全球平均的3倍、年降水量减少10%、降水日数平均每10年减少1.9 d、海河流域水资源量每10年减少25.7亿m^3。未来随着水生态建设标准的提高和生态用水增加以及气候变暖，华北水安全问题凸显，面临水资源供给和使用不合理、海河流域防洪形势严峻、短历时强降水导致城市内涝灾害风险增大、降水转化水资源效率低等的挑战。

（1）华北呈暖干化趋势凸显

华北地区平均气温增温率明显高于全球和全国平均，降水量和降水日数明显减少。华北处于东亚季风区北边缘带，夏季高温多雨，冬季寒冷干燥，降水集中，年际变化大，易旱且涝、极端干旱和洪涝灾害时有发生。受全球气候变化影响，1961年以来，华北地区年平均气温每10年升高0.32 ℃，升温速率接近全球平均的3倍（每10年升高0.12 ℃），也明显高于全国平均水平0.23 ℃。京津冀和海河流域平均气温每10年分别升高0.31 ℃和0.28 ℃，气候变暖呈加剧趋势。华北地区年降水量减少 10%(每 10 年减少 8.5 mm，图 5.15)，其中夏季降水减少最为显著(每 10 年减少 16 mm)。京津冀和海河流域年降水量均减少 11%(每 10 年分别减少 10.7 mm 和 11.2 mm)。同时，华北、京津冀和海河流域降水日数均显著减少，每 10 年分别减少 1.9 d、1.8 d 和 2.9 d；华北、京津冀和海河流域不同强度等级雨量和雨日也呈现减少趋势，其中小雨雨量和雨日减少最为明显。

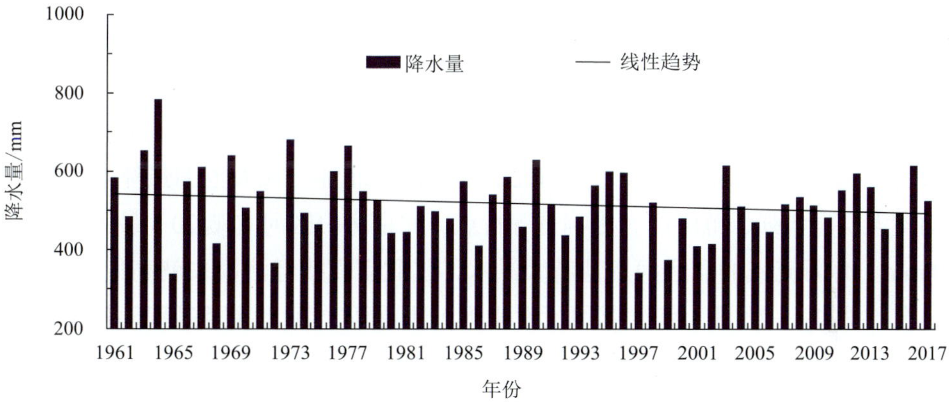

图5.15　1961年以来华北年平均降水量历年变化

气候变化导致降水的极端性增强，北京和天津百年一遇的小时雨强缩短为 70 年一遇；21 世纪以来，华北地区极端强降水频次和日降水量突破历史极值的频率均明显增加。北京日雨量超过 150 mm 的降水有 46% 发生在近 20 年，其中超过 250 mm 的降水主要发生在 2012 年和 2016 年。河北超过 250 mm 的降水有 42% 发生在近 20 年，天津和山西分别为 38% 和 39%。短时极端强降水引发的城市内涝和中小河流洪水灾害趋重。

（2）海河流域水资源显著减少

华北为我国干旱影响最重的地区之一。年干旱频率普遍达 60% ～ 70%，居全国之首。干旱具有发生频次高、持续时间长、波及面广、灾害损失重等特点。华北地区年干旱日数居全国最多，平均为 55.4 d，较全国平均（47.4 d）偏多 8 d，环渤海城市群年干旱日数多达 60 ～ 70 d。华北干旱主要发生在 4—10 月，以春夏旱和夏秋旱为主，连年干旱时有发生。华北地区农业干旱受灾面积平均每年 298.7 万 hm^2，占全国受旱面积的 13%。1997 年、1999—2002 年华北相继出现大范围严重干旱，导致水库蓄水明显减少，地下水位下降，其中 1999 年农业受灾面积高达 608.7 万 hm^2，为平均值的 2 倍，2014—2015 年，因干旱造成的直接经济损失均超过 110 亿元。

极端暴雨洪涝影响重。华北平原地处我国地势最低的一级阶地，降雨集中，暴雨主要集中在7月下旬至8月上旬，且强度大，易发生流域性洪水。海河作为华北地区最大的水系，其流域洪水具有洪峰高、峰型陡、洪量集中，以及突发性强、年际变化大、预见期短等特点。一旦发生暴雨，极易形成洪涝，灾害影响重，水资源难以存留。20世纪以来海河流域发生了多次大洪水，灾害损失大、影响范围广的有1917年、1939年、1956年、1962年、1963年、1996年、2012年和2016年。1939年，海河流域各水系均发生大洪水，河北省中部平原受灾最重，造成1.33万人死亡、多条铁路冲毁，天津受淹长达一个半月。1963年8月，海河南系发生了一场有水文记录以来的最大洪水，暴雨中心獐么站降雨持续7 d，累积降雨2050 mm，造成多座中小型水库失事，堤防决口达2300多处，5800多人死亡。2012年7月21日，北京、天津、河北北部及山西北部出现大范围强降雨过程，具有雨量大、雨势强、范围广、影响重等特点。北京房山区河北镇20 h最大降水量达460 mm。海河流域的北运河遭遇特大洪水，仅北京直接经济损失就高达120亿元。2016年7月19—21日，京津冀地区发生大范围暴雨，河北井陉过程雨量450 mm，3省（市）共有1000多万人受灾，直接经济损失580多亿元。

海河流域水资源短缺加剧。海河流域每年空中云水资源量1.9万亿 m^3，实际降到地面水量1664亿 m^3，云水资源转化率仅为8.8%（全国平均为20%）。年地表水资源量、地下水量、水资源总量仅分别占全国总量的0.8%、2.9%、1.3%。

1961年以来，海河流域水资源总量、地表水资源量呈现明显减少态势，平均每10年分别减少25.7亿 m^3、24.6亿 m^3（图5.16）。1980年是丰水期转为枯水期的明显转折点，1956—1979年年均地表水资源量256亿 m^3，1980—2016年年均地表水资源量153亿 m^3，减少40%。21世纪以来，年平均地表水资源量只有

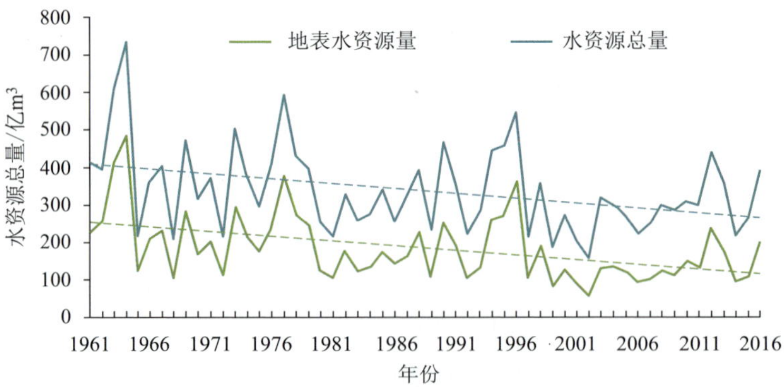

图5.16　1961—2016年海河流域年水资源总量和地表水资源量历年变化（虚线对应趋势）

127 亿 m^3，较 1956—2000 年减少 41%。降水量减少、下垫面变化（水土保持增加了山区保水量）和地下水开采（地下水亏空和包气带增加）是造成地表水资源量显著减少的主要原因。

（3）华北地区未来水安全形势

华北地区（京津冀晋）未来气候变暖将加剧，极端降水量将增强，北部极端干旱将增加。2050 年前后，华北地区年平均气温升温幅度为 1.6 ℃（1986—2005 年为基准期），升温趋势由西南向东北逐渐增加，升温幅度大都在 1.4 ～ 1.8 ℃，其中河北东北部升温幅度高，升温在 1.7 ℃以上。从季节分布来看，四季气温都将升高，且夏、秋季气温升高幅度分别达到 1.79 ℃和 1.74 ℃。华北地区年平均降水量增加幅度不到 4%，山西南部至河北南部一带增加相对明显，增加值一般在 5% ～ 10%。季节降水以冬季增加幅度最大，平均增幅约 12%，局部地区增幅可达 25%。

未来华北旱涝规律更为复杂。2050 年前后，尽管华北地区降水量增加不大，但降水的极端性将增强，小雨日数将减少。华北北部地区连续干旱日数将增加，部分地区增幅在 1 ～ 3 d，北部极端干旱将加剧。华北水资源增加幅度不超过 4%。结合社会经济发展以及生态修复对水资源的需求，未来水资源供需矛盾仍将是华北地区可持续发展的制约因素。

未来华北地区供水安全风险高。华北地区人口聚集，水资源总量不足，以全国 1.3% 的水资源供给全国 10% 的人口使用。随着经济社会的发展、人口增加、城镇化进程以及生态文明建设，生产、生活和生态需水量将发生改变，供水安全风险高。一是生产、生活、生态用水供需矛盾突出。1994—2000 年北京人均年水资源总量为 246 m^3，2001—2010 年降为 139 m^3，2011—2016 年仅为 137 m^3。虽然受灌区改造、节水灌溉技术推广以及工业水重复利用率提高等影响，农业和工业用水将呈现下降趋势，但未来生态用水需求将进一步增加，保障生态供水的难度增大。二是流域应对水资源风险能力不足。随着外调水工程通水，供水水源不断丰富，水资源供需平衡关系相对稳定，海河流域水环境得到一定程度的改善，但未来海河流域仍存在供水安全风险，本地水源与外调水源遇到枯水期的风险、部分区域面临供水水源单一与备用水源不足的风险、部分区域缺少水资源调蓄工程与应对长期风险的能力不足。三是尽管地下水超采得到控制，但超采在一定时期内仍将存在。地下水一直是海河流域的主要供水水源，占总供水量的 60% 以上。海河流域自 20 世纪 80 年代至今，年均地下水超采量约 60 亿 m^3，累计地下水净亏空量超过 1000 亿 m^3。1980—2000 年年均地下水资源量 235 亿 m^3，地下水开采量由 1980 年的 205 亿 m^3 增加到 2000 年的 263 亿 m^3，地下水供水量及供水比重均呈增长趋势。自 2000 年以来，地下水开采量 246 亿 m^3，总体呈现稳步下降趋势。

海河全流域防洪形势严峻，城市内涝灾害风险大。一是全流域防洪形势严峻。由于流域强降水和洪水形成的特殊性，加上河道行洪能力降低、蓄滞洪区启用难、全流域调度协调要求高，预计到 2050 年前，随着降水强度的增加，流域防洪形势仍将严峻。二是城市内涝风险大。近几十年来，随着城市化进程的加速，城市面积增长率超 16.6%，增加了城市的径流总量和峰值流量，对排水管道的疏泄能力提出了更高要求。短历时降水强度和频次的增加，又使城市径流量超过排水管道的设计峰值可能性加大，城市内涝风险增大。

年降雨量减少及下垫面变化和地下水开采，使降水转化为地表水资源的效率低。1961—2016 年，海河流域年降水量转化为年地表水资源的转化率总体呈下降趋势，平均每 10 年减少 1.1%。20 世纪 60 年代和 70 年代降水转化率为 13% 左右，80 年代减少约为 9%，2000—2010 年达到最低值，约 7%（图 5.17）。海河流域的径流年内分配不均匀，径流量主要来自汛期洪水，其全年径流量的 80% 以上集中在 6—9 月。海河流域年降水量减少，其中，夏季降水量减少趋势显著，是导致海河流域地表径流量减少、年降水转化为地表水资源降低的原因之一。下垫面变化使得水土保持增加了山区保水量，地下水开采造成地下水亏空和包气带增加，也是地表水资源减少的原因。此外，经济社会发展和生态用水增加，也导致地表水资源减少。

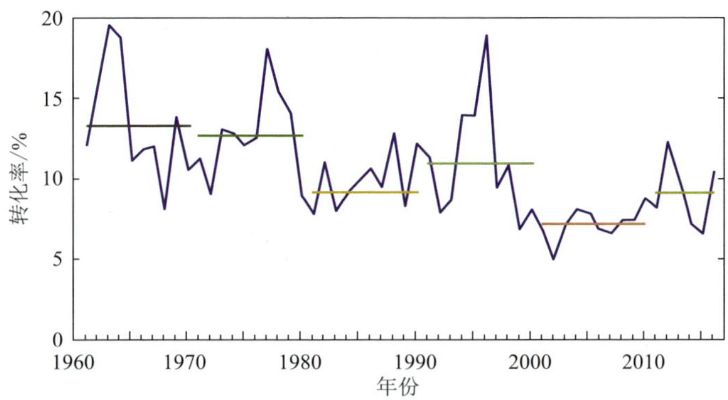

图5.17　1961—2016年海河流域年降水量–地表水资源量转化率
（横线为对应年份的平均值）

温度每升高 1 ℃，全球受水资源减少影响的人口将增加 7%，华北地区的水安全形势不容乐观。面对严峻的水资源问题，采取的对策和措施建议包括：一是加强水安全顶层设计和研究，开展水资源、水生态、水环境、水灾害的“四水同治”战略设计和相关科学问题的研究，进一步完善政策措施、市场措施、工程措施，以水安全保障京津冀经济社会可持续发展。坚持节水优先，通过结构调整和节水措施，以最小的水资源消耗获取最大的经济社会生态效益，走可持续发展之路。二是合理利用洪水资源。2012—2016 年由于降水主要发生在城市，很快形成径流，年均实测入海水量为 59.4 亿 m^3，分别占地表水资源量、水资源总量的 38%、18%，洪水资源的利用具有较大潜力。三是强化空中云水资源合理开发。从自然云的降水效率看，对流云平均降水效率为 56%，层状云为 29%。华北地区空中云水资源转化率每增加 1%，每年即可增加降水资源量 190 亿 m^3。建议加强华北地区人工影响天气能力建设，合理开发利用空中云水资源。四是提高雨洪预报预测预警水平。由于华北地区气候年际波动大，降水时空分布不均，海河流域主雨区暴雨强度大、突发性强，山区到平原过渡带短，源短流急，洪水来势猛，预见期短，加之流域下垫面变化很大，强降水和洪水预报难度很大。需要加强华北地区暴雨、洪水规律研究，提高雨洪预测、预报、预警水平，增强气象和水文灾害风险管理和综合服务能力。

5.4.5　相关风险的适应措施

19 世纪俄国的气候学家曾提出“河流是气候的产物”；现代气候系统理论认为，水资源是气候系统五大圈层长期相互作用的产物。水资源危机的严峻形势警醒我们思考水与气候变化的重要关系和内涵。毋庸置疑，人类种种“开放式”风险活动引起的气候变化以及厄尔尼诺 / 拉尼娜等自然发生的气候驱动因素，会对水产生重大影响。全世界水资源环境受到威胁，一切社会和经济发展也将受到限制。联合国政府气候变化专门委员会提出，气候变化会致使淡水资源的脆弱性增加；国际粮食政策研究所指出，全球 48 亿人口和全球粮食总量的一半将会由于水资源压力而受到威胁。人类应运用科学技术提高水资源的利用效率、改善水资源的短缺状况；学习国外的一些先进理念，有效提高我国的科技水平，研发出更多新产品和技术，增强我国水资源的循环利用率；提高农业用水量灌溉研发技术水平，尽可能地节约水资源。

（1）黄河流域水资源适应策略

气候变化将对黄河流域的水资源系统产生深刻影响，适应气候变化必须将水资源常规调度与应急管理相结合，提高水资源管理能力和调控水平。

严格水资源管理制度，合理控制水资源供需矛盾，落实黄河流域取水总量控制红线、实施用水效率红线、设置污染物入河量控制红线，加强水功能区管理，保障河流的生态环境功能。推广节水技术，提高流域用水效率。黄河流域现状水资源利用效率不高，农业灌溉水利用系数仅为 0.5，工业用水重复利用率仅为 70% 左右。加快流域节水型社会建设，完善流域水资源高效利用管理模式。

重新审视传统分水方案的适用性，优化水资源配置，完善水沙综合调控体系，提高黄河输沙效率，提高农业用水效率，提高水资源承载水平。减小输沙占用的黄河水量，提高水资源对经济社会的支撑能力。科学规范水库群蓄泄秩序和规则，采取“蓄丰补枯”措施，提高径流资源科学调度能力。黄河流域水资源具有时空分布不均、枯水时段长的特征，气候变化影响下河川径流年不确定性增大，需开展风险调度等基础研究。

加大非常规水源利用，形成多源互补的良性格局。黄河流域水资源利用过度依赖常规的地表和地下水源，地下水开采量达到 140 亿 m^3，近 20 年黄河流域径流消耗率达 70%；同时，流域广泛分布的再生水、微咸水、苦咸水、矿井水、雨水等非常规水资源一直未得到有效利用。加强应急管理，提高应急调度的能力。气候变化影响下，黄河流域极端水文和气象事件呈现出不确定性和突发性特征，频率和强度均有所增大。从识别极端事件发生发展规律、建立评价指标，到制定合理的极端事件应急处置调度预案、行动指南，建立规范制度和应急调度有效保障机制。

实施外流域调水，改善黄河流域缺水局面。解决水资源总量不足问题的出路在于实施跨流域调水补充黄河水源，加快南水北调西线工程建设，补上西北地区水资源紧缺短板，每年调水 80 亿 m^3，改善生态环境质量。加大水资源保护力度，提高生态环境质量。水环境恶化常常导致水体的功能丧失。据评价，黄河干支流 230 个水功能区中，符合水质目标的仅有 126 个，且支流污染呈现整体恶化态势，气候变化进一步导致流域水环境问题。根据水功能区水环境容量，严格控制污染物入河量，实施水质水量一体化配置与调度管理，确保水功能区水质达标。加强水土保持，改善流域水循环。黄河流域中游土壤侵蚀严重，20 世纪 60—70 年代，年均入黄泥沙为 16 亿 t，近 10 年入黄泥沙减小到每年 2.76 亿 t。

深化国际合作，开展适应气候变化研究。气候变化对水资源管理影响广泛，必须以维持黄河健康生命为主线，不断探索科技合作与创新管理模式，多部门联合协作，信息共享，协同行动，共同应对气候变化带来的水安全挑战；积极开展国际交流与合作，充分吸收国际先进技术和经验，不断提高我国抗旱减灾科技水平。

（2）“一带一路”国家水资源适应措施

通过分析整理提炼“一带一路”沿线各国的国家自主贡献（NDCs）报告中水资源相关的适应措施，得到如下结果，在参与统计的 65 个国家中，有 31 个国家的报告中提出了针对水资源短缺相关的适应措施，可以总结为 8 个方面：合理开发，优化水资源管理；基础设施建设与优化，推广节水技术，开展节水灌溉，提高水资源利用率；污水处理，水资源回收和再利用；预警系统及防灾减灾应急管理体系建设；提高公众节水意识；加强水资源监测，保障用水安全；水质保护；海（湖）水淡化（表 5.5）。

表 5.5 水资源短缺问题适应措施与对应国家

适应措施	对应国家
合理开发，优化水资源管理	中国、塔古克斯坦、乌兹别克斯坦、印度、巴基斯坦、阿富汗、叙利亚、沙特阿拉伯、巴林、摩尔多瓦、泰国、东帝汶
基础设施建设与优化，推广节水技术，开展节水灌溉，提高水资源利用率	中国、塔古克斯坦、乌兹别克斯坦、印度、巴基斯坦、孟加拉国、叙利亚、沙特阿拉伯、卡塔尔、科威特、黎巴嫩、约旦、巴勒斯坦、格鲁吉亚、埃及、蒙古、柬埔寨、老挝、马来西亚、印度尼西亚、东帝汶
污水处理，水资源回收和再利用	乌兹别克斯坦、土库曼斯坦、印度、巴基斯坦、叙利亚、沙特阿拉伯、卡塔尔、巴林、黎巴嫩、约旦、巴勒斯坦、摩尔多瓦
预警系统及防灾减灾应急管理体系建设	中国、吉尔吉斯斯坦、印度、巴基斯坦、孟加拉国、叙利亚、沙特阿拉伯、约旦、格鲁吉亚、柬埔寨、印度尼西亚、越南
提高公众节水意识	巴基斯坦、阿联酋、卡塔尔、巴林、科威特、约旦、埃及
加强水资源监测，保障用水安全	乌兹别克斯坦、阿富汗、黎巴嫩、约旦、巴勒斯坦、越南
水质保护	乌兹别克斯坦、印度
海（湖）水淡化	土库曼斯坦、阿联酋、卡塔尔

中东欧地区的“一带一路”国家中只有摩尔多瓦提到了水资源适应相关的措施，包括对用水需求和极端事件（洪水、干旱）的有效管理和实施有效的水处理及再利用。然而，摩尔多瓦人均可再生水资源量接近极度缺水的状态，受限于经济水平，其基础设施情况较差，因此除 NDCs 中提及的适应措施外，还应通过适当增加基础设施建设上的投资、提高公众参与度、建立预警和防灾减灾机制

等措施来降低其水资源短缺相关的风险。反观中东欧其他国家，虽然大多没有在NDCs报告中提到有关适应气候变化的内容，但却非常重视气候变化问题和水资源相关问题，特别是自2000年启动的《欧盟水框架指令》，使得欧盟国家在水资源管理领域取得了巨大成就。中东/西亚地区水资源短缺问题由来已久，因此对该问题关注度较高，有超过半数的国家提出了相应的适应措施，也较为全面，对于其他国家适应水资源短缺有着很好的借鉴意义。但考虑到该地区水资源的稀缺性和政治环境的复杂性，水资源在很大程度上影响着其政治安全和社会稳定，因此建立良好的国际合作关系对于维持地区政治稳定、共同应对水资源短缺问题是很必要的。

中亚地区农业基础设施落后导致农业用水浪费问题比较突出，加快基础设施建设十分必要。同时，中亚地区跨境河流众多，水资源空间分布不均，由此导致的水资源分配问题一直是影响中亚各国关系的重要因素，然而，在中亚各国提交的NDCs报告中却并没有提及该问题相关的措施，未来水安全风险的升高，可能会激化该矛盾。南亚地区是全世界水旱灾害最严重的地区，水资源短缺问题在该地区比较普遍，水资源利用率低和水污染严重是该地区比较突出的问题。为解决这些问题，南亚各国提出了对应的适应措施，主要包括：建立干旱预警系统和灾害预案；建设能够适应气候变化的基础设施；耐胁迫品种改良和栽培等。印度则特别提到了“恒河清理计划”，来解决恒河的水污染问题。考虑南亚地区人口众多，人均水资源不足，跨境河流引发的水争端时常发生，未来随着气候变化和人口的增长，该问题还可能会进一步激化，因此解决跨境河流的水资源分配问题对缓解南亚地区水资源短缺问题、保证地区政治安全至关重要。此外，南亚国家洪水和干旱问题共存，水资源时空分布不均，而除印度外，南亚国家水库库容普遍较小，因此加强基础设施建设，尤其是水库的建设，有助于解决南亚地区水资源时空分布不均问题，从而降低水资源短缺以及洪水的风险。

东南亚地区总体而言水资源较为丰富，只有新加坡由于国土面积狭小蓄水能力不足，人均可再生水资源量较少。作为东南亚唯一的缺水国家，新加坡并没有在其适应措施中提到水资源短缺的问题，可见其在这方面的认识存在不足，建议可以通过收集和储存雨水、海水淡化和水资源回收再利用在一定程度上缓解缺水问题。

（3）世界水安全发展与气候变化

水安全与气候变化将是未来数十年持续而深刻的全球危机。联合国《世界水发展报告》是联合国水机制牵头国际和地区主要涉水机构撰写的年度水发展专题报告，每年聚焦一个主题，旨在反映全球共性水问题，引领全球水发展思路。气候变化对水的影响还与粮食安全、人类健康、能源生产和生物多样性息息相关，更不用说对弱势群体和儿童日常生计的威胁。这些影响反过来又会加深社会不平等，造成社会动荡，引发人口大规模迁徙和社会冲突。适应和减缓措施是管理和减少气候变化风险的补充策略。适应策略包括各种自然、工程和技术选择的组合，以及社会和体制措施，以减轻气候变化的危害或利用气候变化带来的有利机会。适应策略选项存在于所有与水相关的部门，应在可行的情况下开展研究和应用。减缓策略包括人为干预措施，以减少温室气体（GHGs）的排放或增加其收集。尽管每个与水相关的主要部门都有减缓措施，但很大程度上尚未得到认可。

水与气候变化的纽带关系。一个行业的气候变化适应和减缓行动可以直接影响其用水需求，从而增加或减少其他行业的本地或区域的可用水量（包括对水质的影响）。在水需求减少的情况下，此类行动可带来跨行业和跨地域的多重收益，而水需求增加则可能导致需要在有限的供水分配上进行权衡取舍。

用水需要能源。任何用水量的减少都有可能减少水行业的能源需求，从而有助于减缓气候变化。相反，能源生产也需要水。从需水角度来看，风力、太阳能光伏和地热发电等可再生能源对水的需求量极低，是迄今为止最好的能源替代方案。农业节水措施在一定程度上可以增加水的可利用量，并减少抽水提水所需的能源，进而减少能源生产的耗水量。增加可再生能源在农业中的利用，为减少温室气体排放和支持小规模农业生产生活创造了机遇。由于农业用水量占全球总用水量的 69%，因此减少粮食损失和浪费也能对水和能源需求产生重大影响，进而减少温室气体排放。保护性农业使土壤能够保留更多的水、碳和养分，并具有附加的生态效益。经科学管理的森林、湿地和草原可发挥固碳作用，助力减缓气候变化，此外在养分循环和生物多样性方面也具有显著的附加效益。

经改进的水处理方法，尤其是废水处理方法，创造了大量减缓气候变化的机会（图 5.18）。未经处理的废水是温室气体的重要来源。目前全球超过 80% 的废水未经处理就排放到环境中，在排放前对有机物进行处理可以有效减少温室气体的排放。未处理或部分处理废水的再利用，可以减少与抽水、深度处理相关的能源消耗；如果废水在排放地点就近再利用，则可以减少运输的能源消耗。废水处理过程中产生的沼气，可被回收并用于为处理厂供电，抵消部分能量消耗并进一步增强节能效果。

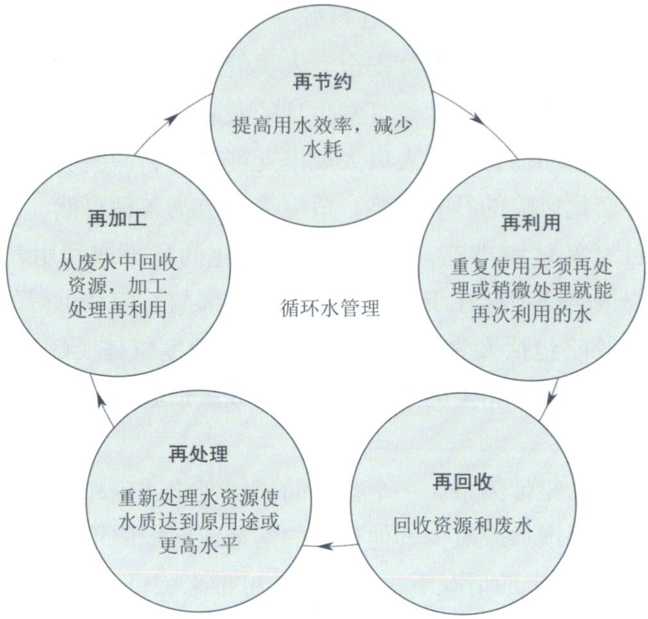

图5.18　循环水管理流程示意图

气候和水资源管理都需要监督和协调机制，这就要求：提高公众对于气候风险讨论和管理的参与度；开展多层次多部门联动的适应能力建设；优先考虑降低社会弱势群体面临的风险。在许多国家，城市也已经成为气候行动的先行者，许多领先企业已作出承诺减少其水足迹和温室气体排放，致力于减轻水资源短缺和气候变化的影响。

要想实现国际社会所公认的普及和可持续管理水与卫生设施的目标，当前的资金规模还远远不够。应致力于提高水行业在气候资金中所占的份额，并突出水与其他与气候相关行业的联系，以确保水管理领域获得更多资金支持。涉水项目利用气候资金有两大有利的趋势。首先，人们越来越认识到水与卫生设施项目的实施有利于减缓气候变化影响。其次，人们对气候变化适应措施的投入越来越重视。针对边缘化群体适应能力需求而制定的差异化策略，也应纳入更大的水—气候变化计划和项目中。

技术创新、知识管理、科学研究和能力建设等方面的挑战，可以通过创新的研究和开发，促进新工具、新方法的产生。基于卫星的地球观测可以帮助确定降水、蒸散发、冰雪覆盖及融化、径流和水资源储量（包括地下水位）等的变化趋势。卫星遥感可以揭示传统方法难以便捷观测到的大尺度的过程和特征，有助于全面评估与水相关的气候变化影响。应用大数据分析技术可以收集处理与水相关的信息和数据的连续流，以获取知识，提取可借鉴的信息和想法用于进一步改善水资源管理。“全民科学”和“众筹服务”有可能为预警系统作出贡献，并为验证洪水预报模型提供数据。

越来越多的证据表明气候变化正在影响着全球水文循环，但预测较小空间和时间尺度上的气候变化影响时，仍然存在很大的不确定性。水与气候领域的合作已经远远超出了科学研究领域。一方面在气候变化领域，特别是气候谈判专家，应更加重视水的作用，并认识到水在解决气候变化危机中的重要作用。另一方面，水领域也必须同样地或是更多地将精力集中于推动关于水在适应和减缓气候变化方面重要性的认识，制定具体的与水相关项目的建议，以纳入“国家自主贡献”，并加强措施和能力，以规划、实施和监督“国家自主贡献”中与水相关的活动。通过水将适应与减缓气候变化结合起来是一个合作共赢的思路。第一，它有利于水资源管理以及改善供水和卫生设施服务的提供；第二，它直接有助于应对气候变化的原因和影响，包括降低灾害风险；第三，它直接和间接地有助于实现若干“可持续发展目标”和一系列多个全球目标。

撒哈拉以南非洲地区。气候变化对非洲水资源的影响已经很严重了，非洲南部近期的降雨在减少。在人类健康方面，与水相关的气候变化影响包括通过病媒和水媒传播的疾病（以及安全饮用水、卫生设施面临的更大挑战）。在农业系统中，特别是在半干旱地区，传统的基于生计的方法似乎不足以应对气候变化的长期影响。适应和减缓气候变化的政策和行动包括：投资和改进供水设施的气候变化适应能力，支持提高抗御旱灾和洪灾的韧性；在水资源的使用和管理中强化性别平等；通过雨养农业系统中的集水、覆盖和减少耕种来改善农业用水的有效性。对于非洲国家来说，能源对其实现经济转型具有十分重要的意义，可以为促进区域合作以应对水—能源—气候纽带关系的挑战提供催化剂。

欧洲、高加索地区和中亚。气候预测表明，北欧地区降水将增加，而南欧地区降水将减少。提高区域有效适应能力和增强抗灾韧性的关键行动包括：强化用水效率和提升节水战略；监测并共享水量和水质数据；提高适应气候变化和减少与水相关灾害风险行动的一致性；从多种渠道吸引资金。针对跨境流域，技术和资金援助可以从较富裕的国家流向较贫穷的国家，实现上下游共享。但是，即使有资金支持，跨境水资源管理也可能面临政治方面的困境，需要找到一个政治层面有效的切入点，围绕该切入点开展合作。

拉丁美洲和加勒比地区。南美洲和中美洲已观测到的径流和水资源可利用量的变化预计还将持续。快速城市化、经济发展和不平等是给水系统造成压力的主要社会经济驱动因素。在大多数国家，贫穷仍然存在，这加剧了与气候变化相关的脆弱性。经济上的不平等也能转化为水和卫生设施获取方面的不平等，反之亦然。水传播疾病风险的增加对贫困人群的影响更大。农村地区的脆弱性也很高，气候变化因素限制了经济发展的可能，促使人口大规模迁徙。气候变化伴随着水用途的激烈竞争，在跨境水资源合作方面正面临着更广泛的挑战。

亚洲和太平洋地区。针对亚太地区的次区域气候变化与水的影响研究和相关预测各种各样，结果差别很大，普遍缺乏可信度。该地区极易遭受气候引发灾害和极端天气事件的影响，对贫穷和脆弱群体的影响尤为沉重。与水有关的气候变化造成的影响与影响水质和水量的其他社会经济趋势相互作用，包括工业化、人口增长和快速城市化等。人类活动也增大了与水有关的自然灾害（如洪水）的发生频率。气候变化和日益上升的水需求将对该地区地下水资源造成更大压力。由于灌溉需求的增加，该地区的某些区域已经面临严峻的地下水资源压力。在国家层面加快水与气候变化行动方面，应加强水治理和提高水生产率，以管理农业、能源、工业、城市和生态系统等之间的用水需求竞争；推广基于自然的解决方案，减少排放并提高抗灾韧性；在整个计划和政策周期中降低气候变化和灾害风险。亚洲的跨境流域迫切需要在投资、信息以及机制等领域开展区域间合作。

西亚和北非。西亚和北非地区气候变化的脆弱性属于中度到重度，并且大致从北到南逐渐增加。虽然蒸散发受到水资源短缺的限制，但是径流和蒸散发通常与降水变化趋势相同。最容易受到气候变化影响的地区是非洲之角、萨赫勒地区和阿拉伯半岛的西南部地区，其中包括该地区几个最不发达的国家。尽管它们受气候变化的影响程度各不相同，但适应能力普遍很低。水资源的政治化和武器化、流离失所群体和水基础设施退化等一直是受冲突影响国家的主要挑战。水资源获取和控制方面的不平等现象依然存在，城乡差别和性别差别尤为突出。适应措施与计划包括：使城市发展更具可持续性；强化数据、研究和创新；增强遭受洪水和干旱灾害以及受到粮食不安全威胁的脆弱社区的抗灾韧性；促进减缓、适应和可持续发展之间的政策协同；通过国际气候基金、开发当地市场和投资产品等途径获得增加融资途径。

5.4.6 提升水资源适应能力

（1）构建水资源及洪涝干旱灾害智能化监测体系

优化水文等监测站网体系布局，完善大江大河及其重要支流、中小河流、中小型水库等重点监测体系，提升地下水、取水计量、河湖生态流量、水土保持等监测能力。实施国家基本水文站提档升级，推广新型监测手段应用，扩大实时在线监测范围，提升水安全智能监测感知能力。推进数字孪生流域建设，推进空天地一体化的流域全覆盖监测，推进西部高寒区冰川、冻土、积雪和水资源涵养区的水文监测体系建设。到 2035 年，江河湖泊流域防洪减灾的监测、预报、预警、预演、预案和防洪调度水平大幅提升，水安全保障智慧化水平大幅提高。

（2）推进水资源集约节约利用

深入实施国家节水行动，建立水资源刚性约束制度，严控水资源开发利用上限，全面建设节水型社会，推动用水方式进一步向节约集约转变。健全节水标准和用水定额体系，完善水价形成机制，推进用水权市场化交易和水资源税改革，深入推进农业水价综合改革。强化水资源刚性约束，实施最严格的水资源管理制度，健全省、市、县三级行政区用水总量和强度控制指标体系，坚决遏制不合理的用水需求。到 2025 年，水资源刚性约束制度基本建立，水资源利用效率和效益大幅提高，全国用水总量控制在 6400 亿 m^3 以内，到 2035 年，节水型社会全面建成，全国用水总量控制在 7000 亿 m^3 以内，水资源节约和循环利用达到世界先进水平。

（3）实施国家水网重大工程

立足流域整体和水资源空间配置，加强重大水资源工程建设，提高水资源优化配置能力。推进重大引调水工程建设，推进南水北调后续工程高质量发展，实施跨流域跨区域重大引调水工程，加强重点水源和区域供水工程建设，全面提高水资源统筹调配和供水安全保障能力。多措并举建设应急备用水源，提高应对特大干旱、突发水安全事件的能力。加快大中型灌区续建配套和现代化改造，推进城乡供水一体化、农村供水规模化发展及小型供水工程标准化改造。到 2025 年，水资源配置工程体系更加完善，全国规模化供水工程覆盖农村人口的比例达到 55%，农村自来水普及率达到 88%。到 2035 年，经济社会发展与水资源承载能力基本协调，城乡供水保障能力明显增强。完善流域防洪工程体系与洪水风险防控体系。

（4）加强江河湖泊治理，开展堤防达标建设和河道整治，提高河道泄洪能力

加快控制性枢纽工程建设，实施病险水库水闸除险加固，加强流域水库群联合调度，增强洪水调控能力。加快蓄滞洪区布局优化调整与建设，确保分蓄洪区分蓄洪功能。加强山洪灾害防治、城市防洪能力建设等，补齐防洪短板弱项。充分考虑气候变化引发的极端天气气候事件影响和防洪形势变化，科学提高洪水防御工程标准，提高洪水风险防控能力。到 2035 年，江河湖泊流域防洪减灾体系

基本完善，防灾减灾能力显著增强。

（5）强化大江大河大湖生态保护治理能力

加大江河湖泊保护治理力度，统筹做好水土保持、地下水超采治理、受损河湖生态修复等工作，保护和扩大河湖生态空间。科学治理水土流失，提升水土保持率，强化黄河中游、长江上游、东北黑土区等重点区域治理。实施水系连通及水美乡村建设。以水资源超载区、水生态脆弱区、水生态退化区为重点，以流域为单元，加强大江大河和重要湖泊生态保护治理，强化河湖生态流量保障。严控地下水开发强度，多渠道增加水源补给，持续推进地下水超采综合治理。到2025年，重点河湖基本生态流量达标率达90%以上，全国水土保持率提高到73%以上。到2035年，水生态空间得到有效保护，水土流失得到有效治理，河湖生态水量得到有效保障，美丽健康水生态系统基本形成。

5.5 陆地生态系统影响与适应

人类活动无节制地消耗自然资源，排放大量的温室气体，已显著地影响和改变陆地生态系统的功能和结构。全球气候变化作为全球变化的核心问题，已成为国际环境领域的一个热点和焦点，而生态系统碳循环又是当前气候变化和区域可持续发展研究的核心内容之一，影响到经济和社会发展的各个方面。气候变化加剧了水土流失、荒漠化、石漠化、森林火灾和病虫害等，森林破坏已成为继化石燃料燃烧之后，大气中CO_2浓度增加的第二大来源，在全球碳循环和碳平衡中起着巨大的作用。陆地生态系统包含一系列时空连续、尺度多元且互相联系的生态学过程。由于大部分生态学过程都受到温度调控，因此气候变暖会对全球陆地生态系统产生深远的影响。近年来，全球变化生态学的基本科学问题之一是陆地生态系统的关键过程如何响应与适应全球气候变暖。

5.5.1 陆地生态系统关键问题

陆地生态系统是陆地表面生物与环境因子相互作用的复杂系统，是人类赖以生存和维持社会经济可持续发展的重要物质基础。作为地球系统中的生物圈部分，陆地生态系统与气候要素和人类生产活动等密切相关。陆地生态系统可通过其碳汇功能有效吸收大气CO_2，减缓气候变暖。陆地生态系统固碳，既是基于自然的气候变化解决方案的重要组成部分，也是实现碳中和目标的最有效途径之一。中国在 2020 年 9 月联合国大会上宣布了 2030 年前实现碳达峰，2060 年前实现碳中和。在这种背景下，中国陆地生态系统中的碳汇在减少人为碳排放方面的潜力已经引起了科学界、决策者和公众前所未有的关注。中国约占世界陆地面积的 6.5%，贡献了全球陆地碳汇的 10% ～ 31%，表明中国陆地生态系统在全球陆地碳汇中发挥了重要作用。

近百年来，气候变化对陆地生态系统结构和功能等已经产生了可辨识的影响，未来将会带来更大影响和风险。科学认识这些影响与风险，并提出系统的应对措施，对保障生态安全、促进社会经济的可持续发展具有重要意义。陆地生态系统对气候变化响应和适应具有滞后性、复杂性和长期性，因此，综合评估尚存在不确定性。由于碳循环是地球系统物质和能量循环的核心，是不同圈层相互作用的纽带，因此陆地碳循环及其对全球变化的响应研究一直是国际地球物理学界广泛关注的前沿问题，是国际地圈生物圈计划（IGBP）、全球环境变化国际人文因素计划（IHDP）、世界气候研究计划（WCRP）、全球碳计划（GCP）等重大科学研究计划的主题。陆地生态系统碳循环不仅是驱动生态系统变化的关键过程，还与生态系统水循环、养分循环和生物多样性等有着密切的耦合关系，会直接或间接地影响陆地生态系统的功能、生物多样性和可持续性。因此，对陆地生态系统碳循环及相关地表过程对全球变化响应的研究是预测未来大气 CO_2 浓度、认识大气圈与生物圈相互作用等科学问题的关键，同时也是认识地球生态系统能量平衡、水分和养分循环以及生物多样性变化的基础。科学家们通过实地观测、控制实验、模型模拟以及整合分析与数据挖掘等手段在全球范围内对全球变化与陆地生态系统碳循环已经开展了大量的研究。

IPCC AR6 陆地和淡水生态系统及其服务主要成果包括：关注气候变化影响下陆地和淡水生态系统的变化趋势，包括对观察到的影响的检测和归因、生态系统的脆弱性和恢复力、生态系统对气候变化的适应能力和限制；预估未来气候变化情境下，物种、生态系统结构和生物多样性、生态系统功能以及其服务受到的风险；评估在不同区域的陆地和淡水生态系统中观测和预测到的气候变化影响，介绍不同区域、种群或生态系统对气候变化的差异性响应；基于《生物多样性公约》和可持续发展目标，评估以增强生态系统恢复力、减少气候变化对生物多样性的负面影响、基于生态系统的适应为目标的人为措施的效果，并介绍气候适应性发展途径带来的影响；系统总结目前气候变化对陆地和淡水系统影响的认知空缺，以及相关研究结论不确定性的来源。对比评估气候变化影响和考虑减缓情景的影响，包括气候变化与生态系统适应之间相互作用的影响，并将评估结果与

《2030 年联合国可持续发展目标》相结合，为采取灵活的适应措施和合理地制定可持续发展目标提供参考。

IPCC AR6 警告，全球减缓气候变化和适应的行动刻不容缓，任何延迟都将关上气候治理机会之窗，让人们的未来变得不再宜居，不再具有可持续性。气候变化对自然生态系统的影响概况如下：气候变化已经在陆地、淡水、沿海和海洋生态系统中造成了巨大的破坏和越来越不可逆转的损失。由于气温升高和干旱加剧，全球四分之一的自然土地出现了更长的火灾季节。有证据表明，自 20 世纪 80 年代以来，人为造成的气候变化导致美国西部被野火烧毁的面积增加了 1 倍。依照当前气候变化趋势，更频繁和更激烈的极端事件会将敏感物种和生态系统推向临界点。这代表着变化超出了生态和进化的适应能力，破坏将突如其来且无法逆转。在全球变暖 4 ℃时，超过三分之一（35%）的全球陆地表面可能会发生生物群落变化。如果增温保持在 2 ℃以下，可能会限制在 15% 以下。气候变暖可能会导致亚马孙雨林的大片区域转变为更干燥、密度更低的植被，北方森林进一步向极地转变为北极苔原，山地森林转变为高山草原。气候变化已使海洋和沿海生态系统面临数千年来前所未有的状况，海洋物种正被迫离开其自然栖息地，自 20 世纪 50 年代以来，这些迁移以每 10 年近 60 km 的速度发生。从全球影响视角来看，气候变化对生态系统结构、物种地理范围和物候的影响均为高或非常高信度。AR6 所评估的物种中有一半都呈现出向极地或高海拔地区迁移的趋势，另外还有些不可逆或者接近不可逆的影响已经开始出现。气候变化对中国陆地生态系统组分和结构的影响显著。在近 160 年间，长白山的林线向上推进了 80 m；青藏高原高山林线树木种群密度显著增加。

5.5.2　对生物多样性的影响

（1）生物多样性概念与意义

生物多样性概念是由美国野生生物学家和保育学家雷蒙德 1968 年提出的，在《一个不同类型的国度》书中首先使用的，是一个描述自然界多样性程度的内容广泛的概念。此后的 10 多年，这个词并没有得到广泛的认可和传播，直到 20 世纪 80 年代，“生物多样性”（Biodiversity）的缩写形式由罗森在 1985 年第一次使用，并于 1986 年第一次出现在公开出版物上，由此“生物多样性”才在科学和环境领域得到广泛传播和使用。

根据《生物多样性公约》的定义，生物多样性是指所有来源的活的生物体中的变异性，这些来源包括陆地、海洋和其他水生生态系统及其所构成的生态综合体；这包括物种内、物种之间和生态系统的多样性。生物多样性是生物及其与环境形成的生态复合体以及与此相关的各种生态过程的总和，由遗传（基因）多样性、物种多样性和生态系统多样性 3 个层次组成（图 5.19）。遗传（基因）多样性是指生物体内决定性状的遗传因子及其组合的多样性。物种多样性是生物多样性在物种上的表现形式，也是生物多样性的关键，它既体现了生物之间及环境之间的复杂关系，又体现了生物资源的丰富性。生态系统多样性是指生物圈内生境、生物群落和生态过程的多样性。

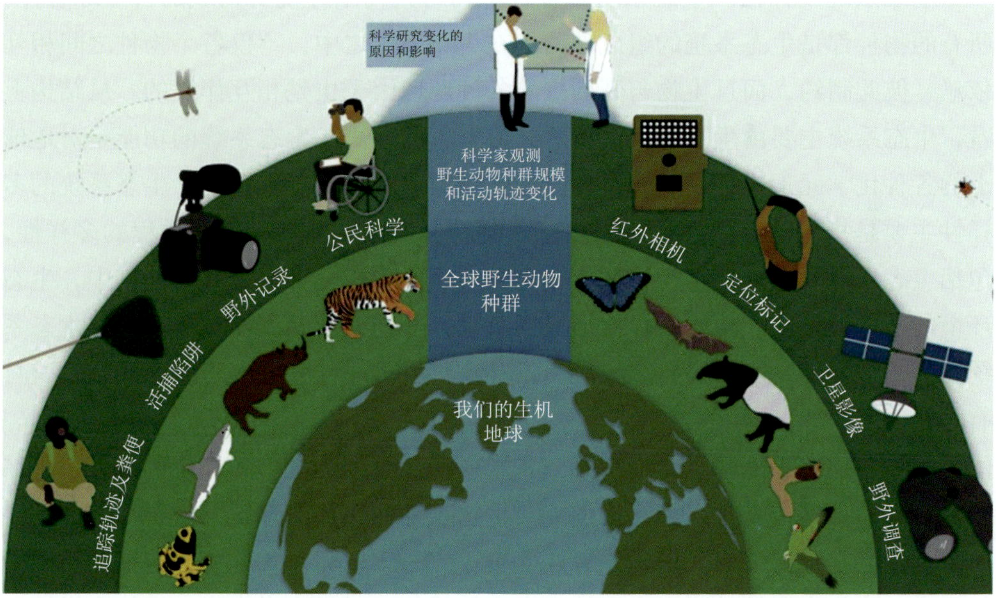

图5.19　生物多样性野外科学观测与研究分析

遗传多样性是生物多样性的重要组成部分。广义的遗传多样性是指地球上生物所携带的各种遗传信息的总和。这些遗传信息储存在生物个体的基因之中。因此，遗传多样性也就是生物遗传基因的多样性。任何一个物种或一个生物个体都保存着大量的遗传基因，因此，可被看作是一个基因库。一个物种所包含的基因越丰富，它对环境的适应能力越强。基因的多样性是生命进化和物种分化的基础。狭义的遗传多样性主要是指生物种内基因的变化，包括种内显著不同的种群之间以及同一种群内的遗传变异。在生物的长期演化过程中，遗传物质的改变（或突变）是产生遗传多样性的根本原因，基因重组也可以导致生物产生遗传变异。

物种多样性是生物多样性的核心。物种是生物分类的基本单位。对于什么是物种一直是分类学家和系统进化学家所讨论的问题。在分类学上，确定一个物种必须同时考虑形态的、地理的、遗传学的特征。也就是说，作为一个物种必须同时具备如下条件：具有相对稳定且一致的形态学特征，以便与其他物种相区别；以种群的形式生活在一定的空间内，占据着一定的地理分布区，并在该区域内生存和繁衍后代；每个物种具有特定的遗传基因库，同种的不同个体之间可以互相配对和繁殖后代，不同种的个体之间存在着生殖隔离，不能配育或即使杂交也不能产生有繁殖能力的后代。物种多样性是指地球上动物、植物、微生物等生物种类的丰富程度，最常用的指标是区域物种多样性。

生态系统多样性。生态系统是各种生物与其周围环境所构成的自然综合体。所有的物种都是生态系统的组成部分。在生态系统之中，不仅各个物种之间相互依赖、彼此制约，而且生物与其周围的各种环境因子也是相互作用的。从结构上看，生态系统主要由生产者、消费者、分解者所构成。生态系统的功能是对地球上的各种化学元素进行循环和维持能量在各组分之间的正常流动。生态系统的多样性主要是指地球上生态系统组成、功能的多样性以及各种生态过程的多样性，包括生态环境的多样性、生物群落和生态过程的多样化等多个方面。其中，生态环境的多样性是生态系统多样性形成的基础，生物群落的多样化可以反映生态系统类型的多样性。生态系统多样性离不开物种的多样性，也离不开不同物种所具有的遗传多样性。

生物多样性是地球生命的基础。它重要的社会经济伦理和文化价值无时不在艺术、文学、兴趣爱好以及社会各界对生物多样性保护的理解与支持等方面反映出来。它们在维持气候、保护水源、土壤等生态学过程对整个人类作出的贡献更加巨大。生物多样性的意义主要体现在它的价值。对于人类来说，生物多样性具有直接使用价值、间接使用价值和潜在使用价值。一是直接价值：生物为人类提供了食物、纤维、建筑和家具材料及其他生活、生产原料。二是间接使用价值：生物多样性具有重要的生态功能。在生态系统中，野生生物之间具有相互依存和相互制约的关系，它们共同维系着生态系统的结构和功能。提供了人类生存的基本条件（如食物、水和呼吸的空气），保护人类免受自然灾害和疾病之苦（如调节气候、洪水和病虫害）。野生生物一旦减少了，生态系统的稳定性就会遭到破坏，人类的生存环境也就会受到影响。三是潜在使用价值：野生生物种类繁多，人类对它们已经做过比较充分研究的只是极少数，大量野生生物的使用价值目前还不清楚。但是可以肯定，这些野生生物具有巨大的潜在使用价值。一种野生生物一旦从地球上消失就无法再生，它的各种潜在使用价值也就不复存在了。因此，对于目前尚不清楚其潜在使用价值的野生生物，同样应当珍惜和保护。

（2）生物多样性丧失及危害

《地球生命力报告》由世界自然基金会整合相关专家及机构的意见而成，也是对地球进行的健康检查报告，告诉我们自然界的状况、它所遭遇的威胁以及这对人类意味着什么。专家在对许多衡量生物多样性的关键指标进行分析的基础上得出结论并提出建议，而其中最重要的指标是“地球生命力指数”。人类和其他物种繁衍生息所依赖的稳定的气候和舒适的生存条件，都是复杂的生命系统所提供的。生物多样性对这个生命系统至关重要，因为我们赖以生存的洁净空气、淡水、可呼吸的大气层和种植粮食所需的条件都依靠生物之间复杂的相互作用。

WWF 发布 2022 年《地球生命力报告》：人类正以前所未有的规模开发和破坏自然。一项有关地球上生命丰富程度的最新重大评估显示，受人类过度消费、人口增长和集约化农业的驱动，全球野生动物的数量正急剧下降。自 1970 年以来，由于人类将地球的生命保障系统推向了边缘，动物的种群数量平均下降了 69%。拉丁美洲和加勒比地区的降幅最大，脊椎动物的种群数量平均下降了 95%。为了形成类似于野生动物股票市场指数的地球生命力指数（LPI），世界上生物多样性更丰富的地区，如热带地区，会得到更多的权重。人类对自然的破坏不仅对野生动物的种群数量，而且对人类健康和我们生活的方方面面都造成了灾难性的影响。

地球上 75% 的无冰土地已经被人类活动显著改变，自从 1700 年以来，全球近 90% 的湿地已经消失。根据报告，淡水地区是遭受破坏最严重的栖息地之一，在这些地区有三分之一的物种受到灭绝的威胁，平均种群数量下降了 84%。通过卫星分析，该报告还发现，被定义为没有人类烙印的荒野地区仅占地球陆地面积的 25%，而且大部分分布在俄罗斯、加拿大、巴西和澳大利亚。目前全球三分之一以上的土地都被直接或间接用于农作物种植和牲畜饲养，并且整体务农粗放、污染严重。

气候变化对植物种的丰富度、分布格局、种间关系、物候、光合作用等会产生深刻影响，并增加外来物种入侵、本地物种灭绝的风险。随着气温的升高，荷兰的维管束植物中喜热植物种类增加。气候变暖会导致部分植物生长季延长、开花提前、生长加速，扰乱原有的中间关系等。气候变化对植物多样性影响最大的地区是那些物种的栖息地相对固定、物种无法迁移的地区，因此种群较小且栖息地破碎的物种，或者呈岛屿型分布的物种对气候变化相对更加脆弱。

气温对一些爬行与两栖类动物的孵化结果具有决定性的影响，孵化温度可以决定后代的性别。如对某些海龟来说，当孵化温度大于 29 ℃时，孵化出的多数幼龟为雌性，当孵化温度小于 27 ℃时，孵化出的多数幼龟为雄性。对扬子鳄来说，孵化温度为 28.5 ℃时，孵化出的幼鳄皆为雌性，孵化温度为 33.5 ～ 35.0 ℃时，孵化出的幼鳄皆为雄性。这就是说，在气温持续升高的大背景下，某些龟类和鳄鱼可能面临灭绝的威胁。一些共生、寄生以及食物链上的物种，由于各个物种对温度的敏感性不同，可能会紊乱长期进化形成的种间关系。

气候变化还会引起物种向低温方向移动。北半球很多地方都有过报道，蝴蝶、部分鸟类和哺乳动物都呈现北移趋势，欧洲候鸟和留鸟丰富度因为气温升高而发生改变。气候变化带来的干旱胁迫能够改变害虫与寄主之间的关系，并使害虫向高纬度和高海拔迁移，从而增加植被虫害的传染率。气候变化还会引起有害生物泛滥、害虫和疾病暴发强度和频率增加。如气候变化引起的病害加剧，一度使北美的两栖类物种趋于灭绝。北欧和美国很多鸟类，自 20 世纪中期以来，产卵、孵化和迁徙都出现了提前。

气候变化还会导致生态系统结构、功能以及多样性发生改变。例如，降水时空格局的变化，使得 20 世纪 70 年代美国奇瓦瓦荒漠木本灌丛密度增加了 3 倍，以前常见动物数量减少，稀有动物数量增加。另外，气温升高使高纬度陆地生态系统植物生产力增加，生态系统碳氮循环过程改变。自然条件交错带是对气候变化最为敏感的区域之一，如中国长白山脉半苔原过渡带变宽，五台山高山草甸和林线过渡带中一些植物向高海拔迁移。北方森林以每升温 1 ℃按 100 ～ 150 km 速度向北扩展，全球变暖使生态系统整体向两极和高海拔区域移动。冻原中草本和地衣植物丰富度改变，从而改变了生态系统的结构、组成、功能和服务。

预计未来气候变化将导致海洋生态系统结构与功能发生改变。如海水温度上升、冰盖减小，盐度、氧气改变，海洋生物分布和物候发生改变，高纬度海洋中藻类、浮游生物和鱼类都向极地方向迁移，海洋生态系统的生物丰富度、群落结构、服务能力等都将发生变化。根据 IPCC 的报告，如全球温度升高 1 ℃，全球珊瑚礁将普遍白化，海平面上升将导致沿海湿地被淹没，估计到 2080 年，20% 的湿地将丧失，红树林生态系统将受到较大影响。气候变化还将对海洋浮游生物造成较大的影响，尤其是极地生态系统。许多海洋和淡水生物物候与分布也伴随水温增加、冰盖变化、氧气含量和环流变化而改变，海藻、浮游生物和鱼类在范围和丰富性方面向极地方向迁移。

气候变化还会影响自然保护区生物多样性保护功能的发挥，并使未来保护地的生物多样性保护面临巨大的压力和挑战。气候变化导致一些物种为寻找新的适宜栖息地而不断迁徙，有些物种甚至迁徙到保护区外的栖息地上，致使这些物种在保护区内消失，将不利于保护区对这些物种的有效保护，气候变化还可能使保护区的边界变得不再合适，原有的管理不再有效。

全球生物多样性正在以前所未有的速度丧失，目前现存的 810 万种物种中，超过 100 万种物种处于灭绝边缘。仅在欧洲，11000 种高等植物的 2400 种已经处于危险之中，而不仅仅是熊猫、熊与象。气候变化还会造成极端气候事件发生频率增加，如暴风雪、洪涝、干旱等天气，使得动植物受损与生态系统破坏。火灾发生频率的增加，也会对生态系统造成毁灭性的破坏。全球升温达到 2 ℃，生物多样性丧失的速度将翻倍甚至更糟，就有 5% 的物种面临灭绝风险；升高 4.3 ℃，这一比例将骤增至 16%。反之，如果 21 世纪全球平均气温升幅与工业革命前水平相比不超过 2 ℃，甚至不超过 1.5 ℃，即达成《巴黎协定》设定的双重目标，那么大批物种将幸免于难。

地球上 45% 的森林已经被砍伐掉了，而其中大多数发生在过去的 100 年。全球 20% 的珊瑚礁已经遭到无法逆转的严重破坏，而另外 50% 的珊瑚礁也接近崩溃边缘。轮船用来捕鱼的网巨大无比，真有“一网打尽”的势头，海洋渔场正在被无情破坏。人们越来越多地认识到保护生物多样性的关键是保护生态系统。生态系统是不同物种生存的环境。南美的热带雨林是一个生态系统，在城市中心的公园也是一个生态系统，还有我们去野营的森林或者海边的沙滩，像红树林、沼泽、沿海河口这样的湿地，这些都是生态系统。当生态系统健康时，它是许多物种，包括植物、昆虫、鸟类、大型高等动物的家园。

（3）城市生物多样性框架

中国是世界上生物多样性最丰富的国家之一，也是生物多样性受威胁程度最严重的国家之一。中国作为《生物多样性公约》最早的缔约国之一，在履约方面做了大量卓有成效的工作，提出具有一定普适性的城市生物多样性保护策略和行动计划，以期为城市生物多样性工作给予启示参考。自 1971 年联合国教科文组织（UNESCO）的“人与生物圈”（MBA）计划开始，人与自然在城市建成环境中的和谐共生一直是生态城市研究的热点问题，城市生物多样性保护与提升也是生态城市规划的重要组成部分。

长期以来，城市与自然被看待成对立的两个系统，如何真正实现与大自然和谐共处？如何在高强度人类活动与野生动物的生存发展之间建立相对稳定的平衡关系？如何最大限度地确保人类与其他物种之间的和谐共生？新时代在生态文明发展理念引导下的规划体系改革，迫切需要将城市生物多样性问题纳入研究视野。随着全球城镇化浪潮的不断推进，到2050年，全球城市人口的比例预计将超过68%。其中，2019年末中国的城镇化率为60%，未来还将有更多的人口陆续进入城市。城市生物多样性不仅对提高城市居民的环境保护意识有着重要的社会价值，也对城市环境的改善和城市的可持续发展具有重要的作用和意义。

《城市生物多样性框架研究》报告包括城市生物多样性六大策略与25项行动计划，其中包括加强调查、记录和科学研究，建立共享信息平台；将城市生物多样性理念纳入国土空间规划；修复城市受损空间，改善城市生态环境；将生物多样性纳入城市政策和决策；探索绿色金融，增加城市生物多样性投资；提高城市生物多样性保护的市民意识与社会参与度等方面。同时，报告还提出了包括生态系统服务、基于自然的解决方案、气候变化、城市微气候等10个与城市生物多样性相关的概念，并介绍了城市生物多样性在生物多样性、生态系统服务价值、认知、保护与管理4个层面的调查内容与常用方法，总结了针对城市的生物多样性调查框架体系，旨在唤醒人们对身边生物多样性的认识，给城市提供框架性指引，促成有条件的城市行动起来。

25项具体行动：建立城市生物多样性调查体系；建立信息共享平台，加强知识共享；制定城市动植物物种清单和外来入侵物种名录；鼓励和促进相关研究；构建分级分类生物多样性保护体系；结合自然保护地体系，划定并保护自然保护区和自然公园；加强海洋保护地网络建设与管理，保护海岸生态系统；结合双评价、城市主导功能分区和三区三线考虑城市生物多样性；构建整体性、多层次的生态网络；实施生态修复，恢复城市受损空间；改善水生态环境；近自然设计，营造多样化生态景观；完善相关法律法规体系，加强立法保护；重视基于自然的解决方案，合理制定土地使用计划与综合管理；将生物多样性纳入多部门管理决策；建立技术标准及指标体系，提高生物多样性评估能力；全面禁止非法野生动物贸易，加强野生动物疫病监测；创造外部有利条件；建立合理投资回报机制，拓展绿色投融资渠道；丰富绿色项目的参与主体；鼓励金融产品创新；加强教育与宣传，提高认识和保护意识；推广生物多样性志愿服务活动；鼓励公众参与调查收集生物多样性资料；建立广泛的生物多样性保护伙伴关系。

当前我国城市生物多样性保护规划存在诸多不足。规划视角下重保护，缺提升。国内针对城市生物多样性的规划策略全部采用“保护”作为核心目标，而国外则将保护与“提升”并重，体现出对于城市生物栖息空间利用的不同态度。在经历了30多年高速度、高密度、高强度的城镇化之后，支撑生物栖息的生态空间已被大量挤占，因此在保护的同时还渴求提升生物多样性及其所附带的生态系统服务功能。规划范畴内重局部，缺整体。较多关注自然保护区、大型公园绿地和特定物种的生境，而国外更强调所有城市空间全覆盖的生物多样性潜力，体现了对城市生物、城市自然、城市野趣价值的认同和尊重，并且出现了大量涵盖区域、城市、社区、建筑等多个尺度，共同建设人与生物共生的城市环境。规划尺度中重两端，缺衔接。在规划尺度上，中观尺度的研究与实践较少和缺失，势必使微观尺度的生境营造更为破碎零散，使得整体生物多样性和生态系统服务功能受到更大影响。

在高密度城市建成环境中维护和提升生物多样性，是城市可持续发展面临的关键问题之一。在生态文明建设与自然资源视角的国土空间规划改革背景下，更应该认识到生物多样性是城市重要的自然资源。保护生物多样性也日益成为当前国土空间规划的基本逻辑之一，有必要进一步探索如何在市县级国土空间规划中融入生物多样性保护，为城市绿色发展提供更多依据，并通过多种技术手段的多源数据整合以及多学科协同的研究与实践，在城市中推动生物友好、自然亲和的生态环境建设。

5.5.3　黄河流域生态环境影响

黄河流域气候复杂，气候变化敏感。在全球气候变化的背景下，1961 年以来，黄河流域大部地区气温呈上升趋势，其中上游地区升温最快，中游次之，下游相对较慢。黄河流域大部分地区位于我国南北气候过渡带，降水每年变化大。20 世纪 90 年代处于降水偏少时期，黄河曾多次出现断流，黄河上游和中游地区 2010 年以来降水处于偏多时期，平均年降水量较 20 世纪 90 年代分别偏多 11.1% 和 12.8%，但下游地区 2010 年以来平均年降水量比 20 世纪 90 年代还要少。

（1）黄河暖湿化与暖干化

气温显著升高，上游升温幅度高于全国平均。1961 年以来，黄河上游地区年平均气温呈显著上升趋势，平均每 10 年升高 0.35 ℃，高于全国平均水平（每 10 年升高 0.32 ℃），其中上游源头地区升温幅度最大，平均每 10 年升高 0.4 ～ 0.6 ℃；中游地区升温幅度略低于上游地区，为每 10 年升高 0.32 ℃；下游地区升温幅度相对较小，平均每 10 年升温 0.25 ℃。

上游年降水量增加、降水强度增大（图 5.20）。1961 年以来，黄河上游地区年降水量平均每 10 年增加 6.7 mm，累计增加了 11.4%。进入 21 世纪以来，降水量快速增加，2003—2020 年平均降水量比 20 世纪 90 年代偏多 10.3%。这种阶段性的变化，有大气环境自然变化的原因，主要是与北太平洋海温的年代际变化有关；也有人类活动的影响，特别是进入 21 世纪以来降水增加，与人类活动导致温度上升以及空气中水汽含量和可降水量增加有关。然而在降水量增加的同时，降水日数则无明显变化趋势，平均每 10 年增加 0.02 d，致使降水强度增强。以兰州为例，年最大小时降水量以平均每 10 年增加 1.4 mm 的速度增大。强降水增多，致使部分地区山洪、泥石流、城市内涝等灾害增多。

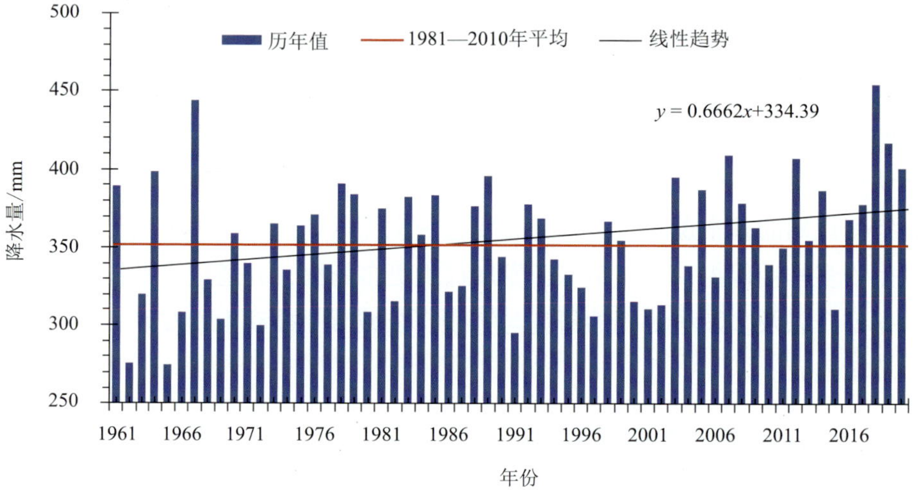

图5.20　1961—2020年黄河上游区域平均年降水量历年变化

黄河中游地区平均年降水量总体呈减少趋势，极端降水强度增强。1961 年以来，黄河中游地区年降水量总体呈减少趋势，平均每 10 年减少 3.1 mm，累计减少了 4.2%。但这种降水减少的趋势在 1997 年之后出现转折，特别是 2010 年以来平均年降水量比 20 世纪 90 年代偏多 12.8%。虽然黄河中游地区总降水量呈减少趋势，但是极端降水强度增强。以银川为例，1961—2020 年，最大日降水量较常年增强了 44%，最大小时降水强度增强了 36%。受降水强度增强的影响，近年来该地区暴雨洪涝灾害频发。如 2010 年甘肃舟曲发生特大泥石流灾害；2016 年 7 月山西太原由于极端降水出现严重内涝；2017 年 7 月陕西北部出现强降水过程，子洲（218.7 mm）、米脂（140.3 mm）、横山（111.1 mm）3 站日降水量突破历史极值；2021 年 10 月 3—6 日，山西省共出现 84 站次暴雨，暴雨站次超秋季历史最多。

黄河下游降水量和降水日数减少。1961 年以来，黄河下游地区平均年降水量呈明显减少趋势，减少幅度为 6.6%，平均每 10 年减少 7.3 mm，特别是 2010 年以来平均年降水量比 20 世纪 90 年代还少。黄河下游地区平均降水日数呈显著减少趋势，平均每 10 年减少 3.0 d。平均日降水强度呈显著增强趋势。受极端强降水影响，近年来该地区也频现严重暴雨洪涝灾害。2021 年 7 月 17—22 日，河南省出现严重暴雨洪涝灾害，19 个县市日降水量突破历史极值，郑州国家观测站最大日降雨量达 624.1 mm，接近该站年降雨量 641 mm；郑州最大小时降雨量（201.9 mm）创我国大陆国家纪录。

（2）冰川湖泊湿地生态敏感

冰川消融加速，最大积雪深度和积雪日数下降。受区域变暖的影响，黄河上游地区冰川面积退缩，积雪日数减少。各主体冰川面积均呈现显著退缩，退缩幅度在 8%～13%。三江源标志性冰川之一小冬克玛底冰川，1989—2015 年累积物质平衡亏损 7.6 m，即假定冰川面积不变的条件下，冰川厚度平均减薄 7.6 m 水当量；在青海祁连山区，近 50 年来冰川面积减少 198.44 km^2（−19.17%）。年最大积雪深度和积雪日数均呈弱的下降趋势，并表现出年代际波动，20 世纪 80 年代最大积雪深度和积雪日数最大，90 年代后出现下降，进入 21 世纪又呈波动弱上升趋势。

黄河上游湖泊湿地面积增大，植被长势趋好。降水量增加，相应的水文生态环境也发生明显改变。根据卫星遥感监测，2006 年以来三江源地区湖泊总面积呈稳定增加趋势，平均每年增加 40 km^2，面积累计增加约 5%。2001—2020 年，黄河上游林地、草地和湖泊湿地面积分别增加 4%、1% 和 9%。2001 年以来，黄河上游最近 5 年生长季（5—9 月）平均植被指数较 21 世纪初前 5 年平均值提高了 15.9%。

黄河中游植被改善明显（图 5.21）。2001—2021 年，黄河中游林地、草地和

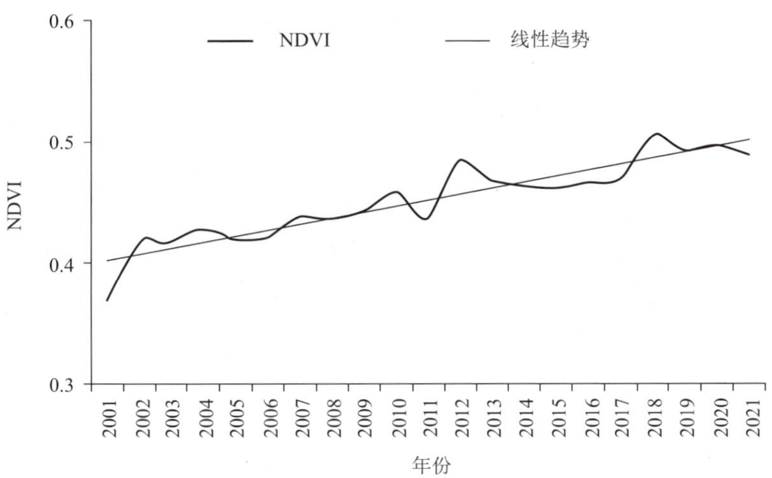

图5.21　2001—2021年黄河流域主要生长季植被指数（NDVI）历年变化

湖泊湿地面积分别增加 3%、1% 和 5%，2001 年以来，黄河中游最近 5 年生长季（5—9 月）平均植被指数较 21 世纪初前 5 年平均值提高了 24.7%。中游植被生态环境显著改善，但中游南部也有局部地区植被指数呈减少趋势。

黄河下游湿地面积显著增加，植被长势趋好。受黄河下游气候变化及黄河上中游降水变化的共同影响，黄河下游湿地面积显著增加，2020 年湿地面积相对于 2001 年增加了 20%，其中 2001—2004 年增加较快，但林地和草地面积有所减少。2001 年以来，黄河下游最近 5 年生长季（5—9 月）平均植被指数较 21 世纪初前 5 年平均值提高了 7.7%。

水源涵养能力呈增加趋势（图 5.22）。黄河流域水源涵养量整体呈南高北低的分布特征。其中，中游水源涵养量相对最高，尤其在中游南部，基本在 450 mm 以上。上游水源涵养量区域分布差异明显，沿河区域值最低，基本上在 200 mm 以下；黄河源区水源涵养量由北向南逐渐增加，北部地区在 150 ～ 300 mm，南部基本在 450 ～ 600 mm，部分地区在 600 mm 以上。下游地区水源涵养量基本在 300 ～ 450 mm。2001—2020 年，黄河流域水源涵养量多年平均值为 370 mm，且呈增加趋势。最近 10 年，除 2015 年外，其余年份水源涵养量都在均值（370 mm）以上；而前 10 年，除了 2003 年、2007 年，其他年份水源涵养量都在均值以下。

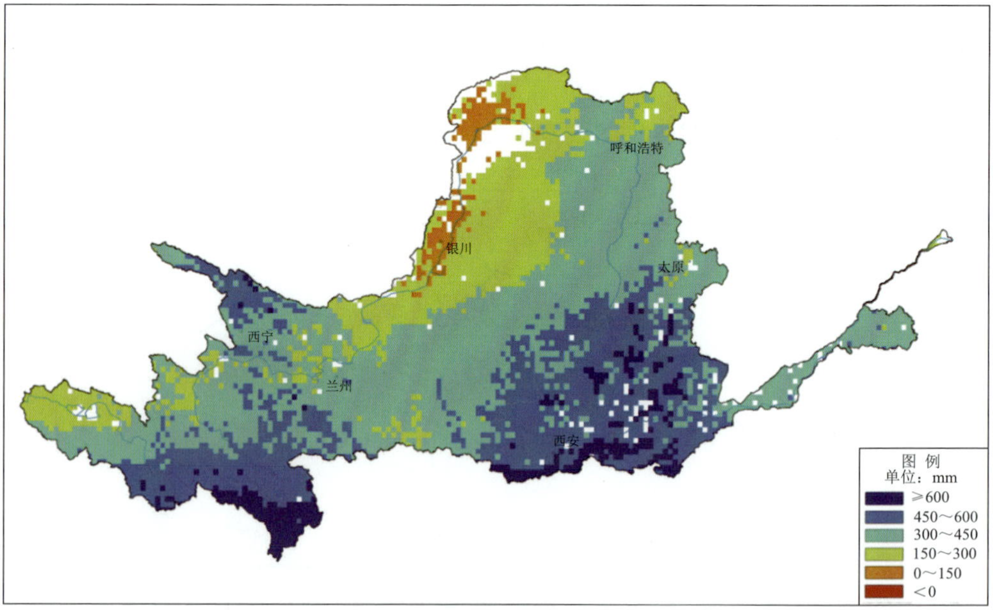

图5.22　2001—2020年黄河流域水源涵养量年均值空间分布

生物多样性功能变化不明显（图 5.23）。黄河流域生物多样维护功能指数整体呈西北向东南依次递增的分布特征，其中上游地区较低，黄河源区北部的大部分地区在 0.02 以下，中游和下游地区相对较高，下游的山东省大汶河流域生物多样维护功能指数在 0.1 ～ 0.2。2001—2020 年，黄河流域生物多样性维护功能指数有略微下降的趋势，但变化趋势不明显，近 10 年来波动峰值比前 10 年更低。

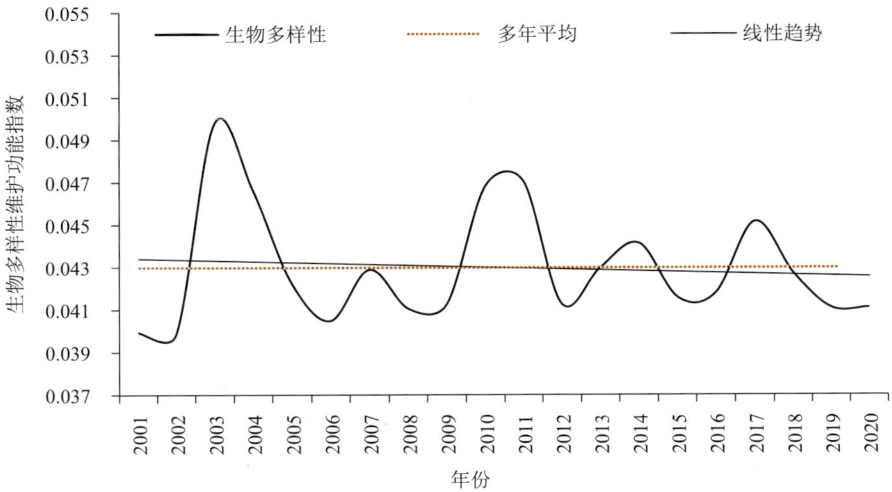

图5.23　2001—2020年黄河流域生物多样性维护功能指数历年变化

水土流失严重。历史上黄河多年平均输沙量16亿t，是长江的3倍，位列世界第一位，绝大多数泥沙来源于黄土高原地区。黄土高原是我国水土流失最严重的地区，水土流失面积达 46.5 万 km^2，占黄土高原总面积的 70% 左右，其中严重流失面积约 11 万 km^2。当前，黄土高原每年流失的土层厚度约为 1 cm，且流失速度远快于形成速度。黄土高原水土流失给黄河河道治理带来很大困难，流入黄河泥沙量多年平均值为 17 亿 t，其中超过 80% 的泥沙来自黄土高原地区，致使黄河河道年均升高 5 ～ 10 cm，堪称世界之最。黄土高原严重的水土流失导致该地区地形破碎、耕地贫瘠、草原退化，加剧了荒漠化的发展，黄河下游河道沉积的大量泥沙，使河床不断抬高，成为地上悬河，加剧了洪水灾害的发生。

（3）黄河未来气候变化预估

预计未来 30 年，黄河上游气温继续升高、降水增多，将对冰川、积雪、冻土等产生重要影响，并将进一步影响径流、水资源及生态环境的变化。未来30年（2021—2050 年），黄河流域年平均气温呈升高趋势，其中，上游的兰州以西地区为升温的大值区，升温值多在 1.3 ℃以上。黄河流域年降水以增加为主，但大部分地区变化值不超过 10%。上游地区增加幅度相对较小，特别是兰州以西区域，增幅基本上不超过 6%。已有研究结果表明，未来气温升高将使处于青藏高原的黄河源积雪日数和雪水当量均减少，还将使黄河源区冻土环境发生显著变化。若气温平均升高 1.1 ℃，多年冻土的消失比例为 19%；而若气温以每 10 年 0.58 ℃的速率升高，到 2050 年前后，现在 0.5 ～ 1.5 m 的冻土活动层将增厚到 1.5 ～ 2.0 m。如果气候变暖趋势继续，黄河流域内冰川、积雪和冻土在未来几十年里可能会继续发生变化。其中积雪的减少将使得春季融雪径流减少或消失，积雪对河川径流的调节能力将显著减弱，春旱将日趋严重，干旱形势加剧，生态环境将面临严峻风险。

暖湿化格局无法长期持续，对上游地区水源涵养、生态保护修复提出挑战。黄河上游近些年呈现暖湿化特征，既有全球变暖的影响，又与年代际气候演变有关。现阶段暖湿化背景下，带来的冰川积雪融水性径流增加，使生态得以改善，但从长期来看，冰川容量不能永远维持融水径流增加，径流峰值过后将面临水资源短缺风险，上游地区生态环境也将受到严重影响。此外，冰川积雪消融也导致冰湖面积增大，冰湖溃决事件发生频次增加，易激发山洪、泥石流等次生灾害。

未来黄河中游气温继续升高、降水增多，短历时强降水增加，水土流失防治任务依然艰巨。2050 年前后，黄河中游地区升温幅度不及上游地区，升幅多低于 1.2 ℃。年降水量以增加为主，增加值多超过 6%，部分地区可超过 10%；黄河中游大雨日数增幅超过上游和下游地区，在 0.5 ～ 1.5 d；连续干旱日数增加，但增幅多不超过 2 d。黄河流域内水土流失面积约 46.5 万 km^2，还有一半左右的水土流失面积没有治理，主要位于中游黄土高原地区，且水土流失强度大，自然条件恶劣。同时，在中游气候暖干化背景下，短历时强降水却呈现增加趋势，导致山洪、泥石流、城市内涝等灾害风险增大，水土流失防治任务难度更大。

未来黄河下游气温继续升高、降水增多，防洪防凌形势依然严峻。2050 年前后，黄河下游地区的升温幅度不及上游地区大，升幅多低于 1.2 ℃。年平均降水量以增加为主；大雨日数增加，增幅不超过 0.5 d；连续干旱日数增多，但增幅不超过 2 d。历史上黄河“三年两决口、百年一改道”，给沿岸百姓带来深重灾难。据统计，新中国成立前的 2500 多年，黄河下游共决溢 1500 多次、改道 26 次。新中国成立至今，70 年不决口，20 年不断流，先后抵御 12 次大洪水，实现了 70

年黄河安澜。但黄河水患问题仍然没有从根本上解决，下游举世闻名的“二级悬河”态势未改，加之，极端降水增多，洪水泥沙对黄淮海平原的威胁依然存在。黄河下游滩区群众生活生产、经济社会发展与滞洪沉沙矛盾突出，已成为黄河下游治理的瓶颈。如 2021 年 9 月上旬至 10 月上旬，黄河秋汛严重，黄河中下游接连出现 3 次编号洪水，对工农业生产和人民生活造成不利影响，并引起社会公众高度关注。

5.5.4　陆地生态系统适应能力

构建陆地生态系统综合监测体系。持续进行全国范围内自然资源与生态状况调查监测，以第三次全国国土调查成果为底图，统筹开展森林、草原、湿地、海洋、土壤、冻土、岩溶、冰川、荒漠综合调查监测，构建植被物候、野生动物及其栖息地保护监测评估体系，开展水土流失、荒漠化、沙化、石漠化等调查监测评价，加强重点生态功能区、生态保护红线及重点违法领域的监管。以自然资源科学和地球系统科学为理论基础，建立以自然资源分类标准为核心的自然资源调查监测标准体系。以空间信息、人工智能、大数据等先进技术为手段，构建高效的自然资源调查监测技术体系。依托基础测绘成果和各类自然资源调查监测数据，建立自然资源三维立体时空数据库和管理系统，实现调查监测数据集中管理。

建立完善陆地生态系统保护与监管体系。逐步形成以国家公园为主体、自然保护区为基础、各类自然公园为补充的自然保护地分类系统，显著提高管理效能和生态产品供给能力，使自然保护地规模和管理达到世界先进水平，总面积达到陆域国土面积的 18% 以上。加强适应气候变化的林草种质资源保存库建设，保护珍稀濒危和特有林草植物种质资源。推动出台《生态保护补偿条例》，健全生态保护补偿制度，加强自然生态系统保护。落实国家生态系统保护相关法律法规，明确属地管理责任，依法严格实施生态保护监管工作，加强自然保护地和生态保护红线监管，加大生态破坏问题监督和查处力度，持续推进自然保护地“绿盾”专项行动，严厉查处和遏制各类违法违规行为。

加强典型生态系统保护与退化生态系统恢复。持续增加森林资源总量，强化天然中幼林抚育，开展退化次生林修复，提高人工林树种多样性。努力转变草原畜牧业生产方式，修复退化草原。开展湿地修复，提升重要湿地生态功能。建立荒漠化、水土流失、石漠化等退化生态系统的恢复治理技术体系，加强沙区天然植被保护。到 2035 年，森林覆盖率达到 26%，草原综合植被盖度达到 60%，湿地保护率提高到60%，75%以上的可治理沙化土地得到治理。提升对冰川冻土的关注与保护力度，规范冰川旅游开发，制定冰川冻土专门保护政策。实施历史遗留废弃矿山生态修复示范工程，改善区域生态状况，提升生态系统质量和服务功能。针对重要生态系统保护和修复需求，科学开展重点区域生态修复型人工影响天气活动，推动生态保护修复治理能力现代化。统筹推进山水林田湖草沙一体化保护和系统治理，权衡保护和利用的关系，合理进行整体保护、系统修复、综合治理。

提升灾害预警、防御与治理能力。严格管控野外火源，建立完善全国森林草原火险综合预警体系，全面提升森林草原火灾风险识别能力，实现重点区域火情瞭望率达到95%以上。提高生物病虫害检疫监管能力，建立生物病虫害监测预警站点网络体系，推广生物防治、生态调控等绿色防控技术。制定完善外来入侵物种名录和管理办法，严格外来物种引入审批，强化引入后使用管控，加强对重点区域外来入侵物种的调查、监测、预警、控制、评估、清除以及生态修复等工作。推动林草火灾、低温冰雪、生物病虫害与生物入侵等灾害的保险制度设计，转移分散生态系统灾害风险，提升灾后恢复能力。加强沙尘暴灾害预测预报监测能力建设，强化沙尘暴区沙化土地状况调查监测，增加地面站点布设，全面开展综合监测，提升沙尘暴灾害预警预测预报的精准性和应急处置能力。

实施生态保护和修复重大工程规划与建设。以国家重点生态功能区、生态保护红线、国家级自然保护地等为重点，突出对国家重大战略的生态支撑，扎实推进生态保护和修复重大工程建设。实施《全国重要生态系统保护和修复重大工程总体规划（2021—2035年）》以及国家公园等自然保护地建设及野生动植物保护、生态保护和修复支撑体系重大工程专项建设规划，加强青藏高原生态屏障区、黄河重点生态区（含黄土高原生态屏障）、长江重点生态区（含川滇生态屏障）、东北森林带、北方防沙带、南方丘陵山地带、海岸带生态保护和修复，全面提升国家生态安全屏障质量，提高生态系统质量和稳定性，保护和恢复生物多样性。

加强陆地生态系统生物多样性保护。建立国家层面的生物多样性监测保护网络，对生物多样性保护优先区域开展本底调查与评估。健全生物多样性保护和监管制度，确保重要生态系统、生物物种和生物遗传资源得到全面保护，提高各类生态系统的稳定性。不断完善生物多样性保护政策法律体系和生物资源可持续利用机制，形成统一、有序的全国生物多样性保护空间格局。

5.6 对人体健康影响的评估分析

气候变化使得人类自身面临的生存环境变得日益复杂化，其造成的负面影响已严重威胁到我国人群健康和公共卫生安全。IPCC AR6 第二工作组报告（AR6 WG2）着眼于在全球和区域的层面，评估气候变化对生态系统、生物多样性和人类社会的影响。评估了气候变化对健康和福祉的当前影响和未来风险，以及提出了应对气候变化的适应策略和适应限度。气候灾害是非自愿移民、流离失所和暴力冲突的一个重要驱动因素；如果很多新的国际协议（如巴黎气候协定、仙台减灾协定、可持续发展目标等）得以实现，将会减少气候变化对健康的影响；COVID-19 大流行凸显了实施这些协议的挑战，暴露出世界各国和国际社会在预测和应对全球风险能力方面的不足，并且认识到部门间、国家和地区间合作的重要性；政策渐进式变化将不足以应对气候变化的健康风险，而是要基于整合解决方案的跨系统和跨部门转型变革。

通过主动、及时和有效的适应措施，可以减少或避免一些气候变化的健康风险；可持续的、具有气候恢复力的发展路径能够减少暴露度、脆弱性和社会不平等，并在更广泛的范围内采取及时有效的适应和缓解措施，有可能减少但不一定能完全消除气候变化对健康的影响；适应气候变化具有很大的潜力，可为健康和幸福带来巨大的协同效益，并可减少流离失所和暴力冲突的风险。在应对气候变化健康风险方面，存在显著的适应差距。目前对健康领域适应气候变化的资金支持仅占到气候融资项目的 0.5%，这一投资水平不足以保护人群健康和卫生系统免受气候变化的风险。实现气候适应性的一个关键途径是实现全民医疗保障和普及基本卫生保健；对改善健康社会决定因素的其他相关部门和系统进行投资，可能会减少导致健康影响的脆弱性。

5.6.1 气候变化影响人体健康的途径

气候变化通过一系列复杂途径和过程影响到人体健康，其影响途径主要有 3 个：一是通过热浪、干旱和暴雨等极端天气事件频率的变化，直接影响人体健康；二是以自然生态系统为中介，通过传播有害致病微生物和过敏源、加重空气和水污染等，间接影响人体健康；三是以人类社会经济系统为中介，通过影响食物生产和分配、精神压力等造成人体健康水平的不断恶化（图 5.24）。高温热浪会显著增加人体呼吸、循环、泌尿等系统的死亡风险，还可造成不良孕产结局、工伤发生率以及医疗服务需求的增加。极端洪涝、干旱、台风等天气气候事件会导致水源性和食源性疾病的传播风险增加，并对精神心理健康产生不利影响。气候变化能够与空气污染产生交互作用，增加大气气溶胶颗粒物的健康危害，还能影响空气中花粉等过敏源的浓度、分布和致敏性，导致过敏性疾病的流行。

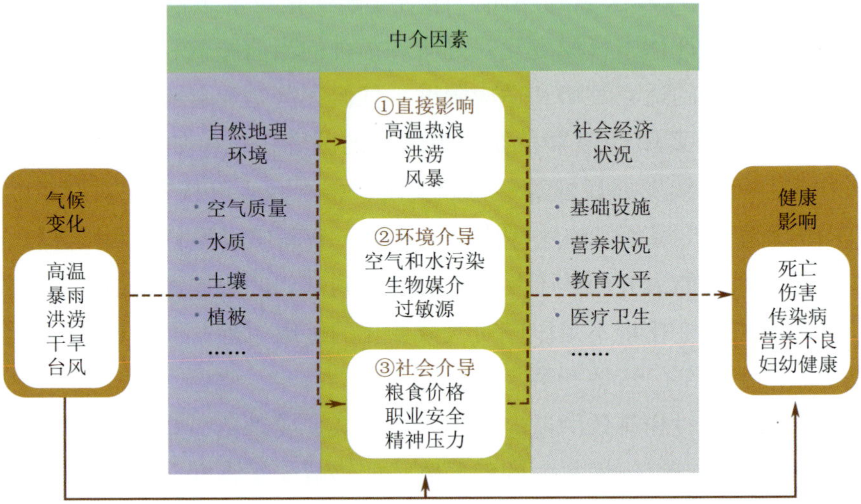

图5.24 气候变化影响人体健康的主要途径

世界卫生组织提供的重要事实：一是气候变化影响健康问题的社会和环境决定因素——清洁的空气、安全的饮用水、充足的食物和有保障的住所。二是气候变化预计将在2030—2050年，每年都造成约25万人死于营养不良、疟疾、腹泻和气温过高。三是预计到2030年对健康带来的直接损失费用为每年20亿～40亿美元。四是卫生基础设施薄弱地区（主要在发展中国家）在无援助的情况下最缺乏进行应对、做好准备和作出反应的能力。五是通过选择更好的运输、食物和能源利用方案减少温室气体排放，尤其是通过减少空气污染，可使健康得到改善。

气候变化是全球人类命运共同体面临的最大健康威胁，全世界的卫生专业人员已经在应对这一日益严重的危机造成的健康危害。IPCC的结论是，为了避免灾难性的健康影响并防止数百万与气候变化有关的死亡，世界各国必须将气温上升限制在1.5 ℃以内。过去的排放已经不可避免地导致了一定程度的全球气温上升和其他气候变化，但是，据认为，即使全球升温1.5 °C也是不安全的；气温每升高十分之一摄氏度，就会对人们的生命和健康造成严重影响。虽然无人能免于这些风险的影响，但低收入和弱势国家及社区的人们的健康却首当其冲受到气候危机的最严重损害，而他们在该危机的形成中其实作用最小，也最没有能力保护自己和家人不受其影响。

气候危机有可能破坏过去 50 年来在发展、全球卫生和减贫方面取得的进展，并进一步扩大人口之间和人口内部现有的卫生不平等现象。它以各种方式严重危及全民健康覆盖的实现，包括加重现有的疾病负担，并加剧当前在获取卫生服务，且往往是最需要的卫生服务方面的障碍。有超过 9.3 亿人（约占世界人口的 12%）将至少 10% 的家庭预算用于支付卫生保健费用。由于最贫穷的人口大多没有保险，健康冲击和压力目前每年已使约 1 亿人陷入贫困，而气候变化的影响则加剧了这一趋势。

气候变化已经在以多种方式影响健康，包括通过日益频繁的极端天气事件（如热浪、风暴和洪水）、对粮食系统的干扰、人畜共患病和食源性、水源性和媒介传播疾病的增加以及精神卫生问题等导致死亡和疾病。此外，气候变化正在破坏许多有益健康的社会决定因素，如生计、平等以及卫生保健和社会支持结构的普及等。这些对气候敏感的健康风险严重影响到最脆弱和处境最不利的群体，包括妇女、儿童、少数民族、贫困社区、移民或流离失所者、老年人以及患有基础病症者。

虽然气候变化影响人类健康是不言而喻的事实，但要准确估计许多气候敏感性健康风险的规模和影响仍然具有挑战性。不过，科学进步逐渐使我们能够把发病率和死亡率的增加归因于人为引起的变暖，并能更准确地确定这些健康威胁的风险和规模。在中短期内，气候变化对健康的影响将主要取决于人口的脆弱程度及其对当前气候变化速度的抵御能力以及适应的程度和速度。从长远来看，其影响将越来越取决于目前能在多大程度上采取变革行动以减少排放，避免突破危险的温度阈值和潜在的不可逆临界点。

气候变化对人体健康具有多重影响，有些影响是正面的，但更多的是负面的。例如，高温热浪和寒潮天气、特大洪水和极端干旱、区域性的空气污染以及空气中的过敏源（花粉、粉尘等）对人体健康都具有直接的影响。气候变化对人体健康的影响还可以通过气候变化对生态系统和社会系统产生影响而间接发生作用，这些间接影响包括传染病的发病动态、区域性的粮食生产水平和不良营养状况等。

全球气候变化对人体健康的影响主要通过两个方面产生作用：一是持续的气温升高造成高温热浪、强降水等极端天气气候事件频繁出现，增加了与热事件相关的死亡率。在一些区域，变暖已经导致与炎热有关的死亡率增加、与寒冷有关的死亡率下降。由于未来气候变化将导致高温热浪的发生次数增加，并且这种高温热浪在很多情况下会因空气湿度的增加和城市空气污染的增加而进一步加剧，因此很可能造成与高温热浪有关的死亡率的增加和流行病的发生，对城镇人口，尤其是老人、病人及缺乏适应性建筑和空调设施人群的影响更大。二是气温升高、降水变化以及气候变率的变化改变了一些传染病（特别是蚊子传播的疾病）传播媒介的流行范围与严重程度，局地气温和降雨的变化已改变了一些水源性疾病和疾病虫媒的分布，进而改变了传染病的地理分布和染病时节，一些传染病及并发症的感染区域和季节将会扩展。当然，在某些地区，由于气候变化使降水减少或者使温度升高超过了媒介适宜传播的极限，一些传染性疾病将有可能降低。

气候变化可能通过改变温度、湿度、降水和风速等气象条件，影响污染物的生成、传输和去除等过程，进而影响局部或全球的空气质量，进而影响人体健康。气候变暖会减少较为清洁地区的地表臭氧，因为更多的水蒸气会加速臭氧化学清除。而在人为或自然源排放较大的区域，地表臭氧浓度基本上是随温度增加而增加的。气候变化可能会通过增加臭氧的主要前体物（氮氧化物和挥发性有机化合物）浓度而加速臭氧的生成，使地面臭氧增加。气候变化伴随的气温升高，将增加很多区域挥发性有机化合物的生物源排放，而暖湿气候条件下的闪电也可增加氮氧化物的产生率。有研究发现，由于气候变化造成的温度升高和净辐射通量的增加，会促进光化学反应速率，使得中国东部地区臭氧浓度上升，且臭氧高浓度时段发生的可能性增加，在夏季尤为显著。气温升高加重了臭氧污染的恶化，人体的臭氧暴露增多，会加重慢性呼吸系统和心血管疾病，改变个体免疫机能，造成肺组织的损伤和过早衰竭。

全球变暖导致全球平均颗粒物浓度水平略有增加。气候变暖导致的自然大火可能成为颗粒物污染加剧的元凶。森林火灾可以增加大气中的颗粒物。大气中细粒子浓度升高，易诱发上呼吸道感染、哮喘、结膜炎、支气管炎、皮疹、心血管系统紊乱等症状。气候变化可能导致某些区域风场减弱，天气系统停滞现象出现频率增多，这可能会削弱大气污染物长距离输送造成的污染，使局地污染加剧。近年来，中国区域的风速呈现减弱趋势，这有可能会减弱中国区域大气流动对污染物扩散的驱动力，给环境空气质量带来负面影响。气候变化引发的环境湿度增加可能导致室内霉菌和蚊虫滋生，使得室内空气中过敏源增加，诱发人体各种过敏性疾病和呼吸系统疾病。

由于气候变化可以引起海洋环境的变化，这大大增加了人类食用鱼类和贝壳类生物的中毒危险。与水温相关的生物毒素，如热带海区的鱼肉中毒现象会向高纬度地区扩展，同时较高的海面温度也将延长有毒藻类的生长期，这对海洋生态和经济都具有破坏作用，并且与人类中毒也密切相关。气候变化还会使地表水的水量和水质都发生变化，这将影响到痢疾的发生概率；气候变化还会造成粮食供给发生变化，使世界上一些地区的贫困人群的营养和健康水平受到影响，由于营养不良会使儿童身体和智力发育不良、成人劳动能力减弱，因而感染疾病的可能性也会增加。在一些更为极端的情况下，气候变化还可能导致社会动荡、经济衰退和人口迁移，也都将会对人体健康带来间接影响。

由于全球气候变化导致局地气候和天气的剧烈变化，对人体健康将产生广泛的影响，并且负面影响总体上超过了正面影响。气候变化对人体健康的影响将不会均衡地分布于全世界。发展中国家的人群，尤其是小岛国家、干旱和高山地区、人口密集的沿海地区的人群尤其脆弱。气候变化已经导致全球疾病负担增加，而且预计未来将进一步加重这一负担。

5.6.2　对非传染性疾病的影响

全球气候变化导致极端天气气候事件频发，会通过直接或间接的影响路径对人群健康产生广泛而复杂的影响。可通过多种复杂路径直接或间接对人群健康产生诸多不利影响，增加传染性疾病、非传染性疾病的发生风险，甚至导致急性伤害或过早死亡。我国发生极端天气事件的频率和强度均不断增加。研究表明，气温与死亡率呈 U 形关系，极端气温会导致人群死亡率增加。其中，高温和低温均会增加人群过早死亡风险，造成人群期望寿命缩短。基于多个城市人群死亡数据的研究，热浪和寒潮分别导致人群死亡率增加 7% 和 27%，且健康效应存在较大的区域差异，如北方地区因热浪导致的死亡风险更高，而南方地区受寒潮影响更大。其中，老年人、慢性基础疾病患者、户外工作者以及低收入人群是易受极端温度影响的脆弱人群。1951—2019 年平均气温每 10 年升高约 0.24 ℃，升温速率高于同期全球平均水平。相较于最适宜温度，气温每升高或降低 1 ℃，我国人群的死亡风险增加 2%～4%。高温造成的健康效应是相对急性的，低温效应的持续时间则较长，造成的死亡人数也更多。不仅仅是极端气温，洪涝、干旱、台风、野火等极端天气事件也会增加人群死亡风险。一项国际研究显示，全球每年因野火造成的过早死亡人数约为 33.9 万人。

（1）极端事件对人体健康的影响

当高温环境造成了个体热平衡或水盐代谢严重紊乱时，就会引发中暑。中暑的主要表现为中枢神经系统和心血管系统障碍。中暑按程度可分为 3 个等级：中暑先兆、轻症中暑和重症中暑。重症中暑又包括热射病、热痉挛和热衰竭 3 种类型。热射病是由于人体处于热环境下散热受阻，体温调节机制紊乱所致，表现为突然发病，体温高达 40 ° C 以上，由大量出汗变为无汗、干热、意识昏迷等中枢神经系统症状，属于最严重的一类，治疗后死亡率仍高达 20%。热痉挛常因剧烈活动丢失过多体液和钠盐所致，其神经系统表现为肌肉痛性痉挛而生命体征平稳，通常影响腓肠肌或腹壁肌肉。热衰竭通常发生于高温环境和脱水的状态，一般起病迅速，表现为突发头痛、乏力、头晕、晕厥等症状。

2003 年，横扫欧洲的致命热浪害死了约 3.5 万人，这可能是科学家在 20 世纪初开始跟踪的酷暑趋势的预兆。2022 年我国高温事件（6 月 13 日—8 月 30 日）具有持续时间长、影响范围广、极端性显著等特点，已成为 1951 年以来最严重的事件，堪称世纪性高温事件。8 月 17 日 20 时—18 日 20 时，四川、重庆、湖北、湖南、安徽、浙江等地 259 个国家气象站出现极端高温事件，其中重庆北碚（45.0 ℃）和江津（44.7 ℃）、四川兴文（43.8 ℃）等 38 站日最高气温突破或持平历史极值。夏季持续高温天气已对人体健康、农业生产、电力供应造成不利影响。极端高温除了带来干旱，还会造成林火灾害等的影响。浙江、江苏、四川等地多人确诊热射病，其中 7 月 1—14 日，深圳市医疗系统共接到 73 宗中暑急救报警。2019 年，我国高温热浪造成的过早死亡约为 26800 人，且近年来上升趋势越发明显（图 5.25）。

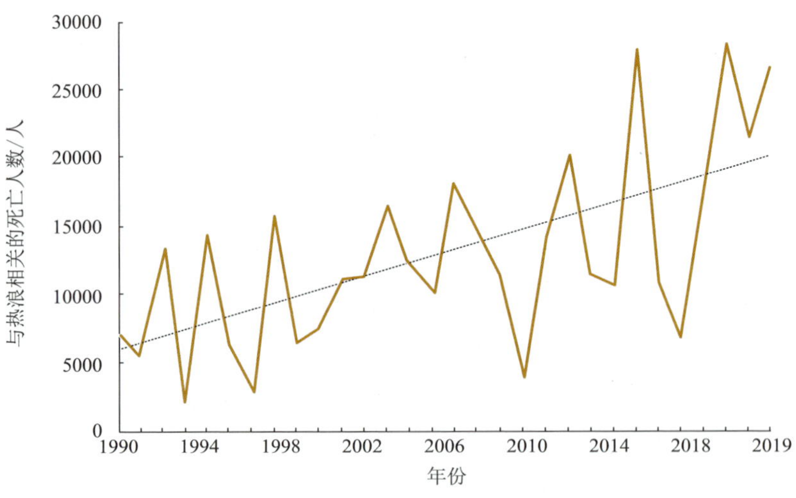

图5.25　中国1990—2019年与高温热浪相关的死亡人数（实线）及变化趋势（虚线）

国家卫生健康委员会、中国气象局启动了“高温中暑气象等级预警”，对高温中暑也发预警。为应对热浪，美国、意大利、法国等多个国家和城市建立了基于气团分类的热浪监测预警系统。美国费城热天气健康监测预警系统运行效果的评估，当有热浪发生时，其可以及时作出预报，平均每天挽救 2.6 人的性命，说明还是很有作用的。日本 LBW（Life Business Weather）公司研发了基于天气的热障碍预测系统，在夏季为公众提供高温中暑预报服务。当输入年龄、性别、血压、排汗、身型、室内或室外的生活方式等个人信息后，可获取定制的中暑等级预测信息及预防和治疗建议，对人体可能受到的热强度作出评价和预警，可随时通过移动电话端向公众传递信息，并根据网站访问者的反馈验证预报结果。

洪涝是最常见的自然灾害之一，可通过多种途径直接或间接地影响健康，造成死亡或疾病的发生。国内外对暴雨洪涝对人体健康影响的研究表明，暴雨洪涝对人类精神性疾病、慢性病和传染病有潜在的影响，还包括对心理健康的影响。洪涝所致死亡主要由溺水导致，其他原因包括由洪涝所致的触电、火灾、心脏病和身体创伤等意外伤害。洪涝可破坏人类居住环境中的饮用水设施和消毒设施，造成水源与食物受到污染，增大人体发病风险。

（2）气候变化对人体健康的影响

气候变化已经对当今全球儿童的健康造成了损害，但减缓气候变化行动的成效并不显著。若全球不能达到《巴黎协定》制定的目标，即不能将气温上升限制在 2 ℃以下，那么气候变化将影响下一代人的终生健康。随着气温的上升，现在出生的孩子将受到以下威胁：婴儿期，将受到营养不良和食品价格上涨的影响；儿童期，气温上升和降雨模式的改变将导致腹泻、登革热、弧菌等传染性疾病的增加；青春期，空气污染的影响将进一步恶化，造成其肺功能下降、哮喘恶化并增加罹患心脏病和中风的风险。

气候变化对人类的危害如同“温水煮青蛙”，在不知不觉中对健康产生严重的负面影响。美国国立环境卫生研究所发表一份报告，揭示了气候变化带来的 10 种病。一是哮喘、过敏和呼吸道疾病。气候变暖会改变植物生长周期，导致过敏增加。降水量太大，降水次数太多，都会刺激肺部的霉菌疯长，而干旱则会使空气中灰尘变多。这两种情况都会导致呼吸道疾病增多和加重。二是心脑血管疾病。气温升高使空气颗粒污染增加，加重心血管疾病。高温、热浪、极端天气及空气质量变化，都会影响心脑血管的健康。三是胃肠道传染疾病。海洋温度上升也会使某些细菌增加，牡蛎等海鲜食物传播性疾病的概率更大。气温升高还会影响沙门氏菌等其他致病微生物的活性发生变化。四是发育异常。在出生前及儿童早期发育阶段，营养不良会造成发育异常。研究人员认为其罪魁祸首是污染物和生物毒素。原因包括极端天气、过量使用杀虫剂等。五是神经系统疾病。有害藻类等生物毒素、应对农业变化而使用的杀虫剂、新电池工艺及紧凑型荧光灯产生的金属污染等，都会导致神经系统疾病发病率猛增。六是传染性疾病。水温更高会导致更猛烈的暴风雨，进而导致洪灾，而污水处理厂的有害物质则再次泄漏回水域及饮食系统，造成疾病传播。七是传病媒介与动物传染病。天气是影响传病媒介与动物向人类传播的传染病几种主要原因之一。气候变暖已开始融化覆盖人类和动物尸体的冻土层，并侵蚀了牧民埋葬死者尸体的河岸。而炭疽杆菌可以在冻尸中存活上百年，在解冻之后被释放出来，进入供人饮用的地下水。八是心理健康疾病。与气候异常相关的灾难使大量人口或背井离乡，或死于非命，这给幸存者造成极大的心理创伤。九是热浪致病。热浪对健康的直接影响可表现为热相关疾病，包括热痉挛、热衰竭和热射病。其中热射病是一种致命性急症，亦称中暑性高热。面对热浪，老人、婴幼儿、慢性疾病患者、户外工作者、低收入人群等可能更加脆弱。十是癌症。空气污染和有毒垃圾的倾倒会导致癌症高发。化石燃料会增加空气污染物和导致气候变暖，海平面上升，淹没了一些垃圾填埋点，造成化学物质泄露，这些都会使患癌的风险增加。

从脆弱性分析的结果来看，气候变化虽然对多种疾病均有不同程度的影响，但对心脑血管系统疾病和呼吸系统疾病的发病和死亡影响最大。我国有关气候变化与心脑血管疾病的多项研究分别探讨了不同季节、不同气象因素对心脑血管疾病的影响，发现冬夏季节心脑血管疾病的发病率和死亡率最高，特别是冬季异常低温和夏季异常高温时，死亡率会明显增高，尤其是在夏季短期内出现热浪时，死亡率增高更为明显。我国受气候变化影响最大的高危人群是老年人、婴幼儿和体弱多病者。

气候变化已经对我国各个区域人体健康造成了不利影响。华东地区高温热浪造成病死率上升，血吸虫病在江西、安徽、江苏部分地区呈上升趋势。华中地区夏季高温热浪频率和强度的增加，导致夏季中暑人数大幅增加，引发心脑血管、呼吸系统等疾病或死亡。2006 年 6—9 月武汉市共有 150 万～ 160 万人因高温而中暑。华中地区暴雨洪涝增多增加了疟疾、乙脑等传染性疾病的传播和发病率。华中地区的湖南、湖北是血吸虫病的流行区，而该地区气候变暖有利于血吸虫病的中间宿主钉螺越冬，减少死亡率，还造成钉螺从长江以南向北迁移扩散。西南地区的云南，越来越多的高温热浪导致的热群发病率和死亡率在不断上升。重庆 2006 年和 2007 年特大旱灾和洪灾后，地方传染病发病率均高于 2005 年。

（3）未来人体健康的气候风险

未来气候变化可能加重中国疾病与健康风险。研究发现，上海市未来温度热效应人群死亡风险将上升。在典型气候情景下，上海市 2030—2059 年、2070—2099 年热相关死亡人数的年均值分别比基准期（1969—1990 年）增加 48% ～ 54% 和 148% ～ 255%。随着全球气候的变暖，我国原先月平均气温低于 16 ℃的无疟区可能变成疟疾流行区。气候模式模拟结果表明，2031—2050 年我国有效传疟季节有提前开始、延迟结束，有效传疟日数有不同程度的延长趋势。相对于 1981—2000 年有效传疟分布边界有向北和向西扩展，疟原虫繁殖代数也有增多的趋势。

在全球气候变暖的条件下，中国登革热有由南向北扩展的趋势，部分非流行区变成流行区，某些流行区有可能成为地方性流行。不同气候情景下，中国未来登革热流行风险区均北扩、风险人口显著增加，疾病防控压力进一步增加。2050 年我国血吸虫病潜在流行区北移扩散面积为 35.2 万～ 41.6 万 km^2，2070 年扩散面积为 46.4 万～ 77 万 km^2，原流行区的血吸虫病传播强度增加。以 2030 年和 2050 年中国平均气温将分别上升 1.7 ℃和 2.2 ℃为依据，中国血吸虫病潜在流行区将明显北移，潜在流行区面积将达全国总面积的 8%，受血吸虫病威胁的人口将增加 2100 万人。

未来，气候变化还可能进一步加重人群的死亡负担。有预估研究表明，在高排放情景下，到 21 世纪末，我国与气温相关的超额死亡率将比 21 世纪 10 年代增加 1.5 个百分点；而在低排放情景下，超额死亡率变化不大。当前备受关注的城市化和老龄化问题也将在未来加剧热相关死亡风险。当然，如果采取强有力的适应措施，则可以部分抵消气候变化对人群健康的不利影响。在对传染性疾病的影响方面，气候变化可通过影响媒介生物的生命活动及其滋生环境，改变传染病流行模式，增加传染病发生风险。而对非传染性疾病的影响方面，气候变化和极端天气事件也会加重脆弱人群的疾病负担。一项基于我国 18 个城市气温与医院急诊的关联研究显示，温度每升高 1 ℃，呼吸、循环系统等方面的慢性疾病急诊人数就增加 1.07%。另一项全国性的研究显示，短期气温骤变会使缺血性心脏病、心力衰竭等心血管疾病患者的住院率增加 0.44%。

5.6.3　人体健康适应建议与策略

鉴于气候变化对人群健康的不利影响，如何应对成为摆在科学家面前的一道待解难题，有关气候变化健康风险应对措施与行动受到广泛关注。2015 年，世界卫生组织（WHO）提出适应气候变化的卫生工作框架，旨在帮助医疗卫生专业人员以及食品、水、农业、能源等相关领域的工作人员充分了解气候变化造成的健康风险。该框架还阐述了如何将提升气候恢复力的多个要素整合到现有卫生系统功能模块中，并在此基础上制定全面切实可行的行动计划和干预措施。

我国在开展脆弱性评估、建立早期预警和制定适应规划等方面，也采取了一系列行之有效的措施，以应对气候变化的健康风险。其中，脆弱性反映区域人群健康受到气候变化不利影响的倾向性，是反映暴露度、敏感性和适应能力的综合指数。开展气候变化背景下健康风险的脆弱性评估，发现受气候变化威胁的脆弱区域或人群，揭示影响脆弱性的因子，对公共卫生部门制定应对气候变化的政策和计划、合理分配资源、提出有针对性的政策和措施，具有重要指导意义。研究发现，我国具有高脆弱性的城市主要集中在华东和华中大部分地区，以及西南和华北少部分地区，具有明显的空间聚集特征。在识别高温暴露的脆弱人群方面，大量研究发现，老年人、儿童、有基础疾病者、社会经济状况较差的人群更易受到影响。

在早期预警方面，大量的事实证明，建立气候变化健康风险的早期预警系统，是应对气候变化健康影响的重要措施。上海在 2001 年建立首个热浪与健康监测预警系统，国家疾控中心选择在南京、深圳、重庆、哈尔滨等不同纬度地区，以社区为基础，建立高温健康风险预警系统，主要涉及老年人呼吸系统和心血管系统疾病、儿童呼吸系统疾病以及中暑等健康风险。早期预警系统中涵盖了天气预报和极端天气识别、确定具体风险触发阈值、预警信号发布与传播、风险沟通和行动建议等内容。同时，监测目前天气预报预测超出阈值的温度事件，当预测到可能造成人群健康风险的高温热浪时，提前发布不同等级的预警信号，提醒公众和相关部门采取措施，以减轻高温热浪可能对人群健康造成的危害。

从 2015 年开始，WHO 敦促各国卫生与健康部门制定适应气候变化的规划，目前已有 50 多个国家完成此项工作。自 2007 年发布《中国应对气候变化国家方案》以来，我国有关部门相继制定并出台了一系列适应政策，但较少涉及人群健康领域。伴随碳达峰、碳中和目标的提出，电力、能源、交通、通信等部门制定了行动方案。有学者认为，我国在制定相应的气候行动时，应将人群健康作为重点考虑内容，把健康融入所有政策，是推进健康中国建设、实现全民健康的重要手段。

气候变化对人体健康的影响，需要采取一系列的适应措施，使人们能够有效地采用各种适应对策来大大地减少气候变化对健康的许多可能影响，这包括加强公共卫生设施等适应基础能力建设。针对气候变化可能造成的影响，对脆弱区域增加公共卫生系统的投入，并建立健全突发公共卫生应急机制、疾病预防控制体系和卫生监督执法体系；对脆弱人群提供完善的初级卫生保健服务，以及在环境和社会方面改进健康决定因素的行动，包括提供干净的水和环境卫生，提高妇女的福利，确保卫生公平性和对保护特别脆弱人群的卫生安全给予优先考虑。通过资金投入的增加和项目的实施，从整体上改善我国卫生领域基础条件差，特别是农村脆弱地区的卫生设施与服务条件。卫生部门还应加强评估气候变化对健康的各种可能影响与服务能力，审核现有卫生系统在何种程度上在应对气候变化方面可能存在的额外威胁，并制定和实施相应的适应战略，强化适应气候变化的关键职能。利用足够的资金和公共健康资源，开展预防控制措施，如培训、监视和紧急救护、预防和控制方案等。

建立和完善气候变化对人体健康影响的监测与预警系统，增强防灾减灾救灾的适应能力。在已建立的各种疾病监测点的基础上，增加气候影响因素的监测内容，建立更有效的气候变化对健康影响的早期监测网络。完善各类疾病及突发公共卫生的预警和紧急反应系统，建立为公众服务的信息产品制作、发布系统，为社会提供内容丰富、准确、及时、权威的疾病监测、评估、预测、预警信息，并为大众提供疾病预防各类服务产品。建立极端天气气候事件与人体健康监测预警网络，以省（区、市）为监控单位，下设市、县监测点，对发生的极端天气气候事件所致疾病进行实时监测、分析和评估。利用全国气象系统现有台站，建立极端天气气候事件监测网络，加强对高温热浪、洪涝、干旱、风暴、寒潮等极端天气气候事件的预报能力。加强全国现有气象和健康监测能力建设，拓展监测内容，建成国家级极端天气气候事件与健康监测网络。

加强与人体健康相关的适应对策实施力度，强化地方行动和社会参与。开创性研究各类与人体健康相关的适应技术，如研究气候变化对我国不同气候带城市和农村地区居民健康及疾病传播的影响，特别是高温热浪、暴雨洪涝、风暴、沙尘暴、干旱、霾等极端天气气候事件对我国各省（区、市）气候变化敏感疾病发生率的影响，开发建立气候变化与人体健康早期预警系统和应急预案，以及相应的适应技术。进一步利用国内外气象和气候数据资料，气候变化及其对人体健康影响相关的科学研究平台，包括应用地理信息系统技术，在集成公共卫生和环境数据库的基础上，构建气候变化及其对人体健康影响相关的科学研究基础数据库。建立我国气候变化对人体健康影响评价体系，对我国主要流行性疾病开展气候风险评估和气候区划研究，确定各季节、各地区传染病防治的重点，提升适应对策的实施效果与效益。

在世界各国提振应对气候变化雄心的大背景下，我国有若干涉及健康、气候和社会经济的重要政策也正在紧锣密鼓地筹划中。从长远看，气候变化可能是比新冠肺炎疫情更为严峻的全球公共事件，我国应抓住当前的机会窗口期，追求低碳发展和公共健康双赢的未来。

5.7 公众参与应对气候变化

应对气候变化是一个全球热点问题，受到社会的广泛关注，包含减缓和适应两层内容。地球是一个大熔炉，也经历过漫长的冰川期。或许温度上升或下降几摄氏度对你我来说根本无所谓，遭殃的只会是包括人类在内的所有地球生命。为了地球生命的延续，减缓并适应气候变化刻不容缓！气候变化科学应对需要呼唤公众积极参与。由上而下与由下而上相结合，国家与地区政策战略方针、企业与事业创新实践、国际社会技术资金合作、公众和社区自律行动，当前紧迫性犹如北极熊和澳大利亚大堡礁一样在“呐喊”，综合采取公益诉讼、政策倡导、环境教育、信息公开和社会监督等手段，为应对气候变化贡献自己的一分力量。气候危机迫在眉睫，不仅仅是对于北极熊和大堡礁，也是对于全球人类命运共同体自身。积极应对气候变化不仅需要科学技术革新层面的支持，而且需要依靠社会层面法律规范对于人类行为的纠正与限制。然而，被动或强制的行为管控也并非长久之策，应当回归公众为主体的分析，重新审视公众的能动作用，由被动应对转变为主动参与。据统计，同意公众个人对于应对气候变化重要性的比例高达 71%。

中国公众对气候变化知识、风险、政策、行为改变等方面的问卷调查结论是，公众支持与参与是应对气候变化成功的基石。受访者对气候变化保持相对高的总体认知水平，大部分公众认同气候变化的主因是人类过度排放温室气体造成的。近年来越来越多地经历了气候变化导致的干旱、洪涝、酷热、极寒等极端天气事件，对气候变化的负面影响有直观感知，其中政策优先性、媒体关注度和个体亲身经历是形成高认知的三大关键因素。中国公众高度支持政府应对气候变化的国内政策和开展气候变化国际合作。但按照年龄、性别、收入、教育水平、地域差异等条件细分可以发现，受访者对气候变化的认知呈现不同程度的差异。全球气候治理面临的一个瓶颈是普通公众从高认知到高行动的跨越，气候治理需要更多公众参与。作为消费者的公众通过主动改变消费模式、选择低碳产品，能倒推生产端低碳转型，进而为实现《巴黎协定》的目标作出相应贡献。

5.7.1　公众在应对气候变化的作用

全球气候治理离不开公众个体气候变化科学知识、公众参与法律规范认知素质的培养与提升，一定程度上则取决于以知识和规范认知为基础的公众个体自觉而合理的气候变化应对行为。公众参与气候变化应对，除了存在传统、一致的障碍与难题外，从认知视域解读，还暴露出公众难以认清气候变化的客观紧迫性，难以辨识气候变化的科学成因与准确应对，更难以判断参与过程的公共政策选择与支持等困境。以认知、态度与行为理论以及规范指引行为理论为逻辑思路，构建出一条主动的、责任的公众参与气候应对路径以解决公众参与气候变化应对的规范难题并回应公众参与的一般困境。通过建立以公民教育和气候变化教育为两大层面，以知识、情感与技能为三大层次的认知供给体系弥补信息公开制度不完善、公众参与能力欠缺以及公民气候变化应对法律责任时机尚不成熟的缺陷，夯实公众参与气候变化应对的知识基础、情感基础与资格基础；通过建立公众气候变化传播权，解除信息公开单向线性的弊病和破除公众参与被动、后置的阻难，提升公众参与气候变化决策的可能性、主动性和有效性，确认公众风险沟通的话语权；通过拓展公众非正式和个体化参与的途径，紧急应对当下公众参与在知识和能力上的局限；通过确立公众个体非正式、组织化的参与行为的权利与效能，纠正气候变化应对科技对策与信息传导潜在的利益取向偏颇，强化公众觉知与科学数据之间的连接，降低沟通与政策实施成本，并反向刺激公众参与的自主意识。

气候变化对公众的影响。第一次《气候变化国家评估报告》的结论表明，气候变化已经对中国的农牧业生产、水资源、森林和草地生态系统、沿海等方面造成了重要影响，且这些影响以负面为主。虽然电影《后天》中的情况不大可能出现，但是气候变化对中国公众生活的影响已经越来越真实、贴近、残酷。2008 年中国南方的低温雨雪冰冻特大自然灾害，使能源、交通、通信、城市公共设施等遭到严重破坏，死亡 129 人，直接损失 1500 多亿元。2009 年秋至 2010 年春季，我国西南地区遭遇了历史同期罕见的严重干旱，对农业生产造成了严重影响，造成南方 6 省共 5104.9 万人受灾，饮水困难人口 1609 万人；农作物受灾面积 434.86 万 hm^2，其中绝收面积 94.02 万 hm^2；因灾直接经济损失 190.2 亿元。比起金融危机，对于中国来说，这些极端事件的危害涉及的人口更多，灾害更严重，冲击更大，对社会公众的影响更直接。

公众气候变化意识分析。越来越频繁的气候极端事件对公众生活产生了直接和经常性影响，公众对气候变化问题的认识也因此越来越多。气候变化、低碳社会等均已成为百姓耳熟能详的词汇。另外，作为中国应对气候变化政策和行动的一项重要内容，中国政府对气候变化教育和宣传的重视也提高了公众对气候变化的理解。通过在正规教育和非正规教育中涵盖应对气候变化的内容，通过节能减排、低碳生活等一系列宣传教育和公众参与活动，中国公众应对气候变化的理解力也得到进一步提高，全社会积极应对气候变化的氛围正在逐步形成，特别是在北京等国际性大城市。国际环保社会组织“气候组织”和北京市消费者协会的《气候变化消费者调查》报告显示，超过 98% 的消费者表示关注气候变化问题，且中国消费者对气候变化的关注程度高于美国和英国消费者，并愿意为应对全球气候变化采取行动，其中有 69% 的人愿意通过改变生活习惯来应对气候变化，说明应对气候变化意识已经渗入人们的日常生活和消费中。在气候变化的问题上，中国公众在应对气候变化的态度、基础知识和参与意愿上，显示出一种稳步提升的趋势，但在行动意愿和责任心等方面仍存在诸多不足，需要提高和改进。

认识不足是当前我国应对气候变化工作的一个重要问题，特别是社会公众对应对气候变化的认识有待提高。聚焦“气候传播促进‘双碳’目标实现”，对于提升公众应对气候变化意识、促进公众开展低碳行动、推动形成绿色低碳的生产生活方式具有重要意义。气候传播及提升全社会应对气候变化的低碳发展意识非常重要，是我国实现碳达峰、碳中和目标的重要基础性工作。在这个过程中，不仅需要各级政府采取行动，各类公益机构、社会组织都有很大的工作空间。生态环境部应对气候变化司也希望与各公益组织加强联系、深化合作，共同推动实现碳达峰、碳中和。实现“双碳”目标，需要采用创新的发展路径，以更少的温室气体排放量达到一定的发展水平。减碳直至碳中和，不能仅靠生产侧完成。开展“全民减碳”势在必行且潜力巨大，并对生产侧产生积极影响。作为全民减碳的第一步，可以从绿色低碳出行和设定家庭电力消耗上限入手，进而拓展至日常生活的更多领域。建立应对气候变化的认知工程体系，需将应对和适应气候变化的教育纳入国民教育体系之中。倡导公众助力碳达峰与碳中和目标的实现，达到人人有识、人人有责、人人行动的环境保护文化氛围。

公众在应对气候变化中的作用。广泛动员全社会，采用自下而上的方法推动公众参与减排活动是应对气候变化成败的关键。气候变化事关每一个人的生存和发展，会影响到我们每一个人，所以每一个人都有义务、有责任参与到应对气候变化的行动之中。无论在采用技术缓解气候变化方面有多大进步，最终和最有效的措施还是要约束人的行为。中国有 14 亿人，每个人行为的稍稍改变将对应对气候变化产生重大影响。

公众的积极行动是应对气候变化问题的根本，在实现碳达峰、碳中和的过程中，开展提升公众气候意识的研究，加强我国气候传播研究水平可以为公众行为的转变提供理论支持。公众在应对气候变化方面的作用存在双重性：一方面是作为温室气体的排放者，可以通过节约能源和改变生活方式等途径减少生存排放以外的 CO_2 排放；另一方面，公众作为消费者，可以用“钞票投票”，以公众的消费选择引导和鼓励企业开发低碳产品技术，向低碳生产模式转变，最终达到减少全球温室气体的效果。排放主要来源于能源端和消费端，减排也要从这两端着手。能源工业端主要是通过清洁生产、提高能效等手段来减少工业污染；而消费端正变得越来越重要，并与我们每个人的生活都密切相关。因此，公众改变自己的消费行为和生活方式就可以为减少气候变化带来影响。构建低碳地图数据库，可以帮助公众提升对相关议题的认知，助力大家作为个人在日常生活中节电节水、绿色出行、垃圾分类，参与节能减碳；作为公民支持国家实施双碳政策、监督企业减污降碳、绿色转型；同时作为消费者，关注企业表现，作出绿色消费选择，推动企业绿色生产和采购。

5.7.2 气候变化的公众认知解构

现有气候变化公众认知的研究以类型化的分析方法予以梳理，可以大致概括并类分为：以特定人群或特定学科为研究样本，将政策优化的途径归于注重样本差异性和特殊性而开展气候变化教育与气候变化信息传播；以特定行业为研究视域，描述气候变化的科学态征；以国别或国际为对比研究的范畴，揭露气候变化公众认知的现状以及公众参与意愿与行为表现。这其中存在多个相似或相同的识别因素。

（1）气候变化公众认知的途径

环境心理学认为，个体行为与周遭环境存在相互影响，并将这一过程称为信息交换。感知——输入过程，从环境中提取和接收相关信息；认知——输出过程，以感知为基础，对环境的识别和理解；行为——输出后过程，以认知为基础，对行为的选择和行动。就气候变化而言，公众一般从以下 4 个途径认知气候变化。

一是经验，或称实践。根据 IPCC 的定义，气候变化适应行为正是人们在气候变化影响的脆弱性下适应地选择生产或生活方式，一种本能的信息觉察与行为选择。气候变化感知与适应行为存在双向作用关系，感知成为行为的心理基础，且程度呈现出正相关；而行为成为感知的先验。农业作为自然气候依赖性产业，极其容易受到气候变化的影响。事实上，具有更多生产经验的农民更为关注气候变化，也更为主动地采取适应性行为应对气候变化。这也证实感知程度与环境变化程度、环境对生活影响程度呈正相关的结论。

二是舆论。公众了解气候变化依赖于媒体的信息传播。以美国为例，20 世纪 80 年代末 90 年代初，媒体争相报道全球气候变暖议题与现象，美国公众对此的关注因而达到巅峰。舆论变相激励公众能够或准确识别气候变化风险，也在一定程度上左右公众的政策倾向与个人选择。亦即，公众理解气候变化以针对性的传播对策为基础和高效的气候变化科学传播体系为前提。公众参与应对气候变化的态度、参与意愿及信心、行为参与度都关涉媒体的传播。客观科学解释下的气候变化知识与主观自觉感知下的气候变化认知达到一致的情形下，相关公共政策和个人行为的选择才具有更高程度的接受性。

三是教化。借助环境教育，将作为主要污染群体的城市公民、作为新生力量的学生群体等列为教育对象，不仅开展普适性的科学知识教育活动，而且宣导国内外、国际上气候变化应对行动或政策，还注重培养人们减缓或适应气候变化的能力，摒除文化偏见导致的高知分子消极应对的现象，破除对气候变化影响可持续发展与国家安全方面简单认知的困境，形成公众参与气候变化应对的普遍意识，促进公众参与气候应对的普遍行为，是国际上的共识性选择。这是一个自上而下的知识传输、观念塑造或能力培养的过程。

四是规范。从心理学的角度来看，人们作出价值判断——好与坏、适当或不适当、可接受或不可接受以及正当性或不具正当性等均是立足于感知基础，这一基础则是由社会规范（包括政策、国际规约等）所构建的。

（2）气候变化公众认知的误区

全球气候变暖的主要成因在于人类活动的失范，特别是燃烧煤炭、石油以及其他化石燃料所导致的 CO_2 及其他温室气体的大量排放，对于这一点科学研究具有较高的共识。除却科学化的认知和科学性的论断，人类自身也普遍赞同气候变化是一个可感知的存在。至于是否应当限制公众的碳排放行为？ 是否有权或应当参与气候变化应对？由于公众参与气候变化应对这一议题本身在社会事实领域具有复杂性以及气候变化风险的不确定性，较之显见的、急迫的政治冲突、经济动荡和环境污染等直接影响公众生存和发展的议题，被有意置后或漠视。因此，目前气候变化及其危害在公众的认知里并非处于举足轻重的地位，这一点归因于气候变化危害的隐藏性。公众在原因和危害程度方面的认知、环保意识和环境问题关注度等显著影响其减排行为，存在关注度、危害认知、保护意识效用递减的现象。2010 年中国综合社会调查数据显示，与经济、教育、医疗等社会其他问题相比以及与空气污染、生活垃圾处理等环境资源其他问题相比，我国公众均认为气候变化没那么重要。这一结论同样适用于发达国家的公众群体。

即使公众认为气候变化具有优先性的地位，但是在行为选择之时还是缺乏合法性和合理性的价值考量，过分注重个人利益和经济效益，忽略应对气候变化的公共福祉需求。个人可选择地承担减排责任的行为包括使用可再生能源、提高能源效率以及限制机动车使用等，公共政策和法律文本也往往从上述方面制定鼓励性条款变相规制人们的日常行为。实际上，相较于限制个人化石能源使用而征收碳税这一涉及自身经济利益的政策支持，公众更情愿为减缓全球气候变化转变个人行为的方式局限于使用可再生能源和提高能源使用效率。也就是说，公众的政策或行动认知和支持行为会出于成本收益的考量。多数研究表明，公众对于全球气候变暖成因的理解缺乏科学基础。

近年来，关涉气候的热点词汇纷繁复杂、层出不穷，一方面气候、环境风险确已上升为经济、社会发展的主要障碍，另一方面焦躁、堪忧的政治家、科学家心态显露无遗，这已然对公众筛选和甄别信息的能力提出要求。多数公众在这样的混沌状态下，难以准确判别因果。公众只是大致上、话题性了解全球气候变化已然带来严重的后果，因此往往错误地将“雾 / 霾”“臭氧层空洞”等怪罪于气候变化。美国也曾有调查显示，分别存在 50%、66% 和 70% 的美国民众错误地认为核能电厂、有毒废物和气溶胶喷雾罐也是全球变暖的诱因。整体而言，公众对于气候变化成因的有限了解，导致错误归因，进而引发可能错误的行动应对。还有一种可能，在社会行动具有高度一致性之时，尽管存在错误归因的事实，还是能够带来正确或尚且称为适当的行为选择。

（3）公众参与气候变化应对的阻碍

《中国公众气候变化与传播认知状况调研报告 2017》指出，每一个公众，每一个家庭，都是促进低碳社会深入和造就低碳社会的根本驱动力。在环境治理新范式、国家治理新环境以及国际合作新形势的催生下，涉及公共利益的政策制定或决策选择中公众参与的呼声愈发高涨，公众参与制度的设计和嵌入被推上风口浪尖。规范公众参与应对气候变化是对气候变化社会事实面向的确认，亦即气候变化所带来的自然生态数据变化需要依靠科学技术手段予以控制，气候变化所引发的社会秩序波动则需要依靠法律规范予以限制，甚至科学手段的合理性也应当置于法的价值判断之内。

气候变化应对的“知识暴政”。气候变化在起因、后果与发展趋势上都存在一定的科学不确定性。首先，全球气候发生可感知、可测量的温度上升，以及引致的可显现、可观察的冰川融化等后果，都存在一个时间维度的累积和空间维度的交织。意图划定确切的当代人某些特定行为的成因分量几乎不可能。亦即，人类活动到底对气候变化的负面影响有多大，无从精准确证。其次，以开发新能源、减少使用传统化石燃料等弱化碳足迹、加强碳减排为途径的科学或规制手段，对于全球气候变暖的遏制是否存在相当的线性趋势效果，也未有切实论断。也就是说，所设定的行为规范是一种尝试，饱存着殷切的希望。近年来，减缓气候变化的重要策略与行动着力于发展可再生能源。然而，可再生能源的选择与发展涉及错综复杂的科技风险，其影响范围也并非仅限个人，是一种更具广泛性的社会风险层次的判断。

从福柯的知识社会学的意义上说，借助所谓的“知识”对人们行为强制性地进行分类和定性，是一种知识主体所导演的“真理的游戏”。这种不需要征求民众的意见，凭借知识单方就可作出，带有强烈的“知识暴政”色彩。科学应对甚至限制了公众认知的可及性，进而限制了公众参与的可能性。面对充满不确定环境风险与复杂多样的环境知识与信息，传统传播中唯学者咨询与判断，以及单向且线性的风险评估与决策模式，已经遇到相当的瓶颈。尤其环境知识生产具有多样、复杂与不确定等特征，环境知识生产的系统性歧视及轻忽处理公共意见以及公众参与对于知识间隙甚至鸿沟的弥补，往往会忽略一些现有科学未能掌握的问题，并在有意无意间排除特性形式的信息。如此，公众知识生产过程的前端基础和终端输出都被排除在科学决策之外。

气候变化参与赋权尚有缺漏。在不存在专门的应对气候变化立法的情境下，公众获得其中的参与权仍还需要以基本环境权的推演为路径。因此，基本环境权成为气候变化应对的赋权基础。缺乏宪法性环境权，加之环境基本法和专门环境法也未对这一权利给予确认，无法以这一基本权利为本，衍生出具体的环境权、气候变化应对参与权等权利基础，更无法形成气候变化应对诉权的请求权基础，阻碍了气候变化应对法律体系的自我成长与完善，也因此公众参与气候变化应对实际上缺乏直接的法律基础。

公众知情权限制。大部分普通公众所确知的科学真实，并非来自直接的经验或过去的教育，往往是传播媒体所营造的那样。这般的科学事实经过主观价值筛选、过滤，也经过特定语言的装饰、加工，不能说有失偏颇，确有想象成分。气候变化的科学不确定性恰恰增强了议题的可讨论性与信息的可塑造性。从社会结构途径、“认知—态度—行为”途径以及文化途径叙述社会网络与个人定位、心理态度、信念和价值对于公众政治参与行为的连接与影响。公众的政治态度根植于社会结构之中，社会结构形成于律法规范之下；而规范还以一种特别的形式塑造或强化公众的价值观或行动信念：权力规范施予正向激励，责任（义务）规范限制消极不作为。尽管政治参与和公众参与气候变化应对存在本质上的区别，但是对公众个人行为有着相同的运作机理和相似的规范路径。

气候变化的教育落实不力。起步于 1973 年的中国环境教育，历经 40 余年的发展，几乎已经呈现出多层次、多形式、多渠道的体系样态。这可能只是一种应然论断。实际上，环境教育忽近忽远、亦近亦远。谓之近，因由其已经成为法规、政策“信手拈来”的文字之一；谓之远，于普通公众而言，环境教育并未给予足够的关照。同理，在气候变化教育还停留于应付体系构建的实际下，公众所理解的气候变化多源于媒体的话题营造，鲜少与生活、生产相联系，是一份没有灵魂的气候变化认知。作为冰川融化、海平面上升的直接受害者——北极熊被过多地与气候变化相联系，以至于遮蔽了气候变化对于其他生物，甚至是对人类的威胁。事实上，气候变化并非局限地存在于人烟稀少的北极，而是普遍存在于人们的日常生活。缺乏对生活的渗透理解，难以切实培养和提升公众的气候变化应对意识。

气候变化的公众责任意识淡漠。调查结果显示，尽管我国占比 76.6% 的公众同意全球气候变暖存在危害，但还有 19% 的公众对于有害性或有益性无法给出答案。这接近五分之一的样本揭示了公众对于气候变化的不科学认识，对于气候变化危害性的认知并不充分、不肯定。应对气候变化本质上应当以公共利益为根基和主流，但是从美国公众广泛不愿接受人类活动的主因性，进而宁愿选择支持使用可替代能源的政策，也不愿选择支持征收碳税和减少个人化石能源使用政策，这样的政策选择态度和个人参与态度表明，公众还是偏颇地认为气候变化应对措施中的减缓政策意味着对个人经济效益的损耗，而公众的选择总是印证着经济理性。公众参与作为应对气候变化工作的原则之一，在气候变化科学决策固化的排外性笼罩下，公众所能付出的能力往往仅限于个人消费模式与生活方式的转变。依赖于个体自觉行动的鼓励性规范往往也由于缺乏相应的责任规范的倒逼沦落为一纸空文。面对减缓和适应的各项措施，公众似乎只能秉持着观望的态度。长此以往，难以形成公众负责任的价值观念以纠正行为选择，更难以期望公众形成无意识、内在的行动自觉。

5.7.3 公众应对气候变化的行动

气候变化是全人类的共同挑战。中国高度重视应对气候变化。作为世界上最大的发展中国家，中国克服自身经济、社会等方面的困难，实施一系列应对气候变化战略、措施和行动，参与全球气候治理，应对气候变化取得了积极成效。实施积极应对气候变化的国家战略，采取了一系列应对气候变化的政策与行动，取得积极进展。2021 年，全国单位 GDP 的 CO_2 排放同比下降 3.8%，比 2005 年下降 50.3%。气候变化是不容辩驳的科学事实。为缓解气候变化，头号目标便是用可再生能源代替化石燃料。IPCC 报告指出，社会各个方面都需要发生空前的改变，才能从真正意义上应对气候变化。因此，人人都要参与其中十分重要。

中国公众以实际行动积极应对气候变化，广泛参与自备购物袋、双面使用纸张、控制空调温度、不使用一次性筷子、购买节能产品、低碳出行、低碳饮食、低碳居住等节能低碳活动，从日常生活衣、食、住、行、用等细微之处，实践低碳生活消费方式。在机关、学校、社区、军营、企业、公园和广场等宣讲环保理念，倡导低碳生活，践行绿色消费。在全国一些大中城市，低碳生活成为时尚，人们开始追求简约、低碳的生活方式。中国各地大、中、小学积极宣传低碳生活、保护环境，一些高校提出建设“绿色大学”等目标。

IPCC 2018 年发布的《1.5 ℃特别报告》显示，要实现《巴黎协定》的 1.5 ℃目标，需要在 2030 年将与生活方式和消费相关的人均排放量减至 2.0 ～ 2.5 t 二氧化碳当量（CO_2-eq），并在 2050 年进一步减少到 0.7 t。在生活排放的众多来源中，最重要的是出行、居住和饮食，分别占生活方式排放量的 17%、19% 和 20%。这也意味着，上述领域有极大的减排潜力。因此，形成全民参与行动新局面，全面提升公众绿色低碳生活消费意识具有现实意义，可提高应对气候变化的参与度。将培育绿色低碳生活方式作为改善生活环境和提升社会文明水平的重要指标，广泛宣传和倡导简约适度、绿色低碳、文明健康的生活理念，建立完善推动绿色生活消费的相关政策和管理制度。通过世界地球日、世界环境日、节能宣传周、全国低碳日等宣传活动，普及绿色低碳理念，开展以绿色生产生活方式为主题的普法教育。提倡绿色健康的营养膳食结构，反对食品浪费。发挥公共机构对全社会践行绿色低碳理念的示范引领作用。推行绿色低碳居住和出行方式。

应对气候变化，普通人可以采取一些行动。例如，限制石油、煤炭和天然气等化石燃料的使用，代之以可再生的清洁能源，同时提高能源利用效率。可以做一些力所能及的事情，比如少开车、少坐飞机，选用更“绿色”的能源供应商，改变自己的饮食和消费习惯等。尽管许多专家都赞同这些做法，并且能感染他人，但仅仅靠改变消费或驾驶习惯肯定不足以解决气候变化问题。我们还需要实现更大范围的系统性转变，如修改对能源与食品业的补贴制度，为农业、垃圾处理业制定新规范等。中国环境与发展国际合作委员会指出，公共汽车每百千米的人均能耗仅为燃油小汽车的 8.4%，城市地铁则大约是燃油小汽车的 5%。如果 1% 的个人小汽车出行转乘公共交通，全国可减少 0.44 亿 t CO_2 的排放量。当乘坐飞机来回距离超过 1000 km 时，每人每千米将排放 0.139 kg 的 CO_2，北京到上海的单程排放为 163.7 kg。若计算全世界每天天上飞的所有航空飞行器的 CO_2 排放量，那可是一个庞大的数字。

从人们日常出行方式相关的碳排放和占用面积（表 5.6）可以看到，绿色电动车、自行车与步行为零排放。一般性建议是：能坐火车不乘飞机、地铁优于地面非绿色地面交通工具、拼车出行减轻环境污染、能骑车就不坐机动车、步行健身又环保。在欧洲国家等工业化国家，无车出行可以减少 2.5 t CO_2 排放，相当于发达国家每人每年贡献排放量（9.2 t）的四分之一。

表 5.6　出行方式与碳排放量及占用空间

出行方式	碳排放量 /(g/(人 · km))	占用面积 /(m^2/ 人)
一般汽油轻型车	243.8	9.7
性能最优电动车	209.1	9.7
汽油车（双人乘坐）	121.9	4.9
摩托车	119.6	1.9
火车	28.6	0.5
有轨电车	20.2	0.6
汽油公交车	17.7	0.8
性能最优电动车（绿色）	0	9.7
自行车	0	1.5
步行	0	0.5

适当改变饮食习惯，这一点其实影响很大。事实上，除了化石能源之外，食品业（尤其是肉类和乳制品类）对气候变化的影响最为突出。假如把所有肉牛组成一个国家，它们将成为全球温室气体排放的第三大国，仅次于中国和美国。肉制品业对全球变暖的影响主要有 3 个方面。首先，牛在消化食物时排放的气体中含有大量 CH_4，即温室气体之一。其次，人们会用玉米、大豆等人类食物喂养家畜，这种做法对食物的利用率非常低。最后，喂养家畜要耗费大量的水和会排放温室气体的化肥，还会占用大片土地。有些土地从砍伐森林开辟而来，这也是导致碳排放的一大原因。你不需要完全变成素食主义者，只要逐渐减少对肉类的消耗就行。只要把你摄入的动物蛋白质减少一半，你日常饮食的碳足迹就可以减少 40%。有些人还组织了集体禁肉活动，使之成为一种大规模行为。

改变传统消费习惯。人们购买的任何东西都会在生产或运输的过程中留下碳足迹。服装在生产、加工和运输过程中，要消耗大量的能源，同时产生废气、废水等污染物。在保证生活需要的前提下，每人每年少买一件不必要的衣服可节能约 2.5 kg 标准煤，相应减排 CO_2 6.4 kg。如果全国每年有 2500 万人做到这一点，就可以节能约 6.25 万 t 标准煤，减排 $CO_2$16 万 t。服装业在全球 CO_2 排放量中约占了 3%。快时尚业的迅速发展也对这一数字起到了助长作用，因为一件衣服穿不了多久便会被淘汰。

海运和空运等国际运输也会对气候变化产生一定影响。跨国生产链产生的碳足迹往往高于本地生产链。不过情况也并非永远如此，因为有些国家会在大棚中生产反季蔬菜，十分耗能。因此最佳选择是，购买本地生产的应季食材。快递业制造了太多包装垃圾，线上购物增加碳排放。具体包括多个环节，交通运输 29%、办公建筑 26%、仓储相关 4%、数据中心 23%、快递包装 18%。仅快递额外包装每件排放 CO_2-eq 为 197.5 g，全国 2019 年累计快递包装额外排放达 1.26×10^{10} kg。不算不知道，一算吓一跳。下个楼收个快递的排放量相当于开车行驶 8 km，因此，减少网上购物也能对减排作贡献。

应对气候变化是关乎人类生存和永续发展的重大问题。大力推进碳达峰碳中和工作，有助于建立减污降碳协同增效的倒逼机制，加快实现生产和生活方式绿色变革，推动经济社会发展建立在资源高效利用和绿色低碳发展的基础之上。联合国环境署《2020 年排放差距报告》指出，当前家庭消费温室气体排放量约占全球排放总量的三分之二，加快转变公众生活方式已成为减缓气候变化的必然选择。从我国碳排放结构来看，26% 的能源消费直接用于公众生活，由此产生的碳排放占比超过 30%。中国科学院最新研究指出，工业过程、居民生活等消费端碳排放占比已达 53%。由此看来，推动碳达峰碳中和工作必须从供给侧和需求侧同时发力，相向而行。低碳出行，是一种低碳生活方式，应当成为我国新时期经济社会可持续发展的重要经济战略之一。在积极参与绿色出行的同时，我们应主动倡导、推广绿色出行，影响带动身边更多的人参与到践行绿色出行活动中。绿色出行、低碳生活，是我们共同的责任和义务。自觉节水节电、践行低碳出行、杜绝粮食浪费，才能以更低的能耗和碳排放水平实现更高质量的经济增长。

作为推动需求侧降碳的重要方面，推广绿色低碳生活方式尤为重要。这不仅是一次消费模式、生活方式和价值观念转变的绿色革命，还是一场倒逼产业结构和生产方式调整的经济变革，既需要政府的强力推行，更需要全社会通力配合，加快形成简约适度、文明健康、绿色低碳的社会风尚。大力推广绿色低碳生活方式，既是传承中华民族勤俭节约传统美德、弘扬社会主义核心价值观的重要体现，也是顺应消费升级趋势、推动供给侧结构性改革、培育新的经济增长点的重要手段，更是大力建设生态文明、助力碳达峰碳中和目标实现的现实需要。

推行绿色低碳全民行动，就是要培养公众绿色生活意识，从身边点滴小事做起，积少成多，聚沙成塔，逐渐在全社会形成绿色低碳的生活方式。持续加强生态文明宣传教育，广泛宣传绿色低碳基础知识，充分调动广大人民群众参与碳达峰碳中和的积极性。积极推广绿色低碳生活方式，引导居民优先购买使用节能节水器具，倡导步行、公交和共享出行方式，杜绝食品浪费，自觉实行垃圾减量分类。

中国在适应气候变化体制、机制、法制与能力建设方面做出了不懈努力，开始气候变化适应与碳中和的研究，适应理论与技术方法研究取得重要进展，公众适应意识和科技支撑能力不断提高，并在发展中国家率先制定和实施国家适应气候变化战略，设计有序的气候变化适应路线图（图 5.26），在重点领域与区域开展一系列行动，实施了若干重大工程和示范项目。但总体上适应仍是应对气候变化的薄弱环节，适应气候变化的能力和公众意识亟须大力提升，科技支撑能力尚不能满足适应工作的迫切期望，气候风险评估与适应行动设计之间尚未实现无缝衔接，不同领域和产业部门之间、不同区域之间开展的适应气候变化工作很不平衡，配套政策与保障措施有待进一步完善。因此，需要实现体制机制的创新来有效支撑适应行动的开展。

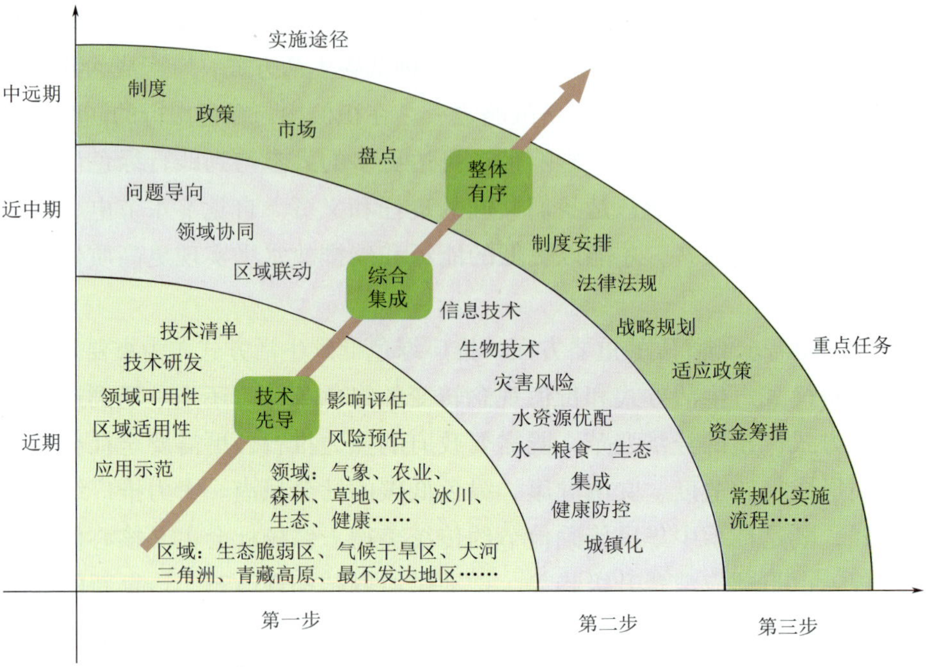

图5.26　中国有序适应气候变化路线图

第6章

减缓气候变化举措

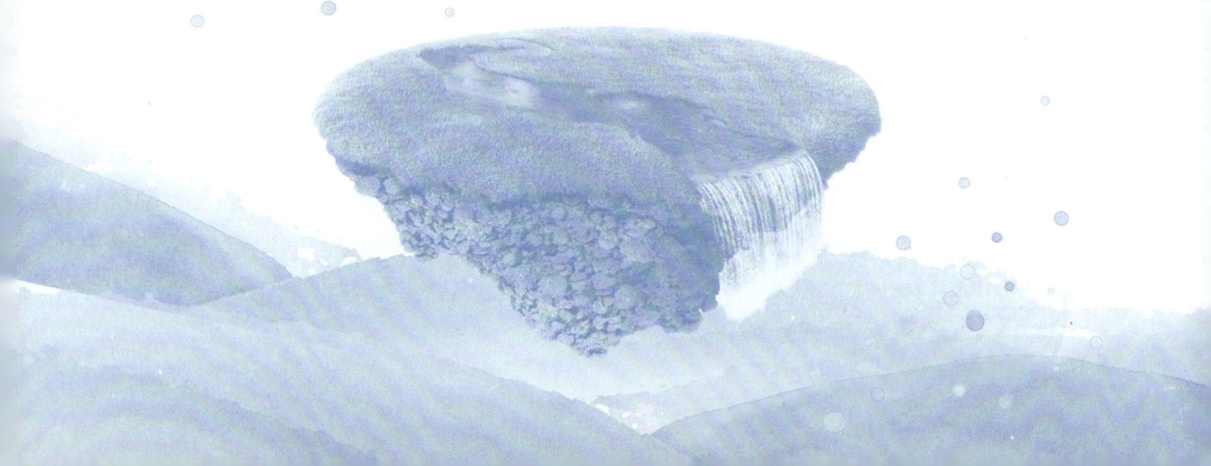

全球气候治理与行动明确气候变化是当今时代的“根本性问题”，也是人类社会可持续发展的根本。中国就如何应对气候变化、推动世界经济复苏等重大时代课题贡献了中国方案，提出维护多边共识、聚焦务实行动、加速绿色转型3点主张。秉持人与自然生命共同体重要理念，坚持走生态优先、绿色低碳发展道路。“1+N”政策体系为中国实现碳达峰碳中和明确了时间表、路线图和施工图。联合国环境规划署发布的《2021年排放差距报告》警告，尽管全球不断提升气候雄心和“净零”承诺，但各国气候承诺仅在原先预测的2030年温室气体年排放量基础上减少了7.5%，离温室气体排放量减半的目标存在较大距离。在全球性挑战交织的背景下，气候变化的脚步并未因新冠疫情暴发而暂停，共同应对气候变化显得尤为迫切。

应对气候变化的核心是需要减少排放。这种措施可以包括减少对排放密集型商品和服务的需求，促进提高效率和增加低碳技术及可再生能源的使用。对于广大发展中国家来说，减缓全球气候变化是一项长期、艰巨的挑战，而适应气候变化则是一项现实、紧迫的任务。潜在的气候损害性是全球气候变暖的内禀特征，同时也是减排应对的根本目的。基于中国能源—经济—环境（3E）系统集成模型的成本—收益分析结果显示：中国单独排放控制行动的温控贡献十分有限，且付出的经济成本远大于其带来的气候损失对冲收益；提高气候适应能力是改善单独减排行动经济性的重要途径，且相比之下，适应在减少气候变化损失方面的效果更为显著。如果不采取行动，与2000年相比，到2030年6种主要温室气体的排放量会增加25%～90%。

6.1 气候变化谈判与缔约方大会

6.1.1 气候变化谈判历程

气候变化是人类面临的严峻挑战，必须各国共同应对。自1992年《联合国气候变化框架公约》诞生以来，各国围绕应对气候变化进行了一系列谈判，这些谈判表面上是为了应对气候变暖，本质上还是各国经济利益和发展空间的角逐。IPCC评估结果表明：全球气候正在变暖，而导致变暖的原因主要是人类燃烧化石能源和毁林开荒等行为向大气排放大量温室气体，导致大气温室气体浓度升高，加剧温室效应的结果。

IPCC 历次评估报告还在不断地警醒国际社会，应当尽快大幅减少温室气体排放。否则，全球气温升高将导致海平面上升、粮食减产、传染病增加、水资源短缺、濒危物种灭绝等严重后果，对自然生态系统和人类社会产生相当不利的影响。因此，必须积极行动起来，应对气候变暖。日本政府认为，气候变化问题关系到人类现在的生存环境和未来的发展，应发挥人类的智慧和力量，减缓气候变化，将减缓气候变化战略列为环境各项战略之首。

（1）气候谈判走过 30 年

从 1992 年启动气候谈判以来，气候谈判总体呈现发达国家和发展中国家两大阵营对立的格局，这种格局目前尚未发生重大变化。但与此同时，全球温室气体排放格局却发生了相当大的变化。根据国际能源署的相关报告，1990 年全球化石能源总排放约为 201 亿 t CO_2-eq，其中，发达国家占 68%，发展中国家占 32%；2008 年全球化石能源总排放为 284 亿 t CO_2-eq，其中，发达国家占 51%，发展中国家占 49%。从国别看，到 2000 年，25 个主要排放国排放量约占全球总排放量的 83%，其中，美国、中国、欧盟、印度、俄罗斯合计约占全球总排放量的 60%。中国在 1992 年的排放量约占全球的 11%，2008 年则占全球的 23%，位居世界第一。从排放趋势看，发达国家历史排放量多，当前和未来排放量总体呈下降趋势；发展中国家历史排放量少，当前和未来呈增加趋势。全球排放格局的变化，在很大程度上导致了发达国家和发展中国家在谁先减排、减多少、怎样减，以及如何提供资金、提供气候友好型技术支持发展中国家减缓等问题上，展开了激烈争论，短期内很难达成一致，并进一步导致了发达国家和发展中国家两大阵营内部谈判力量的分化组合。

（2）《联合国气候变化框架公约》诞生

为了促使各国共同应对气候变暖，在 1990 年 IPCC 发布了第一次气候变化评估报告后不久，1990 年 12 月 21 日，第 45 届联合国大会通过第 212 号决议，决定设立气候变化框架公约政府间谈判委员会。这个委员会成立后共举行了 6 次谈判，1992 年 5 月 9 日在纽约通过了《联合国气候变化框架公约》（简称《公约》），同年 6 月在巴西里约热内卢召开的首届联合国环境与发展大会上，提交参会各国签署。1994 年 3 月 21 日《公约》正式生效。

《公约》的主要目标是控制大气温室气体浓度升高，防止由此导致的对自然和人类生态系统带来的不利影响。《公约》还根据大气中温室气体浓度升高主要是发达国家早先排放的结果这一事实，明确规定了发达国家和发展中国家之间负有“共同但有区别的责任”，即各缔约方都有义务采取行动应对气候变暖，但发达国家对此负有历史和现实责任，应承担更多义务；而发展中国家首要任务是发展经济、消除贫困。

（3）《京都议定书》通过

《公约》虽确定了控制温室气体排放的目标，但没有确定发达国家温室气体量化减排指标。为确保《公约》得到有效实施，1995 年在德国柏林召开的《公约》第 1 次缔约方大会通过了“柏林授权”，决定通过谈判制定一项议定书，主要是确定发达国家 2000 年后的减排义务和时间表。经过多次谈判，1997 年底在日本京都通过了《京都议定书》(简称《议定书》)，首次为 39 个发达国家规定了一期（2008—2012 年）减排目标，即在 1990 年排放量的基础上平均减少 5.2%。同时，为了促使发达国家完成减排目标，还允许发达国家借助 3 种灵活机制来降低减排成本。此后，各方围绕如何执行《京都议定书》又展开了一系列谈判，在 2001 年通过了执行《京都议定书》的一揽子协议，即《马拉喀什协定》。2005 年 2 月 16 日《议定书》正式生效。但美国等极少数发达国家以种种理由拒签《议定书》。

由于《议定书》只规定了发达国家在 2008—2012 年的减排任务，2012 年后如何减排则需要继续谈判。在发展中国家推动下，2005 年底在加拿大蒙特利尔召开的《公约》第 11 次缔约方大会暨《议定书》生效后的第 1 次缔约方会议上，正式启动了 2012 年后的《议定书》二期减排谈判，主要是确定 2012 年后发达国家减排指标和时间表，并建立了《议定书》二期谈判工作组。但欧洲发达国家以美国、中国等主要排放大国未加入《议定书》减排为由，对《议定书》二期减排谈判态度消极，此后的《议定书》二期减排谈判一直进展缓慢。

（4）巴厘路线图与《哥本哈根协议》

在发展中国家与发达国家就《议定书》二期减排谈判积极展开的同时，发达国家则积极推动发展中国家参与 2012 年后的减排。经过艰难谈判，2007 年底在印尼巴厘岛召开的《公约》第 13 次缔约方大会上通过了“巴厘路线图”，各方同意所有发达国家（包括美国）和所有发展中国家应当根据《公约》的规定，共同开展长期合作，应对气候变化，重点就减缓、适应、资金、技术转让等主要方面进行谈判，在 2009 年底达成一揽子协议，并就此建立了《公约》长期合作行动谈判工作组。自此，气候谈判进入了《议定书》二期减排谈判和《公约》长期合作行动谈判并行的“双轨制”阶段。

2008—2009 年，各方在《议定书》二期减排谈判工作组和《公约》长期合作行动谈判工作组下，按照“双轨制”的谈判方式进行了多次艰难谈判，但进展缓慢。到 2009 年底，当 100 多个国家首脑史无前例地聚集到丹麦哥本哈根参加《公约》第 15 次缔约方大会，期待着签署一揽子协议时，终因各方在谁先减排、怎么减、减多少、如何提供资金、转让技术等问题上分歧太大，各方没能就《议定书》二期减排和“巴厘路线图”中的主要方面达成一揽子协议，只产生了一个没有被缔约方大会通过的《哥本哈根协议》(简称《协议》)。《协议》虽然没有被缔约方大会通过，也不具有法律效力，但却对 2010 年后的气候谈判进程产生了重要影响，主要体现在发达国家借此加快了此前由《议定书》二期减排谈判和《公约》长期合作行动谈判并行的“双轨制”模式合并为一，即“并轨”的步伐。哥本哈根气候大会虽以失败告终，但各方仍同意 2010 年继续就《议定书》二期和巴厘路线图涉及的要素进行谈判。

(5) 坎昆协议

《哥本哈根协议》虽然没有被缔约方大会通过，但欧美等发达国家在 2010 年谈判中，则借此公开提出对发展中国家重新分类，重新解释“共同但有区别责任”原则，目的是加快推进《议定书》二期减排谈判和《公约》长期合作行动谈判的“并轨”，但遭到发展中国家强烈反对。经过多次谈判，在 2010 年底在墨西哥坎昆召开的《公约》第 16 次缔约方大会上，在玻利维亚的强烈反对下，缔约方大会最终强行通过了《坎昆协议》。《坎昆协议》汇集了进入“双轨制”谈判以来的主要共识，总体上还是维护了《议定书》二期减排谈判和《公约》长期合作行动谈判并行的“双轨制”谈判方式，增强国际社会对联合国多边谈判机制的信心，同意 2011 年就《议定书》二期和巴厘路线图所涉要素中未达成共识的部分继续谈判，但《坎昆协议》针对《议定书》二期减排谈判和《公约》长期合作行动谈判所作决定的内容明显不平衡。发展中国家推进《议定书》二期减排谈判的难度明显加大，发达国家推进“并轨”的步伐明显加快。

(6)《巴黎协定》里程碑

气候变化是一项跨越国界的全球性挑战。要解决这一问题，则需要在各个层面进行协调，需要国际合作，帮助各国向低碳经济转型。为应对气候变化，197 个国家于 2015 年 12 月 12 日在巴黎召开的缔约方会议第二十一届会议上通过了《巴黎协定》(图 6.1)。协定在一年内便生效，旨在大幅减少全球温室气体排放，将 21 世纪全球气温升幅限制在 2 ℃以内，同时寻求将气温升幅进一步限制在 1.5 ℃以内的措施。《巴黎协定》于 2016 年 11 月 4 日正式生效，是具有法律约束力的国际条约。已有 193 个缔约方（192 个国家加上欧盟）加入了《巴黎协定》。

《巴黎协定》确立了 2020 年后以“国家自主贡献”为主体的国际应对气候变化机制，重申《公约》“共同但有区别的责任”原则，是一份全面、均衡、有力

图6.1 《巴黎协定》获得通过的历史性时刻

度、体现各方关切的协定，是继《公约》《京都议定书》后，国际气候治理历程中的第三个具有里程碑意义的文件，确立了2020年后的全球气候治理新模式，已成为国际社会应对气候变化的基本法律框架，标志着向低碳世界转型的开始。

（7）格拉斯哥失望与希望

《联合国气候变化框架公约》第26次缔约方大会（COP26）本应在2020年召开，因疫情延期一年，2021年在英国格拉斯哥举办（图6.2上）。同年8月，IPCC发布的报告《2021年气候变化：自然科学基础》指出：未来几十年里，所有地区的气候变化都将加剧，极端高温和降水事件将越来越频繁；气候变化正在影响降雨分布，在高纬度地区，降水可能增加，而亚热带的大部分地区则可能减少；进一步的变暖将加剧多年冻土的融化、季节性积雪的损失、冰川和冰盖的融化、夏季北极海冰的损失等。面对严峻现实，即使全球范围内的共识已基本达成，不同国家间的利益博弈和激烈斗争仍不停歇，原定11月12日闭幕的COP26在超时一天后达成最终协议，即197个国家签署的《格拉斯哥气候协议》。协议主要分为8个部分：科学发现与气候问题的急迫性、气候变化适应行动、适应行动资金问题、减缓气候变化、资金与科技转让和能力建设问题、损失和损害、执行机制、合作机制。

COP26的核心成果及该协议要点为：首次明确提到针对化石燃料的措施，逐步减少有增无减的煤炭发电和化石燃料低效补贴，明确减排计划时间表。108个国家加入《全球甲烷承诺》倡议、承诺其他化石能源减排，转而优先支持向清洁能源的转型、“经济激励机制”的细化与落实、发表《中美关于在21世纪20年代强化气候行动的格拉斯哥联合宣言》，加强并加速气候行动与合作、实现富国对穷国的气候资金支持和援助。有代表抱怨说，COP26最终达成的《格拉斯哥气候协议》令人失望，但不得不承认，在各国存在严重分歧的背景下，这份协议是本次大会多边谈判所能取得的“最平衡”“最不坏”的结果。

图6.2　聚焦英国格拉斯哥（上）与埃及沙姆沙伊赫（下）

（8）沙姆沙伊赫喜忧参半

COP27 围绕 4 个主要议题展开，减缓（减少温室气体排放）、适应（适应极端气候）、融资和合作。从此次大会的整体成效来看，COP27 的成绩单喜忧参半。最大亮点之一在于长期悬而未决的“损失与损害”资金被确立设定，虽然资金来源仍待协商，但这已是一个积极信号。COP27 发布了非国家实体净零排放承诺高级别专家组的第一份报告，促进工业、金融机构、城市和地区作出净零承诺提供了路线图，以支持全球公平地过渡到一个可持续的未来。大会的不足体现在逐步淘汰化石燃料的方面，以及在需要将全球变暖限制在 1.5 ℃的措辞上，本届气候

据不完全统计，1751—2017 年全球累计 CO_2 排放北美占全球的 29%，总量高达 4570 亿 t，其中美国排放量高达 3990 亿 t；欧盟排放量占 33%，总量为 5140 亿 t，其中欧盟 28 国累计排放 3530 亿 t；亚洲排放量占 29%，与北美洲相当，其中日本为 620 亿 t，中国排放量为 2000 亿 t，印度为 480 亿 t。从全球温室气体排放量的分类统计来看（图 6.3），一是能源利用占全部 494 亿 t CO_2-eq 的 73.2%，其中工业能源消耗为 24.2%、交通运输业为 16.2%、建筑能源为 17.5%、未分类燃料燃烧为 7.8%、能源生产无组织排放为 5.8%、农业和渔业能源使用为 1.7%；二是工业过程占 5.2%，其中水泥为 3.0%、化学品和石化产品为 2.2%；三是废水垃圾占 3.2%，其中可收集废水系统为 1.3%，垃圾填埋场为 1.9%；四是农业林业土地利用占 18.4%，其中草原退化为 0.1%、农田退化为 1.4%、森林覆盖毁坏为 2.2%、作物燃烧为 3.5%、水稻种植为 1.3%、合成氮肥农田土壤为 4.1%、牲畜和粪便为 5.8%。由此可见，能源利用与农业相关是温室气体排放大户。

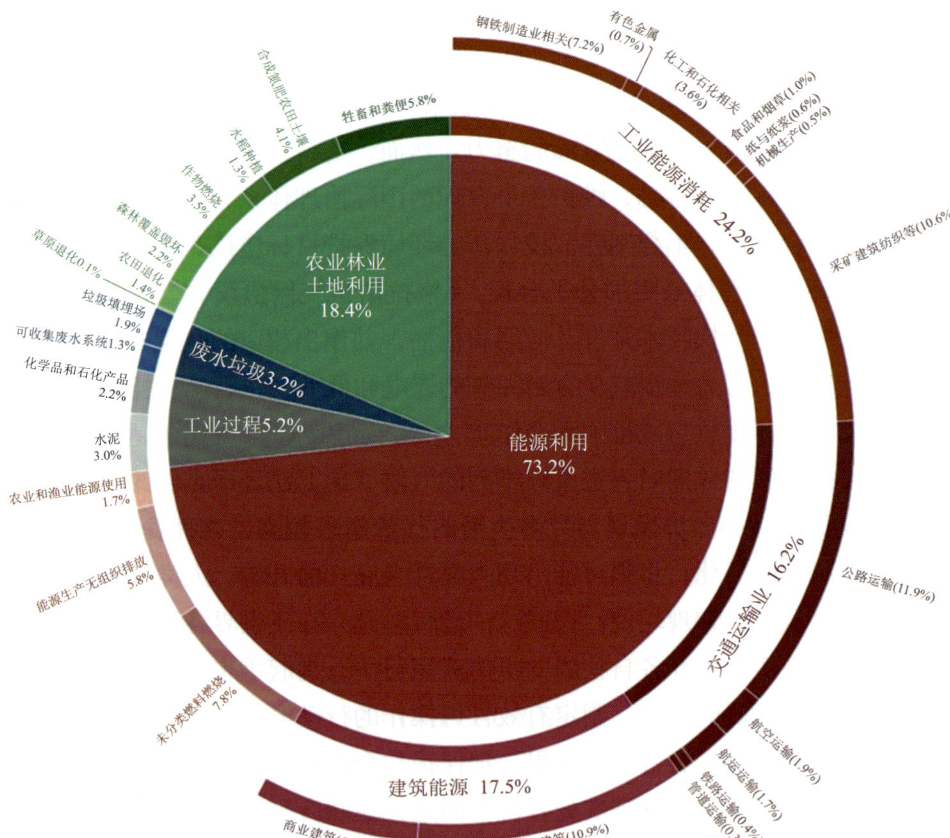

图6.3　全球温室气体排放量分类统计（UNFCCC以2016年为例）

减缓气候变化需要国际社会的共同努力。如果人类对温室气体的排放不加以限制而任其发展，那么全球变暖可能给人类带来灾难性的后果。因此，减少 CO_2 排放，防止地球变暖，已经成为人类共同的呼声和愿望。1992 年通过的《联合国气候变化框架公约》及 1997 年通过的《京都议定书》表达了国际社会应对气候变化挑战的行动意愿，为国际社会解决气候变化问题建立了基本的政治和法律框架。《公约》的最终目标是将大气中温室气体的浓度稳定在防止气候系统受到危险的人为干扰的水平上，从而使生态系统能够自然地适应气候变化、确保粮食生产免受威胁，并使经济发展能够可持续地进行。

减缓气候变化的根本措施是要减少人为温室气体的排放源和增加温室气体的吸收汇，这就需要采取提高能源利用效率、开发清洁能源生产技术、发展可再生能源、改变人类社会的消费和生活方式、植树造林增加陆地生态系统的碳汇等一系列政策和措施。因此,《联合国气候变化框架公约》和《京都议定书》的有效实施，可以促进世界各国的技术进步和环境保护，从而开创一种低污染、低资源耗费的可持续发展模式，最终有利于全球转向可持续发展道路。

可持续发展是解决气候变化问题的最佳途径。气候变化与可持续发展密切相关，应对气候变化是可持续发展战略的重要组成部分，而实现可持续发展是解决气候变化问题的最佳途径。《联合国气候变化框架公约》强调经济发展对于应对气候变化至关重要，各缔约方有权并且应当促进可持续发展。2002 年 9 月召开的世界可持续发展首脑会议重申了气候变化应置于可持续发展战略下予以考虑的思想，即应对气候变化的政策措施要符合可持续发展战略的相关原则，不能对国家的经济发展构成制约。

2002 年 10 月在印度召开的第八次缔约方会议通过了《德里宣言》(简称《宣言》)，其核心思想就是在可持续发展的框架下解决气候变化问题。《宣言》强调国家的可持续发展战略，特别是在水、能源、健康、农业、生物多样性等关键领域，应该与气候变化的目标更加紧密地结合起来；所有缔约方应在充分考虑“共同但有区别的责任”原则，同时结合各国的能力、国情、发展水平以及在国家和区域发展优先选择的基础上，继续履行对气候公约的承诺。

实现可持续发展要求在经济增长和社会进步的同时，合理利用资源、保护环境、消除贫困和改变不可持续的生产和消费方式，这就为有效解决气候变化问题提供了最佳途径。尽管各国的发展阶段不同，可持续发展的努力也有不同的侧重，但责任是共同的。发达国家要对解决全球环境问题作出更积极的贡献，以实际行动帮助发展中国家；发展中国家也要制定适当的政策，合理利用援助资金，按照可持续发展的要求推进本国的发展。

气候变化带给人类的挑战是不容回避的，人类对付气候变化的行动，只是具有更大挑战的可持续发展的一个组成部分，而可持续发展则是国际社会在长时期内应对气候变化唯一可行的办法。

（3）中国绿色低碳城市可持续发展

为实现 2020 年控制温室气体排放的行动目标，2010 年国家发改委启动第一批低碳试点工作，截至 2020 年 9 月 28 日，中国陆续开展了 6 个低碳省（自治区）和 81 个低碳城市、52 个低碳工业园区试点，并在 2020 年开展了全面的推广工作。为提高国家自主贡献力度，采取更加有力的政策和措施，实现 CO_2 排放力争于 2030 年前达到峰值，努力争取 2060 年前实现碳中和，为城市气候变化韧性、低碳可持续发展带来了新的挑战。城市作为政治、经济、科技的中心，在中国推行可持续发展的背景下，坚持绿色低碳循环发展，形成一个社会进步、经济发展、人民安康、环境良好、人与环境呈现良性互动的新型现代化城市。

绿色低碳城市发展阶段。中国绿色低碳城市发展阶段与生态文明建设和生态环境保护发展相辅相成，目前我国绿色低碳城市发展主要处于第二阶段，同时正在积极地向第三阶段探索（图 6.4）。根据绿色创新发展中心联合其他两家权威机构发布的《中国城市绿色低碳发展指数（CGLCI）》报告显示：中国低碳试点城市成效显著。中国低碳试点城市绿色低碳指数的平均得分明显高于非试点城市，试点城市占平均得分排名前 50 名城市中的 6 成以上；城市绿色低碳与最佳水平存在较大差距，发展潜力巨大。中国城市各领域绿色低碳发展现状和国际国内先进水平存在巨大差距，中国城市需要加倍努力，继续加大行动力度，对标国内国际先进水平城市的实践经验，提升城市绿色低碳水平。

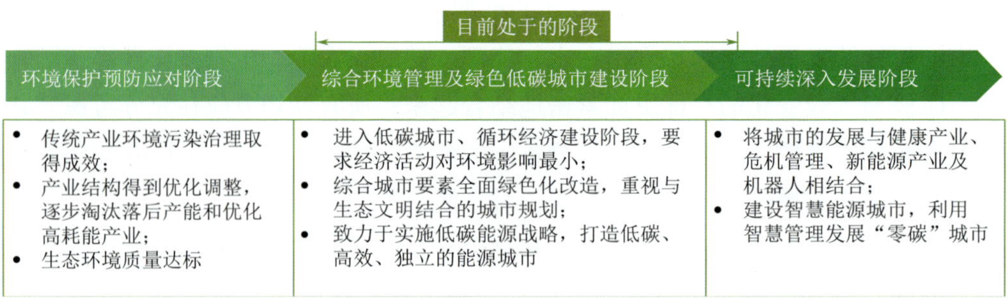

图6.4　绿色低碳城市与环境可持续发展3个阶段

如何构建绿色低碳的环境友好型城市？城市建设者需围绕城市中绿色能源、绿色产业、绿色建筑、绿色交通以及绿色生活五大要素，结合政府治理体系、绿色金融、绿色技术和智慧管理四大支柱来构建绿色低碳的环境友好型城市。需要加强五大要素与四大支柱能力建设（图 6.5）。

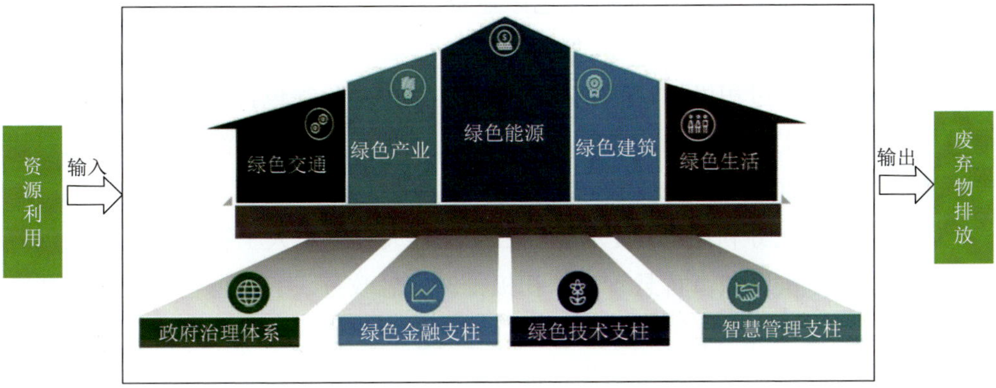

图6.5　环境友好型城市五大要素与四大支柱

① 五大要素

发展绿色能源：基于地区优势开发风能、太阳能等可再生能源，优化能源结构，实现高污染能源的逐步替代；同时通过全方位地提升能源利用效率，助力发展绿色低碳城市。

构建绿色产业：以绿色发展为导向，调整产业结构，优化产业准入，大力发展环境友好型、资源节约型和效益优良型的绿色产业，通过发展绿色制造以及循环经济构建绿色产业体系。

普及绿色建筑：建筑施工和维持建筑物运行是城市运行的重要组成单元，通过完善绿色建筑政策保障体系、发展绿色建筑技术，以及积极推进建筑垃圾资源化利用等方面，推动建筑领域绿色化发展。

实施绿色交通：建设多元化城市交通运输系统，比如大力发展新能源交通系统，提升可再生能源交通工具的占比，促进相关配套基础设施建设；基于城市特点，发展地下与空中等集约化轨道交通系统，构建绿色交通网络。

推行绿色生活：引导鼓励公众自觉践行绿色生活方式，开展创建节约型机关、绿色家庭、绿色学校、绿色社区、绿色出行等宣传活动，完善绿色生活相关政策和管理制度，建设配套环境设施，推动绿色消费，促进绿色发展。

② 四大支柱

政府治理体系：在绿色环境友好型城市建设推进过程中，政府作为主导力量，借助颁布法律法规、实施规划、建立责任体系以及完善工作机制等手段，推进绿色低碳城市发展，同时以身作则构建绿色政府，促进企业和公众等高度参与绿色低碳城市建设。

绿色金融：通过构建绿色金融发展体系，引导绿色金融体系规范化发展，建立绿色金融风险防范体系，加强绿色产业资金支持，积极探索绿色产业融资模式，助力城市绿色发展。

绿色技术：通过积极构建绿色技术创新体系，强化绿色技术标准等方式发展绿色技术，支持实体经济绿色转型，重点推广支持污染防治、绿色制造、绿色建筑、清洁能源等重点领域的技术创新。

智慧管理：充分利用5G技术结合云计算、大数据、人工智能以及物联网等新一代信息技术发展城市智慧管理，积极推动智慧政务、智慧绿色产业、智慧绿色能源、智慧绿色建筑、智慧绿色交通、智慧绿色生活、智慧绿色金融等领域发展，全面提升城市智慧化与精细化管理水平。

打造绿色低碳的环境友好型城市面临的困难：一是缺乏系统性、综合性的整体规划。绿色低碳城市建设涉及产业、能源、建筑等多方面整体综合发展，缺乏统筹规划导致部门割裂，协同效应不够理想，绿色低碳发展程度不高或覆盖不全面。二是未建立系统的配套政策和长效机制。相关政府未发布综合性的配套政策，环保、发改、商务、工业、农业等多部门和多领域无法形成合力和有效协同；未能形成长效机制，无法确保绿色低碳城市建设持续推进、取得预期成效。三是面临配套技术落后及其适应性问题。绿色低碳城市建设涉及新能源、绿色建筑设计、绿色交通等多方面绿色技术，绿色技术多属于高新技术，面临研发成本较高、资金投入和产业化程度不理想、创新不足等问题，导致部分领域和环节缺乏先进、实用技术的支撑。四是绿色产业资金缺口巨大，融资机制有待完善。以城市既有建筑绿色化改造为例，很多绿色产业领域的发展依然以政府财政补贴为主。由于绿色产业投资回报周期长、项目缺乏抵押资产等原因，社会资本和金融机构对于绿色低碳城市建设多处于观望和研究阶段，绿色产业融资缺口大，机制不完善。五是智慧化建设滞后。城市建设过程因缺乏数字化思维或受限于科技发展导致整体数字化成熟度较低；城市基础设施数字化水平参差不齐，彼此不连通，无法支撑管理需求；内部数据、硬件、空间相互独立，信息“孤岛”现象突出，协同效率低下。六是公众缺少绿色低碳城市规划建设意识。公众绿色生活理念和节能环保意识薄弱，在绿色生活涉及的节能、固废处置（垃圾分类等）参与程度低；尚未构建政府、企业、公众多方共治的良性局面。

城市建设者应着眼于解决发展中的困难与问题，构建绿色发展保障体系，助力打造绿色低碳的环境友好型城市。制定高质量的环境规划、完善城市环境管理以实现绿色发展、绿色技术创新，促进城市绿色发展，充分引入社会及金融资本、全面打造智慧绿色低碳城市，培养公众绿色生活理念。

6.3 全球温室气体排放状况

世界气象组织全球大气观测计划（GAW）站网观测到全球大气中 CO_2 浓度在 2019 年突破 410 ppm，显示全球大气平均 CO_2 浓度上升到过去 80 万年以来的新高。位于中国青海瓦里关的欧亚大陆唯一的 GAW 全球本底站观测到大气 CO_2 浓度在 2019 年也达到 411.4 ppm，是自 1990 年我国在瓦里关开始全球大气温室气体观测以来的最高值，表明人类活动排放的温室气体持续在大气中累积，应对气候变化、全球温室气体减排、碳中和面临的压力依旧。目前，中国气象局除青海瓦里关全球本底站外，还有北京上甸子、浙江临安、黑龙江龙凤山、云南香格里拉、湖北金沙和新疆阿克达拉 6 个区域大气本底观测站开展国家级温室气体的联网观测，分别代表京津冀、长三角、东北林带和松嫩平原、川滇及高原边缘带、洞庭鄱阳两湖平原和天山地区的大气本底特征。美国国家海洋大气局（NOAA）2021 年最新报告显示，5 月夏威夷莫纳罗亚监测站 CO_2 测量值为 419 ppm，超过了人类有监测记录以来空气中 CO_2 的最大值，相当于人类每年要向地球大气排放 400 亿 t 的 CO_2。

CO_2 是影响地球辐射平衡最主要的长寿命温室气体，至 2019 年在全部长寿命温室气体浓度升高所产生的总辐射强迫中的贡献率约为 66%。工业化前（1750 年之前）全球大气 CO_2 平均浓度保持在 278 ppm 左右，由于人类活动排放（化石、生物质燃料燃烧及土地利用变化等）的影响，全球大气 CO_2 浓度不断升高。2019 年全球和瓦里关站 CO_2 年平均浓度分别达 410.5±0.2 ppm 和 411.4±0.2 ppm，过去 10 年的年平均绝对增量分别为 2.37 ppm 和 2.40 ppm。2019 年北京上甸子、浙江临安、黑龙江龙凤山、云南香格里拉、湖北金沙和新疆阿克达拉站大气 CO_2 年平均浓度分别为 420.2 ppm、426.2 ppm、416.2 ppm、411.0 ppm、416.9 ppm 和 412.9 ppm。

CH_4 是影响地球辐射平衡第二种主要的长寿命温室气体，至 2019 年在全部长寿命温室气体浓度增加所产生的总辐射强迫中的贡献率约为 16%。工业化前全球大气 CH_4 年平均浓度保持在 722 ppb 左右，由于人类活动排放（采矿泄漏、水稻种植、反刍动物饲养等）的影响，全球大气 CH_4 浓度不断升高。2019 年全球和瓦里关站大气 CH_4 的年平均浓度分别达到 1877 ppb 和 1931 ppb，过去 10 年的年平均绝对增量分别为 7.3 ppb 和 7.7 ppb。2019 年北京上甸子、浙江临安、黑龙江龙凤山、云南香格里拉、湖北金沙和新疆阿克达拉站大气 CH_4 年平均浓度分别为 1982 ppb、2054 ppb、2016 ppb、1920 ppb、2032 ppb 和 1970 ppb，不难发现，我国区域 CH_4 浓度显著高于全球平均水平。CH_4 排放是导致全球变暖的第二大因素。如只计算 20 年时间，CH_4 升温潜能值是 CO_2 的 80 倍以上。CH_4 在大气中的寿命也比 CO_2 短，只存留 12 年，而 CO_2 却可能在大气中滞留数百年之久。因此，减少 CH_4 排放有助于更加迅速地限制全球升温。

N_2O 是影响地球辐射平衡的主要长寿命温室气体之一，至 2019 年在全部长寿命温室气体浓度增加所产生的总辐射强迫中的贡献率约为 7%。N_2O 通过自然源（约 60%）和人为源（约 40%）排入大气，包括海洋、土壤、生物质燃烧、化肥使用和各类工业过程。工业化前全球大气 N_2O 年平均浓度保持在 270 ppb 左右，由于人类活动排放（如农耕中的过度施肥等），全球大气的 N_2O 浓度不断升高。中国气象局于 1996 年首先在瓦里关站开展 N_2O 的观测，至 2009 年逐步扩展到了 7 个大气本底站。2019 年全球和瓦里关站的 N_2O 年平均浓度分别达 332.0 ppb 和 332.6 ppb，过去 10 年的年平均绝对增量分别为 0.96 ppb 和 0.95 ppb。

根据国际能源署（IEA）化石燃料燃烧的 CO_2 排放数据（图 6.6），2019 年来自煤炭、石油和天然气的碳排放分别占 43.8%、34.6% 和 21.6%，同样热值的煤炭燃烧排放的 CO_2 约是天然气的两倍。2022 年，在全球能源危机中，太阳能、风能、电动汽车、热泵的使用增长，再加上能源效率的提高，煤炭和石油的使用增长受到一定的限制，因而全球与能源相关的 CO_2 排放量增长不到 1%，低于预期水平。2022 年 CO_2 排放量为 368 亿 t，创造新的历时纪录。根据

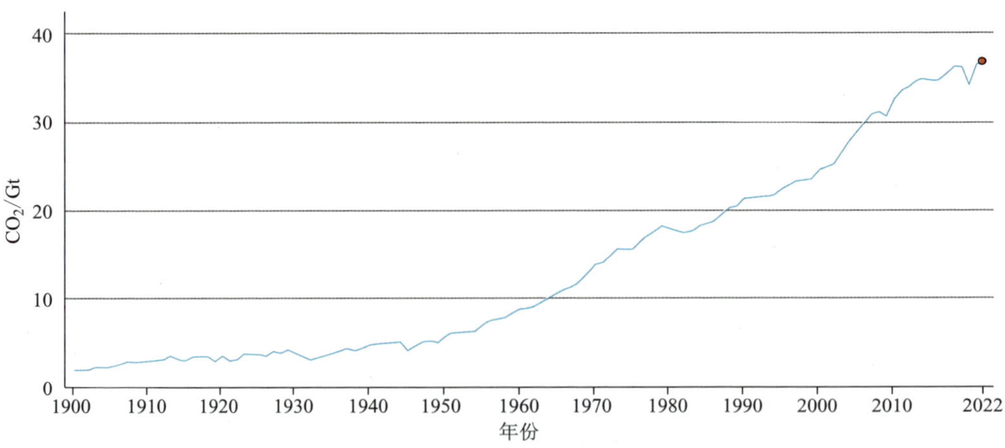

图6.6　国际能源署全球CO_2年排放总量（1900—2022年）

荷兰环境评估署（PBL）2020 年发布的数据，自 2010 年以来，全球温室气体排放总量平均每年增长 1.4%。2019 年创下历史新高，不包括土地利用变化的排放总量达到 524 亿 t CO_2 当量，分别比 2000 年和 1990 年高出 44% 和 59%，全球人均温室气体排放量达到 6.8 t CO_2 总量。若包括土地利用变化排放的 55 亿 t CO_2-eq，全球总排放量高达 591 亿 t。世界气象组织发布的《2021 年全球气候状况》显示，全球大气温室气体浓度曾在 2020 年达到历史新高，当时全球 CO_2 浓度达到 413.2 ppm，为工业化前水平的 149%。而来自特定地点的数据表明，大气中温室气体浓度在 2021 年和 2022 年初继续上升。

2010—2019 年，化石燃料和水泥生产等工业过程排放 CO_2，占全球温室气体排放总量的 72.6%，是温室气体的主要来源。CH_4 和 N_2O 的排放占比分别约是 19.0% 和 5.5%，还有 2.9% 的排放来源于 HFCs、PECs、SF_6 等含氟气体。根据 UNEP《2020 年排放差距报告》的数据，2010—2019 的 10 年间，前六大温室气体排放国（地区）合计占全球温室气体排放总量（不包括土地利用变化）的 62.5%，其中中国占 26%、美国占 13%、欧盟 27 国和英国占 8.6%、印度占 6.6%、俄罗斯占 4.8%、日本占 2.8%。按人均排放量计算，2019 年全球人均排放约为 6.8 t，美国高出世界平均水平 3 倍，而印度相比世界平均水平约低 60%。

科技工业不断地发展，全球 CO_2 排放量也在逐渐地增加。随着 CO_2 排放量的不断增长，全球变暖导致海洋气候变化无常，从而导致许多自然性灾难的发生，全球各国越来越重视 CO_2 排放问题，自 2019 年以来全球 CO_2 排放量开始减少。国际能源署（IEA）日前发布的《全球能源回顾：2021 年 CO_2 排放》报告指出，2021 年，全球能源领域 CO_2 排放量达到 363 亿 t，同比上涨 6%，超过了新冠疫情暴发前的水平，创下历史最高纪录，2021 年飙涨的天然气价让燃煤发电强势复苏，成为能源领域碳排放量“强劲反弹”的主要原因。

自 2010 年以来，联合国环境规划署根据各国要求制作了 10 个年度的《排放差距报告》。排放差距用于衡量人类为了应对气候变化需要做的与实际做的工作之间的差距，以定量方式给出了全球 CO_2 当量温室气体排放量需要下降到的水平与基于各国当前脱碳承诺预计的 CO_2 当量温室气体排放水平之间的差距，因此，排放差距也可以称为“承诺差距”。

《2019 年排放差距报告》属于温室气体排放方面的旗舰报告，是全球各国决策者及其公民了解排放差距的一面镜子，也是各国制定减碳政策并作出承诺、公民采取减碳行动的重要依据。如果能够按照该报告的要求缩小排放差距，实现减排目标，则会大大减少温室气体排放对全球气候的影响，保障人类社会的可持续发展。

从碳排放地区占比（图 6.7a）来看，2021 年亚太地区 CO_2 排放量最大，占比 52%，其次为北美地区和欧洲地区，分别为 17% 和 11%。从国家分布（图 6.7b）情况来看，2021 年中国 CO_2 排放量为 105.23 亿 t，全球排名第一；美国 CO_2 排放量为 47.01 亿 t，全球排名第二；印度 CO_2 排放量为 25.53 亿 t，全球排名第三；俄罗斯 CO_2 排放量为 15.81 亿 t，全球排名第四。

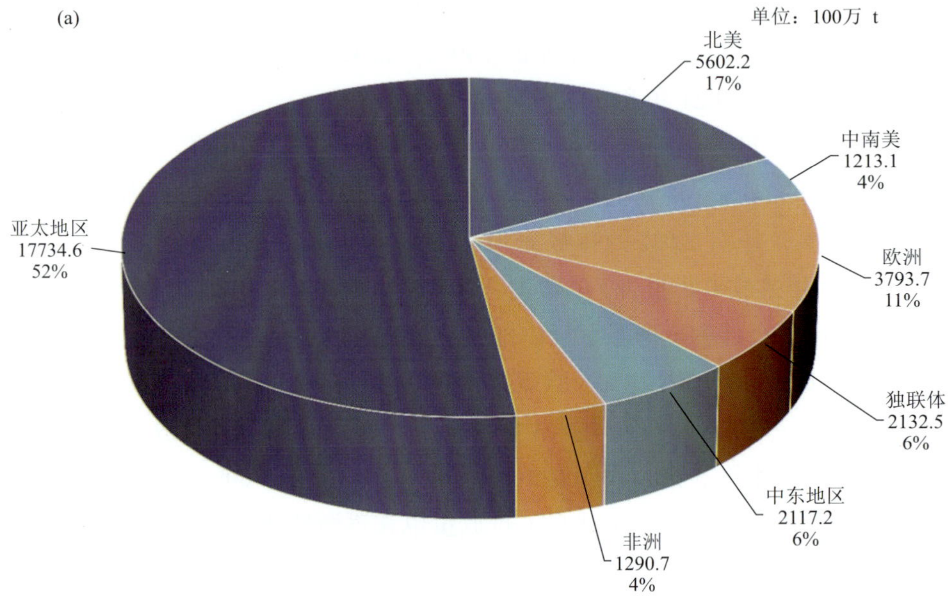

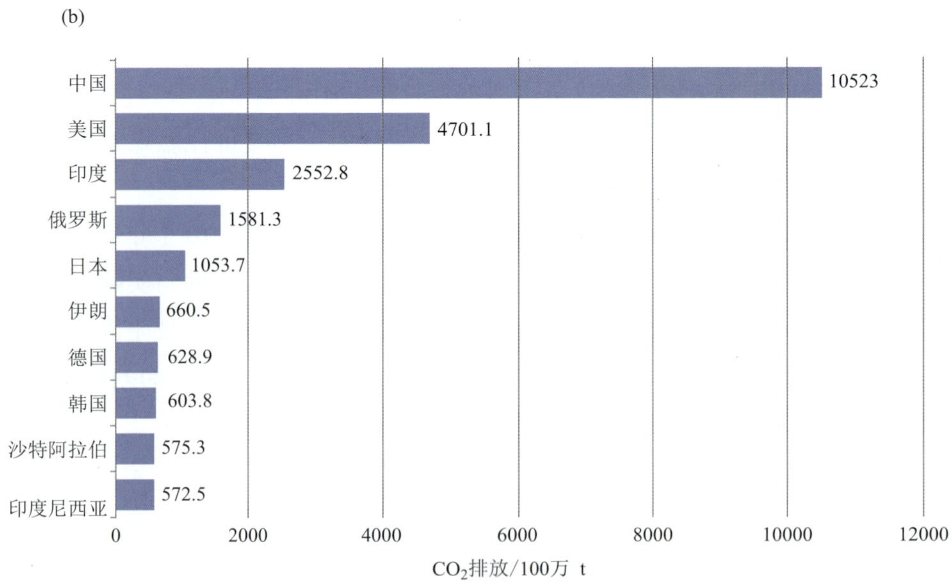

图6.7　2021年全球CO_2排放量地区占比（a）和前10位国家（b）

在各种温室气体中，化石能源利用产生的CO_2排放增加强劲，2018 年增长率达 9%。土地利用变化产生的CO_2排放量约占总温室气体的 7%，且具有很大的不确定性和年际变化性，但过去 10 年中保持相对平稳。第二重要的温室气体CH_4的排放量在过去 10 年中以年均 1.3% 的速度增长，在 2018 年达到 1.7%。N_2O排放量在过去 10 年中以年均 1.0% 的速度稳步增长。氟化气体的增长最快，在过去 10 年中以年均 4.6% 的速度增长，2018 年的增长速度高达 6.1%。

从排放的主要贡献地域与行业（图 6.8）来看，G20 集团成员国 2018 年温室气体的排放量占全球总排放量的 78%，中国的温室气体总排放量远超于其他国家，每人年均温室气体排放量位于全球第四；CO_2-eq 排放总量最大的行业为能源利用和工业生产，在 2018 年增长了 2.0%，达到创纪录的每年 37.5 Gt CO_2-eq。若以全球 74 亿人口计算，则每人年均温室气体 CO_2-eq 排放量约 7.5 t，温室气体排放量增速很快，令人十分担忧。

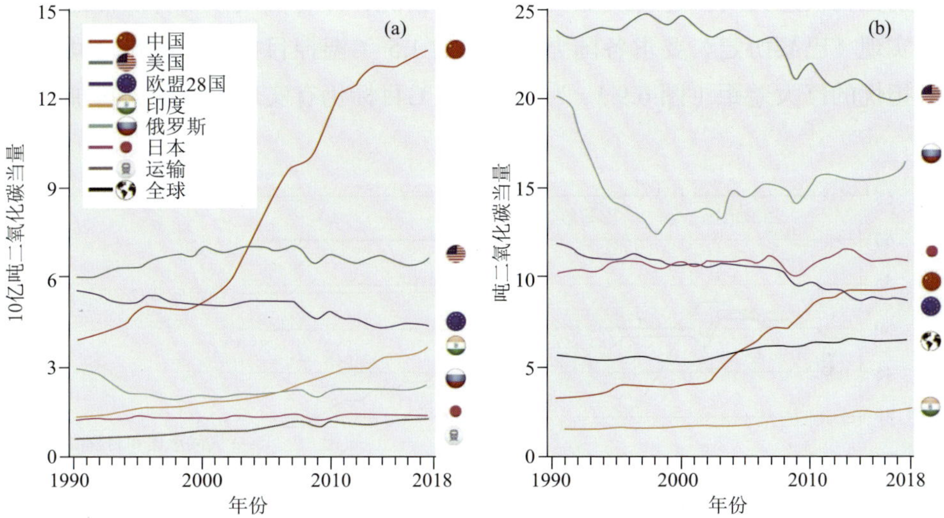

图6.8　主要的温室气体排放国家（a）及人均值（b）（联合国环境规划署）

国际能源署（IEA）发布《全球能源回顾：2021 碳排放》报告，对 2021 年能源相关CO_2排放情况进行了系统回溯和分析，报告关键要点如下：2021 年能源相关CO_2排放量创下历史新高，达到 363 亿 t。全球能源燃烧和工业过程产生的CO_2排放量在 2021 年出现强劲反弹，较 2020 年同比增长 6%，达到了有史以来年度最高水平；世界并未完全走在可持续复苏的正确道路上。迄今为止的措施每年可支出 4000 亿美元用于清洁能源和可持续复苏投资，然而，这仅占 IEA 可持续复苏规划所需投资的 40%，该规划旨在到 2050 年实现全球净零排放的目标；来自煤

炭的 CO_2 排放创历史新高。2021 年，煤炭使用产生碳排放占全球 CO_2 排放增量的 40% 以上，达到 153 亿 t，创造了历史新高，比 2014 年的峰值高出近 2 亿 t；交通运输部门的石油需求比疫情前减少了 8%。2021 年受新冠疫情继续影响，交通运输行业的石油使用量每日需求量比 2019 年低 600 多万桶，相应地 CO_2 排放量减少 6 亿 t。全球发电厂的排放量达到了有史以来的最高水平。2021 年 CO_2 排放增加最显著的部门是电力和供热行业，增长了 9 亿 t，占全球 CO_2 排放增量的 46%。可再生能源发电量创造有史以来最大的增长。2021 年可再生能源和核能在全球发电中所占份额高于煤炭，且可再生能源的发电量达到历史最高水平，超过 8000 TW・h，比 2020 年高出 500 TW・h。风能和太阳能光伏发电量分别增加了 270 TW・h 和 170 TW・h，核电增加了 100 TW・h。

《排放差距报告》(简称《报告》) 显示，各国政府需要采取紧急行动来努力控制全球变暖。COP26 的目标是使得 1.5 ℃目标仍然可实现，但《报告》显示行动窗口期正在快速关闭。这再次证实了已知的情况，即各国气候目标所能达到的减排与实现《巴黎协定》要求各国力争达到的 1.5 ℃温控目标所需减排之间存在着令人担忧的巨大差距（图 6.9）。为了让 1.5 ℃目标仍有实现的可能，参加格拉斯

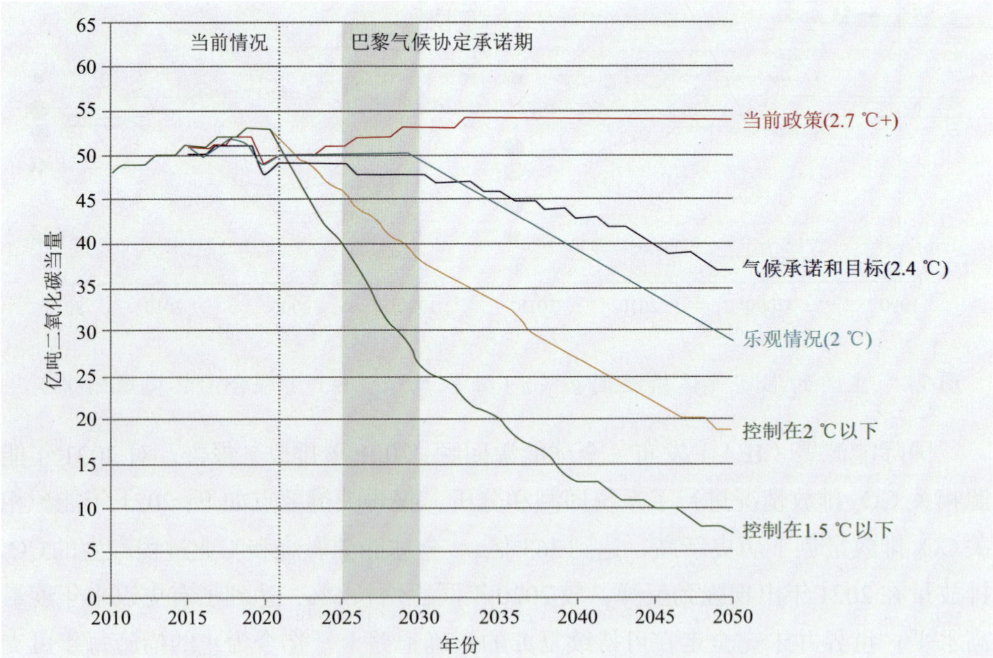

图6.9　全球减排现有承诺下不足以实现气候目标

哥大会的各位领导人必须就这 8 年间加大减排力度达成一致，承诺最迟在 2023 年前提高各自的 2030 年气候目标，否则 1.5 ℃的全球温控目标将变得遥不可及。

6.4 减缓碳排放技术潜力

2020 年中国碳排放强度比 2015 年下降 18.8%(图 6.10)，超额完成“十三五”约束性目标，比 2005 年下降 48.4%，完成了向国际社会承诺的到 2020 年下降 40%～45% 的目标，累计少排放 CO_2 约 58 亿 t。与此同时，中国经济实现跨越式发展，2020 年 GDP 比 2005 年增长超 4 倍。2011—2020 年中国能耗强度累计下降 28.7%。“十三五”期间，中国以年均 2.8% 的能源消费量增长支撑了年均 5.7% 的经济增长，节约能源占同时期全球节能量的一半左右。中国非化石能源占能源消费总量比重提高到 15.9%，比 2005 年大幅提升了 8.5 个百分点；中国非化石能源发电装机总规模达到 9.8 亿 kW，占总装机的比重达到 44.7%，其中，风电、光伏、水电、生物质发电、核电装机容量分别达到 2.8 亿 kW、2.5 亿 kW、3.7 亿 kW、2952 万 kW、4989 万 kW，光伏和风电装机容量较 2005 年分别增加了 3000 多倍和 200 多倍。非化石能源发电量达到 2.6 万亿 kW·h，占全社会用电量的比重达到三分之一以上。

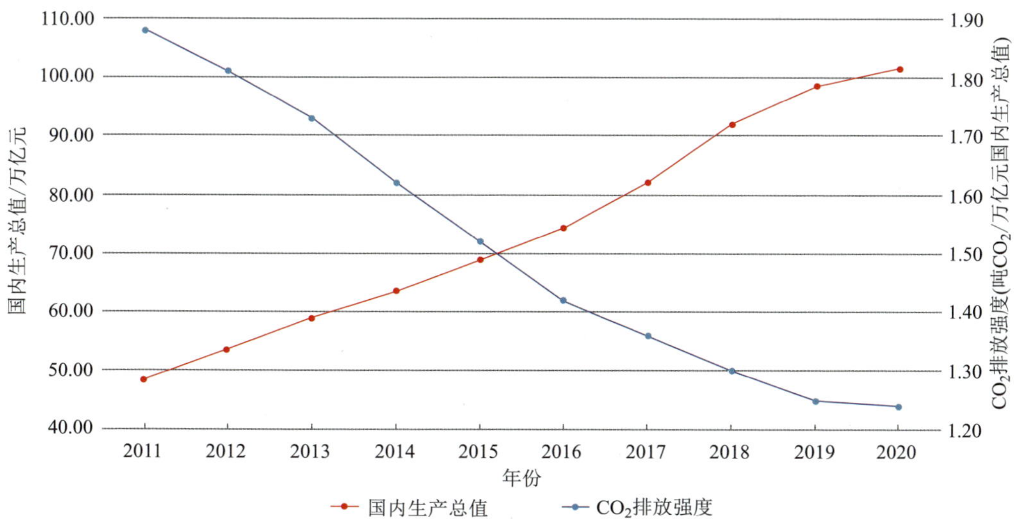

图6.10　2011—2020年国内生产总值与CO_2排放强度

钢铁行业近期应优先推广高炉高效喷煤、高炉喷吹焦炉煤气、蓄热式燃烧工程、电炉优化供电、转炉煤气干法回收、燃气—蒸汽联合循环发电机组（CCPP）等技术；中期推广高炉煤气余压透平发电装置（TRT）、热风炉双预热、煤调湿等技术；远期发展经济、合理的非高炉炼铁技术。水泥行业近期应继续加大立窑淘汰力度，普及纯低温余热发电、高效冷却机和水泥窑协同处置废物技术，加强其他可用混合材料、替代燃料、新型低碳替代水泥技术；中期推广替代燃料技术及新型替代水泥等技术；远期推广 CO_2 捕集、回收和再利用等。

交通部门近期鼓励发展以高效内燃机、高效传动与驱动、整车设计与优化、材料轻量化与结构轻量化、普通混合动力等先进节能技术为基础的节能汽车，大力培育新能源汽车产业，发展以动力电池、驱动电机、电控技术为基础的插电式混合动力汽车和纯电动汽车；中远期实现能源动力系统转型，使新能源汽车产业成为中国汽车产业的主体。建筑行业应着力发展基于吸收式热泵的热电联产供热方式、通断式热量计量装置、热泵型生活热水系统、温湿度独立空调技术、数据中心空调技术、高效绿色照明灯具、分布式能源等。

工业过程温室气体排放涉及行业面宽，减排技术多样，技术成熟程度和推广障碍千差万别，需区别对待。水泥、石灰、钢铁、电石等行业生产技术较为成熟，常规技术手段具有相当的 CO_2 减排潜力，但受原料供给条件限制难以全行业普遍推广，调结构、控产量是主要的全行业减排手段。N_2O 减排技术面临发达国家的垄断，推广成本较高。含氟温室气体中，三氟甲烷（HFC-23）减排技术比较成熟、减排率高、减排成本较低，通过制定相应排放控制政策法规标准并结合适当经济激励（或补偿）措施，可显著减排直至趋于零排放，其他 HFCs 基本上都是替代各行业广泛应用的含氢氯氟烃（HCFC）产品，其消费量和排放量将在加速淘汰 HCFC 以及经济发展过程中较快增长。

农业最具减排增汇潜力的技术主要包括水稻田水分管理、农田 N_2O 控制、农田土壤和草地固碳、畜牧业营养调控、秸秆氨化和青贮处理，以及畜禽废弃物发酵处理并回收利用沼气。林业最具减排增汇潜力的技术主要包括造林、森林经营、森林保护、木质林产品利用和替代。中国农林业及其他土地利用减排增汇不同技术的成本差异很大，总体高于 IPCC AR5 估算的全球农林业平均减排成本，但仍属于低成本且能产生多重效益的减缓手段。由于激励农林业和其他土地利用的激励政策和机制尚不够完整、持续、有力，农林业和其他土地利用减排增汇潜力尚未得到有效发挥。

碳捕集、利用与封存（CCUS）是能够低碳利用高碳化石燃料的技术，对于中国以煤为主的能源产业（尤其是火电行业）尤为重要，减排潜力巨大。考虑技术、经济、环境、安全等因素的约束，CO_2 封存容量可达千亿吨量级，其中以咸水层封存为主。当前，CCUS 技术仍存在高能耗、高成本、长期安全性和可靠性有待验证等制约其大规模应用的突出问题。现有燃烧后 CO_2 捕集技术会使能源系统效率下降 10 ～ 15 个百分点，CO_2 捕集成本高达 40 ～ 70 美元 /t。CO_2 捕集环节能耗和成本过高，以及封存环节的长期安全性与可靠性有待验证，是制约 CCUS 技术大规模推广的关键障碍。具体到中国而言，在 CCUS 技术链的各环节都已具备一定的研发基础，但尚未形成适合中国国情的创新性技术，距离大规模推广应用仍存在较大差距。为满足中国的能源需求增长、经济发展和环境保护的多重需求，需要研发煤基低能耗、低成本的 CCS 技术。

近 10 年来，化石能源相关碳排放持续增长，2019 年占温室气体总量的 65%。纵览世界各经济体当前的气候行动，可再生能源规模化部署、工业制造业减排升级、交通运输业绿色转型、建筑能效提升和负碳技术开发利用成为零碳发展的重点领域。

可再生能源规模化部署。2013 年以来，全球可再生能源领域投资约为年均 3000 亿美元，太阳能和风能是最大投资热点；2020 年，海上风能投资跃升至 500 亿美元左右，成为增速最快的领域。中国、美国和欧洲国家投资规模全球领先。

工业制造业减排升级。化工、钢铁和水泥三大行业占全球工业部门碳排放总量的 70%（2020 年），三大行业正积极探索减排升级新方式，如整合价值链资源、推进废弃物转化利用；引进氢能冶金工艺，减少直接排放；利用碳捕集、CCUS，推进净零排放。

交通运输业绿色转型。2014 年以来，以电能、燃料电池替代化石燃料的新能源交通产业蓬勃发展，2020 年全球电动汽车保有量突破 1000 万辆，年增长率 43%，同期燃料电池车增长率达 40%。铁路电气化、货运氢能利用、交通系统智慧升级正在成为全球趋势。

建筑能效提升。2019 年，73 个国家制定了建筑能效标准，全球可持续 / 绿色建筑认证数量保持增长。各国通过应用新型墙体材料、增强建筑围护结构的热工性能、提高建筑用能设备电气化水平、采用高能效设备、提升建筑物用能系统运行效率等方式，优化建筑能效。

负碳技术开发利用。全球范围内，CCUS 的捕集规模在 2010—2020 年翻了 3 倍，2020 年超 4000 万 t。各国对 CCUS、生物能源与碳捕集和封存（BECCS）、空气直接碳捕集（DAC）以及造林与再造林等生态类负碳技术日益重视。各国在推进气候行动的同时，均高度重视数字技术应用，支持能源、工业、交通和建筑等部门零碳转型。据世界经济论坛分析，到 2030 年，5G、物联网、人工智能、云等数字技术可以助力全球 15% 的碳减排。

6.5 能源转型与全球碳中和

能源转型是能量系统中的重大结构变化。从历史上看，这些变化是由对不同燃料的需求和可获得性驱动的。当前向可再生能源的过渡，也许还有其他类型的可持续能源的变化，在很大程度上是因为人们认识到必须将全球碳排放量降至零，而且由于化石燃料是最大的单一碳排放源，我们必须在全球范围内改变能源系统以替代化石燃料。

当今世界正处于百年未有之大变局，国际能源领域也不例外。21 世纪以来，特别是近 10 年来，以新能源和可再生能源发展为主线的第三次国际能源转型加速推进，促进了国际能源形势大变局的到来。美国页岩油气革命、欧盟和中国应对气候变化的低碳能源革命是引领第三次全球能源转型的双轮，尤其是绿色、低碳的可再生能源革命正在使世界迈向日益减少对化石能源依赖之路。

在国内经济低碳转型压力增大与能源对外依存度不断提高的背景下，我国先后提出了“四个革命”：推动能源消费革命，抑制不合理能源消费；推动能源供给革命，建立多元供给体系；推动能源技术革命，带动产业升级；推动能源体制革命，打通能源发展快车道。还提出了“一个合作”，即全方位加强国际合作，实现开放条件下能源安全的能源安全新战略和“碳达峰、碳中和”（简称“双碳”）国家战略，充分体现了我国积极应对气候变化的大国担当。能源是碳排放的主要社会活动来源，能源转型是实现“双碳”目标的重要途径和发展方向。

中国目前处于工业化中期，能源结构以煤炭为主。随着城市化和工业化的不断推进，中国的能源需求将继续增长。在高碳能源消费刚性和制度依赖的情况下，中国能源转型面临比发达国家更严峻的挑战。能源转型表征可以概括为“一个目标、三个支柱”。“一个目标”即温室气体减排；“三个支柱”分别为能源效率提升、降低化石能源消费量以及可再生能源最大限度替代不可再生能源。能源效率提升主要表现在能源的利用上，即单位能源消耗强度下降、能源需求下降和能源利用率上升；降低化石能源消费量主要表现为通过传统能源利用技术改进和创新，减少化石能源投入量和消耗量；可再生能源替代，主要表现在传统能源领域持续去产能和逐渐清洁化发展，新能源发展逐步占据主要地位，最终实现多能互补一体化发展。

现代能源网络的治理主体相较于传统能源网络更加多元，包括政府、能源生产企业、能源消费企业、储能供应企业、互联网服务公司、金融企业、信息技术平台公司、居民等，能源消费者将同时成为生产者，网络关系更加复杂，能源治理面临更大挑战，考验决策者水平；多能协同的综合用能模式将取代各自独立的能源品类用能模式，通过增加不同种类能源之间的转换，能源利用的灵活性不断增加。这一系列的变革意味着未来能源市场结构将更趋于扁平化、去中心化、互动化。

6.6 零碳智慧能源体系规划

零碳智慧能源体系是未来能源发展的愿景，也是实现全球气候目标、维护世界能源安全、促进经济增长的核心动力。本节将以未来能源规划的形式，明晰零碳智慧能源体系的目标、蓝图、特征、核心能力和发展路径。

总体而言，未来能源规划提出零碳智慧能源体系应实现“安全可靠、高效经济、零碳智慧”3 个目标；描绘出包括集中式清洁能源供应、化石能源清洁利用、生物质及氢能高效利用、零碳智慧能源网络、零碳智慧工业园区、分布式零碳社区、零碳智慧车联网、零碳智慧空运与航运八大典型能源场景的零碳智慧能源体系蓝图；明确指出零碳智慧能源体系需具备零碳能源供应、多能互补协同、能效综合最优、数字全面赋能、跨界模式创新五大特征；应提升零碳转型、能源转型、数字化转型三元转型核心能力；规划了通过“能源流、碳流、信息流与价值流”四流融合推动零碳智慧能源体系建设的发展路径。

零碳智慧能源体系应实现“安全可靠、高效经济、零碳智慧”3 个目标。

安全可靠：结合各国、各地区资源禀赋，优化能源结构，提高可再生能源比例，提升能源自给能力，保障能源战略安全。实现多元化清洁能源供应，实现多能互换和多能互补，提升能源网络输送、转换、调度和存储能力，加强能源系统韧性及应对极端情况能力，实现能源供应安全可靠。

高效经济：建立竞争有序的能源市场体系，引导市场主体开展产业结构调整与节能减排，实现零碳目标下的减排成本最优。提升终端能源中绿电占比，实现全社会能源综合利用效率最优。大力发展新能源技术，降低新能源开发和利用成本，形成有竞争力的市场价格，保障经济可持续增长。

零碳智慧：建立以可再生能源为主体的新型能源系统，结合减碳、负碳技术的应用实现能源系统全面脱碳，推动能源系统绿色可持续发展。加快能源技术与数字技术融合，提高能源系统自适应、自调节和自优化能力，推动能源技术升级和产业重构，实现业务和商业模式创新。

零碳智慧能源体系蓝图中以零碳智慧能源网络为主干网络，通过主干网络和分布式网络交互协同，连接各典型能源场景，形成以新能源为主体、集中式与分布式相结合、源网荷储协调互动、多能转换、多能互补、多网融合、数字全面赋能的零碳智慧能源体系；通过智慧能源交易中心和智慧能源调度中心在更大范围内优化资源配置，实现零碳智慧能源体系安全可靠和高效经济运行。

6.7 中国减缓气候变化行动

2020年，中国正式宣布“CO_2排放力争于2030年前达到峰值，努力争取2060年前实现碳中和的双碳气候目标”。近40年来，中国经济高速发展伴随着资源高强度消耗、化石能源大量消费、污染物与碳排放迅速增长。自2010年起，中国发布多项政策，采取产业转型升级、能源结构调整、技术创新等多方面措施应对气候变化。2019年底，中国碳排放强度较2005年下降48%，提前实现了2015年提出的碳排放强度下降40%～45%的目标。

中国碳排放总量大且仍呈上升趋势，2020年，中国温室气体排放逾100亿t，约占全球的四分之一，总量全球第一。其中能源、工业排放比重高，在保障经济稳步发展的前提下实现“双碳”目标，挑战严峻。中国以政策、金融和技术为支撑，从能源系统转型优化、工业系统转型升级、交通系统清洁化发展、建筑系统能效提升、负碳技术开发利用等方面开展碳中和行动。

能源系统转型优化。2020年中国煤炭消费占一次能源消费的比重为57%，单位能源消费碳强度高于世界平均水平30%，电力/热力行业煤炭依赖度高，碳排放占全国总量约二分之一。推动能源供给、消费、技术和体制革命，加强全方面国际合作，构建清洁安全高效的能源体系，建设以新能源为主体的新型电力系统是中国能源系统发展的主要方向。

工业系统转型升级。中国单位GDP能耗是世界平均水平的近1.5倍，高能耗的工业制造业比重偏高，工业制造业碳排量仅次于电力/热力行业。中国以碳强度控制为主、碳排放总量控制为辅，控制钢铁等高耗能产业扩张，淘汰落后产能，促进节能环保产业发展，加深工业互联网等新技术应用，建设绿色制造体系，推进工业制造业产业结构调整升级。

交通系统清洁化发展。新能源汽车在中国高速发展，保有量全球领先，并计划到 2035 年实现纯电动汽车成为新车销售主流。推进新能源汽车产业发展，铁路电气化、水运液化天然气应用，优化调整运输结构，形成铁路、水运替代道路运输为主的货运中长距离运输格局，助力交通系统绿色发展。此外，交通、能源与信息通信融合加深将加速交通系统减排。

建筑系统能效提升。2015—2019 年，中国累计建设节能建筑超 198 亿 m^2，占城镇既有建筑面积比例的 56%。该比例计划至 2022 年提升到 70%。《绿色债券支持项目目录（2021 年版）》将绿色建筑、建筑节能等领域纳入支持范围；光伏屋顶、生物质供能等建筑供能改造，供暖、炊事电气化等措施进一步推广，助力全面提升建筑能效。

负碳技术开发利用。中国 CCUS 技术目前整体处于工业示范阶段，煤炭、电力、化工等行业已经开展 CCUS 试点。伴随技术成本的下降，应用规模扩大，未来将基本可以满足碳中和目标下 6 亿～21 亿 t 捕集量的需求。同时，中国积极推进生态碳汇建设，森林面积 30 年保持增长，湿地、海洋等固碳作用日益受到重视。

政策、金融与技术支撑。中国绿色金融体系建设自 2016 年后稳步发展，绿色债券发行量、绿色信贷存量全球领先。自“双碳”目标公布后，碳质押、碳回购等碳融资探索加速，中国碳市场 2021 年正式上线交易，发电行业成为首个纳入全国碳市场的行业，覆盖约 45 亿 t CO_2 排放量，是全球规模最大的碳市场。碳市场的覆盖范围将逐步扩大到其他重点行业，通过发挥价格信号的引导作用，鼓励企业开展节能减排。2021 年，国家发改委和国家能源局联合成立碳排放统计核算工作组，加快建立统一的碳排放统计核算体系，提升各地区、各行业碳排信息标准的一致性，为制定减排政策和各类主体采取减排行动提供依据。此外，中国已将数字化转型上升为国家战略，数字技术与实体经济正加深融合，智能电网、智能制造、智慧建筑、智能交通、智慧城市等发展助力构建绿色经济。

6.8 应对气候变化国际合作

气候变化是全球面临的共同问题，也是人类实现可持续发展最大的挑战之一。应对气候变化需要各国共同的努力与协作，1989 年联合国大会第 49 届会议上建议尽快启动关于气候变化框架公约的谈判，从此正式开启了气候变化国际谈判的进程。应对气候变化的最终目标是：将大气中温室气体的浓度稳定在防止气候系统受到危险的人为干扰的水平上。这一水平应当在足以使生态系统能够自然地适应气候变化、确保粮食生产免遭威胁，并使经济发展能够可持续地进行的时间范围内实现。

当前，全球气候治理已进入全面落实应对气候变化《巴黎协定》实施阶段，但各方的减排力度与实现《巴黎协定》所提出的温控目标仍存在较大距离。专家敦促不同发展水平的经济体履行相应责任，进一步加大减排力度，同时加强国际合作，共同应对气候变化。

气候变暖形势不容乐观。世界气象组织发布《2021 年全球气候状况》指出，2021 年，温室气体浓度、海平面上升、海洋热量和海洋酸化 4 项气候变化关键指标创下新纪录，对可持续发展和生态系统有持久有害的影响。2015—2021 年是有记录以来最暖的 7 年，2021 年全球平均气温比工业化前（1850—1900 年）高出 1.11 ℃。北美西部和地中海出现破纪录的高温热浪；干旱影响了非洲之角、加拿大、美国西部、伊朗、阿富汗、巴基斯坦和土耳其等，造成巨大农业损失，破坏了能源生产和河流运输。气象学家指出，全球气候变暖问题进一步加剧了气候系统不稳定性，极寒天气、高温热浪、洪涝干旱等极端天气发生的频率随之增加。

全球极端高温呈升高趋势，热浪强度和频次增加。澳大利亚 2019/2020 年跨季跨年森林大火；2021 年夏季，美国加州死亡谷最高气温达 54.4 ℃，为近百年来全球最高气温；意大利西西里岛出现 48.8 ℃高温，土耳其、突尼斯、西班牙等国多地最高气温破纪录。2022 年 4 月印度大部分地区的最高气温达到了 43.0 ～ 46.0 ℃，印度西北部等地平均最高气温是过去 122 年来最高；5 月 8 日，巴基斯坦出现 50.0 ℃高温，打破北半球最早的 50.0 ℃纪录。

全球热浪和干旱复合事件显著增多。自 20 世纪 50 年代以来热浪和干旱复合事件频繁发生，全球气候呈现更热更干的趋势。2020 年 11 月至 2021 年 3 月，巴西降雨量为 20 年来最低，因持续高温少雨土壤缺墒，出现近一个世纪以来最严重的干旱，“世界粮仓”玉米和甘蔗等减产幅度在 10% ～ 15%。2021 年以来，美国中西部发生严重干旱，局地达到极端干旱状态，成为过去 1000 年来美国最旱年，高温热浪还致使林火长时间燃烧。

全球极端冷事件频次减少，但强度并未减弱。2021 年 1 月上旬，日本新潟县上越市累计降雪量超 2000 mm，秋田县暴雪天气最大瞬时风速达 42.4 m/s，均刷新观测纪录。同年 2 月，冬季风暴“乌里”袭击北美大部，全美超 550 万家庭断电停电，得克萨斯州最低气温是 1895 年以来之罕见。

荷兰阿姆斯特丹首届气候适应峰会公布的一组数据显示，极端气候灾难使全球经济在 21 世纪损失 2.56 万亿美元，过去 20 年有约 48 万人死于与极端天气事件有关的自然灾害。水资源和粮食安全等与人类息息相关的领域尤其受到严重威胁。英国《自然气候变化》杂志文章警告称，未来的气候变化将导致热带雨林带区域性不均匀转移，造成全球多地发生干旱，威胁生物多样性和数十亿人的粮食安全。

气候变化正在严重威胁生态系统安全。人工增温对比实验发现，在温度升高 0.8 ℃的情况下，芦苇密度降低了 23.2%，土壤含水量降低，生态系统的生产力更是降低了 34%，并出现了较为严重的病虫害。随着气温升高、冰川融化，亚马孙雨林、北极和海洋等生态系统平衡也将被打破，生态安全面临严峻挑战。气候变化诱发各种自然灾害，威胁人类生存安全。干旱、飓风、热浪和山体滑坡频发，造成了大范围人员伤亡，给许多国家和人民造成了巨大的经济损失，尤其是社会中最脆弱的群体受影响最为严重。联合国减少灾害风险办公室的数据显示，2018 年全球约 6000 万人生活受到极端天气影响，1 万多人死于各类自然灾害。

独木难以成林，合作才有未来。应对气候变化，需要凝聚各方共识，开展国际合作。人类正面临严峻的气候危机，已经没有时间再等待徘徊，需要抓紧行动起来。面对生态环境挑战，人类是一荣俱荣、一损俱损的命运共同体，没有哪个国家能独善其身。唯有各国携手同心，才能实现人类的可持续发展。我们期待，在各方的共同努力下，此次峰会能够进一步提振国际社会合作应对气候变化的信心，为推进应对气候变化全球合作发挥积极作用。

加强气候治理迫在眉睫。联合国秘书长古特雷斯指出，2021 年是应对全球气候变化的关键之年，要抓住后疫情时期的恢复计划以更绿色、更清洁的方式重振经济、重塑发展方式，各国都应采取更强有力、更雄心勃勃的计划。应对气候危机是这个时代的关键性课题，人类必须联合起来立即采取切实可行的行动。欧盟 27 国领导人 2021 年在布鲁塞尔举行的峰会上，就更高的减排目标达成一致，决定到 2030 年温室气体排放要比 1990 年减少至少 55%，到 2050 年实现碳中和。后疫情时期的恢复阶段，欧洲将积极打造绿色复苏模式，法国采取措施激励各类主体参与国家绿色增长和能源转型；欧盟提出可持续欧洲投资计划等，清洁能源、建筑翻新等行业将迎来巨大发展机遇，绿色投资将持续增长。

中国通过采取调整产业结构、优化能源结构、推进碳市场建设等措施，减排行动取得显著成效。截至 2019 年底，中国碳强度较 2005 年降低约 48.1%，非化石能源占一次能源消费比重达 15.3%，中国对外承诺的碳减排 2020 年目标提前完成。此外，中国与联合国环境规划署共同发起成立“一带一路”绿色发展国际联盟，助力建设水电、风能、光伏等可再生能源项目，推动各国共同实现绿色发展。

《哥本哈根协议》采用“双轨”的谈判方式，将气候减排目标更加具体化，以 2 ℃作为气温变化上限。但是由于各缔约国所形成的主权利益攸关方集团对减排义务的不同立场，针对“责任共担”等焦点问题存在意见分歧，未获得多数成员国的签署，而使《哥本哈根协议》成为不具有法律约束力的气候减排协议，被寄予厚望的哥本哈根大会最终以失败告终，国际气候谈判的发展陷入僵局。2011 年 COP17 在南非德班举行，大会决定开启“绿色气候基金”，同时建立德班增强行动平台，保持气候减缓行动的连续性。但无法调和发达国家和发展中国家在气候减排中的利益矛盾。2012 年多哈大会就《京都议定书》第二承诺期达成一致，从法律上确保了在 2013 年实施《京都议定书》第二承诺期，但加拿大、日本、新西兰及俄罗斯明确不参加第二承诺期。2014 年 COP20 在秘鲁利马举行，大会生成《利马气候行动呼吁》，明确了华沙气候大会提出的“国家自主贡献”，并要求各缔约国在 2015 年提交各自减排计划。国际气候治理体系模式由“自上而下”转向以自主贡献为核心的“自下而上”模式，大会同时通过了巴黎协议相关草案，为 2015 年巴黎气候大会的召开奠定了基础。全球盘点是《巴黎协定》“国家贡献 + 全球盘点”序贯累进机制中的重要环节（表 6.1），也是欧盟等缔约方推动建立提高力度“棘轮机制”的信息反馈环节。

表 6.1 《巴黎协定》及其实施细则对全球盘点的规定

主要问题	规 定
目标	盘点本协议的履行情况，以评估实现《巴黎协定》宗旨和长期目标的集体进展情况
原则	以全面和促进性的方式展开，并顾及公平和利用现有的最佳科学
范围	减缓、适应、实施手段和支持问题
时间	首次盘点在 2023 年，此后每 5 年进行一次，除非协定缔约方会议另有决定
信息来源	来源包括但不限于：（a）关于以下内容的信息：（i）缔约方通报的国家自主贡献的总体影响；（ii）《巴黎协定》第七条第 10 和第 11 款所述信息通报以及《巴黎协定》第十三条第 8 款所述报告提供的关于适应努力、支持、经验和优先事项的现状；（iii）提供和撬动的支持情况。（b）IPCC 最新报告。（c）附属机构的报告
结果	全球盘点的结果应为缔约方以国家自主的方式根据《巴黎协定》有关规定更新和加强它们的行动和支持，以及加强气候行动的国际合作提供信息

中美两国在巴黎气候大会召开前夕两次发表气候变化联合声明，积极推动全球应对气候变化，发挥了重要的引领作用。2015 年 COP21 在法国巴黎召开，此次谈判达成了继《联合国气候变化框架公约》（UNFCCC）和《京都议定书》之后的第三个关于应对气候变化的国际法律文本——《巴黎协定》。该协定于 2016 年 11 月正式生效，确立了 2020 年后的全球气候治理框架。《巴黎协定》作为新时期全球气候治理减排文件，其内容主要体现在 3 个方面：一是对长期目标的规划不同，相对于《京都议定书》中笼统地规定将温室气体排放量消减到 1990 年水平的 5%，《巴黎协定》则是将气候升幅定在工业化水平 2 ℃以内，并努力实现 1.5 ℃的目标；二是要求参与气候减排行动的缔约国范围不同，《京都议定书》只针对发达国家采取具体的减排行动，对发展中国家并未要求采取实际的行动，而《巴黎协定》要求所有缔约方根据国情和总体减排目标提交自主贡献计划；三是气候减排形式不同，国际气候治理体系模式由《京都议定书》“自上而下”转向以《巴黎协定》倡导的自主贡献为核心的“自下而上”模式。《巴黎协定》不仅成为气候治理进程中的新框架，同时也是国际气候谈判向前发展的里程碑。

2020 年 9 月，中国宣布碳达峰和碳中和目标，这反映了《巴黎协定》“最大力度”的要求，体现了中国应对气候变化的最大决心。2021 年 2 月，美国重新加入《巴黎协定》，联合国表示欢迎。2021 年，COP26 在英国格拉斯哥举行，大会达成《格拉斯哥气候协议》。会议就《巴黎协定》第六条关于碳交易的市场机制达成了协议。在 COP26 举行期间，中国和美国发表《中美关于在 21 世纪 20 年代强化气候行动的格拉斯哥联合宣言》，“在有意义的减缓行动和实施透明度框架内，到 2020 年并持续到 2025 年每年集体动员 1000 亿美元的目标”也写入了中美格拉斯哥宣言中以回应发展中国家需求，强调尽快兑现该目标的重要性。

碳排放格局的变化。发达国家和发展中国家对全球碳排放的贡献格局已经发生显著变化。发达国家自工业革命以来累积的温室气体排放，对当前全球气候变化产生了直接影响。发达国家在 20 世纪随着经济的增长，大量消耗化石能源，排放的 CO_2 占全球多数，然而这一格局随着发展中国家近年来的快速发展和在发展过程中对化石能源的依赖而发生变化。美国橡树岭国家实验室、国际能源署等数据显示，1965 年发达国家和发展中国家对全球能源活动 CO_2 排放的贡献分别是 68.7% 和 31.3%，而到了 2019 年，这一贡献比例已经转变为 35.2% 和 64.8%，基本形成格局翻转。尽管如此，发达国家对全球温室气体的历史累积排放仍高于发展中国家。

实现应对气候变化共同目标要求全球走向温室气体净零排放。自 1950 年以来，观测到的气候系统许多变化是过去几十年甚至千年以来史无前例的，而人类活动极有可能是20世纪中期以来全球气候变暖的主要原因。《巴黎协定》确定了“把全球平均气温升幅控制在工业化前水平以上低于2 ℃之内，并努力将气温升幅限制在工业化前水平以上1.5 ℃之内”的目标。IPCC认为，要实现2 ℃目标，2050年人为温室气体排放量要在2010年的基础上减少40%～70%，到2100年实现零排放。而要实现1.5 ℃目标，2050年全球就需要实现净零排放。大多数能源展望的情景中，全球能源系统的CO_2排放量将远远超过实现《巴黎协定》目标所需的控制幅度。目前，中国已是世界上最大的温室气体排放国，排放量超过美国、欧盟和日本的总和，约占全球排放量的四分之一。

中国温室气体排放总量中，85%以上的CO_2排放来自化石燃料燃烧，而此中大部分源于工商业活动。中国在依据《巴黎协定》提出的国家自主贡献中承诺将于2030年左右实现碳排放达峰。多数研究认为中国在2030年左右具备实现碳排放达峰的条件，能够顺利实现达峰承诺。

我国始终把应对气候变化视作自身可持续发展的内在要求和构建人类命运共同体的责任担当，大力推进生态文明建设，认真实施应对气候变化国家战略，全力实现所有自主贡献目标。作为最大的发展中国家，我国发展不平衡、不充分的问题突出，还面临着发展经济、改善民生、消除贫困、打赢污染防治攻坚战等一系列非常艰巨的任务，但对于履行应对气候变化承诺是坚定不移的。2018年我国碳排放强度比2005年下降45.8%，比2017年下降4.0%。2018年煤炭占能源消费的比重从2005年的72.4%下降到59%，非化石能源占能源消费比重达14.3%。考虑到我国能源消费总量，取得这个成绩着实不易。我国从发展可再生能源产业和绿色经济中获益的事实，也为有些人错误地认为经济的活力和增长与应对气候变化不可兼得提供了一个反例。

气候变化是全人类面临的共同挑战，需要各方团结合作应对。特别是贫穷、脆弱国家更需要资金和技术上的支持。不同发展水平的经济体共同解决气候问题，更需要国际层面的协商合作，以便在不同国情和利益诉求间寻求平衡，激励各方积极采取行动，共同应对气候变化。

中国已经全面建成小康社会，正开启全面建设社会主义现代化国家、实现中华民族伟大复兴的新征程。应对气候变化是中国高质量发展的应有之义，既关乎中国人民对美好生活的期待，也关系到各国人民福祉。面对新征程，中国将立足新发展阶段，贯彻新发展理念，构建新发展格局，推动高质量发展，将碳达峰、碳中和纳入经济社会发展全局，以降碳为生态文明建设的重点战略方向，推动减污降碳协同增效，促进经济社会发展全面绿色转型，推动实现生态环境质量改善由量变到质变，努力建设人与自然和谐共生的现代化。

气候变化带给人类的挑战是现实的、严峻的、长远的。把一个清洁美丽的世界留给子孙后代，需要国际社会共同努力。无论国际形势如何变化，中国将重信守诺，继续坚定不移坚持多边主义，与各方一道推动《联合国气候变化框架公约》及其《巴黎协定》的全面平衡有效持续实施，脚踏实地落实国家自主贡献目标，强化温室气体排放控制，提升适应气候变化能力水平，为推动构建人类命运共同体作出更大努力和贡献，让人类生活的地球家园更加美好。

6.9 IPCC AR6 减缓结论与启示

2022 年 4 月 4 日，IPCC AR6 第三工作组《气候变化 2022：减缓气候变化》报告全面评估了 2010 年以来减缓气候变化领域的最新科学进展，为国际社会深度认识和理解全球温室气体排放情况、不同温升水平下的减排路径以及可持续发展背景下的气候变化减缓和适应行动等提供了重要科学依据。在应对气候变化减缓政策行动中，给中国政府的重要启示是坚定“双碳”目标，在综合考虑经济发展阶段和资源禀赋差异的背景下，将可持续发展、公平和消除贫困植根于社会发展愿景中，加快提升气候变化综合评估核心科学技术的研发进度，以进一步提升国际影响力和话语权。

6.9.1 减缓气候变化重要结论

（1）全球温室气体排放变化

全球温室气体历史累积和未来排放决定全球温升水平。1850 年以来，人为温室气体净排放总量持续上升，2019 年全球 GHGs 净排放量为 590 亿 t，2010—2019 年年均温室气体净排放量为 560 亿 t，高于以往任何一个 10 年。但是排放增速放缓，从 2000—2009 年的 2.1% 下降到了 2010—2019 年的 1.3%。

2010 年以来，全球主要行业的 GHGs 净排放量均有所增加，城市排放量日益增长。GDP 能源强度和能源碳强度等能效指标的改进，使得化石燃料与工业过程中的 CO_2 排放量减少，但是其减排量不敌全球工业、能源供给、交通运输、农业与建筑等行业的增排量。

不同地区、国家和家庭的人均排放量参差不齐。数据表明：收入水平相近时，人均排放量也千差万别。人均排放量最高的10%家庭占全球家庭GHGs排放量的比例过大。

（2）限制不同温升的路径

根据AR6第一工作组报告，在50%概率下，1.5 ℃和2 ℃温升水平下剩余CO_2排放空间分别为5000亿t和13500亿t，在67%概率下，分别为4000亿t和11500亿t。根据实现1.5 ℃目标与2 ℃目标的模拟路径结果，预计全球GHGs排放将在2020年达峰，最迟在2025年达峰。无论哪种模拟路径，到2030年、2040年和2050年，GHGs排放都将迅速大幅减少。执行第26届联合国气候变化大会国家自主贡献目标，在当前排放情景下，GHGs持续排放会使得在2100年全球温升的中值很可能达到3.2 ℃（2.2～3.5 ℃），远远超过《巴黎协定》的温控目标，全球温室气体排放量很可能使温升在2030年超过1.5 ℃。要将全球温升控制在2 ℃以内，需迅速加强气候减缓行动。

（3）不同行业与部门减排潜力

实现1.5 ℃目标和2 ℃目标的所有模拟路径，需要能源、工业、交通、建筑等所有部门迅速、深入、立即采取GHGs减排行动。能源部门减排最为关键。要实现全球温升不超过工业化前2 ℃的目标，到2050年全球对煤炭、石油和天然气的使用量，需在2020年基础上分别下降85%、30%和25%；实现全球温升不超过工业化前1.5 ℃的目标，则分别下降95%、60%和45%。整个能源部门亟须能源系统的重大转型，包括大幅减少化石燃料的使用量、部署低排放能源、转向替代能源、提高能效和节能，但其可行性和成本在不同国家存在差异。

（4）减缓政策与可持续发展

加强气候减缓部署具有可行性，且可减少或避免加速减缓和系统转型以实现长期目标而带来的挑战。减缓行动包括：完善制度设计以选择更优的发展路径；加强气候立法和政策为减缓行动提供支撑；促进全球气候资金的高效流动为不同地区提供减缓保障；加强多层面国际合作以增进全球技术创新、能力建设和资金交流。同时，需要所有国家提高减排的速度、深度和广度，实现减缓行动与发展目标的协同。

（5）强化气候融资与技术创新

由于资金流动尚未能满足所有部门和区域的减缓目标，发展中国家缩小资金差距的挑战最艰巨。各国政府和国际社会可通过明确的政策选择和信号来支持增进减缓资金流动。加快国际金融合作是实现温室气体低排放和公正转型的关键推动力，有助于有效解决融资渠道不平等、气候变化影响的成本和脆弱性问题。减缓潜力取决于被替代的参考技术、新技术采用率等因素，具有不确定性。2010 年以来，创新政策组合促进了光伏、风电等低排放技术的单位成本持续下降，并加速了低排放技术在全球的推广。

6.9.2　减缓气候变化诸多亮点

（1）区域排放和历史累积排放

减排责任的分担，应综合考虑各国历史排放、发展阶段和资源禀赋的差异，这是气候谈判的共识。GHGs 排放的区域差异是 AR6 第三工作组报告决策者摘要审议中最胶着的议题之一。争议焦点一是历史和近期区域排放贡献的平衡表述；二是关于发展中国家和发达国家的国家分类下排放量的平衡表述。到 1970 年，人类才有 GHGs 排放记录。决策者摘要放弃了发展中国家和发达国家的有关排放量的陈述，但保留了小岛屿发展中国家和最不发达国家历史累积排放量。

发达国家历史累积 CO_2 排放量占 1850—2019 年全球排放量的 45%。AR6第三工作组报告决策者摘要使用 1990 年作为基准年的理由，一是 1990 年是《联合国气候变化框架公约》的基准年，二是报告在数据获得性、质量、时间等要素保持平衡，将 1990—2019 年作为主要时间段以与各国清单数据保持一致，将 2010 年作为节点以与 AR5 形成可比。决策者摘要展现了 1850—2019 年 10 个地区历史累积 CO_2 净排放量。

（2）减缓路径分类与解析

减缓路径的分类细化是第三工作组报告的亮点之一。根据全球、部门和国家等不同层面的 3131 种气候评估情景，筛选出信息充足的 2266 种情景作为气候评估的原始数据库，建立了不同温升水平情景下的 C1 ～ C8 减缓路径。在《全球升温 1.5 ℃》特别报告的基础上，第三工作组报告根据 1203 种情景，开发了基于减排力度、发展路径、能源转型、资源利用率、负排放技术等说明性减缓路径。

各国争论的焦点是增加 1.5 ℃温升下不同情景的路径类别，对采取不同减缓行动的减缓路径提供更多选项和详细说明，并补充不同减缓路径下的成本信息。在评估的全球排放模拟情景中量化了减缓气候变化的宏观经济影响，但未考虑气候变化造成的损害或适应成本。对于减排路径，这些定量预估既不是预测也不是预报。在所有全球排放模拟情景中，约一半情景的假设条件是全球成本最低的减排方案实现成本有效，另一半着眼现有政策以及区域和部门差异化的行动；而大多数没有对全球公平、环境正义或区域内收入分配作出明确假设。

（3）农林相关排放的评估

农业、林业和其他土地利用（AFOLU）包括农业（主要是 CH_4 和 N_2O）和林业及其他土地利用（主要是 CO_2）的排放量。AFOLU 排放量不确定性比其他部门更大，主要来自毁林，在排放量核算时，将土地作为净吸收汇。争议焦点包括：净排放量与总排放量、估计起点和相关方法等，特别是其评估方法。报告中的土地碳通量使用了全球簿记模型，与第一工作组报告的情景和《土地与气候变化特别报告》（SRCCL）保持一致。全球簿记模型中土地利用、土地利用变化和林业（LULUCF）的 CO_2 排放通量估算值比国家温室气体清单方法的结果高约 5.5 Gt CO_2/a。

（4）CO_2 去除（CDR）技术评估

据 AR6 第三工作组报告，在 2030 年成本为 100 美元 /t CO_2-eq 或更低的减缓方案可将全球温室气体排放量至少减少到 2019 年水平的一半；在成本低于 20 美元 /t CO_2-eq 的减缓方案中，主要贡献来自太阳能和风能、能源效率的提高、自然生态系统转换以及 CH_4 排放量的减少。除了成本方面，不同技术的可行性也不同。CDR 是实现净零排放目标必不可少的技术，但需要有效解决可行性和可持续性问题。森林、土壤、海洋管理等人为活动可以增加碳汇，但是因管理不当而影响草地 / 农田土壤碳汇强度与持久性，很容易造成土壤有机碳的重新释放而成为碳源。

6.9.3 减缓经验启示与建议

科学解读和传播报告的重要结论，增进减缓气候变化紧迫性的认知。最新的评估报告强调在综合考虑经济发展阶段和资源禀赋差异背景下，将可持续发展、公平和消除贫困根植于当地社会发展愿景中，这样设计的减缓路径才更容易被接受和实现。报告提出了很多部门和国家层面的具体实践建议，与国际政策评估相比更客观，对国内绿色低碳循环发展有很好的借鉴意义，应该充分挖掘和吸收，更好地引导和推动“双碳”工作，在推进全球气候治理进程、加快气候变化科学传播等方面持续贡献力量。

用活减缓气候变化的政策措施，做好“双碳”工作的科技支撑。中国提出 2060 年前实现碳中和的目标，与 IPCC 报告评估的减缓路径是一致的。中国的能源结构中，煤炭占能源消费总量比重仍高于 50%。未来能源转型的减缓路径无论基于何种情景假设，化石能源都不可能被全部淘汰。因此，中国要在 30 ～ 40 年实现碳中和，需制定渐进式的转型政策和指标。对于中国抓好煤炭清洁高效利用的同时，审慎新上传统能源建设项目以避免排放锁定效应，采用碳捕集和封存等技术翻新改装传统能源基础设施以最大限度地减少资产搁置风险。有序发展风电、光伏、水电等可再生能源，优化煤炭和新能源组合，推动新能源对煤炭的更替与消纳，中国应正确认识 CDR 等技术的预期风险。

提升中国在气候变化评估方面的实力和影响力。IPCC 是气候变化科学评估的重要平台，在提高中国气候变化研究水平、在全球气候治理中国科学家的话语权和影响力、在合理反映发展中国家利益诉求等方面发挥着日益重要的作用。为促进国内科研与 IPCC 工作机制的衔接，通过国内 IPCC 工作平台建设，逐渐培养一支中青年人才队伍，持续跟进国际气候变化研究前沿。发展中国家因科学支撑不足而话语权弱，这些模型和情景没有反映《联合国气候变化框架公约》的目标和原则，如排放的历史责任、可持续发展的权利、公平公正的转型、有利的适应和资金支持等，这使得发展中国家难以接受，即使报告提醒决策者要正确使用综合评估模型和情景来指导国际行动和国家政策。关于未来发展路径的情景设计始终是气候变化评估的核心科学问题。类似的前沿科技问题在我国研发进展较慢，与国际差距大。尽管中国学者不断跟进全球气候变化综合评估模型前沿进展，但是在气候变化综合评估的实证研究方面与世界领先水平仍有较大差距。气候变化综合评估的建模研究和实证研究都是未来中国应着力加强科研创新与专项支持的突出领域，应以 IPCC 工作为契机，促进科学研究的繁荣与人才的培养。

杨毅，张飞民，王澄海，2020. 数值天气预报基础［M］. 北京：气象出版社.

张丽霞，陈晓龙，辛晓歌，2019. CMIP6 情景模式比较计划概况与评述［J］. 气候变化研究进展，15（5）：519-525.

张通，赵励耘，唐学远，等，2022. 近期国际冰盖模式比较计划回顾及启示［J］. 气候变化研究进展，18（4）：509-515.

竺可桢，1973. 中国近五千年来气候变迁的初步研究［J］. 中国科学（1）：168-189.

中国气象局，2023. 中国气象灾害年鉴（2020）［M］. 北京：气象出版社.

中国气象局气候变化中心，2021.《中国气候变化蓝皮书（2021）》［M］. 北京：科学出版社.

周波涛，钱进，2021. IPCCAR6 报告解读：极端天气气候事件变化［J］. 气候变化研究进展，17（6）：713-718.

周天军，陈晓龙，2015. 气候敏感度、气候反馈过程与 2 ℃升温阈值的不确定问题［J］. 气象学报，73（4）：624-634.

周天军，邹立维，陈晓龙，2019a. 第六次国际耦合模式比较计划（CMIP6）评述［J］. 气候变化研究进展，15（5）：445-456.

周天军，陈晓龙，何编，等，2019b. 全球季风模式比较计划（GMMIP）概述［J］. 气候变化研究进展，15（5）：493-497.

周天军，陈梓明，邹立维，等，2020. 中国地球气候系统模式的发展及其模拟和预估［J］. 气象学报，78（3）：332-250.

周天军，张文霞，陈德亮，等，2022. 2021 年诺贝尔物理学奖解读：从温室效应到地球系统科学［J］. 中国科学：地球科学，52（4）：579-594.

COLLINS W J，LAMARQUE J F，SCHULZ M，et al，2017. AerChemMIP：quantifying the effects of chemistry and aerosols in CMIP6［J］. Geoscientific Model Development，10：585-607.

HANSEN J，LACIS A，RIND D，et al，1984. Climate Sensitivity：Analysis of Feedback Mechanisms［M］. Washington：American Geophysical Union.

HASSELMANN K，1976. Stochastic climate models：part I，theory［J］. Tellus，28：473-485.

JONES C D，ARORA V，FRIEDLINGSTEIN P，et al，2016. C4MIP-The Coupled Climate-Carbon Cycle Model Intercomparison Project：experimental protocol for CMIP6［J］. Geoscientific Model Development，9：2853-2880.

TIAN H，XU R，CANADELL J G，et al，2020. A comprehensive quantification of global nitrous-oxide sources and sinks［J］. Nature，586（7828）：248-256.

USGCRP,2017. Climate Science Special Report：Fourth National Climate Assessment，Volume I[M]. Washington：U.S. Global Change Research Program.

WARNER T T，2011. Numerical Weather and Climate Prediction［M］. Cambridge：Cambridge University Press.

WU T W，LU Y X，FANG Y J，et al，2019. The Beijing Climate Center Climate System Model（BCC-CSM）：mainprogress from CMIP5 to CMIP6［J］. Geoscientific Model Development，12（4）：1573-1600.